DM 56.-
Vergriffen
auf € 19,-

D1725303

Adrian Gaertner
Gruppensupervision
Theoriegeschichtliche und fallanalytische Untersuchungen

Adrian Gaertner

GRUPPENSUPERVISION

Theoriegeschichtliche und fallanalytische Untersuchungen

edition diskord

Die Deutsche Bibliothek – CIP-Einheitsaufnahme

Gaertner, Adrian:
Gruppensupervision : theoriegeschichtliche und fallanalytische
Untersuchungen / Adrian Gaertner. - Tübingen : Ed. diskord, 1999
ISBN 3-89295-655-3

© 1999 edition diskord, Tübingen
Umschlaggestaltung: Rikarda Süllwald
Satz: psb, Berlin
Druck: Fuldaer Verlagsanstalt
ISBN 3-89295-655-3

Inhalt

Vorwort

Meine Beschäftigung mit Supervision begann im Jahre 1975. Als wissenschaftlicher Mitarbeiter am Modellversuch „Soziale Studiengänge" der Gesamthochschule Kassel hatte ich die Aufgabe übernommen, in Zusammenarbeit mit einer Kommission den ersten universitären Supervisionsstudiengang zu entwickeln. Ich hatte das Glück, in dieser Kommission auf Dieter Eicke zu treffen. Zwei Jahre lang lernte ich bei ihm das Supervisionshandwerk. Seine psychoanalytische Wahrnehmungseinstellung und seine unorthodoxe Art, selbst schwierigste unbewußte Konflikte und interaktionelle Verwicklungen zu verstehen und manchmal ernst, manchmal aber auch humorvoll anzusprechen, hat mich fasziniert und ist bis heute ein Vorbild für mich geblieben. Gemeinsam mit Dieter Eicke habe ich das erste größere Supervisionsforschungsprojekt in Deutschland mit dem etwas umständlichen Titel: „Erforschung interaktioneller Vorgänge in ausbildungs- und berufsbegleitenden Supervisions- und Balintgruppen" entwickelt und geleitet. Für dieses Projekt konnte ich Michael Giesecke, Hermann Müller und Kornelia Rappe als wissenschaftliche Mitarbeiter gewinnen. Auch das war ein Glücksfall, weil die kommunikationswissenschaftliche Perspektive von Michael Giesecke eine ideale Ergänzung zu der psychoanalytischen und institutionsanalytischen Orientierung der Projektleiter darstellte.

Neben dem Forschungsprojekt hat die Einführung des Supervisionsstudiengangs und die Begleitung der ersten beiden Studentengenerationen nachhaltige Auswirkungen auf meine berufliche Entwicklung gehabt. Die Verbindung von praktischer Supervisionstätigkeit, Forschung und Lehre sind zur Grundlage meines professionellen Selbstverständnisses geworden. Diese Verbindung versuche ich, in dem vorliegenden Buch zur Geltung zu bringen. Anders als im mainstream-Diskurs werde ich Theorie und Technik der Supervision nicht von den Psychotechniken oder einem übergeordneten Theorieansatz her ableiten, sondern aus der Analyse der Problemlagen, die in der Supervision selber verhandelt werden.

Die Abfassung des Textes hat viele Jahre in Anspruch genommen, Teile des Buches habe ich in den verschiedensten Zusammenhängen diskutiert und nach den Diskussionen modifiziert. Schließlich habe ich den Text

1994 als Habilitationsschrift an der Fakultät für Geistes- und Sozialwissenschaften der Universität Hannover eingereicht. Inzwischen habe ich ihn nochmals überarbeitet und aktualisiert. Ich danke den beiden Gutachtern, Herrn Horst-Eberhard Richter und Herrn Franz Wellendorf, für die fruchtbaren Hinweise und die kollegiale Kritik. Dankbar bin ich auch den Supervisanden, die mir ihr Vertrauen entgegengebracht und mich an ihrer Welt haben teilnehmen lassen.

Besonders möchte ich mich auch bei den Mitarbeiterinnen bedanken, die mir bei der technischen Herstellung des Textes geholfen haben. An erster Stelle bei Barbara Arlt, dann bei Claudia Melcher und Heike Novotnik. Die Gestaltung des Einbandes stammt von der Düsseldorfer Grafikerin Rikarda Süllwald.

Januar 1999   Adrian Gaertner

Einleitung

Supervision hat in den vergangenen drei Jahrzehnten eine beachtliche Entwicklung durchlaufen: von einer randständigen Methode innerhalb der Sozialarbeit hat sie sich als eigenständiges Beratungsverfahren etabliert. In vielen sozialen, therapeutischen und pädagogischen Handlungsfeldern sowie in der Aus- und Weiterbildung für diese Bereiche gehört sie inzwischen zum professionellen Standard. Gegenwärtig gibt es Bemühungen, den Bezugsrahmen der Supervision auf Organisationsberatung und Qualitätssicherung, vor allem aber auch auf den sogenannten Profitsektor, auf Personalentwicklung, Beratung von Führungskräften, Coaching und Wirtschaftsunternehmen auszudehnen.

In einer ersten, sehr allgemeinen Annäherung läßt sich Supervision als regelgeleiteter Beratungsprozeß definieren, in dem es wesentlich um die systematische Reflexion beruflichen Handelns geht. Mit der Ausrichtung auf den Bereich professionellen Handelns verfügt Supervision über einen Arbeitsgegenstand, mit dem sie sich spezifisch von anderen Angeboten im Therapie- und Beratungssektor abhebt. Von den verschiedenen Supervisionsautoren wird dieser indes höchst unterschiedlich beschrieben. So spricht Schütze von Supervision als „Erkenntnis-, Lern- und Veränderungsprozeß für helfend Tätige", während Schreyögg die „psychotherapieähnliche Beratung" als einen ihrer Aspekte hervorhebt. Von Melzer wird bereits 1970 auf die Kontroll- und Anleitungsfunktionen hingewiesen,[1] während Berker eine Lesart stark macht, nach der Supervision eine „Dienstleistung" für „Kunden" sei, deren „berufliches Handeln bewertet wird".[2]

Die Existenz eines abgrenzbaren Arbeitsgegenstandes ist von entscheidender Bedeutung für die Herausbildung der Supervision als eigenständiger Profession. Weitere Merkmale, die eine Tätigkeit als Beruf ausweisen, so zum Beispiel eine geregelte Aus- und Weiterbildung,[3] verbandsförmige Interessenvertretung und die Existenz einer diskutierenden Fachöffentlichkeit lassen sich ebenfalls ausmachen. Mit der 1987 gegründeten „Deutschen Gesellschaft für Supervision (DGSv)" ist ein rühriger Berufsverband entstanden, der ständische Interessenpolitik vertritt, Fachdiskussionen organisiert und professionelle Standards festlegt. Der Supervisionsdiskurs wird neben reger Publikations- und Tagungstätigkeit vor allem durch zwei Fachzeitschriften gefördert.[4]

Wenig entwickelt ist demgegenüber ein anderes, für die Professionalisierung akademischer Berufe wesentliches Merkmal: die wissenschaftliche, forschungsgestützte Begründung und Weiterentwicklung der Supervision. Statt dessen werden Theorien und Praxismodelle aus anderen Kontexten, so etwa aus psychotherapeutischen, gruppendynamischen oder selbsterfahrungsbezogenen Ansätzen abgeleitet und mit partikularen eigenen Erfahrungen zu Supervisionskonzepten verdichtet. Systematische Untersuchungen, die die Analyse supervisionsspezifischer Phänomene selber zum Gegenstand haben und den Kriterien wissenschaftlicher Rationalität genügen, stellen demgegenüber seltene Ausnahmen dar. Vor diesem Hintergrund ist es kein Zufall, daß in den beiden Handbüchern zur Supervision von Pühl (1990) und Fatzer (1991) kein Beitrag zur Forschung enthalten ist und daß die Zeitschriften „Supervision" und „Forum Supervision" bis heute kein Schwerpunktheft zu diesem Thema publiziert haben.

Allerdings scheint das Defizit inzwischen sowohl von Wissenschaftlern als auch von Verbandspolitikern identifiziert worden zu sein. 1997 erschien eine erste größere Studie über „Supervision als Medium kommunikativer Sozialforschung"[5], im gleichen Jahr wurde von der neugegründeten „Kommission für Wissenschaft und Forschung" der DGSv eine erste Tagung mit dem Titel: „Qualitätssicherung der Supervision durch Forschung" veranstaltet. Die Ergebnisse wurden in dem Band „Praxisnahe Supervisionsforschung" veröffentlicht.[6] Auch für Wissenschaftler, die der praktischen Supervisionstätigkeit eher fernstehen, wird Supervisionsforschung zunehmend zu einem ebenso attraktiven wie profilierungsträchtigen Betätigungsfeld.[7] Gleichwohl trifft es nach wie vor zu, daß Supervision kein wissenschaftlich begründetes und kontrolliertes Verfahren ist; sie befindet sich immer noch in einem vorwissenschaftlichen Zustand.[8] Das Wissenschafts- und Forschungsdefizit hat indes die Ausbreitung der Supervision keineswegs beeinträchtigt. Im Gegenteil: Durch die Integration der neuen Bundesländer hat sich ihre Expansion nochmals beschleunigt.[9]

Der Erfolg der Supervision beruht im wesentlichen auf dem Zusammenwirken von drei Faktoren: Als erstes ist die seit Mitte der 60er Jahre betriebene Reformpolitik zu nennen. Durch sie wurden sozialpolitische

Rahmenbedingungen geschaffen, die die Expansion des Beratungsbedarfs und die Entwicklung spezialisierter Beratungssysteme favorisierten. Im Zusammenwirken von Bedarfsausweitung, die wesentlich aus Forderungen der Reform- und Selbsthilfebewegung hervorgegangen ist, und einer erweiterten Bereitschaft der Träger sozialer Arbeit, die Nachfrage professionell zu bedienen, entstanden zahlreiche neue Institutionen und Arbeitsfelder. Sie verlangten spezialisierte Kompetenzen und führten teilweise zur Ausdifferenzierung neuer Berufsbilder, wie z. B. Sucht- und Sozialtherapeuten, Medienpädagogen, Freizeitberatern, Animateuren und eben auch Supervisoren. Von der vorgeburtlichen Entwicklung bis zur psychosozialen Betreuung von Hinterbliebenen kann heute jedes soziale oder biographisch-individuelle Thema Gegenstand professioneller Hilfe werden. Durch die Imperative der Reformpolitik wurden darüber hinaus die etablierten Strukturen in den Institutionen der sozialen und therapeutischen Versorgung einer eingreifenden Kritik unterzogen. Tradierte Berufsrollenorientierungen, institutionelle Verfahrensroutinen, Hierarchien etc. wurden problematisiert, mit der Folge, daß in vielen Fällen weitreichende institutionelle Veränderungen vorangetrieben und Neubestimmungen der Arbeitsaufträge und Verfahren durchgesetzt wurden. An der Psychiatriereform oder der Heimerziehung, um nur zwei Beispiele zu nennen, ließe sich das leicht deutlich machen.

Mit der Reform der psychosozialen Institutionen kommt der zweite Faktor ins Spiel: die strukturellen Ambiguitäten professionellen Handelns in den sozialen, therapeutischen und pädagogischen Arbeitsfeldern. Durch die veränderten beruflichen Anforderungen wächst die Sensibilität für diese von Schütze als „Paradoxien professionellen Handelns"[10] bezeichneten Problemlagen. Sie betreffen ein breites, konflikthaftes Spektrum. Es reicht von Interessendifferenzen zwischen den Mitarbeitern, die direkt in die Arbeit mit Klienten bzw. Patienten involviert sind und der Administration, die nach mehr oder weniger verwaltungsförmigen Kriterien den Rahmen der Arbeit vorgibt und sogar in diese eingreifen kann. Die Paradoxien setzen sich fort in den Konflikten, die mit Kommunikationsproblemen in Teams verbunden sind, welche im Extremfall bis zur weitgehenden Vernachlässigung der Arbeitsaufgaben führen können, schließlich betreffen sie aber auch die unbewußten Beziehungskonfigurationen zwischen Professionellen und Klienten bzw. Patienten. Dieser letzte, für die Supervision wahrscheinlich bedeutsamste und schwierigste Aspekt besteht darin, daß in der beruflichen Arbeit mit Menschen Persönlichkeitsaspekte und Konfliktpotentiale der Professionellen notwendig mit den psychosozialen Problemlagen der Klienten in Berührung kommen. Die Bewußtmachung der aus dem Übertragungsgeschehen erwachsenden Dynamik, die mit Wahrnehmungseinschränkungen, reduzierten Handlungsmöglichkeiten und affektgesteuerten Impulsen verbunden sein kann, ist ein wesentliches Problemfeld in den helfenden Berufen. Sie ist Quelle für Ohnmachts- und Versagensgefühle der Professionellen, die oft genug zu Überforderungssyndromen führen.

Im Unterschied zu instrumentellen Kompetenzen läßt sich diese Reflexionsfähigkeit nicht ein für allemal erlernen. Sie konstelliert sich unausweichlich jeweils neu mit jeder Patienten- bzw. Klientenbeziehung. Darüber hinaus ist sie störanfällig durch die je spezifischen Konfliktdynamiken der Beziehungen, die institutionellen Bedingungen und die Kooperationsprobleme in den Teams. Supervision verspricht nun, die Probleme des beruflichen Handelns und die Bedrohungen professioneller Identität, die aus den riskanten Beziehungen zu den Klienten und aus den Schwierigkeiten institutioneller Kooperation erwachsen, in berufsbiographischer Perspektive (Einzelsupervision) oder im Kontext der Teamdynamik zu thematisieren und praktische Veränderungen herbeizuführen.

Der dritte Faktor für den Erfolg der Supervision ist die „Psychologisierung der Gesellschaft".[11] Mit diesem Begriff wird ein für das letzte Viertel dieses Jahrhunderts charakteristisches Muster der Welt- und Selbsterklärung bezeichnet, bei dem die Wahrnehmung der Wirklichkeit und die Selbstdefinition der Individuen wesentlich unter Rückgriff auf vulgarisierte psychoanalytische und psychologische Interpretationsschemata vorgenommen werden. Verbunden ist sie mit dem Rückzug der Individuen auf das eigene Ich und in die Intimität der kleinen Gruppe. Historisch stellt sich der mit der Psychologisierung der Gesellschaft einhergehende Psychoboom als Zerstörung jener politisch-kritischen Bewegung der 60er Jahre dar, die den Ausbruch aus der kleinbürgerlichen Vereinzelung und die Befreiung der Subjektivität zum Ziel hatte. Das lebenspraktisch-emanzipatorische Interesse, das in den frühen 70er Jahren von Richter in seinen Studien über „Die Gruppe" und in „Lernziel Solidarität" thematisiert worden ist, restringiert vor allem unter dem Einfluß der sogenannten „Humanistischen Psychologie" auf Rituale narzißtischer Selbstinszenierung. Von der Zwiespältigkeit der Entwicklung ist auch die Entwicklung der Supervision betroffen. Einerseits profitiert sie als Auseinandersetzung mit der subjektiven Seite beruflichen Handelns von der Psychologisierung der Gesellschaft, andererseits gerät sie in Gefahr, selber Teil des Psychobooms zu werden.

Die Erfolgsgeschichte der Supervision verführt nur allzu leicht dazu, die Ambiguitäten und Widersprüche des Verfahrens zu verdecken. Sie sind bereits im Begriff angelegt: im angelsächsischen Sprachraum ist der Terminus Sammelbegriff für unterschiedliche Formen der Beratung, Anleitung und Überwachung, während er in Deutschland bis Mitte der 90er Jahre im wesentlichen monopolar, im Sinne der Selbstreflexion professionellen Handelns verstanden wurde. Grundsätzlich lassen sich zwei Verwendungszusammenhänge unterscheiden: In den Bereichen administrativer Systeme und bei der Steuerung produktionstechnischer Abläufe wird sie zur Kontrolle der Arbeitsproduktivität und zur Überwachung von Betriebssystemen und Arbeitsleistungen eingesetzt. In den therapeutischen, sozialen und pädagogischen Handlungsfeldern dient sie demgegenüber der reflexiven Bearbeitung professioneller Probleme und Konflikte.

In theoretischer Perspektive schlägt sich diese Differenzierung in der Unterscheidung zwischen instrumenteller bzw. strategischer Beratung einerseits und selbstreflexiver Aufklärung über die bewußten und unbewußten Motive des Handelns andererseits nieder. Unter instrumenteller Beratung verstehen wir eine Supervisionspraxis, die auf die Durchsetzung administrativer oder produktionstechnischer Interessen bezogen ist. Die Interaktion zwischen Supervisor und Supervisand etabliert sich als strategischer Dialog mit dem Ziel, den administrativen bzw. produktionstechnischen Anforderungen Geltung zu verschaffen und die Anpassung der Mitarbeiter an diese zu gewährleisten. Der Supervisor agiert als Beauftragter der Verwaltung oder des Managements, wobei er neben Anleitungsaufgaben vor allem Kontroll- und nicht selten auch Beurteilungsfunktionen wahrnimmt.

Von diesem, vor allem in den USA verbreiteten Supervisionsverständnis unterscheidet sich die Idee der selbstreflexiven Beratung, die in der deutschen Supervisionsdiskussion favorisiert wurde.[12] Zumindest in ihrer Programmatik stellt sie sich als verständigungsorientierter Aufklärungsprozeß über Motive, Probleme und Ziele beruflichen Handelns dar. Im Zentrum der Beratung steht die Entwicklung professioneller Handlungskompetenz und Identität, wobei berufsbiographische, interaktionelle und institutionelle Aspekte einerseits und die Wahrnehmung der wohlverstandenen Interessen der Klientel andererseits verfahrenskonstitutive Parameter darstellen. Die Funktion des Supervisors besteht unter diesen Voraussetzungen wesentlich darin, einen selbstreflexiven Aufklärungsprozeß anzuleiten und zu begleiten, um so gleichermaßen die Potentiale der Supervisanden zur Entfaltung zu bringen und der Klientenperspektive – ihrem Anspruch auf kompetente Behandlung, Betreuung oder Beratung – Geltung zu verschaffen. Zwar basiert auch dieses Supervisionsverständnis auf der Asymmetrie der Supervisor-Supervisand-Beziehung. Anders als im Fall des instrumentellen Ansatzes fungiert der Supervisor jedoch nicht als Agent der Administration oder des Managements. Im Gegenteil: Die Asymmetrie der Beziehung ist, zumindest implizit, selber Gegenstand des selbstreflexiven Aufklärungsprozesses.

Die theoretische Unterscheidung stellt natürlich eine Idealisierung dar, weil Supervision in der Regel in institutionellen Kontexten stattfindet und von administrativen Rahmenbedingungen zumindest nicht unabhängig ist. In der Realität durchdringen sich also instrumentelle und selbstreflexive Momente, wobei die theoretische Unterscheidung gerade vor diesem Hintergrund ihre analytische Kraft gewinnt. Mit der Markierung der Differenz wird nämlich eine Perspektive gewonnen, in der die Stellung der Supervision zwischen Aufklärungs- und Anpassungsintentionen nicht, wie bei den Psychotechniken, präsumtiv ausgeblendet wird, sondern als Problem virulent bleibt.

Wie zwischen instrumenteller und selbstreflexiver Beratung, so nimmt Supervision auch in ihrem referentiellen Bezug auf Realität eine Zwischenstellung ein: In ihr werden gleichermaßen Aspekte der äußeren Realität, wie z. B. Berufsvollzüge, Kooperationsprobleme in der Kollegengruppe, Lebenszusammenhänge der Klienten, als auch der inneren Realität, individuelles Erleben, Erfahrungen und Gefühlswelten, thematisiert. Zur Darstellung gelangen die beiden Ebenen in Gestalt der Erzählung eigenerlebter Geschichten und der Bearbeitung dieser Geschichten im Gruppenkontext. Bedeutsam ist, daß sich das Gruppengeschehen selber als Erfahrungs- und Erlebnisraum konstituiert, in dem die Aktualisierung von subjektiven Erfahrungen und Gefühlen – und darin unterscheidet sich Supervision von anderen Formen professioneller Fortbildung – gerade keine Störung darstellt, sondern erkenntniskonstitutiv ist.

Die wissenschaftliche Annäherung an Supervision muß diesen intermediären Status, also ihre Stellung zwischen strategischer bzw. instrumenteller Beratung und selbstreflexiver Aufklärung einerseits und innerer und äußerer Realität andererseits berücksichtigen. Ebenso sollte der komplexen Dimensionierung der Supervision, die sowohl die Entwicklung der professionellen Identität der Supervisanden als auch die angemessene Behandlung der Klienten umfaßt, Rechnung getragen werden. Mit dieser Komplexität sind erhebliche forschungsmethodische Probleme verbunden. Quantitative empirische Analysen scheinen dabei dem Gegenstand ebensowenig angemessen zu sein wie die Orientierung am theoretischen Deduktionismus, bei dem Wissen über Supervision aus übergeordneten Theoriesystemen abgeleitet wird. Auch die theoretisch mehr oder weniger angereicherte Darstellung partikularer Erfahrungen, die seit Jahren das Schreiben über Supervision dominiert, ist kaum geeignet, die grundlegenden Fragen der Supervision wissenschaftlich zu klären. Erforderlich sind vielmehr sensible Untersuchungsverfahren, die vom Gegenstand her zu entwickeln wären. Thematisch stehen dabei zunächst drei Bereiche auf der Tagesordnung:

- die Fragen nach Herkunft, Entwicklung und Verwendungszusammenhängen der Supervision
- ihre Arbeits- und Funktionsweisen (Mikroanalyse einzelner Sitzungen, Längsschnittstudien über Prozeßverläufe, die Generierung und Bearbeitung von Themen, die Verwendung expliziter und impliziter Konzepte) und
- die Analyse ihrer Wirkungen.

Im Sinne der „gegenstandsbezogenen Forschungsmethodologie"[13] beschäftige ich mich in der vorliegenden Untersuchung im wesentlichen mit zwei Bereichen: Mit der theoriegeschichtlichen Entwicklung (Kapitel I) und der empirischen Prozeßanalyse der Gruppen- und Teamsupervision (Kapitel II und III). Dem historischen Teil liegt die Hypothese zugrunde, daß das Wissen über die Entstehungs- und Entwicklungsgeschichte einer Disziplin oder einer Methode von entscheidender Bedeutung für die Ausbildung einer professionellen Identität ist. Es gehört zu den auffälligen Mißverhältnissen der gegenwärtigen Supervisionsdiskussion, daß trotz eifriger Professionalisierungsbemühungen historisches Bewußtsein, von wenigen Ausnahmen abgesehen, kaum anzutreffen ist und historische Forschung kaum betrieben wird. Wie für die Forschung, so gilt auch für die Geschichte, daß Supervision sich in einem vorwissenschaftlichen Stadium befindet. Kennzeichnend dafür ist, daß in den Handbüchern zur Supervision von Pühl (1990) und Fatzer (1990) kein entsprechendes Stichwort ausgewiesen ist. Die Herausgeber der Zeitschrift „Supervision" haben demgegenüber im Jahr 1990 zwar ein Schwerpunktheft zur Geschichte publiziert, mußten aber in Ermangelung aktueller Untersuchungen auf den Wiederabdruck alter Arbeiten zurückgreifen. Das gilt für den wichtigen Text von Kadushin „Supervision in der Sozialarbeit" (1976) ebenso wie für den Beitrag von Schwarzwälder „Sozialarbeit und Supervision – Versuch der Darstellung einer Entwicklung" aus dem selben Jahr. Auch der Beitrag Wieringas „Entwicklungsphasen der Supervision" geht im wesentlichen zurück auf einen Text aus dem Jahr 1979.[14] Die einzigen mir bekannten systematischen Untersuchungen zur Geschichte der Supervision stammen von Ringshausen-Krüger und von Belardi.[15] Die wissenschaftlichen Ansätze der beiden Autoren sind höchst unterschiedlich. Während Ringshausen-Krüger in einer soliden, auf Quellenstudium beruhenden historischen Analyse die frühe Entwicklung der Supervision in Deutschland nachzeichnet, geht es Belardi darum, eine von ihm angenommene Entwicklungsrichtung der Supervision, *von der Praxisberatung zur Organisationsentwicklung*, wie es im Untertitel seines Buches heißt, durch historisches Material zu belegen.

In der vorliegenden Untersuchung versuche ich demgegenüber die Geschichte einer geschichtslosen Praxis anhand von Literaturanalysen nachzuzeichnen. Ich gehe dabei von der Hypothese aus, daß sich das zeittypische Beratungsverständnis und die zur Bewältigung der Praxis herangezogenen theoretischen Versatzstücke ebenso aus der Literatur herauslesen lassen wie die vergessenen oder verdrängten Diskurse. Dabei geht es mir zunächst darum, die Vorgeschichte der Supervision, ihre Verwurzelung in der angewandten Psychoanalyse, anhand eines umfangreichen Quellenmaterials nachzuzeichnen.

Ein zweiter Fokus ist die Rekonstruktion jener Entwicklungslinie, die mit der Diskussion um die Bedeutung der Supervision als Methode der Sozialarbeit beginnt, in den politischen Kontroversen der 70er Jahre und der allmählichen Übereignung der Supervision an den Psychoboom ihre Fortsetzung findet und dann in den aktuellen Tendenzen einer partiellen Selbstaufgabe der Supervision zugunsten profitablerer Beratungsformen (Organisationsberatung, Coaching von Führungskräften, Personalentwicklung etc.) ihren vorläufigen Endpunkt hat.

Das historische Wissen um die Entwicklung der Supervision hat neben der identitätsstiftenden Bedeutung noch eine weitere Funktion: Die Darstellung der Entwicklungslinien ermöglicht die Ausbildung einer kritischen Distanz zum jeweils herrschenden mainstream-Diskurs. Aktuelle Tendenzen und Modetrends können besser eingeschätzt, Probleme benannt und Forschungsfragestellungen formuliert werden. In diesem Sinne sind die Themen, mit denen ich mich im zweiten und dritten Kapitel beschäftige, direkt aus den theoriegeschichtlichen Analysen hervorgegangen.

Im Kapitel II geht es um die Klärung einer Grundfrage der Gruppensupervision, um die elementare Frage: Was geschieht eigentlich in einer Gruppensupervisionssitzung? Welche Interaktionsprozesse und Ablaufmuster lassen sich beobachten, wie werden Themen generiert und bearbeitet? Ich versuche diese Fragestellung mit Hilfe einer Fallstudie zu erschließen. Datenbasis ist das Transkript einer Sitzung, an dem der Leser die Analyse- und Interpretationsschritte detailliert nachvollziehen und kritisch überprüfen kann. Die Idee zu einer solchen Untersuchung geht zurück auf ein Forschungsprojekt, das unter Leitung von Dieter Eicke und mir in den Jahren 1976–1981 mit Unterstützung der „Deutschen Forschungsgemeinschaft" unter dem Titel: „Interaktionelle Vorgänge in ausbildungs- und berufsbegleitenden Supervisions- und Balintgruppen" durchgeführt worden ist.[16] Die Transkriptanalyse hat im Rahmen der vorliegenden Studie zwei Aufgaben: einerseits dient sie der Darstellung der Interaktionsprozesse und der Themenbearbeitung, zum anderen geht es aber auch um die Entwicklung einer einfachen – niederschwelligen – Auswertungsmethode, die von Supervisoren selber zur Untersuchung ihrer Praxis ohne allzu großen Aufwand eingesetzt werden kann.

Auch das dritte Kapitel beruht auf Fallstudien. Grundlage der Untersuchung sind vier Supervisionsprozesse, die entweder von einem Protokollanten oder von den Supervisoren selber verfaßt worden sind. Auch wenn die wissenschaftliche Geltung der Resultate eines solchen Ansatzes im Vergleich zu Transkriptanalysen deutlich niedriger einzuschätzen ist, so ist kaum zu bestreiten, daß diese Form der Erkenntnisgenerierung für praktische Professionen einen bedeutenden Stellenwert hat. Thematisch geht es in diesem Kapitel um typologische und konzeptionelle Differenzierungen der Gruppensupervision, wobei vor allem die Auswirkungen bestimmter Parameter auf ihre Arbeitsformen und Inhalte beschrieben werden. Bei diesen Parametern handelt es sich um Einflüsse, die aus den Arbeitsfeldern und den jeweils spezifischen Aufgabenstellungen erwachsen, aber auch um Auswirkungen institutioneller Rahmenbedingungen und professioneller Qualifikationen der Supervisanden sowie nicht zuletzt um Kompetenzprofile der Supervisoren. Die Untersuchung soll zeigen, daß es in theoretischer Perspektive notwendig ist, elastische Supervisionskonzepte zu entwickeln, die den jeweiligen Problemlagen und den Bedingungen im Supervisionsfeld angemessen sind.

Aus forschungspragmatischen Gründen beziehe ich mich in der Untersuchung ausschließlich auf den Typus der minimalstrukturierten Gruppen- und Teamsupervision. Direktive Formen, wie z. B. gestalt- oder gruppendynamische Supervision – um nur zwei Beispiele zu nennen – werden nicht berücksichtigt. Minimal strukturiert nennen wir solche Gruppen, in denen der Gruppenprozeß sich über weite Strecken ohne Steuerungseinflüsse durch den Leiter entfalten kann. Festlegungen betreffen die zeitliche Dauer der Sitzungen, die Frequenz, den Ort, die Zugehörigkeit zur Gruppe und die Differenzierung nach Leiter und Gruppenmitgliedern. Es ist offensichtlich, daß unter den Bedingungen minimal strukturierter Settings Selbstartikulation und Selbstinszenierung der Supervisanden den größten Spielraum haben. Die weitgehend autonome Entfaltung des Gruppenprozesses ist zugleich eine entscheidende Voraussetzung sowohl für die Verwirklichung des selbstreflexiven Desiderats als auch für die empirische Erforschung des Selbststrukturierungspotentials der Gruppen.

Neben den direktiven Supervisionsverfahren werden auch Balintgruppen und Organisationsberatung nicht in die Untersuchung einbezogen, obwohl sie zwei Pole der Gruppensupervision darstellen. Während Organisationsberatung von ihrer Anlage her dem Typus instrumenteller Beratung zuzurechnen ist, bei dem der Supervisor als Agent des Auftraggebers tätig ist und die Steigerung der Effizienz sowie Anpassung der Mitarbeiter an die strategischen Unternehmensziele im Vordergrund stehen,[17] handelt es sich bei Balintgruppen um eine spezifisch psychoanalytische Form, die konzeptionell relativ kohärent beschrieben und weiterentwickelt worden ist.[18] Die Technik beruht auf psychoanalytischen Grundannahmen und hat das Ziel, die unbewußte Beziehung zwischen Patienten/Klienten und Behandler aus der Reinszenierung in der Gruppe zu erschließen. Die Fokussierung auf unbewußte Prozesse und auf das Übertragungsgeschehen hat zur Folge, daß Balintgruppen more artis nur

18

unter Leitung von Psychoanalytikern oder einschlägig fortgebildeten Supervisoren durchgeführt werden können. Zudem scheint das Modell für die herkömmliche Supervisionspraxis ungeeignet zu sein, weil unter den Bedingungen institutionalisierter psychosozialer Arbeit Problemkonstellationen virulent sind, die mit der Fokussierung der unbewußten Dynamik allein nicht angemessen bearbeitet werden können.[19]

Nach diesen einleitenden Bemerkungen läßt sich das Programm der vorliegenden Untersuchungen folgendermaßen skizzieren:

In der theoriegeschichtlichen Studie geht es mir zunächst darum, herauszufinden, welche Probleme in der therapeutischen und sozialpädagogischen Praxis dazu geführt haben, daß sich Supervision als Beratung für Mitarbeiter der sogenannten helfenden Berufe herausgebildet hat. Auf der Grundlage der Supervisionsliteratur sollen relevante Entwicklungslinien skizziert und zentrale Fragestellungen, wie z. B. die Übertragung heterogener theoretischer und praktischer Konzepte auf Supervision, die Kontroverse um Methoden versus Problemorientierung, die Rolle des Dritten in der Supervision, aber auch professionalisierungstheoretische Fragestellungen erörtert werden. Dabei wird der jeweilige historische Kontext berücksichtigt und die Gesamtentwicklung mit Hilfe eines Phasenmodells dargestellt. Die theoriegeschichtliche Analyse findet ihren Abschluß in der Diskussion der aporetischen Entwicklungslogik der Supervision und der daraus resultierenden Konsequenzen: Sie lassen sich in der These zusammenfassen, daß ein Perspektivenwechsel des Diskurses in Richtung einer empirisch fundierten, wissenschaftlich begründeten Supervision geboten ist.

Die Kapitel II und III stellen den Versuch dar, einen solchen Perspektivenwechsel durch die Hinwendung zur empirischen Erforschung von Supervisionsprozessen zu realisieren. Die forschungstheoretischen Grundlagen und forschungspragmatischen Orientierungen, die ich bei den Fallstudien anwende, werden in kurzen Methodenteilen skizziert, die den beiden Kapiteln jeweils vorangestellt werden. Die theoriegeschichtliche Untersuchung, die methodisch auf der kritischen Rezeption der Supervisionsliteratur beruht, unterscheidet sich dabei nicht unwesentlich von der fallbezogenen empirischen Rekonstruktion von Supervisionstranskripten und Protokollen. In der vorliegenden Untersuchung schlägt sich diese Differenz notwendigerweise in den unterschiedlichen Argumentations- und Darstellungsformen der einzelnen Kapitel nieder. Die Untersuchung wird von einer übergreifenden Fragestellung durchzogen. Sie lautet: Wie läßt sich eine gegenstands- und problemadäquate Supervisionspraxis konzeptualisieren, in der gleichermaßen der Beratungsbedarf der Professionellen, die institutionellen Paradoxien und der Anspruch der Klienten bzw. Patienten auf angemessene Behandlung berücksichtigt werden? Vor diesem Hintergrund repräsentieren die drei Kapitel unterschiedliche Zugänge, aus denen heraus die Klärung dieser Grundfrage der Supervision in Angriff genommen wird.

I. Geschichtslose Praxis

1. Zur Vorgeschichte der Supervision

Folgt man der Analyse Kadushins,[1] so lassen sich Vorformen der Supervision bereits im 19. Jahrhundert nachweisen. Sie entstand als methodisch weitgehend unstrukturierte Beratung ehrenamtlicher Mitarbeiter der Wohlfahrtspflege. Durch Beratungsgespräche sollten die Helfer in das jeweilige Aufgabengebiet eingearbeitet werden und praxisbegleitende Anleitung erfahren. Die Berater bzw. Anleiter waren durch das Seigneuritätsprinzip legitimiert, d. h. die Kompetenz zur Beratung war ihnen durch Alter und Erfahrung zugewachsen. Entsprechend dem Entwicklungsstand sozialer und therapeutischer Institutionen waren die Beratungen weder institutionalisiert, noch hatten sich besondere Gesprächsformen ausdifferenziert. Wir können vielmehr davon ausgehen, daß die Vorformen der Supervision dem Typus fachlicher Anleitung nahe kamen, wobei Gesprächsablauf und thematische Expansion beratungstechnisch nicht kontrolliert wurden, sondern von situativen Faktoren und den jeweiligen persönlichen Eigenarten der Interaktanten abhängig waren.

Die eigentliche Entwicklung der Supervision beginnt mit der seit den 20er Jahren fortschreitenden Professionalisierung der therapeutischen und sozialen Berufe. Ein frühes Modell der Behandlung unter Supervision ist, worauf Argelander[2] zu Recht hingewiesen hat, die „Analyse des kleinen Hans", die Freud 1909 unter dem Titel: „Analyse der Phobie eines fünfjährigen Knaben"[3] veröffentlicht hat. Im Zentrum der Studie steht der Bericht über die Therapie eines fünfjährigen Knaben, die Freud zwar nicht selber durchgeführt hat, von der er jedoch sagt, daß er den „Plan der Behandlung im ganzen geleitet" habe, „die Behandlung selbst" ist aber vom Vater des Kleinen, einem mit Freud befreundeten Arzt, durchgeführt worden.[4] Diese merkwürdige Konstellation, die man als „indirekte Analyse" (Furrer) bezeichnen könnte, wird zunächst damit begründet, daß es sich bei dem Patienten um ein an einer schweren Pferdephobie erkranktes Kind handelte, das, nach Freuds Überzeugung, mit den Mitteln der Psychoanalyse nicht zu behandeln gewesen wäre. „Die technischen Schwierigkeiten einer Analyse in so zartem Alter,"[5] schreibt er, wären unüberwindbar gewesen, wenn nicht in der Person des Vaters ein Therapeut behandelt hätte, bei dem sich *zärtliches Interesse* und *ärztliche Autorität* vereinigt hätten. Auch wenn Freud davon ausgeht, daß es sich bei der „Analyse des kleinen Hans" um eine Anwendung seiner Methode handelt, die nur aufgrund der besonderen Bedingungen, *in diesem einen Falle*, möglich gewesen sei, so ist gerade diese Studie bis heute paradigmatisch für die Entwicklung der angewandten Psychoanalyse.

Bezogen auf Supervision besteht ihre Bedeutung zunächst darin, daß Freud die therapeutische Zwei-Personen-Beziehung um ein Verfahren der *indirekten Analyse* erweitert hat, das dem Modell der Supervisionsbeziehung bereits weitgehend entspricht. Durch den Dritten wird eine Meta-ebene der Kommunikation eingeführt, die es ermöglicht, daß der Therapeut Distanz zu den vielfältigen Verwicklungen der therapeutischen Situation erhält. Unter diesen Bedingungen können die in der therapeutischen Praxis auftretenden Interaktionsprobleme reflexiv bearbeitet werden, um so zu einem besseren Verständnis sowohl des eigenen Handelns und Erlebens als auch der Wahrnehmung des Klienten zu gelangen.

Auch wenn es Freud fern lag, in der Studie über den „Kleinen Hans" eine neue Technik zu entwickeln, so lassen sich gleichwohl einige, für die Supervision wichtige methodische Hinweise herausarbeiten: Im wesentlichen bestand Freuds Beratungsmethode darin, daß er den Vater aufforderte, ausführliche Protokolle über Beobachtungen des Kindes, über die Interaktion von Kind und Vater (Therapeut) sowie über das Geschehen in der Familie anzufertigen. Diese Protokolle, mit teilweise in wörtlicher Rede festgehaltenen Sequenzen, waren Gegenstand der Analyse. Dabei ging es zum einen darum, die Bedeutung des Verhaltens, vor allem aber das Erleben und die damit verbundenen Gefühle des Kindes zu verstehen. Zum anderen wurde aber auch die Rolle des behandelnden Vaters in ihren Übertragungsdimensionen analysiert. Diese Konsultationen trugen nun sukzessive dazu bei, daß der Vater die Symptomsprache des kleinen Patienten besser verstehen und aufgrund der veränderten Sichtweise seinen Sohn bei der Bewältigung der Konflikte unterstützen konnte. Spezifisch für die Beratung Freuds war, daß er nicht, wie in der traditionellen Diagnostik, bei der Beschreibung der Symptome stehengeblieben ist, sondern daß er die Familieninteraktion als Inszenierung unbewußter Konflikte und die damit verbundene Beziehungsdynamik als Übertragungsgeschehen in die Analyse mit einbezogen hat.

Trotz des geringen Explikationsgrades der Methode sind in der Studie über den „Kleinen Hans" wesentliche Elemente der Supervision enthalten: Ausgehend von einer Analyse der Therapeut-Patient-Beziehung, werden einerseits die Übertragungsangebote des Patienten, andererseits die emotionalen Verstrickungen und die Gegenübertragung des Therapeuten analysiert. Vor dem Hintergrund dieses, bewußte und unbewußte Dimensionen gleichermaßen berücksichtigenden Interaktionstableaus werden die Bedeutungen der Symptome schrittweise expliziert und behandlungstechnische Dimensionen herausgearbeitet. Freud hat dem beiläufig entwickelten Verfahren selber keine systematische Bedeutung zugemessen. Auch war er weit davon entfernt, seiner aus praktischen Anforderungen heraus entstandenen Vorgehensweise einen eigenen Terminus zu geben. Er bezeichnete die Behandlung unter Supervision vielmehr als Analyse.

Trotz dieser Zurückhaltung bezüglich seiner Entdeckung hat das Verfahren in der Folgezeit große Bedeutung sowohl für die Entwicklung der angewandten Psychoanalyse als auch für die psychoanalytische Ausbildung gewonnen. So berichtet Furrer[6] von einer „indirekten Kinderanalyse", bei der eine Kindergärtnerin unter seiner Anleitung eine Therapie mit einem Kind im Heim durchgeführt hat. Auch wenn Furrer primär die Technik der Kinderbehandlung selber und nicht seinen Umgang mit der Kindergärtnerin schildert, so läßt sich gleichwohl das Supervisionsverfahren aus dem mitgeteilten Material rekonstruieren. Bei der Patientin handelt es sich um ein siebenjähriges Mädchen, das ins Heim kam, nachdem es wegen seiner auffälligen Symptomatik in der Schule nicht mehr zu halten war. Furrer beschreibt es folgendermaßen: „Hatte man sie allein in einem Zimmer, so war sie sozusagen in allen Lüften. Bald sprang sie einem auf die Knie, bald kroch sie unter den Tisch oder unter die Chaiselongue, zwängte sich jetzt in den Papierkorb, im nächsten Augenblick kletterte sie einem auf den Rücken, zupfte einem an den Haaren, versuchte einem in die Nase zu kneifen oder zu beißen. Sie wurde durch alle möglichen Dinge und Vorgänge abgelenkt, und sie reagierte auf die neuen Reize mit affektvollen Ausrufen, maßlosem, scheinbar unmotiviertem, oft erotisch gefärbtem Gelächter, mit unsinnigen Worten und abgebrochenen Sätzen, Flüchen und wüsten Redensarten."[7] Angesichts dieser Symptomatik schienen eine Therapie im Sitzen oder gar eine Analyse nicht indiziert. Statt dessen wurde einer *begabten Kindergärtnerin* die Aufgabe übertragen, eine Behandlung durchzuführen, die zunächst wesentlich darin bestand, dem Kind in seinen Äußerungen zu folgen. „Die Kindergärtnerin nahm Ruth mit sich auf Spaziergänge oder auf den Tummelplatz oder in ein Zimmer, wo die beiden allein sein und miteinander spielen und plaudern konnten. Die Wahl der jeweiligen Tätigkeit wurde vollständig dem Kinde überlassen, und bei der Betätigung selber wurde ihm die größtmögliche Freiheit eingeräumt … Das Fräulein widmete sich der Kleinen jeden Tag je nach deren Stimmung und Ausdauer ungefähr eine Stunde, meldete mir täglich alles Vorgefallene und notierte überdies in den Stunden die jeweils gemachten Beobachtungen. Anfangs verhielt sich die Kindergärtnerin möglichst passiv, war fast nur interessierte Beobachterin, allmählich ließ sie sich mit Ruth in deren Spiele und Gespräche ein, suchte durch Anregungen zum Reden und Erzählen und durch Fragen Aufschluß über die Herkunft und den Sinn ihrer Spiele und Einfälle zu bekommen."[8]

Das Supervisions-Setting bestand darin, daß die Kindergärtnerin nach jeder Stunde dem Analytiker berichtete und dieser mit ihr die Beobachtungen zu verstehen suchte. Dadurch gelang es der psychotherapeutisch nicht ausgebildeten Therapeutin, schrittweise den unbewußten Sinn der Äußerungen des Kindes zu erfassen und langsam in deutende Interventionen umzusetzen. Furrer hat dabei, ähnlich wie Freud, zweifellos die Behandlung geleitet, so, wenn er den Zeitpunkt festlegte, wann die Kindergärtnerin mit der Sexualaufklärung beginnen solle. Die hohe Frequenz der Sitzungen, pro Therapiestunde eine Supervision, weist darauf hin, wie schwer es offenbar sowohl für den Supervisor als auch für die Supervisandin war, angesichts des chaotischen Agierens des Kindes die analytische Distanz aufrechtzuerhalten.

Interessant ist, daß die frühen Anwendungen der Supervision sich auf Fälle beziehen, die mit der analytischen Standardtechnik – sei es aufgrund des Alters oder der Symptomatik der Patienten – nicht behandelbar schienen. Daraus läßt sich eine wichtige Funktion der Supervision erschließen: Mit ihrer Hilfe kann neben der Einführung von Mitarbeitern in die therapeutische Arbeit, die Erkundung unbekannten Territoriums im therapeutischen Feld vorangetrieben werden. Scheinbar paradox konstituiert sich dieses innovative Moment durch Erfahrungstradierung. Der erfahrene Therapeut gibt dem – Jüngeren – Handlungswissen und Orientierungen weiter, die zur Exploration des neuen Territoriums dienen. Ein weiterer Aspekt, der sich sowohl aus der „Analyse des kleinen Hans" als auch aus der „indirekten Analyse" von Furrer ergibt, ist die psychohygienische

Funktion der Supervision. Damit ist gemeint, daß die Beratung mit einem Dritten dazu beitragen kann, die Belastungen aus der therapeutischen Situation, vor allem Insuffizienzgefühle und Kompetenzdefizite, zu verarbeiten.

Faßt man die bisherigen Hinweise zur Vorgeschichte der Supervision zusammen, so wird deutlich, daß wesentliche Elemente wie die Analyse der Übertragungsdynamik, die behandlungstechnische Unterstützung von therapeutisch nicht voll qualifizierten Mitarbeitern sowie die psychohygienische Funktion in den frühen Arbeiten von Freud und Furrer bereits angelegt sind.

Interessant ist, daß schon in den 30er Jahren von Psychoanalytikern mit Vorformen der Gruppensupervision gearbeitet worden ist. So hat Aichhorn[9] ein frühes Beispiel der Gruppensupervision, wie er sie am Erziehungs-Beratungs-Seminar der Wiener Psychoanalytischen Vereinigung praktiziert hat, beschrieben. Dieses Fortbildungsangebot, das vor allem für Jugendfürsorger konzipiert war, hatte zum Ziel, „über die eigene Einstellung zur Arbeit in der Erziehungsberatung Klarheit zu bekommen"[10]. Begründet wird diese Aufgabe unter anderem durch die berufliche Verelendung der Sozialfürsorger. Aichhorn stellt in diesem Zusammenhang zwei kontrastierende Typen beruflicher Verelendung vor. Der eine zeichnet sich dadurch aus, daß der Sozialfürsorger „unter seiner Machtlosigkeit schwer zu leiden hat" und sich resignativ bzw. in innerlicher Verhärtung von der Arbeit abwendet. Der andere Typus „erschöpft sich in einem aussichtslosen Kleinkampf"[11], in dem er blind gegen die institutionellen Voraussetzungen der Arbeit ankämpft. „Beide Fürsorgertypen müssen schließlich versagen, der eine weil er sich verzehrt, der andere weil er sich müde kämpft. Beide brauchen nichts so notwendig wie eine Klärung bzw. eine Änderung ihrer affektiven Beziehungen zur Fürsorgearbeit. Vor allem brauchen sie sie für sich selbst, zu ihrem eigenen Schutz."[12] Der *Schutz* für die Mitarbeiter ist nicht als bloße psychohygienische Maßnahme mißzuverstehen. Die Qualifizierung der Arbeitskraft erfolgt vielmehr dadurch, daß über das Verstehen der eigenen Reaktionen in ein „tieferes Verstehen des Erlebens verschiedener sozialer, fürsorgebedürftiger Bevölkerungsschichten eingeführt wird"[13].

Für Aichhorn besteht die Arbeit des Erziehungs-Beratungs-Seminars wesentlich in der Analyse der affektiven Beziehungsdynamik zwischen Berater und Klient. Mit dieser, auf das Übertragungsgeschehen abzielenden Arbeitsweise verbindet er aber auch noch ein weiteres Interesse. Mit Hilfe der Anleitung in der Gruppe sei es auch für Nicht-Analytiker möglich, mit psychoanalytischer Orientierung zu arbeiten. Dementsprechend ist es, nach Aichhorn, eine wesentliche Aufgabe des Erziehungs-Beratungs-Seminars, „alles zu suchen, zusammenzutragen, bereitzustellen, was die Psychoanalyse dem Fürsorger zur Gesundung für seine Arbeit geben kann". An mehreren Fallvignetten macht er deutlich, daß sich durch die lebendige Anwendung psychoanalytischer Erfahrung die Wahrnehmung eines Falles grundlegend ändert und daß dadurch nicht selten festgefahrene Konfliktmuster zugunsten neuer Perspektiven für die Behandlung der Klienten durchbrochen werden können. Die Zusammenarbeit von Fürsorgern und Psychoanalytikern ist allerdings nicht nur für die ersteren gewinnbringend. Durch die supervisions-ähnliche Tätigkeit erschließt sich auch den Analytikern ein tieferes Verständnis der primär fremden, fürsorgebedürftigen Bevölkerungsschichten.

Zur technischen Vorgehensweise der Supervision im Erziehungs-Beratungs-Seminar gibt Aichhorn allenfalls implizit Hinweise. Am Beispiel eines Fallvortrags, über den Aichhorn berichtet, wird deutlich, daß von den Sozialfürsorgern differenzierte Beobachtungsberichte in der Gruppe vorgestellt werden. Daran schließt sich eine Bearbeitung des Falles unter dem Aspekt an, was leistet die Psychoanalyse, über sozialfürsorgerische Erklärungsmuster hinaus, für das Verständnis des Falles. Dabei geht es primär um *unausgesprochene* innere Konflikte sowohl des Fürsorgers als auch seiner Klienten. Aus diesen Überlegungen werden dann Hypothesen für Diagnose, Behandlungstechnik und *Selbsterkenntnis* des Behandlers abgeleitet. Wie die Vorläufer der Einzelsupervision, so sind auch die frühen Ansätze psychoanalytischer Gruppensupervision beziehungsanalytisch konzipiert. Mit dem Rekurs auf die Analyse des subjektiven Erlebens im beruflichen Handeln erweitern die frühen Autoren das Spektrum professioneller Praxis in entscheidender Weise: Die pädagogische bzw. therapeutische Beziehung wird, vermittelt durch die Gefühle und Erfahrungen des Supervisanden, als Produktivkraft anerkannt.

2. Kontrollanalyse

Ging es bei den beiden einleitend diskutierten Vorformen psychoanalytischer Supervision primär darum, daß Nicht-Analytiker in den Feldern der angewandten Psychoanalyse für die therapeutische Praxis qualifiziert und begleitet wurden, so hat die Kontrollanalyse demgegenüber ihren Platz in der Weiterbildung zum Psychoanalytiker. Als Teil des Fortbildungssystems entwickelte sie sich in einer charakteristischen Phasenstruktur: In der Pionierphase – bis etwa 1925 – erfolgte die Einführung der Novizen zunächst ungeregelt auf der Basis einer identifikatorischen Beziehung des Analysanden mit dem Analytiker und durch diesen vermittelt mit Freud. In einer biographischen Reminiszens beschreibt Therese Benedek die *libidinös hochbesetzte* Objektbeziehung des Ausbildungsverhältnisses und den informellen Charakter der Supervision jener Zeit:

„So kurz meine Analyse auch war (5 Monate), so war sie doch eine bedeutungsvolle Erfahrung, die mich zu der Überzeugung führte, etwas kennengelernt zu haben, das zuvor unbekannt und unerkennbar war … Die analytische Beziehung war hochpersonalisiert, und der Analytiker des Studenten war oft der erste, der ihm einen Patienten überwiesen und ihn bei der örtlichen Gruppe eingeführt hat. Auf diesem Weg begann ein Student, in der Zeit, bevor Institute existierten, an den Gruppensitzungen teilzunehmen und lernte sowohl Theorie als auch klinische Analyse aus der Diskussion mit erfahrenen Kollegen. In meinem eigenen Fall waren die Umstände etwas anders, weil ich in Leipzig lebte und weil mein erster Patient sich selber überwiesen hat. Er hatte sicherlich mehr über Psychoanalyse gelesen als ich zu jener Zeit. Dieser Fall wurde nicht supervisiert – ganz anders als es heutzutage üblich ist. Mein zweiter Fall, der mir von einem niedergelassenen Arzt gesandt wurde, war sehr verzwickt. Aus diesem Grund suchte ich Hilfe bei Eitingon, den ich unregelmäßig, manchmal in Berlin und manchmal in Leipzig, im Haus meiner Eltern traf. Ich mußte weder bei ihm, noch bei Abraham, meinem anderen Supervisor, für diese Konsultationen bezahlen – ein weiterer Hinweis auf den informellen Charakter der Ausbildung jener Tage. Zwar waren solche Konsultationen bereits Teil des Ausbildungsprogrammes an dem neu entstandenen Berliner Institut, aber sie waren weit davon entfernt, eine klar umrissene Lehrmethode zu sein."[14]

An der Erinnerung Benedeks wird deutlich, daß die *hochpersonalisierte* Beziehung während der Ausbildung weder warenförmig durchorganisiert, noch durch enge Richtlinien und Standards eingeschränkt war. Sie zeichnete sich vielmehr durch eine reziproke Interessenkonstellation zwischen Lehranalytikern und Kandidaten aus. War es für jene essentiell, Praxis und Theorie der neuen Wissenschaft durch Förderung begabt erscheinender Kandidaten in einer aversen Welt zu verbreiten, so waren diese darauf angewiesen, die mit der eigenen Analyse einerseits sowie dem prekären gesellschaftlichen Status der Psychoanalyse andererseits verbundenen Kränkungen identifikatorisch zu bewältigen.

Ein wesentliches Moment der Ausbildung war also die Entwicklung einer Gruppenzugehörigkeit, die durch ein Netz identifikatorischer Beziehungen mit dem Lehranalytiker, der Lehre Freuds sowie der regionalen Analytikergruppe hergestellt wurde. Dieses, nicht nur für die Ausbildungssituation, sondern für die Entwicklung der frühen Psychoanalyse insgesamt charakteristische Muster hat dazu geführt, daß man von einer „psychoanalytischen Bewegung" hat sprechen können. Zur Aufrechterhaltung des identifikatorischen Netzes entwickelten die frühen Psychoanalytiker rege Reisetätigkeiten, in deren Zentrum die eigene Weiterbildung sowie die von Freud initiierten Aktivitäten standen.

Die außerordentliche wissenschaftliche Produktivität der frühen Psychoanalyse, wie sie sich in den Publikationen und Organen der Bewegung niedergeschlagen hat,[15] wäre nicht zuletzt aus der andeutungsweise skizzierten historischen Konstellation der Pionierphase zu erklären. Mit der zunehmenden Institutionalisierung der „Bewegung" treten in der folgenden Entwicklungsphase stärker formalisierte Strukturen an die Stelle der informellen Arbeits- und Ausbildungsbedingungen. Daß die Ausbildung dabei ein besonders prädestiniertes Feld für die Durchsetzung von Reglementierung ist, hängt damit zusammen, daß durch sie die gesellschaftliche Anerkennung einer Profession wesentlich mitgetragen wird. Auch wenn den Exponenten der Ausbildungsformalisierung, allen voran Eitingon, ein solches funktionalistisches Interesse auf der bewußten Ebene fremd gewesen sein dürfte, so hat es sich hinterrücks gleichwohl durchgesetzt. Waren den Psychoanalytikern, die sich mit Ausbildungsfragen beschäftigten, bereits früh die Widersprüche deutlich, die sich aus den Formalisierungstendenzen einerseits und dem antiformalistischen Charakter der Psychoanalyse andererseits ergaben, so dominierten in der Phase der Stabilisierung der Psychoanalyse gleichwohl die institutionellen Maximen über die libertäre Praxis der frühen Psychoanalyse. Zwei vermeintliche Gefahren beflügelten diesen Wandlungsprozeß: die Angst vor der *wilden Analyse*, der inkompetent und verantwortungslos durchgeführten therapeutischen Behandlung also und die Gefahr des Schismas, des Zerfalls der Bewegung. Erschien die psychoanalytische Identität in der Pionierphase durch die *hochpersonalisierten Beziehungen* hinreichend vernetzt, so glaubte man in der Phase raschen Wachstums, internationaler Expansion und virulenter Spaltungstendenzen zusätzliche institutionelle Absicherungen einführen zu müssen.

Im historischen Rückblick erweist sich diese Strategie als äquivok: Einerseits war sie erfolgreich, denn sie hat dazu beigetragen, daß sich die Psychoanalyse zum bedeutendsten kulturellen und therapeutischen Paradigma des 20. Jahrhunderts hat entwickeln können. Andererseits geht mit der Integration der Psychoanalyse in das System etablierter Professionen nicht nur die Gefahr des Verlustes kritischen Potentials einher. Bezogen auf die Ausbildung hat Balint darauf hingewiesen, daß die Kosten der Professionalisierung sich in weitreichenden Symptomkomplexen niedergeschlagen haben. Denkhemmungen, dogmatische Tendenzen und übermäßige Angepaßtheit der Ausbildungskandidaten seien Resultat jener problematischen Institutionalisierungsbestrebungen. Nicht die Entwicklung eines autonomen Ichs stünde im Vordergrund, sondern „eine unbewußte und unkontrollierte Über-Ich-Prägung"[16].

Zum Beleg seiner These rekurriert Balint auf die Geschichte der analytischen Ausbildung und diskutiert in diesem Zusammenhang neben der Lehranalyse vor allem auch die uns interessierende Kontrollanalyse. Er verweist auf die kontroversen Verhandlungen der beiden Vier-Länder-Konferenzen 1925 und 1927 in Wien und Budapest. Im Zentrum der Kontroverse stand die Frage, ob die Kontrollanalyse eher ein didaktisch-instruktives Verfahren sein soll, mit dem die Kandidaten in die Technik der psychoanalytischen Behandlung am Material ihrer ersten Fälle eingeführt werden sollten, oder ob sie primär eine Fortsetzung der Lehranalyse sei, in der die Probleme der Gegenübertragung bei der Behandlung von Patienten analysiert werden sollen. Während im ersten Fall Lehr- und Kontrollanalytiker unterschiedliche Personen zu sein hätten, könnten im zweiten Fall Lehranalytiker und Kontrollanalytiker identisch sein. Terminologisch hat sich diese Differenz in der Unterscheidung von Analysenkontrolle (für die didaktische Form) und Kontrollanalyse (für die Behandlung der Gegenübertragung) niedergeschlagen. Auch wenn man auf der zweiten Vier-Länder-Tagung zu keiner endgültigen Einigung gelangte, sondern erst weiterführende Erfahrungen abwarten wollte,[17] so setzte sich historisch die Trennung von Lehr- und Kontrollanalytikern und dementsprechend die instruktive Form der Kontrollanalyse durch.

Balint merkt dazu kritisch an, daß „diese Bestimmung nicht das Ergebnis sorgfältig geplanter und kontrollierter Beobachtungen" war; „sie klingt vielmehr nach einer unserer vielen, zwanghaft dogmatischen Reglementierungen",[18] die nicht nur dem selbstreflexiven Charakter der Psychoanalyse widerspricht, sondern auch negative Auswirkungen auf die Auszubildenden hat: „auf seiten der Kandidaten … beobachten wir … Unterwerfung unter die dogmatische und autoritative Behandlung ohne viel Protest und ein überaus respektvolles Benehmen … Was wir" demgegenüber „bewußt bei unseren Kandidaten zu erreichen beabsichtigen, ist doch vielmehr, daß sie ein starkes kritisches Ich entwickeln …, das frei ist von unnötigen Identifikationen, von automatischer Übertragung und Denkschablonen".[19]

Der merkwürdige Widerspruch zwischem dem selbstreflexiven Anspruch der Kontrollanalyse einerseits und ihren autoritativen, auf Anpassung bedachten Tendenzen andererseits, läßt sich bis in die Begriffsbildung hinein verfolgen. Kontrolle als herrschaftliche Funktion, als Über-Ich-Diktat, ist zutiefst unanalytisch. Gleichwohl verbindet es sich in diesem Fall mit dem Begriff der Analyse.[20] Interessant ist in diesem Zusammenhang, daß die Paradoxie ihre Wiederholung findet im Bedeutungswandel, der dem Begriff der Kontrollanalyse historisch widerfahren ist: mit der Durchsetzung der instruktiv orientierten *Analysenkontrolle* als allgemein anerkanntem Supervisionsprinzip usurpiert diese die Bezeichnung *Kontrollanalyse*, von der sie sich ursprünglich doch sowohl inhaltlich als auch sprachlich abheben wollte. Damit konnte der alte Streit als erledigt angesehen werden; das mit ihm verbundene Problem war verschwunden.

Wie läßt sich nun die Entstehung eines solchermaßen paradoxen Gebildes wie die Kontrollanalyse erklären? Meine These geht dahin, daß sich entscheidende Hinweise aus dem, vom psychoanalytischen Selbstverständnis weitgehend unbegriffenen, historischen Wandlungsprozeß der „Bewegung" ableiten lassen.[21] Mit der Institutionalisierung der Psychoanalyse, die jener, von Benedek beschriebenen Pionierphase folgte, entstand nicht nur das Problem, die durch das rasche Wachstum gesteigerte Heterogenität der nationalen Gesellschaften zu integrieren. Die therapeutische Professionalisierung der Analyse, ihre schrittweise Einordnung in die nationalen Gesundheitssysteme verändert vielmehr die Grundlagen der „Bewegung", so daß von einer solchen im empathischen Sinne kaum mehr gesprochen werden kann. An ihre Stelle tritt eine ganz normale Organisation mit den üblichen Identitäts- und Strukturproblemen. Weder in der hierarchischen Differenzierung noch in den Tendenzen zur Bürokratisierung und Ritualisierung unterscheidet sie sich von anderen Standesorganisationen.

Allerdings bleibt ein Stachel: Die psychoanalytische Maxime der Selbstaufklärung über die unbewußte Signatur subjektiven Leidens betrifft auch das Instituierte. Nur um den Preis der Erosion ihres Erkenntnisgehalts kann sie sich von der Aufgabe dispensieren, den Selbstreflexionsprozeß auf die psychoanalytische Institution selber anzuwenden, zumal dann, wenn Gewaltverhältnisse, Momente von Unterdrückung, Abwehr und Verleugnung in der Institution virulent sind.[22] Balint gehört zu den wenigen mutigen Autoren, die schon früh die Idee einer sozialpsychologischen Institutionskritik verfolgt haben. Seine Deutung der historischen Entwicklung ist ein Versuch, psychoanalytische Erkenntnisformen auf die Untersuchung der eigenen Institution anzuwenden. Er rekurriert dabei vor allem auf die maligne Funktion der idealisierenden Identifizierung. Ihre unbewußte Verankerung im psychoanalytischen Ausbildungssystem bringt jene Formen der Über-Ich-Anpassung hervor, die sich durch Rückgriffe auf primitive kulturelle Muster auszeichnen. In der Ausbildung, so argumentiert er, reproduzieren sich *Initiationsriten*. „Sie sollen den Neuling zwingen, sich mit dem Clan zu identifizieren, den Initiator und seine Ideale zu introjizieren und aus diesen Identifikationen ein starkes Über-Ich zu errichten, das ihn lebenslang beeinflußt."[23]

Balint verweist in seiner sozialpsychologischen Argumentation darauf, daß die Durchsetzung der institutionellen Anpassung den Subjekten keineswegs äußerlich bleibt. Im Prozeß der beruflichen Sozialisation werden die Ausbildungskandidaten selber Teil dieses Systems; sie verinnerlichen die in ihm habitualisierten Interaktions- und Herrschaftsformen. Insofern ist es keineswegs unerheblich, woher die Kontrollanalyse ihre Legitimation bezieht: aus der Kontrolle oder aus der Analyse. Bezieht sie sie aus der Analyse, dann ist damit immerhin die Chance verbunden, daß auch in der Kontrollanalyse das selbstreflexive Potential zur Geltung gebracht werden kann. Fungiert sie demgegenüber als pädagogisch-normative Kontrollinstanz, dann reproduziert sie jene herrschaftsvermittelte *Über-Ich-Intropression*, gegen die Psychoanalyse als kritische Wissenschaft einsteht. Gerade weil die Kontrollanalyse als Teil des Ausbildungssystems immer auch die Funktion hat, die Standards der Profession und die Rituale der Institution zu vermitteln, liegt die Gefahr nahe, daß sich in ihr die Normen der Instruktionspädagogik gegen analytisches Denken verselbständigen.

Interessant ist nun, daß trotz lebhafter Diskussionen über Methoden und Konzepte der Kontrollanalyse kaum publizierte Äußerungen aus der Vorkriegszeit vorliegen. Diese, für die psychoanalytische Bewegung untypische Abstinenz resultiert aus einem einfachen Umstand; die Debatten fanden hinter verschlossenen Türen statt. Mit der Abschottung des Ausbildungssektors reagierte die psychoanalytische Institution freilich wieder typisch: wie jede beliebige Standesorganisation glaubte sie, die sensiblen Bereiche vor allzu freizügigen Diskussionen schützen zu müssen. Trotz der Abschottung lassen sich indes aus den Protokollnotizen der Vier-Länder-Konferenz einige Hinweise auf die Unterschiede Budapester und der Berliner Richtung in der kontrollanalytischen Technik rekonstruieren.

Während für die Vertreter der Budapester Richtung Kontrollanalyse als Weiterführung der persönlichen Analyse keiner besonderen Technik bedurfte, entwickelten die Vertreter der *Analysenkontrolle* spezielle Beratungskonzepte. Auf der zweiten Vier-Länder-Tagung trug der Wiener Analytiker Bibring den zu jener Zeit wohl am weitesten entwickelten Ansatz vor. Er beschreibt zunächst die Kontrollsituation: „Der Kandidat berichtet über den Analysanden zunächst in einer ihm freigestellten Form. Der kontrollierende Analytiker muß aufgrund dieses Berichts die Struktur des Analysierten, beziehungsweise der jeweiligen analytischen Situation erfassen, muß sie mit der Auffassung durch den Kandidaten vergleichen und – unter ständiger Bereitschaft zur Selbstkontrolle – die eventuellen Abweichungen in der Auffassung des Kandidaten feststellen oder die Lücken in derselben aufzeigen. Die Schwierigkeit der Situation besteht also darin, aus einem bestimmt gearteten Bericht sowohl über den Berichterstatter als auch über das Objekt des Berichtes Schlüsse zu ziehen ..."[24]

Folgt man Bibring, so konstituiert sich die kontrollanalytische Situation auf der Grundlage des „freien Berichts" des Kandidaten über seine analytische Arbeit mit dem Analysanden. Die sprachliche Analogie zur „freien Assoziation" ist kein Zufall. Bibring reklamiert mit dieser Formulierung eine modifizierte Form der „Grundregel" auch für das kontrollanalytische Verfahren. Wie in der analytischen Kur kommt der analytische Prozeß nur dann in Gang, wenn der Kontrollanalysand die Möglichkeit hat, seine Einfälle frei zu äußern. Im Unterschied zur „freien Assoziation" freilich verweist der Begriff des „freien Berichtens" jedoch auf die stärker kognitive Orientierung der Kontrollanalyse. Überdies wird mit ihm aber auch jenes Dritte, worüber berichtet werden soll, die analytische Arbeit des Kandidaten nämlich, ins Spiel gebracht.

Bezüglich der „Technik des Kontrollunterrichts" unterscheidet Bibring zwischen zwei Phasen: diejenige der „Materialgewinnung" und die der „Fallbesprechung". Ist die erste Phase durch das „freie Berichten" gekennzeichnet, so basiert die Fallbearbeitung wesentlich auf den „freien Einfällen" des Kandidaten. Im Unterschied zur „freien Assoziation" sind die Einfälle jedoch den Aufgaben und Zielen der „Analysandenkontrolle" funktional zugeordnet. Anders ausgedrückt: In den analytischen Prozeß zwischen Kontrollanalytiker und Kontrollanalysand intervenieren pädagogische Interessen und Aktivitäten, die aus dem Beratungszweck resultieren. Bibring charakterisiert sie folgendermaßen: „Der Unterricht in der praktischen Handhabung der Analyse (zerfällt) … in zwei Teile:
1. Kontrolle des Verständnisses sowohl hinsichtlich des Aufbaus der Neurose als auch hinsichtlich der aktuellen analytischen Situation …
2. Kontrolle der Handhabung der Technik, speziell der Deutungstechnik."[25]
Diese Beratungsinhalte, die bis heute, von terminologischen Modifikationen abgesehen, weitgehend konstant geblieben sind, bringen in Verknüpfung mit den analytischen Arbeitsformen den besonderen kontrollanalytischen Dialogtypus hervor. Er ist gleichermaßen von konventioneller Pädagogik wie von analytischer Behandlung unterschieden, wobei die Gewichtung der polaren Valenzen Resultat der spezifischen Arbeitsbeziehung ist, die sich zwischen Kontrollanalytiker und Kontrollanalysand einspielt. In kritischer Distanz zur Budapester Richtung hat Bibring in diesem Zusammenhang darauf hingewiesen, daß die Kontrollanalyse nicht psychologisiert werden dürfe, sie habe vielmehr „die beratende Form nie" zu „verlassen".[26]

Wie die Supervision, so ist auch die Kontrollanalyse eine Analyse-zu-dritt. Die Erweiterung der analytischen Zwei-Personen-Beziehung zur virtuellen Drei-Personen-Beziehung wird von Bibring implizit, im Rahmen der Diskussion der Funktion des Kontrollanalytikers erörtert. Seine Aufgabe besteht wesentlich darin, „unter ständiger Bereitschaft zur Selbstkontrolle" die Struktur des Analysierten und des Kandidaten gleichermaßen zu „erfassen".[27] In dieser dreiseitigen Wahrnehmungseinstellung spiegelt sich das Interaktionstableau der Kontrollanalyse, wobei die reziproken Inszenierungen der beiden *Analysanden* das Material für den analytischen Verstehensprozeß liefern. Voraussetzung für die produktive Konsolidierung einer solchen Wahrnehmungseinstellung ist die Asymmetrie der analytischen Beziehung. Da es sich bei der Kontrollanalyse nicht primär um die Behandlung regressiver Prozesse, sondern um eine Ichgesteuerte Interaktion handelt, braucht diese Asymmetrie nicht durch besondere Vorkehrungen, wie in der klassischen Analyse, abgesichert zu werden. Das kontrollanalytische Setting resultiert vielmehr aus der Unterstellung einer beziehungskonstitutiven Erfahrungsdifferenz. Auf der Grundlage der Anerkennung größerer klinischer Erfahrung des Kontrollanalytikers bewegt sich der Dialog im Spannungsverhältnis zwischen Egalität und Asymmetrie.

Therese Benedek hat in der zitierten biographischen Reminiszenz diese Dimension eindrucksvoll geschildert. Der Kontrollanalytiker tritt dem Kontrollanalysanden nicht bloß als Vertreter einer therapeutischen Technik gegenüber. Er ist vielmehr Repräsentant einer besonderen professionellen Identität, an der der Kontrollanalysand, vermittelt durch die eigene Analyse und seine analytische Praxis, bereits selber partiziert. Die beziehungsrelevanten Erwartungen werden also, trotz der Asymmetrie der Ausbildungssituation, durch die Geltung von Kollegialitätsprinzipien mitbestimmt. Dies gilt um so mehr, als es sich bei der psychoanalytischen Weiterbildung um eine postgraduale Qualifikation handelt, die eine gleiche oder ähnliche Berufsgruppenzugehörigkeit zur Voraussetzung hat.

Mit der Integration der Psychoanalyse ins System der medizinischen Profession, in deren Folge die Ausbildung zunehmend verschult und die Kontrollanalyse prüfungsrelevant geworden ist, hat das für die Entwicklung der frühen Psychoanalyse so bedeutsame Kollegialitätsprinzip einen nicht zu unterschätzenden Funktionsverlust erlitten. Mit seiner Erosion dieses Prinzips sind weitreichende Konsequenzen, vor allem die Substitution persönlicher Beziehungen durch institutionalisierte Verfahrensweisen verbunden. In der Analytikerausbildung läßt sich das zum einen am Vordringen einer warenförmig strukturierten Ausbildungsbeziehung, zum anderen an der Zunahme administrativer Eingriffe in die Organisation von Bildungsprozessen festmachen. Frühes Symptom des gegenwärtig noch keineswegs abgeschlossenen Strukturwandels waren die Eingriffe in die freizügige Praxis psychoanalytischer Weiterbildung auf den beiden Vier-Länder-Konferenzen in Wien und Budapest. Mit der von Jacoby beschriebenen *Amerikanisierung* in der Psychoanalyse hat sich dieser Trend fortgeschrieben.

Für die Entwicklung der Psychoanalyse ist es nicht unerheblich, ob die Kontrollanalyse gegen die skizzierten instruktionspädagogischen Interessen als reflexives Beratungsverfahren aufrechterhalten werden kann. Zu den wichtigsten Voraussetzungen einer selbstkritischen kontrollanalytischen Praxis gehört es, daß das Spannungsverhältnis von Beratung und Kontrolle virulent bleibt. Die dem Verfahren inhärente Paradoxie wäre also weder zugunsten der persönlichen Analyse noch im Sinne einer Instruktionspädagogik zu suspendieren. Sie wäre vielmehr, gegen die Gravität der übergeordneten gesellschaftlichen Anpassungsmaximen, methodisch in der Schwebe zu halten. Die von Bibring skizzierte kontrollanalytische Technik basiert methodisch auf jenem Spannungsverhältnis. Indem er das Verfahren weder der Kontrolle noch der Analyse eindeutig zuordnet, schafft er einen Raum, in dem die komplexe Dynamik der Drei-Personen-Beziehung systematisch zur Sprache gebracht werden kann. Genau darin läge die Bedeutung der Überlegungen Bibrings für die Supervision. Sie sind jedoch wie die frühen Ansätze Furrers oder Aichhorns der Amnesie verfallen.

3. Rezeption der Supervision in Deutschland

Die „Gleichschaltung" der Psychoanalyse im „Deutschen Institut für psychologische Forschung und Psychotherapie", dem sogenannten „Göringinstitut", die in Wahrheit ihre Ausschaltung war und den Exodus der jüdischen Psychoanalytiker aus Deutschland und Österreich zur Folge hatte, hat dazu geführt, daß die Impulse therapeutischer und professioneller

Selbstreflexion, die von der angewandten Psychoanalyse ausgingen, bis in die Erinnerungsspuren hinein vernichtet wurden. Auch nach dem Zusammenbruch des Nationalsozialismus blieben die frühen Ansätze lange Zeit, zum Teil bis heute, verschüttet. Das mag mit dem relativ geringen Entwicklungs- und Institutionalisierungsstand zusammenhängen, den die angewandte Psychoanalyse vor der Machtergreifung des Nationalsozialismus hatte. Möglicherweise resultiert die Permanenz des Vergessens aber auch aus einem unbewußten Motiv: Die Amnesie muß, einem unbewußten Wiederholungszwang folgend, aufrechterhalten bleiben.

Für diese These spricht, daß die deutsche Nachkriegsentwicklung, in sozialpsychologischer Perspektive, wesentlich auf Verdrängungsleistungen beruhte, die zwar das berühmte Wirtschaftswunder hervorbrachten, die Bewußtwerdung der Barbarei und der Schuld, die mit ihr verknüpft ist, jedoch verhindert haben. Die Matrix von Wiederaufbau und Verdrängung hat im Sinne einer kollektiven Reaktionsbildung aber nicht nur die Aneignung der sozialen wie der individuellen Geschichte verstellt, sie schlägt sich auch in der Strukturierung der Zukunft nieder. Indem das gesellschaftliche Bewußtsein sich von schmerzlicher Wiedererinnerung und selbstkritischer Erkenntnis suspendiert, perpetuiert sich der Bruch der kulturellen Identität, der sich mit der Machtergreifung vollzog. An die Stelle kultureller Autonomie treten Formen kritikloser Übernahme oder passiver Anlehnung an die jeweils vorherrschenden gesellschaftlichen Trends.

Nur wenige Autoren, Literaten zumeist, haben in den Nachkriegsjahren die fortdauernde Erosion der kulturellen Identität thematisiert. In der Medizin hat Alexander Mitscherlich schon früh die Folgen der Verstrickung dieser Disziplin in den nationalsozialistischen Herrschafts- und Vernichtungsapparat bezeichnet. Der Kampf gegen die Amnesie, dem sein Lebenswerk gilt, gründet in dem Bewußtsein, daß ein Neuanfang, jenseits identifikatorischer Anpassung an herrschende gesellschaftliche Tendenzen, nur über die Analyse der Barbarei auch in uns selber gelingen könne. Im Medium einer solchen Analyse wäre es zugleich möglich, die progressiven Traditionen der eigenen Geschichte dort wiederaufzunehmen, wo sie gewaltsam unterbunden worden waren.

Vor diesem Hintergrund ist die Etablierung der Supervision in Deutschland aufschlußreich: Charakteristischerweise knüpft sie nicht an den psychoanalytischen Ansätzen der 20er und 30er Jahre an. Begrifflich und konzeptionell orientiert sie sich vielmehr an anglo-amerikanischen und niederländischen Modellen. In einer bedeutenden Studie, die in den 50er Jahren zum thematischen Zusammenhang von Einzelfallhilfe und Supervision erschienen ist,[28] werden die frühen Arbeiten von Freud, Furrer und Aichhorn nicht einmal erwähnt. Dieser Umstand ist vor allem deshalb merkwürdig, weil das Supervisionskonzept von Ruth Bang sich selber als tiefenpsychologisch fundiert begreift. Eine genauere Analyse ihrer Psychoanalyserezeption macht jedoch deutlich, daß sie sich kaum auf die Originalarbeiten Freuds bezieht. Ihre Psychoanalyserezeption ist vielmehr durch den Ich-psychologischen Revisionismus der Neopsychoanalyse vermittelt; jener Spielart, in der – nach der Einsicht Adornos – das kritische Verständnis der Subjektivität den Maximen einer Anpassungswissenschaft gewichen ist.[29]

Die bei Bang anzutreffende geschichtslose Orientierung an heterogenen Wissenschafts- und Praxiszusammenhängen ist, über das Beispiel hinaus, charakteristisch für die Entwicklung der Supervision in den ersten beiden Nachkriegsjahrzehnten. Das wird bereits an der Begriffsbildung deutlich: Der angelsächsische Terminus wird weder systematisch entfaltet, noch in Beziehung zu analogen Traditionen im eigenen Kulturkreis gesetzt. Während Melzer naive, begrifflich unpräzise Eindeutschungsversuche unternimmt und Supervision mit *Praxisberatung* übersetzt sehen will,[30] geht Bang davon aus, daß der Begriff als Terminus technicus einfach übernommen werden solle.

Wie bereits angedeutet, dürfte die Suspendierung eigenständiger begrifflicher und methodischer Reflexion mit blinden Identifikationsbedürfnissen zusammenhängen; dem Wunsch, sich an gleichermaßen verbürgte wie mächtige Partner anzulehnen. Das wird bei Bang und in anderer Weise bei Melzer deutlich. Während jene die analytische Perspektive durch die Übernahme von Deutungsmustern entschärft, die weniger die subjektiven Konfliktpotentiale als vielmehr die Anpassungsprozesse fokussieren, entwirft dieser ein Supervisionskonzept, in dem die Psychoanalyse zur Rationalisierung institutionalisierter Macht instrumentalisiert wird. Steht bei Bang die „persönliche Reifung" im Sinne der Anpassung an die vorgegebene gesellschaftliche Wirklichkeit im Zentrum der Supervision, ist es bei Melzer die psychotechnisch raffinierte Kontrolle der Mitarbeiter durch ihre Vorgesetzten.[31] Zusammenfassend können wir festhalten, daß der Psychoanalysetypus, der für die Entwicklung der Supervision konstitutiv geworden ist, sich nicht unwesentlich von dem Aufklärungsinteresse, das die frühen Ansätze gekennzeichnet hat, unterscheidet. Daß gerade die pragmatische halbierte Psychoanalyse rezipiert wurde, hat zentral mit der Verdrängung ihrer Geschichte zu tun.

Neben der historischen Amnesie hat aber noch ein zweites Moment dazu beigetragen, daß die Begründung der Supervision mit einer defizitären Psychoanalyserezeption einherging: Mit der Supervision wurde eine Zeitlang die Vorstellung verknüpft, daß sie, als eigenständige Methode, die prekäre professionelle Identität der Sozialarbeit unterfüttern könne. Als Konsequenz dieses Interesses kam es zur personellen und institutionellen Entkoppelung von Supervision und Psychoanalyse. Jene orientierte sich weniger an der angewandten Psychoanalyse, sondern versuchte sich als Domäne des sozialarbeiterischen Methodenkanons zu etablieren. In dem Maß, in dem Supervisionen nicht länger – wie in den frühen Ansätzen – von Psychoanalytikern, sondern von den Fürsorgerinnen selber durchgeführt wurden, veränderten sich die paradigmatischen Orientierungen. Freilich nicht im Sinne einer auch nur ansatzweise wissenschaftlich reflektierten Neustrukturierung des Verfahrens – die vor dem Hintergrund der professionellen Problemstellung der Sozialarbeit durchaus sinnvoll gewesen wäre –, sondern in Form einer unterschwelligen Erosion psychoanalytischen Theorie- und Technikverständnisses. Diese Entwicklung ist nicht verwunderlich, weil die Supervision ausübenden Fürsorgerinnen zwar psychoanalytisch orientiert waren, von der psychoanalytischen Ausbildung und den Statusgratifikationen jedoch ausgeschlossen blieben. Insofern ist es gleichsam systembedingt, daß die Psychoanalyserezeption in der Sozialarbeit defizitär und eklektizistisch bleiben mußte. Aufgrund der prekären professionellen Stellung der Sozialarbeit war es also weder möglich, sich von der Psychoanalyse zugunsten eines eigenen Wissenschaftsverständnisses zu emanzipieren, noch konnte sie sich als genuiner Teil der angewandten Psychoanalyse begreifen. Als Domäne der Sozialarbeit teilt Supervision mit dieser den ungeklärten methodischen und wissenschaftlichen Status.

4. Das theoretische Selbstverständnis in der Pionierphase

Die eigentliche Entwicklung der Supervision in Deutschland begann in den 50er Jahren und war bis zur Wiedervereinigung auf Westdeutschland beschränkt. Charakteristischerweise knüpft sie nicht an den psychoanalytischen Ansätzen der 20er und 30er Jahre an. Begrifflich und konzeptionell orientiert sie sich vielmehr an angelsächsischen, niederländischen und schweizer Praktikern und Autoren. Retrospektiv lassen sich vier Phasen unterscheiden:
- die Pionierphase in den 50er und 60er Jahren
- die Expansionsphase in den 70er Jahren
- die Konsolidierungsphase in den 80er Jahren
- die Phase der expansiven Professionalisierung in den 90er Jahren.

Wenden wir uns zunächst der Pionierphase und hier vor allem der 1958 veröffentlichten Arbeit von Ruth Bang über die „Einzelfallhilfe" zu. Ohne Zweifel gehört ihr Buch über „casework" neben den interessanten Arbeiten von Caemmerer, Dworschak, Kamphuis, Pfaffenberger u. a. zu den Pionierarbeiten der ersten Entwicklungsphase.[32]

Die basale Philosophie ihres Ansatzes macht die Autorin bereits im Untertitel deutlich, wenn sie Supervision als einen Weg *zu beruflicher Reife* begreift.[33] Ihr Ziel sei es, „sowohl den notleidenden, hilfesuchenden Menschen, wie der beruflichen Entwicklung des Sozialarbeiters zu dienen"[34]. Bereits in diesen Formulierungen klingt ein pathetischer Duktus an, der nicht nur für die Autorin, sondern für weite Kreise der Sozialarbeit jener Zeit charakteristisch zu sein scheint. In der erwähnten Studie verwendet die Autorin auf elf Druckseiten erheblichen Aufwand darauf, den Begriff der „Reife" argumentativ zu entfalten. Resultat ist die Formulierung von Ansprüchen, die beinahe alle als positiv geltenden menschlichen Eigenschaften umfassen. Das Spektrum der Reifeindikatoren reicht von „Einfühlungsvermögen und Hilfsbereitschaft" über „Verantwortung und Entscheidungsfreudigkeit, Geduld" und „Vorurteilsfreiheit" bis hin zur „Kenntnis der eigenen Persönlichkeit" und Eigenschaften wie: „Autorität sein und anerkennen können"[35].

Der Merkmalskatalog macht deutlich, daß im Vordergrund der Analyse weniger die Konflikte und Ambivalenzen beruflicher Praxis stehen. Die Autorin entwirft ein normatives Bild der Wirklichkeit, das deutlich ideologische Züge trägt. Funktion der Supervision ist die Anpassung der Sozialarbeiter an präformierte Eigenschaften. Abweichungen erscheinen explizit als „unangepaßte Verhaltensweisen" oder „Fehlhaltungen",[36] die den *Schülern* im Rahmen der *Berufserziehung* abgewöhnt werden sollen. Obwohl Bang hervorhebt, daß Supervision sich von traditioneller Pädagogik durch die Beachtung individueller Motive und Interessen unterscheidet, verraten ihre Formulierungen gleichwohl den instruktionspädagogischen Zuschnitt ihres Ansatzes. Um den ideologischen Ansprüchen der Autorin gerecht zu werden, müssen die normativen Implikationen kaschiert werden. Bang erreicht das durch eine für theoretische Konzeptionen in der Sozialarbeit nicht untypische Vermischung methodisch und systematisch inkompatibler theoretischer Konzepte. So betont sie, gleichsam als Gegengewicht zur latenten Instruktionspädagogik, die beziehungskonstitutive Rolle der Kollegialität und die konzeptionelle Bedeutung der helfenden Beziehung. „Bei der Erfüllung der Aufgaben ... in der Supervision spielt die helfende Beziehung eine entscheidende Rolle. Der Supervisor ist für den Schüler ... ein beruflicher, helfender Freund, besser: Kollege. Der Klient im casework und der Schüler in der Supervision machen sehr ähnliche Erfahrungen: beide gewinnen an Selbsterkenntnis und Selbstverstehen im Schutze und mit Hilfe einer helfenden Beziehung."[37]

An den Formulierungen wird deutlich, wie unspezifisch die Autorin in der begrifflichen Erarbeitung der Supervision vorgeht. Die „helfende Beziehung" ist ein Konzept der therapeutischen Sozialarbeit, das auf den therapiekonstitutiven Interessendifferenzen von Therapeut und Klient beruht. Bei Bang wird das Konzept jedoch umstandslos für die Supervision reklamiert, ohne daß die Unterschiede der Beziehungssysteme herausgearbeitet würden. Zwar hebt Bang pathetisch hervor, daß „der Schüler kein Verwundeter" ist, welcher der Heilung bedarf,[38] „Supervision also keine Psychotherapie"[39] sei, gleichzeitig entwickelt sie ihre methodischen Vorstellungen explizit in Analogie zur Einzelfallhilfe.

Obwohl Bang sich auf eine tiefenpsychologische Fundierung[40] ihres Supervisionskonzepts beruft, haben genuin psychoanalytische Einsichten angesichts der normativ-pädagogischen Orientierung keinen Platz. Der kritische Ansatz Freuds, den sie aus zweiter Hand rezipiert, wird zu einer moralistischen Theorie umgebogen: „Von Freud ... wird nicht selten behauptet, seine psychoanalytischen Theorien ließen keinen Raum für sittlich-ethische Werte und Forderungen, und Freud habe für sich selbst solche nicht anerkannt. Dieser Behauptung liegen entweder tiefgehende Mißverständnisse oder ein Mangel an Fähigkeit und gutem Willen zu objektiver Betrachtung zugrunde. Es ist richtig, daß Freud die Ursachen für viele menschliche Fehlhaltungen und Fehlhandlungen im Unbewußten sucht und findet; er zieht aber nicht die Konsequenz daraus, daß der Mensch keine Verantwortung trüge für sein Denken, Fühlen und Handeln. Freuds ethisch-sittliche Forderung … lautet: Bemühe Dich darum, Dein Verhalten zu verstehen, um es dahingehend zu verändern, daß es für Dich, Deine Mitmenschen und die Gesellschaft sinnvoll wird."[41]

Die grotesk anmutenden Formulierungen machen zunächst deutlich, daß Bang die basale Differenz zwischen Methode und Wahrheitsgehalt psychoanalytischer Theorie und Praxis einerseits und der privaten Moralität ihres Begründers nicht wahrzunehmen in der Lage ist. Als Theorie operiert Psychoanalyse gerade nicht mit ethischen Imperativen, sie untersucht vielmehr die Verdrängung, die solchen normativen Orientierungen zugrunde liegt. Die revisionistische Aufgabe der Triebtheorie und des Konzepts des Unbewußten legt eine solche Rezeption freilich nahe. Als Konsequenz erscheint die dreiseitige Beziehungsdynamik zwischen Supervisor, Supervisand und Klient nicht länger als selbstkritischer Aufklärungsprozeß, sondern als moralische Veranstaltung.

Trotz oder möglicherweise gerade wegen der Substitution einer wissenschaftlich fundierten, theoretischen Analyse durch eine moralisierende Ideologie ist Bang zu einer der bedeutendsten Wegbereiterinnen der Supervision in Deutschland geworden.

Eine andere, nicht weniger ideologische Spielart der *Praxisberatung* wird von Melzer vorgeschlagen. Bedeutsam ist sie vor allem deshalb, weil er, zunächst als Assistent von Dora von Caemmerer, später in eigener leitender Verantwortung die Kurse zur Fortbildung von Supervisoren beim „Deutschen Verein für öffentliche und private Fürsorge" durchgeführt hat. Anders als Bang spricht Melzer nicht von Supervision, sondern von *Praxisberatung*. Anders als Bang, die konzeptionell vom *Reifebegriff* ausgeht, stellt Melzer den *Lernprozeß* ins Zentrum seiner Argumentation. Die „Vermittlung und Gestaltung sozialer Lernprozesse"[42] sei der gemeinsame Gegenstand sowohl der Sozialarbeit als auch der Supervision. Durch professionelle Sozialisationshilfen soll den Individuen und Gruppen geholfen werden, „in ihrer Gesellschaft in einer Weise zu funktionieren, die sie zum Ertragen und zum Nutzen von Frustrationen und Konflikten befähigt"[43].

Melzer betont, daß damit keine Anpassung im Sinne einer Unterwerfung unter bestehende Gesellschaftsformen gemeint ist: „Lernen wird vielmehr verstanden im Sinne Mitscherlichs als ein Vorgang der Einübung und der distanzierten und kritischen Beeinflussung."[44] Bei der Anwendung der Lernkategorie auf Supervision geht Melzer, ähnlich wie Bang, zunächst von der Parallelität der Supervisor-Supervisand- und der Sozialarbeiter-Klient-Beziehung aus. Sie ist Voraussetzung für den Transfer von professionellen Standards und methodischen Regeln. An die Stelle der von Bang vertretenen normativen Analyse tritt bei ihm jedoch eine stärker funktionalistische Orientierung. Dieser Perspektivenwechsel hat zunächst den Vorteil, daß die Affinitäten von Sozialarbeit und Supervision nicht bloß, wie bei Bang, pathetisch beschworen, sondern operationell beschrieben werden können. Darüber hinaus können auf dieser Grundlage vor allem aber auch die spezifischen Funktionen der Supervision präzisiert werden. „Durch die Praxisberatung strukturiert und erweitert sich die Berufsrolle ... Der Praxisberater ermöglicht dem Sozialarbeiter durch Beratung und Wirksamkeitsreflexion, die Fähigkeit als Fachkraft zu erweitern und hilft ihm, durch Aktivierung seiner Möglichkeiten einen hohen Grad an Bewußtsein, Flexibilität und Spontaneität im helfenden und beratenden Handeln zu erreichen ... Im Vordergrund der Praxisberatung steht die Orientierung an der Aufgabe, die der Sozialarbeiter zu bewältigen hat ... Somit soll diese Arbeit dem Zweck dienen, Bemühungen im Zuge der weitergehenden Professionalisierung in der Sozialarbeit zu unterstützen."[45]

Das Zitat macht deutlich, daß Melzer, im Unterschied zu Bang, weniger die Aspekte des „personal growth" als vielmehr den instrumentellen Charakter der Supervision hervorhebt. Zwar spricht auch er davon, daß der einzelnen „Fachkraft" zur „Entfaltung" verholfen werden solle, fokussiert dabei aber, im Anschluß an Towle, primär die institutionellen Interessen an effektiv funktionierenden Mitarbeitern. „Praxisberatung (Supervision) ist ein Teil der Administration mit der Verantwortung dafür, daß die Arbeit so effektiv wie möglich getan wird."[46] Vor diesem Hintergrund ist es kein Zufall, daß die Erteilung von Supervision eine Vorgesetztenfunktion sein soll. Die Problematik einer solchen Konstruktion, in der der Supervisand die inneren Konflikte und Schwierigkeiten, die ihm aus der professionellen Rolle erwachsen, seinem Vorgesetzten rückhaltlos mitteilen soll, wird ebenso verleugnet, wie die mit hoher Wahrscheinlichkeit behaftete Möglichkeit, daß der Vorgesetzte selber Teil des Konfliktszenarios ist. Statt dessen werden die Widersprüche apodiktisch ausgeblendet: „Der Praxis-berater hat eine leitende Funktion. Er trägt administrative Verantwortung für den Arbeitseinsatz des Sozialarbeiters und ist fachlich verantwortlich für den Erfolg. Er soll durch seine Beratung dem Sozialarbeiter helfen, die Beratungsfaktoren zu erkennen und handzuhaben. Er wird fehlendes Wissen vermitteln, insbesondere soweit es feldorientiert ist, und gemeinsam mit dem Sozialarbeiter dessen Arbeit auswerten und (gegebenenfalls) beurteilen ... (Seine) beratenden, lehrenden, auswertenden und verwaltenden Funktionen fügen sich zu einer Berufsrolle zusammen, die durch Ausbildung und Vorbild die Ängste vor unlauterem Gebrauch der Macht, der Abhängigkeit und der Intimkenntnisse zu vermeiden hilft."[47]

Gänzlich unberücksichtigt bleibt die Frage, ob das Konzept des *offenen Lernens*, das Melzer für den Supervisionsdiskurs beansprucht, unter den Bedingungen eines primär administrativ orientierten Modells überhaupt realisiert werden kann. Eher plausibel erscheint es demgegenüber, daß die Option für ein Setting, das auf der Vorgesetzten-Untergebenen-Beziehung beruht, zur Folge hat, daß sowohl die Supervisionsbeziehung als auch der Lernprozeß vom Typus strategischer Interaktion beherrscht wird. Nicht Selbstreflexion und Aufklärung, sondern herrschaftsförmige Anpassung an mächtige institutionelle Normen und deren Repräsentanten sind die latenten Fluchtpunkte des Melzerschen Supervisionskonzepts.

Er folgt damit einem instrumentalistischen Supervisionsverständnis, das in den USA vor allem von Towle, Scherz, Kadushin und anderen entwickelt worden ist. Charakteristisch ist, daß er, wie Bang, Theorien und Modellvorstellungen ohne expliziten Rückbezug auf die historischen und institutionellen Bedingungen, unter denen die jeweiligen Konzepte entstanden sind, übernimmt. Ähnlich ignorant verfährt er auch bezüglich der Verwendung der Psychoanalyse. Obwohl psychoanalytische Praxis und Theorie dem Ansatz Melzers diametral entgegengesetzt sind, insistiert er darauf, daß sein Konzept auf *tiefenpsychologischen Grundlagen* beruhe. Im Unterschied zu Bang, die implizit Ich-psychologisch orientiert ist, lehnt Melzer sich an einen machtvermittelten Psychoanalysetypus an, der historisch aus der Integration der Psychoanalyse in die Behandlungsroutinen der amerikanischen Psychiatrie hervorgegangen ist.

Die Verdienste von Bang und Melzer, von Caemmerer, Pfaffenberger und Dworschak für die Entwicklung der Supervision in Deutschland beruhen nur zum Teil auf ihren theoretischen Arbeiten. Mindestens ebenso wichtig waren ihre organisatorischen und propagandistischen Bemühungen. Durch sie wurde Supervision in der Sozialarbeit nicht nur bekannt, es entstand auch die für ihre professionelle Durchsetzung entscheidende Nachfrage. Ein wichtiger Beitrag zur Etablierung der Supervision war die Einrichtung des ersten Fortbildungsangebots für „Praxisberatung und Praxisanleitung" an der „Akademie für Jugendarbeit und Sozialarbeit" des „Deutschen Vereins ..." in Frankfurt a. M., die im Jahre 1965 stattfand. Dieses Projekt, das organisatorisch und konzeptionell wesentlich von Melzer verantwortet wurde, hat eine Dynamik in Gang gesetzt, der sich das „Feld" ebensowenig entziehen konnte wie die Fortbildungseinrichtungen der freien Träger. Mit der Implementation der Supervision in der beruflichen Praxis und ihrer Institutionalisierung im Fortbildungssystem der Sozialarbeit ging die Pionierphase zu Ende. Abgelöst wurde sie von der Expansion des Verfahrens in den sozialen, therapeutischen und pädagogischen Berufen.

5. Paradoxe Szenarien: Gesellschaftliche Krise, Psychoboom und die Expansion der Supervision in den 70er Jahren

Die Expansion des Therapie- und Beratungssektors, dem Supervision zu subsumieren wäre, ist Teil eines historischen Prozesses, der durch die ökonomische und politische Krise der 60er Jahre ausgelöst worden ist. Die Krise markiert das Ende der Rekonstruktionsperiode der westdeutschen Gesellschaft nach dem Zweiten Weltkrieg, die wesentlich durch das *Wirtschaftswunder*, die Wiederherstellung restaurativer Ideologien und entsprechend autoritär strukturierter Institutionen geprägt war. Die zwiespältige Dynamik dieser Entwicklung wurde zunächst von vermeintlichen Zwängen des Wiederaufbaus und sozial-integrativen Leitbildern wie dem „Wir-sind-wieder-wer-Mythos" verdeckt. Erst durch die studentische Protestbewegung wurden die restaurativen Institutionen und die staatstragenden Legitimationen radikal und praktisch folgenreich kritisiert. Die repressiven Tendenzen kleinbürgerlicher Lebensformen wurden dabei ebenso thematisiert wie die des Konservatismus der staatlichen Institutionen und der Zynismus des westlichen Demokratieverständnisses, der im Namen der Freiheit den mörderischen Vietnamkrieg inszenierte. In der Tradition der „Kritischen Theorie der Gesellschaft", jener von Horkheimer, Adorno, Marcuse und anderen entwickelten Diagnose der spätkapitalistischen Gesellschaft und ihrer Kultur, diagnostizierten die Autoren der studentischen Protestbewegung den gesellschaftlichen Zustand als notwendige Folge einer Entwicklung, die auf dem Primat der Kapitalakkumulation und den damit verbundenen Tendenzen zur Entfremdung und Verdinglichung menschlicher Praxis beruhe. Mit der spätkapitalistischen Transformation des Systems in eine Konsum- und Leistungsgesellschaft seien die *Gattungskräfte* (Marx), auf denen ein vernünftiger gesellschaftlicher Fortschritt basiere, warenförmig pervertiert.

Nach der Analyse der studentischen Protestbewegung beziehen sich die Systemprobleme dabei keineswegs bloß auf den ökonomischen und staatlichen Sektor, sondern auf die Konstitution von Subjektivität selber. Im Rahmen dieser Überlegungen wurde zunächst auf die unverarbeitete Schuld der Kriegsgeneration verwiesen, die ihre Verantwortung mit Hilfe der Aufbauaktivitäten erfolgreich verdrängt hätten. Darüber hinaus wurden aber auch die psychischen Kosten des *Wirtschaftswunders*, die das Binnengefüge von Familie, Sozialisation und persönlichen Beziehungen nachhaltig geprägt haben, untersucht. Folgenreich war die studentische Bewegung zunächst wohl deshalb, weil sie latente Systemprobleme aufgegriffen und öffentlich zur Sprache gebracht hat. Durch das Zusammentreffen von Kritik und Provokationen wurden neue medienwirksame Ausdrucksformen geschaffen, die öffentliche Aufmerksamkeit garantierten. Darüber hinaus war die studentische Protestbewegung aber auch eine Art soziales Laboratorium, in dem mit neuen Lebensformen experimentiert wurde, die sich später im gesamtgesellschaftlichen Maßstab durchgesetzt haben. Zu erinnern wäre in diesem Zusammenhang an die partielle Liberalisierung der Sexualität, an das Zusammenleben in Wohngemeinschaften und ohne Trauschein sowie an die Kinderladenbewegung.

Bestand die Antwort der studentischen Protestbewegung auf die Strukturkrise des Systems also in radikaler Kritik und experimentellen Veränderungen der Lebenszusammenhänge, so reagierte das staatliche Handeln mit dem Konzept der Reformpolitik. Um den Funktionserfordernissen einer *offenen* Gesellschaft gerecht zu werden, sollten mit Hilfe groß angelegter Modellprogramme überkommene Strukturen modernisiert und Perspektiven für zukünftige Entwicklungen konkretisiert werden. Es ist kein Zufall, daß die Reforminitiativen sich besonders auf das Sozial- und

Bildungswesen sowie auf das Gesundheitssystem bezogen. Zunächst wohl deshalb, weil diese Bereiche staatlicher Steuerung, anders als der ökonomische Sektor, eher zugänglich waren. Zum anderen spiegelt sich in dieser Politik aber auch die zunehmende Bedeutung des Reproduktionssektors für die Funktionsfähigkeit der entwickelten Industriesysteme wider. Reformpolitik hat in dieser Perspektive die Aufgabe, die sozialen Konflikte, die in der Folge des gesellschaftlichen Wandels aufgetreten sind, abzufedern bzw. zu reintegrieren.

Wie lassen sich diese Probleme nun genauer bestimmen? Zunächst mit der globalen Erkenntnis, daß sich sowohl die tradierten Formen intimer Beziehungsregulation als auch solidargemeinschaftliche Typen der Lebensbewältigung im Prozeß der industriellen „Revolution" grundlegend geändert haben. An die Stelle familiärer, nachbarschaftlicher und privater Muster tritt eine weitgehende Vergesellschaftung der Sozialisations- und Interaktionsprozesse. Damit ist zunächst gemeint, daß Erziehung und Bildung der Kinder zunehmend von spezialisierten Institutionen übernommen und von mediengesteuerten Prozessen flankiert werden. Wie die Sozialisation der Kinder, so werden auch die zwischenmenschlichen Beziehungen zunehmend überformt durch performierte Interaktionsmuster, wie sie durch die Freizeit- und Medienkultur zur Verfügung gestellt werden. Ihren Symptomniederschlag findet diese Entwicklung in der Krise sowohl der gesellschaftlichen als auch der individuellen Identitätskonstitution: Dem sich aufspreizenden Subjektivismus mitsamt seinen narzißtischen Persönlichkeitskulten stehen psychosoziale Verelendung, Depersonalisierung und massive Abhängigkeitsprobleme der Individuen gegenüber.

Die Reformpolitik der 70er Jahre ließe sich als Versuch verstehen, die skizzierten Paradoxien mit staatlichen Mitteln zu „behandeln". Die Logik der Steuerinstrumente freilich führte dazu, daß sie sich eher reproduzierten denn veränderten: So wird durch den Ausbau des institutionellen Systems der Vergesellschaftungsprozeß ehemals privater Lebenszusammenhänge beschleunigt. Dabei wäre allerdings nicht zu übersehen, daß mit der institutionellen Differenzierung Entwicklungschancen und Ressourcen für soziale Gruppen geschaffen wurden, die vordem systematisch benachteiligt waren. Ein gutes Beispiel für die immanente Widersprüchlichkeit der Reformpolitik ist der Bildungssektor. Sein Ausbau hat zu Superstrukturen mit großem Regelungsbedarf und damit zur administrativen Überformung

der pädagogischen Praxis geführt. Gleichzeitig haben z. B. die Gesamt-
schulen oder die Einrichtungen des „zweiten Bildungswegs" zu verbes-
serten Bildungsmöglichkeiten für die weniger privilegierten Bevölkerungsschichten geführt. In anderer Weise gilt diese Widersprüchlichkeit
aber auch für den Therapiesektor: Seine Expansion hat einerseits zweifellos dazu beigetragen, daß ehemals intime Bereiche ökonomisiert und
vergesellschaftet wurden; andererseits werden durch die Verfügbarkeit
therapeutischer Angebote aber auch Möglichkeiten eröffnet, das über
Jahrhunderte tabuisierte seelische Leiden besser zu verstehen und ange-
messenere Behandlungsmöglichkeiten zu schaffen.

Die zwiespältige Entwicklung ist Resultat der inneren Funktionsweise
der Steuerinstrumente und Legitimationen, die der Reformpolitik zur Verfügung standen. Konstitutionslogisch beruhen sie im wesentlichen auf
drei Prinzipien:
– der Ökonomisierung und Institutionalisierung sozialer Interaktion ein-
  schließlich der Beziehung zu sich selbst
– der Individualisierung sozial induzierter Prozesse
– der Substitution konkreter Erfahrungs- und Erlebniswelten durch die
  medienvermittelte Simulation.
Unter Ökonomisierung verstehen wir die warenförmige Organisation aller
gesellschaftlichen Beziehungen, also auch der zwischenmenschlichen Interaktion und der Beziehung des Individuums zu sich selbst. Geld tritt als
beziehungsstiftendes Drittes zwischen die Interaktionspartner und deter-
miniert – offen oder verdeckt – das gegenseitige Interesse. Damit kommen zugleich jene Dimensionen von Ungleichheit und Herrschaft ins
Spiel, die Marx in seinen kapitalismuskritischen Analysen aufgedeckt hat.
Kennzeichnend für die Dynamik der Ökonomie ist die progressive Aus-
beutung immer neuer und immer intimerer Bereiche, wie wir am Beispiel
des Psychobooms und der „Psychologisierung der Gesellschaft" zeigen
werden.

Wie die Ökonomisierung, so hat auch die fortschreitende Institutionalisierung strukturierende Funktionen für die Interaktion. Am Beispiel des
Eintritts der Kinder in den Kindergarten läßt sich das verdeutlichen. Die
spezifisch individuellen, von affektiver Nähe geprägten Beziehungen zwischen Eltern und Kindern werden in der Institution Kindergarten teilweise
durch verallgemeinerte und versachlichte Interaktionsformen ersetzt. Das
Leben in der kleinen Gruppe wird erweitert durch das Leben in einer gro-

ßen Gruppe. Damit erweitert sich das Spektrum der Beziehungen. Die außerfamiliären Lern- und Erfahrungsmöglichkeiten nehmen zu, andererseits werden aber die Kinder Fremdheitserfahrungen ausgesetzt und abstrakten Bedürfnisregulationen unterworfen, die wesentlich der frühen Anpassung dienen und zumindest partiell mit der Unterdrückung kindlicher Ausdrucksmöglichkeiten einhergeht.

Nur scheinbar im Gegensatz dazu steht das Individualisierungsprinzip. Damit ist gemeint, daß individuelle Probleme nicht in ihrem komplizierten psychosozialen Konstitutionszusammenhang, sondern bloß in ihrem subjektiven Niederschlag, gleichsam als Schuld des einzelnen, begriffen werden. Diese Reduktion ist die entscheidende Voraussetzung für die Wahrnehmung und Verarbeitung von Problemen durch Institutionen. Interessant ist, daß die Hervorbringung des Individualitätsprinzips zu den großen Leistungen der Aufklärung zählt. Die Durchsetzung des Individualitätsanspruchs erfolgte einerseits im Sinne der Entfaltungsmöglichkeiten des bürgerlichen Subjekts, andererseits aber auch in herrschaftskritischer Absicht: Als Absage an die traditionell verbrieften Privilegien von Klerus und Adel. Mit Ablösung des bürgerlichen Zeitalters durch sozialstaatlich organisierte Systeme hat sich diese Perspektive in ihr Gegenteil verkehrt.

Das Simulationsprinzip schließlich ist die historisch jüngste Entwicklung. Baudrillard[48] hat zu Recht darauf hingewiesen, daß über die elektronischen Medien alle Gesellschaftsmitglieder – jenseits von Raum und Zeit – aneinander und an die Welt *angeschlossen* sind, wobei sich Wahrnehmungsverarbeitung und Erfahrungsbildung weitgehend objektlos, nach dem Muster digitalisierter Informationsverarbeitung vollziehen. Die Struktur subjektiver Erfahrung gleicht sich in ihrer Formbestimmung den elektronischen Medien an; das gleiche gilt für die äußere Realität: an ihre Stelle tritt das neue Universum der Simulationswirklichkeit. Das hat weitreichende Folgen für die Reformpolitik: Ihr soziales und aufklärerisches Interesse mündet in eine prekäre Paradoxie: die sozialen, politischen und subjektiven Dimensionen erscheinen heute als medienvermittelte *Obszönität*,[49] die ihren Realitätsgehalt eingebüßt haben und zu bloßen Versatzstücken des Zeitgeistes geworden sind.

5.1 Psychoboom

Systematisch ist der Psychoboom in unserem Diskussionszusammenhang vor allem deshalb von Interesse, weil ohne ihn weder die methodischen Entwicklungen der Supervision noch ihre Durchsetzung in therapeutischen und sozialpädagogischen Professionen zu verstehen wäre. Der Begriff gehört in Kontext dessen, was als „Psychologisierung" oder „Therapeutisierung der Gesellschaft"[50] bezeichnet worden ist. In der Einleitung habe ich darauf hingewiesen, daß darunter eine Sichtweise verstanden wird, bei der die Wahrnehmung der Wirklichkeit, die Interaktion und die Selbstdefinition der Individuen unter Rückgriff auf psychologisierende Interpretationsschemata vorgenommen wird. In diesem Zusammenhang bezeichnet der Begriff Psychoboom zunächst die Art, in der sich die *Psychologisierung der Gesellschaft* historisch durchgesetzt hat: eben als Boom. Darüber hinaus verweist er aber auch auf die Warenförmigkeit der Psychoangebote und auf den Konsumentenstatus der Anhänger der Psychoszene.

Charakteristisch für den Psychoboom sind die Psychotechniken. Seit Anfang der 70er Jahre haben sich zahllose Varianten, wie z. B. Primär-, Gestalt- und Gesprächstherapie, Bioenergetik, Transzendentale Meditation, Transaktionsanalyse, Katathymes Bilderleben, Encounter, Rebirthing und noch etwa 60–200 andere Verfahren herausgebildet. Kennzeichnend für alle Spielarten ist es, daß sie aus den beiden großen paradigmatischen Ansätzen, der Psychoanalyse und der Verhaltenstherapie, hervorgegangen sind. Während Psychoanalyse und Verhaltenstherapie komplexe Ansätze mit jeweils eigenen wissenschaftstheoretischen Grundlagen, Theorien und Behandlungsmethoden repräsentieren,[51] ist es für die Psychotechniken kennzeichnend, daß sie einzelne Aspekte des psychischen Geschehens und der Behandlung aufgreifen und diese zu einer sogenannten Therapiemethode verabsolutieren. Die Aspekthaftigkeit der Psychotechniken führt nicht nur zu einem wissenschaftlich unaufgeklärten Partikularismus, sie hat auch teilweise prekäre Konsequenzen für die Behandlung der Patienten. Durch den begrenzten Kompetenz- und Wissenshorizont der Techniken müssen sich die Patienten den begrenzten Möglichkeiten der Methode und der Therapeuten anpassen, anstatt auch in denjenigen Eigenarten und Phantasien verstanden zu werden, die über den engen Verständnisrahmen der jeweiligen Technik hinausgehen. Kompensiert wird der zumeist nicht

eingestandene Partikularismus durch charismatische Attitüden und mega-
lomane Größenvorstellungen, die sich bei den meisten Gründern von The-
rapieschulen nachweisen lassen.[52]

Zum Psychoboom zählen aber nicht nur die zahllosen therapeutischen
Techniken, auch die Wege der asiatischen Weisheit, zur Psychotherapie
aufgeblähtes Yoga, Tai-Chi etc., sowie die verschiedenen Spielarten der
New-Age-Bewegung[53], sei es in Form des *positive thinking* und anderer
Bewußtseinserweiterungsprogramme, oder in Gestalt spiritualistisch-sek-
tiererischer Aktivitäten, mehr oder weniger therapeutischer Esoterik- und
Astrologie-Zirkel, der scientology church oder der Moon Sekte sind Teil
des Booms. War der Psychoboom in den 70er Jahren zunächst auf kleine
gesellschaftliche Gruppen bezogen; auf selbsterfahrungsinteressierte und/
oder therapiebedürftige Lehrer, Sozialarbeiter, Therapeuten und Studenten, so hat sich das Szenario in den 80er Jahren dahingehend gewandelt,
daß inzwischen breite Bereiche der Mittelschicht von den Versprechungen
des angeblich *neuen Bewußtseins* affiziert werden.

Die *Therapeutisierung der Gesellschaft* geht inzwischen weit über die
Psychoszene hinaus. Ihre Sondersprache hat Eingang in die Umgangs-
sprache gefunden. Waren es zunächst popularisierte psychoanalytische
Begriffe wie die „Freudsche Fehlleistung", der berühmte „Ödipuskom-
plex" oder der „anale Charakter", so sind es heute vornehmlich Sprach-
formeln aus dem Arsenal der sogenannten humanistischen Psychologie:
das „wahre Selbst", die „Ganzheitlichkeit" oder die absurde Redensart
von „Kopf und Bauch". Auch das Sprechen über zwischenmenschliche
Beziehungen ist durchdrungen vom Psychojargon: von der scheinbar einfühlsamen Frage „wie geht es dir jetzt damit", wenn man die Intimitätsgrenzen einer Person verletzt hat, bis hin zu dem Umstand, daß höchst unterschiedliche Dinge wie Freundschaft, Kameradschaftlichkeit und Liebe
unter einem einzigen Topos, dem der *Beziehung*, subsumiert werden.
Nicht zu vergessen ist, daß der Psychoboom sich auch im Habitus niedergeschlagen hat, in ritualisierten, oft verlogenen Umarmungs- und Zärt-
lichkeitsgesten ebenso wie im leisen, Verständnis suggerierenden Sprechen oder im stereotypen Duzen.

Der Psychoboom ist ein relativ junges, für das letzte Viertel unseres
Jahrhunderts charakteristisches kulturelles Phänomen, das historisch aus
jener politisch-ökonomischen Krisenkonstellation hervorgegangen ist, die
wir im vorigen Abschnitt skizziert haben. Mit der Wiederentdeckung des

„subjektiven Faktors" wurden die psychischen Kosten der Nachkriegsentwicklung, die wesentlich auf Versagungen, Abwehr durch Arbeit und Verleugnung der eigenen Geschichte beruhten, ansatzweise bewußt. Ebenso wurden die Symptome psychischer Verelendung als Folgen des Lebens unter brüchigen sozialstaatlichen Lebensbedingungen deutlich. In ihrer Anfangsphase war die Hinwendung zur Subjektivität, die auch als *neue Sensibilität* (Marcuse) bezeichnet wurde, keineswegs als Therapeutisierung, sondern als politische Veränderung der Gesellschaft konzipiert.

Im Vordergrund stand die Vorstellung, daß das psychische Elend, wenn es bewußt würde, für den politischen Emanzipationskampf unmittelbar zur Verfügung stünde. Die psychoanalytische Theorie, vor allem die Arbeiten linker Analytiker wie Reich, Bernfeld, Mitscherlich, Richter und Lorenzer wurden im Interesse jener Emanzipation rezipiert. Die Sinnkrisen und Identitätsprobleme ließen sich natürlich durch eine primär theoretische Rezeption nicht lösen. Insofern ist es nicht verwunderlich, daß die Versprechungen der Drogenkultur für einen Teil der politischen Bewegung der 68er Generation zur Verführung wurden.

Die Drogenbewegung markiert denn auch den Beginn des Psychobooms. Bewußtseinserweiterung, Protest gegen kleinbürgerliche Lebensformen und kapitalistischer Arbeitszwang sowie Befreiung vom alltäglichen Leiden waren die Embleme des alternativen Lebensentwurfs. Gegen die Vereinzelung wurde das Leben in kleinen Gruppen gesetzt; an die Stelle der Härte und Kälte des Kapitalismus sollten Liebe, Zuneigung und Verständnis – love and peace – treten. Bereits 1970 aber war der Drogenmarkt fest in der Hand mafiaähnlicher Organisationen. Spätestens zu diesem Zeitpunkt wurde der Kern der Drogenideologie deutlich: es waren eskapistische Illusionen, ein Abgesang auf die politischen Ideen der Studentenbewegung. Das Interesse an der Subjektivität verkam zu Ritualen des Subjektivismus und brachte jene Mechanismen hervor, die bis heute den Psychoboom charakterisieren:

– aus der Theorie der Bewußtseinserweiterung wird eine obskurantistische Heilslehre
– die Droge, die Freiheit versprach, führt zur Abhängigkeit
– die neuen Beziehungen bereiten die gnadenlose Veröffentlichung der Intimität vor
– der Drogenmarkt schließlich führt zur ökonomischen und seelischen Ausplünderung der Abhängigen.

Das ökonomische Prinzip, auf dem der Psychoboom beruht, ist die Vermarktung therapeutischer Bedürfnisse. Psychisches Leiden wird in einer künstlich hergestellten Beziehung gegen Geld gehandelt. Dieser simple Zusammenhang gehört zu den sorgfältig verleugneten Tabus der Psychoszene. Warenförmigkeit und Professionalität, die der therapeutischen Beziehung notwendig inhärent sind, werden durch Rituale der Intimität und Mitmenschlichkeit verschleiert. Vor allem in der Praxis der sogenannten humanistischen Psychologie wird die Aufhebung der Trennung von privater und professioneller Rolle propagiert. Der Schein der Nähe wird dabei einerseits durch den euphemistischen Psychojargon, z. B. durch die Rede *vom Angenommensein und Gehalten-Werden*, andererseits durch die Technik der *Selbsteinbringung des Therapeuten* hergestellt.

Interessant ist, daß der verleugnete Inhalt auf die Psychoanalyse, die gegenüber den Psychotechniken eine klar abgegrenzte Professionalität hat, projiziert wird. Den Analytikern wird der Vorwurf gemacht, daß sie, aufgrund der Abstinenzregel, die die Trennung zwischen privater und professioneller Rolle betont, ein kaltes und distanziertes Verhältnis zu ihren Analysanden hätten. Dem stünde in der humanistischen Psychologie die *Awareness* für den *ganzen Menschen* gegenüber, die die selbsternannten Humanisten freilich nicht davon abhält, Kasse zu machen, genauer gesagt: Vorkasse, denn das ist der Bezahlungsmodus der meisten Trainings.

Theoretisch und behandlungstechnisch basieren die Verfahren des Psychobooms, soweit es sich um psychotherapeutische Techniken handelt, auf relativ primitiven Annahmen, die nicht selten aus vulgarisierten Desideraten der Psychoanalyse abgeleitet sind. Das läßt sich leicht an zentralen Begriffen und Konzepten wie dem von *Übertragung* und *Gegenübertragung*, dem *Unbewußten*, der *Abwehr* etc. zeigen. Wird in der Psychoanalyse mit *Übertragung* ein unbewußter Prozeß bezeichnet, in dem der Analysand infantile Beziehungskonstellationen, die ihrerseits auf Fixierungen zurückgehen, projektiv auf den Therapeuten anwendet, so wird in der sogenannten humanistischen Psychologie der Begriff völlig unspezifisch verwendet. Man spricht davon, daß der Patient eine *Übertragung* „macht" oder fordert ihn dazu auf, „in die Vaterübertragung zu gehen", so als handele es sich um etwas, das dem bewußten Handeln zugänglich sei.

Die komplexe Einheit des psychoanalytischen Ansatzes, der auf einer Verbindung von Neurosenlehre, analytischer Behandlungstechnik, Kultur- und Persönlichkeitstheorie beruht, wird, von den einzelnen Psychoverfah-

52

ren je unterschiedlich, aufgespalten und zu pragmatistischen Modellen verarbeitet. Im gleichen Zuge wird die lebensgeschichtliche Orientierung der Psychoanalyse zugunsten des Hier- und Jetzt-Prinzips über Bord geworfen. Gerade Ahistorizität und Pragmatismus freilich heben die Psychotechnik auf die Höhe des Zeitgeistes. Dieser Zusammenhang, der sich an jeder beliebigen Psychotechnik deutlich machen läßt, führt bei der Bioenergetik, um nur ein Beispiel zu nennen, dazu, daß Körperverspannungen, Atmung und einige Hypothesen zum schizoiden Syndrom zur globalen Analyse des psychosozialen Elends herhalten müssen. Der Dürftigkeit der theoretischen und behandlungstechnischen Ansätze entspricht eine merkwürdige Megalomanie der Ansprüche: So spricht Moreno, der Vater des Psychodrama, davon, daß er der *schicksalsvollen Welt* mit Gruppenpsychotherapie und Psychodrama eine *Welttherapie* erschaffen habe, die zu einer *therapeutischen Weltanschauung* führen würde, mit der die *Gesundheit und Lebenskraft* der Weltbevölkerung hergestellt werden könne.[54] Auch der alternde Rogers glaubt ernsthaft, daß die Encounterbewegung die *Weltprobleme* zu lösen vermöge,[55] und Janov behauptet das nämliche von der Primärtherapie. Nach der Logik dieser Postulate ist es eigentlich erstaunlich, daß nicht nur die globalen Krisen, sondern auch die Probleme der einzelnen Menschen nach wie vor fortbestehen. Im Unterschied zu Freud, der vor den *Illusionen* der Heilslehren gewarnt und dezidiert darauf hingewiesen hat, daß die Psychoanalyse keine *augenblicklichen Beschwichtigungen* zu bieten habe, sondern als kritische Wissenschaft wesentlich *negativ* sei,[56] wetteifern die Autoren des Psychobooms darum, den Geltungsbereich ihrer Ansätze im Sinne von Heilslehren auszuweiten.

Neben der Vermarktung therapeutischer Bedürfnisse und neben der Megalomanie der Versprechungen zeichnen sich die Psychotechniken durch ein weiteres Prinzip, die *Veröffentlichung der Intimität*, aus. Wurde von Freud immer wieder darauf hingewiesen, daß der Schutz der Intimität der Analysanden bei der Darstellung der Forschungsergebnisse gewahrt bleiben müsse, auch um den Preis, daß Anschaulichkeit und Beweiskraft der Argumente darunter leiden, so hat sich dieses Prinzip, wie es scheint, in sein Gegenteil verkehrt. Es gehört inzwischen beinahe zur Norm, daß auch die intimsten Details aus den Lebens- und Beziehungsgeschichten der Klientel in der Klatschkommunikation der Therapieszene die Runde machen, vor allem dann, wenn die Informationen besonders exotisch sind oder zur Selbstdarstellung der Therapeuten taugen.

Hervorzuheben ist allerdings, daß die Veröffentlichung der Intimität nicht nur von den Therapeuten ausgeht. Wenn sich die Klienten erst einmal richtig in die Psychoszene haben „fallen lassen", wird das Bedürfnis nach Selbstveröffentlichung zunehmend zum eigenen Bedürfnis. Psychohistorisch hängt die Veränderung der Intimitätsgrenzen mit voyeuristischen und exhibitionistischen Tendenzen zusammen, die ihrerseits auf veränderte Sozialisations- und Individuationsbedingungen zurückgehen. Kennzeichnend für unsere Epoche ist weniger der neurotische als der narzißtische Persönlichkeitstypus. Es handelt sich um Menschen, „deren dominierender Abwehrmechanismus nicht mehr Verdrängung, sondern Regression ist, deren Über-Ich nur schwach entwickelt und primitiv bleibt, während deren Ich labil ist und diffuse Grenzen hat, woraus eine chronische Identitätskrise resultiert"[57]. Symptomatisch drückt sich diese Konfiguration teils in einer diffusen Selbstwertproblematik, teils in psychosomatischen Erkrankungen, nicht selten in Sucht und Suizidneigungen aus.

Die voranstehende Skizze des politisch-therapeutischen Szenarios der 70er Jahre soll den Rahmen verdeutlichen, in dem die Expansion der Supervision stattfand. Interessant ist, daß ihre Entwicklung, im Kontrast zur Dynamik des „Zeitgeistes", eigentümlich verzögert erscheint; während die politische Diskussion in ihren Diskurs integriert wird, hat der Psychoboom zunächst noch wenig Bedeutung. Sein Einbruch erfolgt erst in den 80er Jahren, in dem Maß, in dem der traditionelle Einfluß der Sozialarbeit auf die Supervision durch eine weitgehende Psychologisierung ihrer Theorien und Handlungsstrategien verdrängt wird.

Thematisch stehen in der Expansionsphase zunächst vor allem konzeptionelle Überlegungen und immer erneute Klärungen des Selbstverständnisses im Zentrum der Supervisionsdiskussion. Neben der Psychoanalyse werden vor allem die Gruppendynamik, der Interaktionismus Watzlawickscher Prägung und organisationssoziologische Ansätze rezipiert. Eine wissenschaftliche Fundierung freilich wurde und wird für Supervision nur zögernd in Angriff genommen. Das hat seine Ursache zunächst darin, daß sich das Verfahren als Teildisziplin der Sozialarbeit etabliert hat und damit außerhalb der Universitäten und unterhalb der Akademikerschwelle angesiedelt war. Diese Positionierung erlaubte weder eine selbstverständliche Teilhabe am wissenschaftlichen Diskurs noch die Gratifikationen einer akademischen Disziplin. Statt dessen hat die Herkunft aus der

Sozialarbeit dazu geführt, daß sie mit dieser die Identitätsprobleme einer „Semiprofession" teilt.

Statt wissenschaftlicher Untersuchungen beherrschen polarisierte Glaubenskämpfe den Supervisionsdiskurs der 70er Jahre. Die Pole wurden dabei einerseits von der seinerzeit einflußreichen polit-ökonomischen Fraktion und andererseits von den Vertretern einer methodischen Orientierung der Sozialarbeit markiert. Die erste Gruppe diskreditierte Beratungs- und Behandlungstechniken in der Sozialarbeit pauschal als bloße Manipulations- und Anpassungsinstrumente, die im Interesse der herrschenden Klasse eingesetzt werden.[58] Auf der anderen Seite setzte die Methodenfraktion große Hoffnungen auf Supervision, weil sie eine eigenständige Methode der Sozialarbeit sei und deshalb spezifisch zu ihrer Professionalisierung beitragen könne.

5.2 Politisches Engagement und Gruppensupervision

An diesen beiden miteinander verknüpften, für die Expansionsphase charakteristischen Themen wollen wir im folgenden versuchen, einige typische Argumentationslinien des Supervisionsdiskurses der 70er Jahre nachzuzeichnen. Auch wenn Gruppensupervision bereits in der Pionierphase, so z. B. in den Arbeiten von Pfaffenberger und Baumann,[59] erwähnt und ansatzweise in bezug auf Setting und Arbeitsformen konzeptualisiert wird, so vollzieht sich ihr Durchbruch erst in der Expansionsphase. Interessant ist dabei, daß in die Geschichtsschreibung, die von Supervisoren selber vorgenommen wird, übergreifende historische Zusammenhänge kaum berücksichtigt werden. Die Entstehung der Gruppensupervision wird als Folge der allgemeinen Methodenentwicklung der Sozialarbeit verstanden. Wie die Einzelfallhilfe sich zur sozialen Gruppenarbeit fortentwickelt hat, so die Einzelsupervision zur Gruppensupervision.[60] Erstaunlich ist diese beschränkte Perspektive angesichts der politischen und therapeutischen Bedeutung, die der Arbeit in und mit Gruppen zu jener Zeit zugeschrieben wurde. So wird Gruppenarbeit in Richters berühmter, 1972 erschienener Studie „Die Gruppe" sehr viel grundsätzlicher legitimiert. Die Untersuchung trägt den bezeichnenden Untertitel: „Hoffnung auf einen neuen Weg, sich selbst und andere zu befreien". Einerseits sei die Gruppe eine Antwort auf die *Krise des Individuums*, weil sie „eine moderne Existenzform (darstellt), mit deren Hilfe das Individuum seine deformierten und entleerten Beziehungsformen mit neuem Sinn zu erfüllen versucht".[61] Andererseits habe sie politische, emanzipatorische Gehalte: „Sie wird u. a. als eine Basis benutzt, die Zweierbeziehung bzw. die Ehe zu reformieren. Sie wird zum Ausgangspunkt für Experimente mit neuen Formen der Kindererziehung. Sie wird teilweise als repräsentative Mikrogesellschaft unter politischem Aspekt verstanden …, innerhalb dessen man Demokratisierung, Abbau von Abhängigkeiten, Bewältigung von Minderheitsproblemen, Aufdeckung von Konflikthintergründen usw. einzuüben versucht. Und schließlich kann man die Gruppe im Sinne eines Initiativ-Kollektivs als Träger nach außen gerichteter politischer und sozialer Aktivitäten verwenden … Man kann als Initiativgruppe sozialtherapeutische oder sozialpädagogische Aktivitäten entfalten, etwa eine Arbeit mit Fürsorgezöglingen, Drogensüchtigen oder mit Obdachlosen beginnen. Nahezu über Nacht hat sich die Einrichtung von Initiativgruppen … zu einer Massenbewegung entwickelt."[62] Richter beschränkt die Geltung der Gruppenarbeit, wie aus dem Zitat deutlich wird, keineswegs auf ihre therapeutische Funktion. In Affinität zur studentischen Protestbewegung hebt er vor allem die politisch-emanzipatorische Bedeutung der Arbeit in und mit Gruppen hervor. War politisches Engagement konstitutiv für das Richtersche Konzept, so wird dieses Interesse in der Gruppendynamik, die bis heute zunehmend Einfluß auf die Entwicklung der Supervision gewonnen hat, suspendiert. Horn hat schon früh darauf hingewiesen, daß trotz des häufig proklamierten kritischen Selbstverständnisses[63] faktisch eher pragmatische oder auch sektiererische Orientierungen für die Gruppendynamik entwicklungsrelevant seien. Während sie im ersten Fall die Funktion hat, Interaktionsprobleme in Institutionen sozialtechnisch abzufangen, dient sie im zweiten Fall dazu, pseudoreligiöse Rituale zu inszenieren.[64]

Wenn die Geschichtsschreibung über Gruppensupervision angesichts des entfalteten Diskurses über Gruppenarbeit eher selbstgenügsam, um nicht zu sagen unterbelichtet erscheint, so ist demgegenüber der Diskurs über emanzipatorische bzw. politisch engagierte Supervision facettenreicher und differenzierter. Die Argumentation bewegt sich dabei zwischen der bereits erwähnten polit-ökonomischen Position, wie sie z. B. Kappeler vertrat, und einer pragmatischen Sichtweise, wie sie von Hecker und Strömbach[65] ins Spiel gebracht worden ist.

Zunächst zu Kappeler: Wenn ich auf den folgenden Seiten relativ ausführlich auf das hektographierte Manuskript „Praxisberatung: Vier verschiedene Konzepte"[66] eingehe, dann könnte das die Frage hervorrufen, warum einem Arbeitspapier ein derartiges Gewicht zugestanden wird. Mehrere Argumente lassen sich dafür nennen: Zunächst gehört das Manuskript zur Sparte der „grauen Literatur". Diese Sparte war in den 70er Jahren ein wichtiges, vielleicht das zentrale Medium für den politischen Diskurs der Linken. Der Text Kappelers ist das prominenteste Beispiel für den Einfluß dieser sogenannten „grauen Literatur" auf das Selbstverständnis und die Entwicklungsrichtung des politischen Supervisionsdiskurses. Er bildete die Vorlage für die wichtigste Arbeit zum politischen Supervisionsverständnis, die 1974 von Wittenberger unter dem Titel: „Neutralität oder Parteilichkeit in der Supervision"[67] publiziert worden ist. Die Bedeutung des Textes von Kappelers – und das ist ein weiteres Argument für seine ausführliche Rezeption – geht über bloße theoretische Auseinandersetzungen hinaus. Im Jahre 1970 gehörte Kappeler zum Leitungsteam der ersten Weiterbildung für Supervisoren am Burckhardthaus, Gelnhausen. Seine Vorstellungen haben zu tiefgreifenden Dissonanzen im Team und schließlich zu seinem Rücktritt beziehungsweise zu seinem Ausschluß aus dem Leitungsteam geführt.

In seinem Beitrag über „Praxisberatung" unterscheidet Kappeler vier Konzepte, die folgendermaßen charakterisiert werden: Das erste Modell – von ihm als neopsychoanalytischer Ansatz bezeichnet – sei um die *Heilung* des Klienten zentriert. „Das der Hilfe bedürftige Individuum (in der Regel der einzelne Klient) steht im Mittelpunkt. Sozialarbeit – Praxisberatung ist als ein Instrument der Sozialarbeit miteingeschlossen – hat an diesen persönlich unterprivilegierten Individuen einen therapeutisch-pädagogischen Auftrag zu vollziehen: Die Behebung der persönlichen Unterprivilegierung, mit einem gebräuchlicheren Terminus auch als Heilung bezeichnet. D. h. konkret: Die Gesellschaft wird so, wie sie ist, im großen und ganzen als gegebene Realität, in der sich der desorientierte Klient wieder zurechtfinden muß, akzeptiert … Da es eine Pathologie der Gesellschaft als mögliches Korrektiv für die Diagnose nicht gibt, geht das abweichende Verhalten zu Lasten des Individuums, auf das sich dann auch alle Maßnahmen zur Resozialisierung und Rehabilitation richten."[68] Kappeler kritisiert zu Recht, daß in der Neopsychoanalyse die gesellschaftlichen Entstehungsbedingungen psychischen Elends weder therapeutisch noch theoretisch berücksichtigt werden. Freilich verfängt er sich in der zitierten Textpassage durchgängig in den Fallstricken der eigenen Terminologie, die sich dann ironisch gegen die Intentionen des Autors richtet, z. B. dann, wenn er die Behebung der Unterprivilegierung mit Heilung gleichsetzt. Während Heilung als medizinisch-therapeutischer Begriff dem klinischen Bezugssystem der Neopsychoanalyse entspricht, verweist *Unterprivilegierung* auf einen soziologischen Bezugsrahmen. Die *Behebung der persönlichen Unterprivilegierung* würde dann, wenn sie mittels des *therapeutisch-pädagogischen Auftrags* der neoanalytischen Sozialarbeit gelänge, genau jene Dimensionen gesellschaftlicher Pathologie beinhalten, deren Fehlen Kappeler der Neopsychoanalyse zu Recht vorwirft. Auch die Vorstellung, *daß der desorientierte Klient* sich im *Bezugsrahmen* der *gegebenen Realität* wieder zurechtfinden soll, kann der Autor nur deshalb kritisieren, weil er offensichtlich die Bedeutung dessen, was sich mit dem Desorientierungsbegriff verbindet, nicht erfassen kann. Ohne Orientierung in und an der Wirklichkeit lassen sich mündige Subjekte, die den gesellschaftlichen Status quo in Frage stellen können, schlechterdings gar nicht denken.

Kritisch gemeint ist auch jener Satz, der das Zitat einleitet, daß nämlich *das der Hilfe bedürftige Individuum* im *Mittelpunkt* der neoanalytisch orientierten Sozialarbeit stehe. Das, was angesichts der Institutionalisierung der Sozialarbeit und ihrer bürokratischen Verfahren mit größerem Recht als Glücksfall zu interpretieren wäre – wenn es nämlich wirklich gelänge, das leidende Individuum in den *Mittelpunkt* zu stellen –, wird von Kappeler im Interesse eines dubiosen Ableitungsmarxismus, auf den wir noch zu sprechen kommen werden, als bloße Modifikation von Bewußtseinsprozessen mißverstanden. Das institutionskritische Moment, das in einer solchermaßen konzipierten Supervisionspraxis läge, wird gar nicht erst reflektiert. Zu fragen wäre, ob ein solcher Argumentationsduktus, ebenso wie die Sprachverwirrungen, denen Kappeler unterliegt, nicht auf latente Motive seiner Argumentation verweisen: Während er auf der bewußten Ebene die gesellschaftsblinde Borniertheit der Neopsychoanalyse kritisiert, wird gleichzeitig ein menschenverachtender Zynismus deutlich, dem es tendenziell eher darum geht, die objektivistischen Vorstellungen von Theorie und Praxis zu legitimieren, anstatt den leidenden Individuen die ohnehin geringen Hilfsmöglichkeiten zuteil werden zu lassen. In der Beratungspraxis schlägt sich dieser Zynismus als autoritäre Bevormundung der Klienten nieder.

Ein Beispiel für dieses Agieren im Stile schlechter Sozialarbeit wird von Kappeler[69] selber im Rahmen einer Fallstudie dargestellt. Es ist eine merkwürdige Ironie, daß genau dieser Fall, bei dem der Therapeut, ohne es zu merken, zum gnadenlosen Verfolger des Klienten, eines Jugendlichen, wird, von den Autoren der „Kritischen Psychologie", die ja bezeichnenderweise bis heute keine nennenswerte psychotherapeutische Praxis entwickelt haben, zum Paradefall der „pädagogisch-therapeutischen Praxis" hochstilisiert wird. Das Ausagieren eigener Verfügungsansprüche über den Klienten wird im Namen kapitalismuskritischer, politischer Praxis zum Prinzip erhoben. Neben dem Agieren gehört massive Projektion auf böse Institutionen oder das kapitalistische System zum Arsenal der Beratung. Diese Essentials pädagogisch-therapeutischer Praxis, die natürlich auch für die Supervision Geltung haben, kommen im Gewand aufklärerisch tönender Begriffe, wie dem der *engagierten Beratung*, einher. Sie sei Gegenbild der Neutralität und Distanziertheit der psychoanalytischen Beratung: „Der Praxisberater selbst behält gegenüber der Klientel des Supervisanden und letztlich auch diesem gegenüber eine distanzierte, neutrale Haltung. Niemals tritt er in die konkrete Aktion mit ein. Allerdings wird sich die Notwendigkeit dazu auch nicht stellen, weil diese Auffassung von Praxisberatung weitgehend mit der Auffassung der Jugend- und Sozialverwaltung übereinstimmt … Die gesellschaftspolitischen Auffassungen der Beratungspartner werden nicht reflektiert, sondern als private Angelegenheit und Entscheidung, die in der Arbeit mit dem Klienten und dem Beratungsprozeß keine Rolle spielen sollen, angesehen. Nur wenn der Supervisand von sich aus dieses Thema in die Beratung bringt, wird darauf eingegangen."[70]

Nach allen Erfahrungen trifft es nicht zu, daß das psychoanalytisch orientierte Supervisionssetting mit den Interessen der Administration übereinstimmt. Das Gegenteil ist der Fall: Durch die Insistenz auf einem definierten Setting sind der Administration Einfluß- und Kontrollmöglichkeiten über das, was in der Supervision thematisiert wird, verwehrt. Aus diesem Grund wird Supervision von der Verwaltung in der Regel argwöhnisch verfolgt, wenn nicht gar offen abgelehnt. Die Distanz des Beraters, die zum Setting gehört, hat in diesem Zusammenhang eine völlig andere Funktion als die von Kappeler unterstellte Kumpanei mit der Behörde. Sie ermöglicht eine besondere Gesprächssituation, in der konfliktbelastete Erfahrungen aus der beruflichen Praxis besprochen werden können. Für den

Supervisor eröffnet die Distanz zu den Handlungszwängen der Supervisanden Reflexions- und Verstehensmöglichkeiten, die immerhin alternative Wahrnehmungen ermöglichen. Daß mit der Distanz zugleich auch das Engagement des Supervisors für den Supervisanden und seine Klienten suspendiert würde, wie es von Kappeler mit der Neutralität unterstellt wird, ist eine Behauptung, die zutreffen kann, in der Regel aber nicht zutreffen wird, weil dann die Reziprozität der Perspektiven zwischen Supervisor und Supervisand gestört wäre und mit hoher Wahrscheinlichkeit zu einer Aufkündigung des Supervisionskontraktes führen würde.

Auffällig an der Argumentation Kappelers ist, daß er weder über empirische Belege noch über einen gesicherten Erfahrungshintergrund für seine Thesen verfügt, sondern reale Prozesse so entdifferenziert und hinbiegt, daß sie zu seinem voluntaristischen Theoretisieren passen. Das gilt auch für die Rolle *gesellschaftspolitischer Auffassungen* im Supervisionsprozeß. Zwar konzediert er, daß der Supervisand von sich aus solche Themen in die Beratung einbringen könne und diese dann auch behandelt werden, gleichzeitig wirft er den neoanalytisch orientierten Supervisoren vor, daß sie solche Auffassungen *als private Angelegenheit* betrachten, die, wenn sie thematisiert würden, in einem familialistischen Interpretationsrahmen analysiert und damit entschärft würden. Zuzustimmen ist Kappeler, wenn er darauf hinweist, daß Angemessenheit und Reichweite sowohl des Reflexionsrahmens als auch der Interpretationsmuster neoanalytischer Supervision kritikbedürftig sind. Diese müßten aber am Gegenstand entfaltet und nicht einfach postuliert werden.

Das zweite Konzept, das von Kappeler als sozial-integrativer Beratungsansatz bezeichnet wird, unterscheidet sich vom neoanalytischen durch die Berücksichtigung der institutionellen Dimension. „Die persönliche Unterprivilegierung der Klienten … ist Ausdruck partieller gesellschaftlicher Defizite, die innerhalb eines im ganzen akzeptierten Systems auftreten. Abweichendes Verhalten wird auch als gesellschaftlich vermitteltes Verhalten diagnostiziert. Die Dominanz neoanalytischer Interpretationsmuster mit vorwiegend individuellem Ansatz ist überwunden … Soziologische und sozialpsychologische Konzepte finden zunehmend Aufnahme und Verwendung."[71] In zwei Punkten verfällt aber auch diese institutionskritisch reflektierte Supervision der Kritik Kappelers. Zunächst weist er darauf hin, daß, wie in der analytischen Supervision, das *konkrete Material des Supervisanden*[72] im Mittelpunkt der Beratung steht.

Zwar wird in der Supervision der *gesellschaftliche Hintergrund* wenn nicht vom Supervisanden, dann vom Supervisor thematisiert. „Die daraus resultierenden Entscheidungen des Supervisanden werden vom Berater in jedem Fall akzeptiert. Konkrete Aktionen werden aus dem Beratungsprozeß nicht abgeleitet. Der Berater behält seine neutrale Position."[73] Wie bereits bei der neoanalytischen Konzeption kritisiert der Autor auch hier die methodisch gewahrte Autonomie der Gesprächspartner. Interaktion, die auf der Legitimität unterschiedlicher Vorstellungen, Erfahrungen und Perspektiven beruht und aus der Differenz ihr Erkenntnispotential entfaltet, ist dem autoritativen Zugriff auf das Subjekt, den Kappeler praktiziert, zutiefst suspekt.

Der zweite Einwand bezieht sich auf die Reichweite der gesellschaftstheoretischen Analyse, die von den Autoren des sozial-integrativen Beratungskonzepts vorgelegt wird. Nach Kappeler sei die Berücksichtigung „gesellschaftlicher Hintergründe" beschränkt auf die „kritische(n) Analyse(n) der primären Gruppen und der sekundären Systeme, mit denen der Klient unmittelbar in Berührung kommt. Dabei handelt es sich um eine partielle Kritik an einzelnen gesellschaftlichen Gebilden (Gruppe, Organisation, Institution), die negative Auswirkungen auf die Klientel haben und daher als reformbedürftig angesehen werden. Der jeweils über den Klienten in die Kritik geratene ‚Mikrokosmos' wird isoliert von seiner gesamtgesellschaftlichen Verflochtenheit behandelt ... Da das bestehende Gesellschaftssystem als in sich entwicklungsfähig, also zu den als partiell notwendig erachteten Reformen in der Lage angesehen wird, kann auf eine grundsätzliche Gesellschaftsanalyse verzichtet werden."[74]

Kappeler stellt sich natürlich nicht die Frage, ob die skizzierte institutionelle Analyse nicht gerade für Supervision gegenstandsadäquat sei. Immerhin hat sie es ja als Reflexion beruflichen Handelns mit institutionalisierten Prozessen, sowohl auf der Seite der Klienten als auch auf derjenigen der Berater, zu tun. Die *grundsätzliche Gesellschaftsanalyse* ist demgegenüber zwar als Reflexionsrahmen einer gegenstandsbezogenen Untersuchung sowohl der institutionellen als auch der professionellen und subjektiven Faktoren, die im Supervisionsdiskurs von Bedeutung sind, sinnvoll: Sie ist dieser aber weder vorgeordnet, noch gar ersetzt sie diese. Anders als Kappeler absurderweise unterstellt, bezieht sich Supervision tatsächlich auf einen *Mikrokosmos* und dessen partielle Entwicklungs- bzw. Lernfähigkeit. Wenn Kappeler gegen eine institutionsanalytisch reflektierte Supervision argumentiert, dann auf der Basis von theoretischen Vorstellungen, nach denen das kapitalistische System integrative Reformmöglichkeiten nicht zuläßt. Für Supervision folgt daraus, daß sie sich theoretisch als *grundsätzliche Gesellschaftskritik* und praktisch als *subversive, befreiende Aktion*, wie der Autor im Anschluß an Gorz formuliert, materialisieren muß. Der Bezug auf Gorz ist aufschlußreich; während dieser die *Aktualität der Revolution*[75] aus der Analyse der aktuellen Entwicklung der Arbeiterklasse zu entfalten versucht, transportiert Kappeler, in autoritätsgebundener Abhängigkeit, Versatzstücke der politischen Theorie auf die Ebene des Supervisionsdiskurses, ohne die Frage der Angemessenheit überhaupt nur anzuschneiden. Genau in diesem quid pro quo liegt der Voluntarismus seiner Supervisionskonzeption.

Das dritte Konzept, das der *engagierten Beratung*, beschreibt die Kappelerschen Supervisionsvorstellungen in bezug auf Dimensionen des Settings und des Beratungshandelns. Das wichtigste Prinzip besteht darin, daß der Supervisor seine *Neutralität* aufgibt und z. B. bei Konfrontationen mit der Sozialbürokratie „als Akteur mit in die konkrete Aktion eintritt und sich auf der Handlungsebene mit dem Sozialarbeiter und dem Klienten solidarisiert, indem er seine Möglichkeiten … in die politische Auseinandersetzung mit einbringt".[76] Immerhin merkt Kappeler an, daß sich mit diesem Schritt das Setting entscheidend ändert und daß aus diesem Grunde eine neue Arbeitsvereinbarung abgeschlossen werden muß. Als Vorstufe der direkten Intervention, in der sozusagen die Aktionseinheit geschmiedet wird, empfiehlt er, daß der Supervisor dafür Sorge zu tragen habe, daß sich der Supervisand „mit den objektiven Interessen und Zielen der Klientel – nicht mit einzelnen agierenden Klienten –"[77] identifiziert, so wie er (der Supervisor) sich mit „den objektiven Interessen und Zielen des Supervisanden" identifiziert „und notfalls solidarisiert".[78]

Was meint Kappeler mit dem Begriff der *Identifikation*? Er macht seine Vorstellungen an einem aufschlußreichen Beispiel deutlich: Wenn sich etwa in der Einleitungsphase einer Supervision herausstellt, „daß der Supervisand nicht bereit ist, sich mit den Interessen und Zielen der Klientel zu identifizieren (das kann sehr unterschiedliche Gründe haben), und die Grundlage für diese Haltung bildet eine nicht revidierbare, vorher getroffene Entscheidung", dann müsse die Supervision abgebrochen werden. „Die Prognose ist in einem solchen Fall im Sinne der engagierten Beratung ungünstig. Der Berater lehnt aus ökonomischen Gründen die

Beratung ab, weil er seine Zeit, seine Energie, seine Möglichkeiten solchen Sozialarbeitern anbietet, die eine günstige Prognose mit der Aussicht auf eine effektive Zusammenarbeit zulassen."[79] Aufschlußreich ist das Beispiel, weil es das Machtgefüge eines solchen Supervisionsverfahrens aufdeckt. Supervision ist bei Kappeler nicht als Aushandlung über das, was in der Realität – beim Klienten, der Institution oder beim Sozialarbeiter – der Fall ist, angelegt, die Problemdefinition wird vielmehr vom Supervisor dekretiert. Identifikation bedeutet also, daß der Supervisand sich sowohl mit der Problemdefinition als auch mit der Machtstruktur arrangiert. Der Supervisor verkörpert das Wissen, während der Supervisand in seiner Expertenfunktion entwertet wird.

Es ist kein Zufall, daß Kappeler in diesem Zusammenhang von Klientel, einer abstrakten Kategorie, und nicht von Klienten, lebendigen Menschen mit individuellen Problemen und einer je besonderen Biographie, spricht. Diese Verobjektivierung des Subjekts biete ihm die Möglichkeit, gegen das Wissen des Supervisanden über den konkreten professionellen Kontext *Zielidentifikationen*[80] im Sinne ideologisch-dogmatischer Setzungen vorzunehmen. Der Supervisand hat demgegenüber nur die Möglichkeit, sich dem Diktum, sei es in blinder Perspektivenübernahme, sei es grollend, zu fügen, oder er wird mit Abbruch der Supervisionsbeziehung bestraft, für die er dann auch noch die alleinige Verantwortung trägt; war er es doch, der zur *Zielidentifikation* nicht in der Lage war. Zielkonflikte, Ambivalenzen, gruppendynamische Schwierigkeiten oder andere menschliche Unvollkommenheiten werden nicht etwa als Erkenntnismöglichkeiten genutzt, sondern gelten, worauf Kappeler eigens hinweist, als Störungen, die verhindert werden müssen.

Da die Interessen und Zielvorstellungen des Supervisanden nicht nur durch seinen Supervisor geprägt sind, sondern, nach Kappelers absurder Vorstellung, auch noch mit denen der Klienten identisch sein müssen, weitet sich die Definitionsmacht des Supervisors zum Macht- und Wissensmonopol über den gesamten Interaktionszusammenhang aus. Die Begründung für die Aktionseinheit von Supervision, Supervisand und Klient entspringt genau diesem Interesse.

Wichtig ist die Aktionseinheit vor allem deshalb, weil *Strategie und Taktik* des politischen Kampfes der eigentliche Gegenstand der Supervision sind. „Durch die Aufgabe des neutralen Standpunktes ergeben sich aber nun in der Praxis Konfrontationen mit den realen Macht- und Herr-

schaftsverhältnissen, die vorher nicht möglich waren und zu einer Überprüfung der zunächst vorhandenen Auffassungen von der Gesellschaft
führen … Die konkrete Aktion und die in ihr ermöglichten spontanen und
kreativen Entwicklungsprozesse führen zu einem neuen politischen Bewußtsein, das sich in den (beiden anderen) Beratungskonzepten … nicht
entwickeln kann."[81]

Die Transformation der Supervision von einer Reflexion professioneller
Praxis zum Instrument im politischen Kampf wird an diesem Zitat deutlich. Das vierte Konzept läßt dieses Interesse noch deutlicher hervortre-
ten. Als Weiterentwicklung der *engagierten Beratung* theoretisiert Kappeler, vor allem im Anschluß an Gorz und Jaeggi, seitenweise über die
Konzentration des Kapitals, über *relative Verelendung, die Defizite des
Pluralismuskonzepts* usw. Über Supervision sagt er in diesem Zusammenhang nichts mehr. Das vierte Konzept besteht aus nichts anderem als aus
marxistischen Formeln, die gebetsmühlenhaft rezitiert werden und als
konstitutionstheoretischer Begründungsversuch ungeeignet sind, weil die
Ebenen gänzlich unterschiedlich und die Vermittlungsprobleme nicht gesehen werden.

Wenn bei der Lektüre des Kappelerschen Arbeitspapiers vor allem der
autoritäre und dogmatische Voluntarismus auffällt, so ist dabei die zeitliche Differenz zu berücksichtigen. Ableitungsmarxismus und Aktionismus sind typische Artikulationsformen der studentischen Protestbewegung. Kappeler, der aus dieser Perspektive schreibt und denkt, wendet
also in seinem Entwurf die in jener Zeit geläufigen Denkschemata auf
Supervision an, freilich mit der Folge, daß im Namen des politischen En-
gagements das selbstreflexive Potential der Supervision verlorengeht.

Wie bereits angedeutet, beschäftigt sich Wittenberger unter dem Titel:
„Neutralität oder Parteilichkeit in der Supervision", ähnlich wie Kappeler,
mit den politischen Implikationen der Supervision. Die Ähnlichkeit geht
weit: Auch er schlägt eine vierstufige Typologie der Supervisionskonzepte
vor, wobei sich zumindest die ersten drei Stufen wie Paraphrasen des
Arbeitspapiers von Kappeler ausnehmen.[82] Das vierte Konzept stellt dann
aber eine entscheidende Modifikation des Kapplerschen Ansatzes dar.
Diese Veränderung dürfte dann auch dazu geführt haben, daß der Text
zum wichtigsten Beitrag des politischen Supervisionsdiskurses geworden
ist.

Während Kappeler mit dem ableitungsmarxistischen Ansatz alle mit der

Konzeptualisierung der Supervision zusammenhängenden Fragen im Prinzip gelöst zu haben glaubt, hat Wittenberger eine kritische Perspektive: „Solange die Theoriebildung der Supervision im allgemeinen und in der BRD im besonderen so bruchstückhaft ist wie zur Zeit, so lange sind generalisierende Aussagen über Ziel und Effektivität von Supervision nicht verläßlich."[83] Auch die simple Zuordnung der Neutralität des Supervisors zu den individualpsychologischen bzw. institutionsanalytischen Konzepten wird bei Wittenberger differenzierter gesehen. Es sei *unzulässig*, davon auszugehen, daß die Supervisoren, die diese Ansätze vertreten, nicht engagiert seien. Es müsse vielmehr geklärt werden, „wie und zu welchem Zweck sich der Supervisor im Supervisionsprozeß engagieren soll … Denn immer vertritt er Interessen und Ziele, die in der Supervision einfließen".[84] Allerdings glaubt auch Wittenberger, daß das Konzept der *engagierten Beratung* einen starken Realitätsbezug mit der Möglichkeit *der Überprüfung von vorhandenen Auffassungen von Gesellschaft*[85] beinhalte. Gleichzeitig warnt er vor *der Gefahr des Aktionismus*.[86] Die Unvereinbarkeit seiner Argumentation, die darin besteht, daß er vor dem warnt, was er fordert, erweckt den Anschein, daß Wittenberger sich in einer Doppelbindungssituation befindet: Er will sowohl den theoretischen Forderungen der *Neuen Linken* als auch den Ansprüchen der Psychoanalyse gerecht werden.

Das vierte Konzept läßt sich in diesem Sinne als Alternative zum stereotypen Dogmatismus Kappelers interpretieren. Gefordert wird eine *globale Umorientierung*, die an vier Postulate geknüpft ist:

„– Die strategische und methodische Arbeit muß in ein Gesamtkonzept zur gesellschaftlichen Veränderung eingebunden sein. Dazu ist es notwendig, daß der Supervisor sein Einzelkämpferdasein aufgibt.
– Der Supervisor muß zur Organisierung innerhalb einer Berufsgruppe bereit sein.
– Er muß erkennen, daß er auf dem Sektor der Bewußtseinsbildung tätig ist … Er muß mit seiner politisch organisierten Berufsgruppe (keine ‚Standesgruppe') auf der Grundlage der gleichen gesellschaftlichen Analyse mit anderen Gruppen, die an der ökonomischen Basis tätig sind, ein Bündnis eingehen.
– Er darf bei seiner politischen Aktivität die therapeutische Funktion am einzelnen Individuum oder an kleinen Gruppen, die in konkreter Notsituation leben, nicht vernachlässigen."[87]

Auffällig an der Argumentation Wittenbergers ist zunächst die Sprache. Der Supervisor *muß* erkennen, er *muß* bereit sein, das Konzept *muß* eingebunden sein. Der imperative Duktus verweist darauf, daß die theoretischen Vorstellungen auch in seiner Argumentation einen gewissen Zwangscharakter haben: Die Verbindung der Supervision mit dem marxistischen Konzept der Parteilichkeit kann nur um den Preis der gewaltsamen Vereinheitlichung inkompatibler Bezugssysteme erfolgen. Der Begriff der Parteilichkeit ist ein Topos der marxistischen Theorie und bezeichnet in einem allgemeinen Sinn die *Parteinahme für die Sache der Arbeiterklasse.*[88] In einem erweiterten Sinne geht es um die Frage, wie die Intellektuellen die Arbeiterklasse in ihrem politischen Kampf unterstützen können, obwohl sie selber Teil der Bourgeoisie sind. Formelhaft verkürzt lautet die Antwort: durch Kritik an der bürgerlichen Ideologie und durch Organisation in der Partei der Arbeiterklasse.

Wittenberger greift nun in seinem Konzept vor allem den Organisationsgesichtspunkt auf und versucht, ihn auf Supervision anzuwenden. Resultat der „Umorientierung" ist die apodiktische Forderung nach politischer Organisation der Supervisoren, wobei deutlich wird, daß dadurch gleichzeitig der spezifische Bezugsrahmen der Supervision – die Reflexion beruflicher Praxis nämlich – in den Hintergrund gedrängt wird. Bei Wittenberger wird also, wie bereits bei Kappeler, der Gegenstandsbereich der Supervision durch ein heterogenes Referenzsystem substituiert. Im Unterschied zu diesem argumentiert er jedoch undogmatisch, wenn er auf den Mangel an Forschung und die vielen offenen Fragestellungen verweist. Auch die zynische Verobjektivierung des subjektiv erfahrenen Leidens teilt Wittenberger nicht, wenn er, mit einer nicht ganz unproblematischen Formulierung, die *therapeutische Funktion* des Supervisors unterstreicht, die bei allem politischen Engagement nicht zu vernachlässigen sei. Diese Inkonsequenz verhilft ihm dazu, in späteren Veröffentlichungen aus dem Schatten des unfruchtbaren Dogmatismus Kappelerscher Prägung herauszutreten.

Kritisch setzen sich Lützow u. a.[89] mit den Überlegungen Wittenbergers auseinander. Zunächst weisen sie darauf hin, daß der *politische Beitrag* der Supervision nicht darin bestehen kann, daß der Supervisor „auf der Handlungsebene des Supervisanden"[90] mitagiert. Die Neutralität des Beraters erscheint vor diesem Hintergrund einerseits als Bedingung der Möglichkeit, sich im Interesse der Reflexionsfähigkeit von den Handlungszwängen der Praxis zu lösen. Andererseits gewährleistet sie aber auch die Selbstbestimmung des Supervisanden. „Unter Neutralität verstehen wir, daß der Supervisand lernt, selbst zu entscheiden, zu verantworten und zu handeln."[91] Indem die Kompetenzen und Qualifikationen des Supervisanden verbessert werden, habe Supervision zwar keine allgemeinpolitische Bedeutung, durchaus aber einen professionsspezifischen politischen Stellenwert. Auch das Organisationspostulat wird von der Autorengruppe zurückgewiesen: „Als Anmaßung mutet die Aussage Wittenbergers an, daß und wie Supervisoren sich zu organisieren haben. Nach seiner Meinung ist diese Arbeit nur kollektiv zu leisten … und setzt voraus, daß die Fachkräfte die neomarxistische Weltanschauung vertreten und fördern."[92]

Trotz oder gerade wegen der imperativen Argumentationsweise und der scheinbar globalen Erklärungskraft der Thesen, die deutliche Parallelen zum Wissenschaftsverständnis der studentischen Protestbewegung aufweisen, hat die Arbeit Wittenbergers in den 70er Jahren erheblichen Einfluß auf die Diskussionen um den politischen Stellenwert der Supervision gehabt. Hervorzuheben ist jedoch auch, daß Wittenberger, anders als Kappeler, in seinen späteren Studien zur Theorie der Supervision den organisationsmarxistischen Ansatz zugunsten gegenstandsbezogener Konzeptualisierungen revidiert hat.

Das dritte Beispiel für den politischen Diskurs in der Supervision der 70er Jahre unterscheidet sich in wichtigen Aspekten von den beiden zuvor diskutierten Ansätzen. In zwei Studien von Wilhelm[93] und von Wilhelm u. a.[94] stehen zwar auch politische Begriffe, vor allem der der Emanzipation, im Zentrum der Argumentation; diese werden jedoch, zumindest tentativ, auf die wechselseitigen Strukturierungsprozesse zwischen Sozialarbeit und Supervision bezogen. Während die erste Veröffentlichung den theoretischen Rahmen absteckt, ist die zweite als Fallstudie angelegt.

Wilhelm geht davon aus, daß das Theorieverständnis von Sozialarbeit konstitutiv für die Handlungsstrategien sei. Supervision könnte deshalb auch nicht als eigenständige Methode gelten. „Die Frage nach Ziel und Inhalt der Supervision (ist) immer gleichzeitig auch die Frage nach Ziel und Inhalt von Sozialarbeit …, für die ja ‚supervisiert‘ werden soll."[95] Vor dem Hintergrund der multiprofessionellen Verwendungszusammenhänge der Supervision, die sich in der Expansionsphase durchgesetzt haben, ist solch eine exklusive Koppelung der Supervision an *das Theorieverständnis der Sozialarbeit*, streng betrachtet, anachronistisch. Zu fragen wäre auch, ob wirklich das *Theorieverständnis* oder ob nicht vielmehr die Problemlagen der jeweiligen Praxisfelder als Strukturierungsdimension für Supervision relevant sind.

Mit der methodischen Berücksichtigung der Wechselbeziehung von Sozialarbeit und Supervision und der Fallstudienorientierung geht Wilhelm einen entscheidenden Schritt über die theoretisch-deduktive Argumentationsweise von Kappeler hinaus. Der Gewinn wird jedoch teilweise durch den Vorrang, den Wilhelm dem *Theorieverständnis* und damit dem Deduktionismus einräumt, wieder rückgängig gemacht. So ist es kein Zufall, daß der Erkenntnisgehalt der Fallstudie kaum ausgeschöpft wird. Begriffe wie *befreite Kommunikation*, *Emanzipation* und *Solidarität* werden nicht aus der Empirie des Falles, also induktiv, gewonnen, sondern als Interpretationsfolie auf den Fall appliziert.

In seinem theoretischen Beitrag entwickelt Wilhelm eine dreistufige Typologie der Supervision. Er unterscheidet „einen normativ orientierten, einen technologisch orientierten empirisch-analytischen und einen emanzipatorischen Ansatz".[96] Die Charakterisierung des normativen Konzepts hat deutliche Analogien zur Kappelerschen Kritik des individualpsychologischen Ansatzes. Die gleichen Autoren werden rezipiert und ähnliche Einsprüche erhoben. Die Analyse des *technologischen Typus* der Sozialarbeit ist demgegenüber anders dimensioniert. Am Material einschlägiger Publikationen geht es Wilhelm darum, die Umsetzung positivistischer Forschungsstrategien und Aussagesysteme in Formen bürokratischer Herrschaft deutlich zu machen. „Besieht man sich nun den Supervisor und seine Funktion innerhalb eines solchen Verständnisses von Sozialarbeit, so dürfte die wörtliche Übersetzung von Supervision aus dem Englischen (Überwachung, Beaufsichtigung, Kontrolle) genauestens zutreffen. Der Supervisor hätte die Aufgabe, Prozesse, die der manipulativen Verfügbarmachung menschlichen und gesellschaftlichen Verhaltens dienen, zu überwachen, zu beaufsichtigen und zu kontrollieren im Sinne höchster Effektivität bei ökonomischem Einsatz von Sozialarbeitern und Sozialinstitutionen."[97]

Das Konzept einer emanzipatorischen Sozialarbeit und Supervision, dem vor allem das Interesse des Autors gilt, wird aus der Kritik am technologischen Ansatz entwickelt. Während der technokratische Positivismus vorgibt, wertneutral zu sein, ergreift emanzipatorische Sozialarbeit „Partei für die Befreiung des Menschen und gegen seine Domestizierung"[98]. Der globale Anspruch veranlaßt Wilhelm zur selbstkritischen Frage, ob solch ein weitreichendes Postulat im Rahmen von Supervision und Sozialarbeit überhaupt eine Existenzberechtigung habe. Als Antwort schlägt er vor, den Anspruch auf das Geltungsniveau von Sozialarbeit und Supervision herunterzutransformieren. Er hebt hervor, daß es bei dem Emanzipationskonzept in Sozialarbeit und Supervision um den „psychischen Niederschlag (der ökonomischen Widersprüche – A.G.) im Bewußtsein und in den Verkehrsformen der Individuen" ginge. Als „methodische Anleitung" sei „recht verstandene Supervision"[99] eine Voraussetzung für eine emanzipatorische Praxis der Sozialarbeit. „Der Supervisor nun hätte die Aufgabe, die in seiner Supervisorengruppe (gemeint ist: Supervisionsgruppe – A.G.) vorfindbaren pathologischen Verkehrsformen zu problematisieren, spezifische Interessen und Konkurrenzverhalten zu entlarven und der Reflexion zugänglich zu machen. Seine Aufgabe ist es, Solidarität zwischen den Gruppenmitgliedern möglich werden zu lassen ... Da er selbst Produkt dieser Gesellschaft ist, kann er sich aus der Reflexion nicht heraushalten, sondern ist selbst auch wiederum Objekt des Reflexionsprozesses. Er ist gleichzeitig Therapeut und Klient, ebenso wie alle anderen Gruppenmitglieder. Seine spezifische Leistung besteht darin, den beschriebenen Reflexionsprozeß methodisch angeleitet und in Gang gebracht zu haben. Einen weiteren wichtigen Aspekt in dieser Reflexion wird die Diskussion von Ängsten verschiedenster Art (vor Institutionen, vor Klienten, innerhalb der Gruppe etc. – A.G.) einnehmen."[100]

Das Zitat macht deutlich, daß Wilhelm versucht, das allgemeine Emanzipationspostulat mit Hilfe politisch aufgewerteter, gruppendynamischer Annahmen zu konkretisieren. Dem liegt die Vorstellung zugrunde, daß die Verbesserung der Kommunikation in der Gruppe dazu beitragen könne, die individuelle Pathologie im Sinne kollektiver Erfahrungsbildung zu überwinden. Damit seien zugleich Voraussetzungen für eine Politisierung und Solidarisierung der Gruppenmitglieder geschaffen. Diese, in den 70er Jahren verbreitete, vor allem von Richter[101] entwickelte Position, bei der der Gruppenarbeit das eindeutige Primat vor den Formen der Einzeltherapie und Beratung eingeräumt wird, ergänzt Wilhelm durch die Forderung nach Aufhebung der Differenz von Therapeut und Klient, Supervisor und Supervisand. Die damit verbundene Unterstellung eines Egalitätsprinzips wird deduktiv aus der gemeinsamen Abhängigkeit vom Gesellschaftsprozeß abgeleitet. Bei dieser Operation wird deutlich, daß der Autor eine vom

Vorverständnis geprägte und nicht aus der Empirie gewonnene dogmatische Decision vornimmt. Die Frage, ob die Asymmetrie der Beziehung von Supervisor und Supervisand nicht nur durch die unterschiedlichen Rollen vorgegeben, sondern darüber hinaus auch produktiv für den Erkenntnisprozeß in der Supervision sein könnte, wird nicht gestellt. Statt dessen bemüht Wilhelm die geballte Macht der zeittypischen politischen Stereotype, wenn er zur definitorischen Festschreibung des emanzipatorischen Supervisionskonzepts ausholt: „Dies wäre also das erste: Supervision als Modell für befreite Kommunikation, als Vorwegnahme emanzipatorischen Verhaltens, als Einübung von Solidarität, wenn man so will, als Probehandeln."[102]

Die markige Formulierung erweckt den Eindruck, daß mit ihr die Vermittlungsprobleme zwischen politischen Postulaten einerseits und supervisorischer Praxis andererseits eher zugedeckt, denn gelöst werden sollen. Ganz im Gegensatz zum Emanzipationspathos steht dann auch die Beschreibung der konkreten Themenbereiche, die in der Supervision relevant seien. Hier lehnt sich Wilhelm weitgehend an den konventionellen Aufgabenkanon der Gruppensupervision an, wenn er schreibt, daß unreflektierte Biographieanteile, Kommunikationsschwierigkeiten, persönliche und institutionelle Probleme, Rollenstereotype sowie Gegenübertragungsreaktionen der Supervisanden behandelt werden sollen. Daß eine identische Zusammenstellung auch von einem reflektierten Vertreter der geschmähten normativen Richtung hätte stammen können, fällt Wilhelm nicht auf. Die wesentlichen Unterschiede zwischen konventioneller und emanzipatorischer Gruppensupervision scheinen im wesentlichen darin zu bestehen, daß gruppendynamische Prozesse stärker beachtet und daß Kollegialitätsprinzipien stärker zur Geltung gebracht werden sollen. Die Diskrepanz zwischen der politischen Rhetorik und den Erfordernissen der Supervisionspraxis wird durch solche Konzeptmodifikationen freilich nicht geschlichtet.

Im folgenden werden wir versuchen, am Material der 1977 veröffentlichten Fallstudie weitere Aufschlüsse über die Realisierung des Konzepts der *emanzipatorischen Supervision* zu erhalten. Das Kollegialitätsprinzip macht sich bereits daran bemerkbar, daß Supervisor und Gruppenmitglieder den Beitrag gemeinsam verfaßt und publiziert haben. Die Studie basiert auf einer Gruppensupervision über 15 Sitzungen, die im Rahmen eines Fortbildungskurses durchgeführt worden ist. Die Auswertung beruht auf Protokollen von Sitzungen (Tonbandmitschnitten), Diskussionen und schriftlichen Berichten.[103] Folgt man dem Selbstverständnis der Autoren, dann handelt es sich bei der Untersuchung um ein Handlungsforschungsprojekt, wobei die „Beteiligung der Forscher am Prozeß" und „an der Auswertung der Forschungsergebnisse" sowie die „Rückkoppelung" der Forschungsergebnisse in die Praxis als Kriterien für die Zuschreibung des Forschungsstatus genannt werden.[104] Wird der Beteiligung der Forschungsobjekte an der Studie ein hoher Stellenwert eingeräumt, so gilt das für die anderen Parameter des Forschungsprozesses, für Datenerhebung und Datenverarbeitung, nicht in gleicher Weise. Sie werden nur beiläufig erwähnt, eine Systematik wird nicht expliziert. Statt dessen wird immer wieder auf die *Erfahrungen* rekurriert, die die Gruppe gemacht habe und die dargestellt werden sollen. Die Ergebnisse zeigen dann auch, daß die Studie eher den Status eines theoretisch reflektierten Erfahrungsberichts rechtfertigt, denn als Forschungsprojekt gelten kann.[105]

In diesem Zusammenhang ist eine weitere Besonderheit der Arbeit zu erwähnen. Die Autoren vermerken, daß es zu den Voraussetzungen der Gruppensupervision gehört habe, daß die Teilnehmer den theoretischen Text von Wilhelm „nach eingehender Diskussion inhaltlich und in seinen Zielvorstellungen … als theoretische Ausgangsbasis akzeptiert" haben.[106] Damit wird ein Vorverständnis hergestellt, das normativ und präformierend sowohl in die Supervision als auch in die Resultate der Auswertung eingeht. Die damit verknüpfte Problematik, etwa die Frage, ob mit diesem Arrangement das zu Erkennende nicht als bereits Erkanntes vorausgesetzt wird, um dann wiederentdeckt zu werden, wird nicht thematisiert.

Trotz der methodischen Schwächen werden der Beratungsprozeß und seine politischen Implikationen sehr viel konkreter dargestellt als in den dogmatischen Texten von Kappeler und Wittenberger. Die Autorengruppe beschreibt zunächst den Phasenverlauf der Gruppensupervision, wobei vier Phasen unterschieden werden: In der *Anfangsphase* hätten einerseits ungeklärte Erwartungen bei den Teilnehmern, andererseits aber auch *Ängste*, *Ambivalenzgefühle* und andere *unterschwellige Probleme* im Vordergrund gestanden. Zur Klärung der Aufgaben und Ziele der Supervision wurde der theoretische Text des Gruppenleiters gelesen, um *sich mit den eingebrachten Wertvorstellungen des Supervisors* auseinanderzusetzen.[107] Da die erste Phase nur sehr skizzenhaft dargestellt worden ist, wird nicht deutlich, wie die Gruppe mit diesem Input des Gruppenleiters gearbeitet hat. Immerhin handelt es sich ja um eine Machtdemonstration des Supervisors, dem gegenüber die Supervisanden mit Sicherheit Gefühle gehabt haben. Charakteristisch für die Arbeitsweise der Gruppe ist es, daß die Bedeutung solcher Inszenierungen nicht analysiert wird.

Die Beschreibung der nächsten Sequenz, der *Selbsterfahrungsphase*, enthüllt jedoch dem Leser, der zwischen den Zeilen zu lesen versteht, unvermutet die Bedeutungsstruktur der Eingangsszene. Die Autoren weisen zunächst daraufhin, daß es das Ziel der zweiten Phase war, ein Klima für angstfreie Kommunikation herzustellen, wobei *Ängste verschiedener Art* reflektiert werden sollen. „Durch das Ansprechen unserer Probleme sollte für jeden die Möglichkeit gegeben werden, individuelle Erfahrungen zu kollektiven werden zu lassen, um somit den Prozeß des gegenseitigen Verstehens in der Supervision zu erleichtern."[108] Das Ziel wurde jedoch nicht erreicht. Totz der *verstärkten Selbsterfahrung* gelang es der Gruppe nicht, in „erwünschtem Maße unsere Ängste so zu überwinden und Vertrauen zueinander zu bekommen, wie wir dies für unsere Vorstellungen vom emanzipatorischen Umgang miteinander erhofft hatten".[109]

Der Text macht deutlich, daß die Gruppe durch Ansprüche und Verkennungen daran gehindert wird, den Wunsch zu verwirklichen, offen miteinander zu sprechen. Durch das Einbringen seiner Veröffentlichung hat sich der Leiter, entgegen der von ihm gehegten Illusion, nicht als *Gleicher unter Gleichen*, sondern als mächtige Autorität etabliert, die zudem noch, psychoanalytisch gesprochen, als Über-Ich-Funktion die Norm der Emanzipation bei den Teilnehmern einfordert. Diesen Zusammenhang konnte die Gruppe nicht verstehen, weil dazu der Leiter erst Abschied von der eigenen Selbstverkennung hätte nehmen müssen. Das *wir*, von dem allenthalben gesprochen wird, spiegelt ebenfalls in diesem Zusammenhang vor allem den Wunsch des Leiters. Es hat Verleugnungscharakter, weil damit die Bedeutung der Rollen- und Machtunterschiede vorschnell eingeebnet wird. Vor diesem Hintergrund wird die unbewußte Funktion der gemeinsamen Publikation des Erfahrungsberichts deutlich. Sie ist einerseits Resultat des Interesses des Supervisors an der Demonstration seiner Thesen, andererseits beruht sie auf der (unverstandenen) Identifikation der Gruppenmitglieder mit seinen Machtansprüchen und den hohen Normen, die er verkörpert. Es handelt sich also um eine genaue Reproduktion der Szene, die der Supervisor in der *Anfangsphase* hergestellt hat.

Diese Überlegungen zum verborgenen Gehalt des Gruppenprozesses wären nicht als Kritik mißzuverstehen. Mit Wilhelm gehen wir davon aus, daß die Einbeziehung der Gruppenmitglieder in die Auswertung und in das Publikationsvorhaben ein bedeutungsvoller Schritt auf dem Weg der Selbstbestimmung ist. Gleichzeitig deckt die Analyse der geschilderten Inszenierung aber auch Tendenzen zur Reproduktion von Verkennung und falschen Ansprüchen auf, die der Intention auf systematische Selbstreflexion entgegenstehen.

Die dritte, *themenzentrierte Phase* läßt sich als Versuch verstehen, die festgefahrene Selbsterfahrung durch eine Modifikation des Arbeitsgegenstandes neu zu fokussieren.

Themenzentriert ist hier, soweit sich das aus den spärlichen Angaben im Text rekonstruieren läßt, nicht im Sinne des Ansatzes von Ruth Cohn[110] zu verstehen. Gemeint ist vielmehr, daß verstärkt die berufliche Praxis, der eigentliche Gegenstand der Supervision also, in der Gruppe bearbeitet wird. Die Aufgabe des für Supervision inadäquaten Selbsterfahrungsanspruchs und die Zentrierung der Arbeit auf das professionelle Handeln hatte positive Rückwirkungen auf den Gruppenprozeß: „Im weiteren Verlauf des Prozesses agierte die Supervisionsgruppe selbstbewußter und selbstbestimmter, so daß zwischen Supervisor und Gruppe mehr Gleichheit möglich wurde. Diese Phase des Prozesses verlief für alle Teilnehmer befriedigend.“[111] Auf der thematischen Ebene wurden vor allem die Konflikte der Sozialarbeiter mit den jeweiligen Verwaltungen behandelt. Ein zweiter Topos waren die Schwierigkeiten, die dann auftreten, wenn Sozialarbeiter selber Vorgesetztenfunktionen einnehmen. In der Evaluation der *themenzentrierten Phase* macht die Autorengruppe deutlich, daß „in den Institutionen unter den Sozialarbeitern eine ähnliche Situation wie in unserer Supervisionsgruppe bestand“.[112] Diese Erfahrung, die im Text mehr behauptet als belegt wird, führt zu weitreichenden Folgerungen: „Durch die Konfrontation mit dieser Problematik zeigte sich uns, daß wir in der Supervisionsgruppe wie auch in unseren Institutionen die persönliche und berufliche Auseinandersetzung wagen müssen, um zu solidarischem Handeln im Interesse der Sozialarbeit und der Klienten zu gelangen.“[113] Die letztgenannten Zitate machen deutlich, wie die Autoren zu theoretischen Schlußfolgerungen gelangen: Die Phänomene werden nur rudimentär – worauf wir bereits bei der Einschätzung der Rolle des Supervisors hingewiesen haben – in ihrer eigenen Bedeutungsdimension untersucht. Statt dessen werden common sense-Vorstellungen (*wer wagt, ge-*

winnt) und das Generalpostulat der *Emanzipation* als Interpretationsfolien herangezogen. Trotz dieser Kolonialisierung der Erfahrung setzt sich die Empirie gelegentlich gegen den Zwang der Bestätigung der theoretischen Vorannahmen durch, so z. B., wenn deutlich wird, daß die Reflexion der beruflichen Praxis und nicht Selbsterfahrung der Gegenstand der Supervision ist. Allerdings kann auch dieses Resultat von den Autoren nur halb akzeptiert werden. Sie bemerken zwar, daß die Gruppe in der dritten Phase produktiv gearbeitet hat, argumentieren dann aber, was keineswegs zwingend ist, daß die erste und zweite Phase eine Voraussetzung für dieses Ergebnis sei.

Bei der Beschreibung der vierten Phase werden zunächst die Erwartungen bezüglich der zweiten und dritten Phase resümiert: „Der Phase der Selbsterfahrung lag die Erwartung zugrunde, daß das Vertrauen der Gruppenmitglieder zueinander mit zu einem entscheidenden Faktor im Rahmen emanzipatorischer Gruppensupervision werden sollte. Hinzu kam noch die Erkenntnis aus der themenzentrierten Phase, wie sehr der eigene Mangel an Vertrauen und offener Kommunikation das Verhalten in Praxis und Institution beeinträchtigte. Andererseits schien die konzeptionell auf rein verbale Kommunikation angelegte Supervision der Gruppe durch die Beschränkung auf das Medium Sprache, die spezifischen kommunikativen Probleme nicht lösen zu können."[114] Diese Begründung führte nun nicht nur zu einer erneuten Veränderung des Arbeitsgegenstandes, sondern darüber hinaus zu einer Veränderung des Settings. Die Gruppenteilnehmer trafen sich für die letzten drei Sitzungen an einem Wochenende in einer Bildungsstätte. Die Modifikation ging auf eine „Anregung" des Supervisors zurück. Die erneute Inszenierung des Gruppenleiters wirft natürlich die Frage nach ihrer Bedeutung auf. Als Begründung wird auf die Einschränkungen verwiesen, die mit der sprachlichen Kommunikation verbunden sind. Natürlich ist es richtig, daß Sprache nur einen spezifischen Bereich der möglichen Kommunikation repräsentiert. Fraglich ist aber in dem gegebenen Fall, ob die Möglichkeiten der sprachlichen Interaktion auch nur annähernd ausgeschöpft worden sind. Nach der Theorie und Selbsterfahrungsphase hat die Gruppe nur wenige Sitzungen Supervision im Sinne der Reflexion der beruflichen Praxis durchgeführt. An die Grenzen des Sprachmediums dürfte sie deshalb wohl kaum gestoßen sein.

Wie läßt sich dann aber der Sinn des Settingwechsels verstehen? Zur Erklärung wäre daran zu erinnern, daß die Phasenstruktur des Gruppen-

74

verlaufs – Theoriestudium, Selbsterfahrung, themenzentrierte Phase und Abschlußphase – nicht Resultat einer autonomen Produktion der Gruppe ist, sondern auf *Vorschläge*, d. h. auf strukturierende Interventionen des Supervisors beruht. Versteht man die Interventionen als seine Inszenierung, dann lassen sich Lesarten entwickeln, die den verborgenen Sinn seiner Manöver möglicherweise besser verständlich machen, als die These von der Beschränktheit der sprachlichen Kommunikation.

Folgende Interpretation würde sich dann anbieten: Durch die Einführung des theoretischen Textes ist ein Autoritätsproblem entstanden, das dem deklarierten, kollegialen Selbstverständnis diametral entgegensteht. Die Selbsterfahrungsphase hat diese Diskrepanz nicht verringert, sondern die Ängste der Teilnehmer eher noch vergrößert, so daß sie abgebrochen werden mußte. Der Wunsch des Supervisors nach kollegialer Nähe wurde ebensowenig befriedigt, wie der Anspruch, daß sich die Wirklichkeit gemäß seiner Theorie verhalte. Auch in der themenzentrierten Phase fand keine, seinen Vorstellungen entsprechende Annäherung von Wunsch und Wirklichkeit statt. In der vierten Phase versuchte er nun, über die Intensivierung privater Beziehungen doch noch ein Stück der Illusionen zu retten. Der Rekurs auf die Begrenzung der sprachlichen Kommunikation erscheint in diesem Zusammenhang eher als Vernebelung des einfachen Tatbestandes. Ohne Zweifel ist es Wilhelm gelungen, durch die Intensivierung der privaten Beziehungen die Gruppe zusammenzubinden. Das Postulat der Kollegialität zwischen Supervisor und Supervisanden wenigstens wäre damit scheinbar bestätigt. Scheinbar deshalb, weil das Resultat sich nicht im Medium der professionellen Arbeit eingestellt hat, sondern aus der Veränderung der Kommunikationsmodi hervorgegangen ist. Durch die, stark von Privat- und Freizeitinteressen geprägte Wochenendveranstaltung (*Spiel, Sport, Essen, Vergnügungen*) ist es zu einer Überlagerung von beruflicher und privater Interaktion gekommen. Offensichtlich verdankt sich jene, von den Autoren hervorgehobene „Gleichheit zwischen Supervisor und Supervisanden" dem höheren Intimitätsgrad der privaten Kommunikation.

Trotz der unterschiedlichen Interpretation ist festzuhalten, daß die Gruppe, wie an der gemeinsamen Publikation abzulesen ist, ein hohes Maß an Produktivität entfaltet hat. Für die kritische Autonomie der Gruppe spricht, daß sie die Emanzipationsthese des Leiters zwar zunächst übernommen, im Gruppenverlauf aber zurückgestutzt und zunehmend skeptisch gesehen hat. Supervision, so das Fazit, sei allenfalls eine *exemplarische Lernsituation*, deren emanzipatorischem „Pathos institutionelle Grenzen gesetzt sind".[115]

Auch wenn mit den Arbeiten von Kappeler, Wittenberger und Wilhelm natürlich nicht das gesamte Spektrum des politischen Diskurses in der Supervision der 70er Jahre berücksichtigt worden ist, so sind diese Studien gleichwohl typisch für den thematischen Horizont und den Argumentationsmodus jener Zeit.

Der imperative Duktus gehörte ebenso zum Repertoire der linken Theoretiker wie die Beschwörung großer politischer Ansprüche. Der normative Druck, der von dieser Konstellation ausging, hat es schwer gemacht, die Empirie gegen das theoretische Vorverständnis zur Geltung zu bringen. Wenn uns die Sprache des politischen Diskurses heute befremdlich, kaum mehr verständlich vorkommt, dann wäre darüber nicht zu vergessen, daß gegenwärtig andere, nicht weniger dogmatische Spielarten des Jargon die Supervisionsdiskussionen beherrschen: der Psychojargon und neuerdings die nicht weniger absurden Sprachspiele des Professionalismus. Die Befürchtung Kochs[116], daß dem Beratungsboom eine Tendenz zur Entpolitisierung innewohne, hat sich bewahrheitet, noch bevor der politische Gehalt der Supervision adäquat formuliert, geschweige denn entfaltet werden konnte.

6. Der politische Diskurs in der Konsolidierungsphase

Ein Jahrzehnt nach dem Höhepunkt der Diskussion um die politischen Dimensionen der Supervision wird das Thema von der Zeitschrift „Supervision" erneut lanciert. Motiviert wird diese Wiederaufnahme primär durch die sozialpolitischen Veränderungen, die durch die *Wendepolitik* in Gang gesetzt worden sind. Sie haben zum Rückgang der Wachstumsraten, in einigen Bereichen zu Kürzungen und Umstrukturierungen im sozialen Dienstleistungssektor geführt, von denen auch Supervision mehr oder weniger direkt betroffen ist. Parallel zu den Veränderungen der materiellen Grundlagen hat sich auch der theoretische Duktus der Publikationen geändert. An die Stelle der dogmatischen politischen Rhetorik sind selbstkritische Analysen der Illusionen über Supervision,[117] Einschätzungen der sozialpolitischen Entwicklungstendenzen[118] sowie fallbezogene Überlegungen zum impliziten politischen Gehalt der Supervisionspraxis[119] getreten.

Zu Recht weist Geißler darauf hin, daß die politische Rhetorik dazu beigetragen habe, „die Eigengesetzlichkeit von pädagogischen Prozessen, von individuellen Entwicklungen, von Beratungsarbeit" zu vernachlässigen. „Wir haben uns nicht damit beschäftigt, solche Eigengesetzlichkeiten herauszufinden, zu analysieren und sie evtl. konzeptionell abzusichern. Dies aber wäre m. E. erheblich politischer gewesen als die relativ kurzschlüssige Frage nach der politischen Relevanz, die immer auch eine (moralische) Aufforderung war, die Beratung … politischen Zielen unterzuordnen."[120] Auch Wittenberger merkt an, daß die Kernaussagen seines Aufsatzes über „Neutralität oder Parteilichkeit in der Supervision" *unhaltbar* seien.[121] Sosehr bei den Autoren Konsens über die Kritikwürdigkeit der Dogmatik der 70er Jahre besteht, sosehr unterscheiden sich die Konsequenzen, die aus dieser Einsicht gezogen werden. Während Irle[122] versucht, die sozialpolitischen Dimensionen der Supervision auf der Grundlage eines funktionalistischen Modells zu thematisieren, argumentiert Schwarz in einem Interview mit Marianne Hege in der Tradition gesellschaftskritischer Analysen. Nach Irle sei Supervision „ein personenbezogener Dienst zweiter Ordnung für Mitarbeiter, die personenbezogene Dienstleistungen erster Ordnung hervorbringen: Beratungs- und Betreuungsarbeit. Daher gehören der Aufschwung und die Krise der Supervision untrennbar mit der Entwicklung des sozialen Dienstleistungssektors zusammen."[123] Der *Aufschwung* der Supervision sei Resultat eines Strategiewechsels in der Sozialpolitik, der durch den *Ausbau sozialer Einrichtungen* und den *vermehrten Einsatz personalaufwendiger Beratungs- und Betreuungsarbeit* gekennzeichnet ist. Die Funktionen der Supervision bestünden zum einen darin, „die Interaktionsfähigkeit der Dienstleistungsarbeiter" zu „erhalten und" zu „verbessern", zum anderen soll sie eine „soft-control der Mitarbeiter ermöglichen".[124]

Die Expansion des sozialen Dienstleistungssektors hat, nach Irle, seit 1979 einen Einbruch erfahren. Wie die steigenden Sozialhilfeleistungen zeigten, würden an die Stelle persönlicher Hilfe zunehmend Formen des direkten oder indirekten Geldtransfers treten. Diese Entwicklung erfordere einen Einstellungswechsel der Sozialarbeiter: „Sie haben allen Grund, wenn sie sich auf defensive Arbeitnehmerpositionen zurückziehen, also mehr verwaltungsnotwendige Routinearbeit machen. Und dafür brauchen sie kaum mehr Supervision."[125] Für die wenigen beratungsintensiven Problemlagen, für die Supervision dann noch relevant ist, sei die Ausbildung einer großen Anzahl von Supervisoren nicht sinnvoll.

Die Argumentation Irles beruht weitgehend auf der Zyklen-Formel von Japp und Olk, nach der die „Entwicklung in einer zyklischen Abfolge von Expansion und Verknappung verlaufen wird".[126] Vor dem Hintergrund des Strukturwandels sei der „Traum vom Supervisor als hauptamtlichen Beratungsexperten"[127] unrealistisch. Selbst in Bereichen, in denen Supervision nach den Irle-Prognosen auch weiterhin gebraucht werde, bedürfe es eines neuen Zuschnitts des Verfahrens. „Das neue Angebot muß folgende Qualitäten besitzen: Erstens: Supervisoren müssen Dienstleistungsarbeiter dabei beraten, wie diese in ihrer Alltagsarbeit zu sozialpolitisch vertretbaren Verteilungsentscheidungen gelangen können. Zweitens: Wie diese sich mehr als bisher im kommunalpolitischen und verwaltungsinternen Gerangel um die Verteilung ‚öffentlicher Güter' durchsetzen können. Drittens: Benötigen Supervisorinnen/soren dazu strukturbezogene Diagnose- und Analysetechniken sowie Interventionstechniken."[128] Aus seiner ‚Analyse' zieht Irle den Schluß, daß „die Supervision alter Prägung nicht überlebensfähig" sei.[129]

Die These vom quantitativen Rückgang des Supervisionsbedarfs beruht im wesentlichen auf der Annahme eines direkten Zusammenhangs zwischen dem Zuschnitt der Sozialhaushalte und der Supervisionsnachfrage. Zwar ist es richtig, daß in den 80er Jahren die öffentlichen Budgets für personenbezogene soziale Dienstleistungen rückläufig sind und daß auch die Ausgaben für Fortbildung und Supervision von dieser Entwicklung betroffen sind. Trotzdem ist es nicht zu dem von Irle prognostizierten Einbruch der Nachfrage gekommen. Im Gegenteil: Die meisten Experten stimmen darin überein, daß die *Supervision alter Prägung*, die angeblich nicht lebensfähig sei, bis in die 90er Jahre ihr Terrain nicht nur behauptet hat, sondern wahrscheinlich sogar ausbauen konnte.

Wie läßt sich die Diskrepanz zwischen der Prognose Irles und der faktischen Entwicklung der Supervision erklären? Zunächst hat Irle bei seiner Analyse die Elastizität der Nachfrage völlig vernachlässigt. Sie resultiert daraus, daß Supervisionen nur zum Teil aus öffentlichen oder quasi-öffentlichen Haushalten bezahlt werden. Formen der Mischfinanzierung, bei der die Supervisanden und die Institution sich die Kosten teilen, sowie die private Übernahme der Aufwendungen durch die Mitarbeiter selber gehören durchaus zur gängigen Praxis. Unter der Bedingung, daß Supervision ein erstrebenswertes Gut ist, und dazu trägt der Psychoboom nicht unwesentlich bei, beinhaltet die Flexibilität gegenüber der öffentlichen Hand ein erhebliches Elastizitätspotential. Ein weiterer Faktor, der zur Ausweitung der Nachfrage in den 80er Jahren beigetragen hat, ist die disparitätische Entwicklung der Felder, in denen Supervision potentiell benötigt wird.

Während Irle seine Rezessions-Prognose hauptsächlich auf die administrative Sozialarbeit bezieht, haben andere Sektoren, so z. B. das Gesundheitswesen (Sucht- und Drogenberatung, Therapie, Sozialpsychiatrie, Psychosomatik etc.) steigenden Supervisionsbedarf. Auch das pädagogische Feld ist als Supervisionsmarkt noch ausbaufähig. Auch regionale Disparitäten tragen dazu bei, daß, bezogen auf die Gesamtentwicklung der 80er Jahre, weder von Marktsättigung noch gar von Rezession die Rede sein kann. Erst Ende der 90er Jahre scheinen sich Marktsättigungstendenzen abzuzeichnen. Nach unserer bisherigen Analyse verdanken sich die gravierenden Fehleinschätzungen Irles vor allem dem Umstand, daß der Autor Trendaussagen, die für die allgemeinen Entwicklungen der Sozialhaushalte gelten mögen, umstandslos auf die Supervision überträgt. Auch die Forderung nach einer ,neuen Qualität' der Supervision hat ihren Ursprung in der Orientierung an den Erfordernissen der Sozialadministration. Erstaunlich ist jedoch, daß Irle übersieht, daß in der Gestalt der Organisationsberatung eine Beratungsform existiert, die der für Supervision unterstellten Anforderungsstruktur weitgehend entspricht. Sie ist ein spezifisches Verfahren, mit dem sowohl das *verwaltungsinterne Gerangel* als auch die institutionellen *Verteilungsentscheidungen* erfolgreich thematisiert werden können. Ist es bloßer Zufall oder verbirgt sich eine Intention hinter dem Umstand, daß Irle die Ausdifferenzierung des professionsbezogenen Beratungsspektrums (Supervision, Organisationsberatung, Balintgruppenarbeit etc.), die sich in den 80er Jahren durchgesetzt hat, nicht wahrnimmt? Wittenberger hat in seiner Kritik an Irle indirekt ein mögliches Motiv genannt. Er verweist auf das politische Interesse des Autors: Supervision soll als *soziale Ingenieurtechnik* profiliert werden, mit der sozialarbeiterisches Handeln nach Effektivitätskriterien kontrolliert und gesteuert werden kann.[130]

Ein weiteres Motiv enthält der implizite Text. Zwischen den Zeilen wird deutlich, daß Irle der vermeintliche Irrationalismus der *Gefühls- und Erlebnisanteile* der *interaktionszentrierten Beratung* letztlich suspekt ist. Dagegen möchte er die „rationalen Handlungsanteile"[131] des administrativen Systems zur Geltung bringen. Vielleicht machen es diese latenten Vorannahmen verständlich, warum Irle nicht wahrnehmen konnte, daß sich die *Supervision alter Prägung* trotz der restriktiven Ausgabenpolitik der öffentlichen Hand auf hohem Niveau konsolidiert hat. Dieses erstaunliche Faktum freilich läßt sich mit den wenig differenzierten Analyseinstrumenten Irles nicht verstehen. Seine Fixierung auf den soziologischen Funktionalismus geht einher mit administrationsabhängiger Handlungsorientierung. Die Empirie wird nur insofern zur Kenntnis genommen, als sie den normativen Vorannahmen nicht widerspricht. Eine besondere Ironie liegt darin, daß ausgerechnet Irle, der das Primat der supervisionsvermittelten Anpassung vertritt, *Parteilichkeit* reklamiert. Mit dem Emanzipationsgedanken haben seine Überlegungen, soviel dürfte inzwischen deutlich geworden sein, freilich nichts zu tun.

Das Emanzipationsinteresse wird demgegenüber in dem Gespräch von Hege und Geißler engagiert vertreten. Allerdings mit deutlicher Skepsis gegenüber den *niederschmetternden Ansprüchen*, die mit diesem Desiderat in den 70er Jahren verbunden waren. Kritisiert werden sowohl die damals gängige, vorschnelle Koppelung *pädagogischer Überlegungen und Handlungen an politische Konzepte* als auch der unreflektierte Aktivismus.[132] Geißler vertritt, im Unterschied zu den 70er Jahren, die Position einer strikten Trennung von Politik und Beratung. Ganz im Sinne unserer Analyse im Kapitel „Paradoxe Szenarien" geht er davon aus, daß Politik die *Bedingungen* oder den Rahmen für Beratung definiert, daß Beratung selber demgegenüber aber eigenen Regeln folgt. Es sei versäumt worden, „solche Eigengesetzlichkeiten herauszufinden, zu analysieren und sie evtl. konzeptionell abzusichern. Dies aber wäre m. E. erheblich politischer gewesen als die relativ kurzschlüssige Frage nach der politischen Relevanz, die immer auch eine (moralische) Aufforderung war, die Beratung, die Pädagogik, politischen Zielen unterzuordnen".[133]

Die Eigengesetzlichkeit resultiert aus den unterschiedlichen Aufgaben: Während Beratung sich mit subjektbezogenen Problemlagen beschäftigt, bezieht sich Politik auf Strukturprobleme. Lapidar formuliert Geißler: „Das psychische Elend zu beseitigen ist Beratungsaufgabe, das gesellschaftliche Unglück zu reduzieren jedoch nicht. Das erste braucht Intimität, Schutz, Vertrauen; das zweite die öffentlichkeitswirksame politische Tat. Wer dies vermischt, vergrößert das Elend und das Unglück."[134] Erst vor dem Hintergrund der Trennung der beiden Ebenen wird die Psychologisierung des Politischen ebenso durchschaubar wie die Politisierung des Psychischen. Die *gewonnenen Einsichten* müssen, das impliziert die literarische Form des Gesprächs, fragmentarisch und thesenhaft bleiben. Gleichwohl machen sie den Perspektivenwechsel deutlich: Die Formulierung der Eigengesetzlichkeit von Supervision und Beratung ist der skeptischen Einsicht verpflichtet, daß der politische Gehalt allenfalls vermittelt durch eine gute Praxis zur Geltung gebracht werden kann.

Die neue politische Perspektive der Supervision wird von den Autoren des Schwerpunktheftes der Zeitschrift „Supervision" unterschiedlich konkretisiert. Während Irle, wie wir gesehen haben, ein instrumentell-administratives Supervisionsmodell favorisiert, versucht Wittenberger, den politischen Gehalt aus der Reflexion der Arbeit am Fall zu entwickeln. Seine Maxime lautet: „Wenn wir eine kritische, d. h. auch politisch bewußte Supervisionspraxis nicht aufgeben wollen, dann kann Supervision nur in der Reflexion über ihr Tun politisch sein, nie in ihrem direkten ‚Handeln' im Supervisionsprozeß."[135] Diese indirekte politische Dimension soll am Material der psychodynamischen Aspekte des Interaktionsgeschehens einer Supervision demonstriert werden. Bei der Durchführung der Aufgabe wird allerdings deutlich, daß Wittenberger den Fall im wesentlichen dazu benutzt, psychoanalytische Theoriebestände zu illustrieren, anstatt die Theorie aus der „Sprache des Falles"[136] selber zu entwickeln. Man wird nicht fehl darin gehen, in diesem methodischen Vorgehen das Erbe jenes Deduktionismus zu sehen, der nicht nur im Marxismus, sondern auch in der mainstream Psychoanalyse zu beobachten ist.

Ermöglicht wird dieser Ableitungsschematismus aber auch durch die individualtherapeutische Ausrichtung der Supervision, wie sie im Fallbeispiel deutlich wird. Wittenberger spricht explizit davon, daß es ihm „um den psychodynamischen Aspekt des Interaktionsgeschehens" geht.[137] Diese *soziale Psychotherapie* berücksichtige zwar institutionelle und professionelle Dimensionen und unterscheide sich von der psychoanalytischen Behandlung dadurch, daß sie den dort vernachlässigten Bereich der *tertiären Sozialisation* thematisiere,[138] gleichzeitig wird die Bedeutung des Sozialen aber auch wieder zurückgenommen: In der Supervision steht „das handelnde Subjekt erst einmal als vereinzelter Einzelner, nicht aber sofort als Angestellter, Mitarbeiter einer bestimmten Organisation in einem definierten institutionellen Zusammenhang unter konkreten gesamtgesellschaftlichen Verhältnissen"[139] im Vordergrund. Die professionellen und institutionellen Dimensionen werden also nicht als verinnerlichte und damit strukturbildende Faktoren, sondern als den Supervisanden letztlich doch bloß äußerliche Momente verstanden.

Diese individualpsychologische Prämisse schlägt sich in der Fallstudie nun derart nieder, daß die Identifikations- und Projektionsprozesse zwischen Supervisorin und Klientin eingehend analysiert werden. Methodisch-technische Aspekte werden demgegenüber explizit vernachlässigt. Der Frage, ob professionelle Identität sich nicht auch über methodisch-technische Kompetenzen vermittelt, wird nicht nachgegangen. Auch die Wechselwirkungen zwischen äußerer Realität und innerem Erleben werden vorschnell psychologisiert, so etwa, wenn die möglicherweise übertriebene Angst einer Mutter um ihr Kind und der daraus resultierende Zwang, es kontrollieren zu müssen, ausschließlich als „Reaktion (der Mutter) auf ihre Feindseligkeit gegen ihr Kind"[140] interpretiert wird. Das gleiche Muster wird dann auch noch auf die Supervisorin übertragen. Ihre *verdrängten Feindseligkeiten* äußerten sich in der Übernahme der Berufsrolle, und zwar „als Umwandlung von Aggression in Fürsorge".[141]

So stimmig diese Systematik zwischen der Struktur der Supervisorin und der Klientin unter Heranziehung psychoanalytischer Vorannahmen auch sein mag: Die entscheidende Frage nach der Legitimität und dem Wahrheitsgehalt solcher Deutungen ließe sich nur aus der differenzierten Analyse des Fallmaterials plausibel machen. So wäre z. B. zu untersuchen, wie der Aushandlungsprozeß über die Interpretationen vonstatten geht. Bei Wittenberger bleibt offen, ob die Supervisandin die Chance hat, gegen seine Deutungen eigene Wirklichkeitskonstruktionen aufrechtzuerhalten und gegebenenfalls auch durchzusetzen. Interessant ist, daß dieses zentrale Problem nicht behandelt wird, obwohl die explizite Intention des Autors dahin geht, „in mühevoller Kleinarbeit Rechenschaft" abzulegen, „was Psychoanalytiker (und in Analogie dazu: Supervisoren – A.G.) eigentlich machen, wenn sie Analysen (Supervision – A.G.) machen".[142] Faktisch geht Wittenberger, wie bereits angedeutet, jedoch so vor, daß das Fallmaterial nicht in seiner interaktiven Generierung expliziert, sondern als bloße Illustration deduktiv gewonnener Kategorien herangezogen wird.

Zusammenfassend können wir festhalten, daß sich auch im psychoanalytischen Bezugsrahmen eine deduktive Orientierung durchhält. Insofern ist es kein Zufall, daß die politischen Dimensionen der Supervision, die aus der konkreten Interaktion in der Supervision herausgearbeitet werden sollten, nicht behandelt werden. Ein Umstand, auf den der Autor hinweist, wenn er am Ende seines Aufsatzes fragt, „was denn dieses (Fall-)Beispiel mit dem Thema ‚Neutralität oder Parteilichkeit‘ zu tun hat".[143] Weder die der psychoanalytischen Theorie entlehnten Ableitungen, noch die Therapeutisierung der Supervision vermögen es, den Erkenntnisgehalt der Fallstudie auszuschöpfen und bis in ihren spezifisch politischen und institutionellen Gehalt vorzudringen. Natürlich entsprechen die psychoanalytischen Kategorien sehr viel eher dem Supervisionsprozeß als das marxistische Begriffsinstrumentarium aus der Untersuchung über „Neutralität und Parteilichkeit". Allerdings wird durch die deduktive Analyse die Chance vergeben, den subjektiven Niederschlag der professionellen Handlungsschemata und des institutionellen Systems zu rekonstruieren. Erst eine solche Analyse würde – in Verbindung mit einer Untersuchung der sozialen Welten – das Problem des politischen Gehaltes der Supervision ein Stück weit klären.

Die kritischen Einwände sollen nicht darüber hinwegtäuschen, daß die Arbeit Wittenbergers ein wichtiger Beitrag auf dem Weg zur Entwicklung eines psychoanalytischen Supervisionsverständnisses ist. Hervorzuheben ist auch, daß die deduktionive Verwendung psychoanalytischer Konzepte durchaus üblich ist. Der eigentliche Verdienst der Studie Wittenbergers liegt weniger in ihrem Beitrag zu den politischen Dimensionen in der Supervision als vielmehr in den interessanten, theoriegeschichtlichen Hinweisen auf Freuds Vorstellungen über Institutionen, auf die Rolle der Über-Ich-Instanz, die Bedeutung von Projektionsmechanismen und Verdrängung. Eine Konkretisierung dieser Dimensionen für Supervision steht freilich nach wie vor aus.

Ebenfalls auf der Grundlage eines psychoanalytischen Supervisionsverständnisses argumentiert Münch in einer kleinen Fallstudie mit dem Titel: „Psychische Belastungen durch Arbeitslosigkeit".[144] Die Arbeit bezieht sich auf Erfahrungen in Gruppen mit Arbeitslosen, die an einem beruflichen Weiterbildungsprogramm teilnehmen. Methodisch geht Münch so vor, daß er Szenen aus der Gruppenarbeit, nicht, wie Wittenberger, zur Illustration von Theorie heranzieht, sondern als Erfahrungsdaten betrachtet, die mit psychoanalytischen Konzepten verstanden und interpretiert werden können. Auch wenn es sich dabei nur um eine geringfügige methodische Nuance handelt, so hat diese immerhin zur Folge, daß die Empirie der Theorie vorausgeht. Supervision und Selbsterfahrung wird, dem Konzept Balints folgend, als eine Art Forschungsinstrument verwandt, mit dem Aspekte der psychischen und sozialen Wirklichkeit, soweit sie in den Gruppen thematisiert werden, adäquat untersucht werden können.

Thematisch geht es in den Gruppen mit den Teilnehmern am beruflichen Weiterbildungsprogramm im wesentlichen um Äußerungsformen und Folgen der durch Arbeitslosigkeit erlittenen sozialen Degradierung. Sie schlage sich unter anderem in einer besonderen Form des Widerstandes nieder, „der sich durch sein destruktiv-negatives Element von dem sonst üblichen Widerstandsverhalten, das Anfangssituationen in Gruppen kennzeichnet, unterscheidet. Er hat etwas Generelles, richtet sich gegen den Veranstalter und dessen Repräsentanten; er drückt kollektiv aus, daß man es eigentlich als Kränkung und Beleidigung erlebe, gerade in dieser Institution und unter solchen Bedingungen ausgebildet zu werden. Obwohl mit der Arbeit gerade begonnen wird, wird der Wert der Ausbildung und die Kompetenz einiger Dozenten bereits in Zweifel gezogen. Es setzen Spaltungsversuche ein ... Solche Spaltungsvorgänge, charakterisiert durch negative Vergleiche zwischen dem einen und einem anderen, laufen darauf hinaus, denjenigen, der als schlecht und unwert erkannt worden ist, relativ bedenkenlos fallen zu lassen und sich ganz dem zu verschreiben, dem Größe zugestanden wird."[145]

Der induktive Erkenntnisprozeß der von Münch verwandten Methode generiert einen Wissenstypus, mit dem die supervisionsspezifischen Wechselwirkungen zwischen professioneller Realität – in unserem Beispiel: der Degradierung durch Arbeitslosigkeit – und ihren psychischen Folgen untersucht werden können. Die politische Bedeutung eines solchen Ansatzes besteht darin, daß die subjektive Verarbeitung sozialer Prozesse nicht in Form abstrakter Postulate bloß behauptet, sondern aus der Analyse der professionellen Paradoxien herausgearbeitet wird. Dabei wird eine Analysetiefe erreicht, die der empirischen Forschung sonst zumeist verschlossen ist, da ihr der intime Datentypus, der in Supervisionsprozessen erzeugt wird, in der Regel nicht zur Verfügung steht. Freilich sind die Analysepotentiale auf den Rahmen beschränkt, der thematisch und interaktionell in der Supervision vorgegeben ist, sie haben also kein gesamtgesellschaftliches Format, wie es der Rhetorik der großen Ansprüche entspräche. Diese Beschränkung ist aber kein Nachteil. Im Gegenteil: Die Fokussierung dieser Dimensionen ist Voraussetzung dafür, daß Erkenntnisse über den politischen Gehalt der Supervision überhaupt erzeugt werden können.

7. Gruppensupervision und institutionelles System

Die Diskussion um die Gruppensupervision in der Expansionsphase ist, wie ich bereits im voranstehenden Kapitel gezeigt habe, eigentümlich retardiert. Während in der Therapieszene auf breiter Front um Indikationsstellungen, Behandlungstechniken und vor allem um die Einflußsphären der verschiedenen Ansätze gestritten wird und immer neue Verfahren auf den Markt drängen, setzten sich in der Supervision nur langsam höherspezialisierte Fragestellungen durch. An zwei Publikationen, die ihrerseits den Anspruch erheben, neue Dimensionen in der Supervision einzuführen, soll dies skizziert werden. Zum einen beziehen wir uns dabei auf die dreiteilige Artikelserie: „Beiträge zur Gruppensupervision" von Neidhardt und zum anderen auf die Monographie von Kersting mit dem Titel: „Kommunikationssystem Gruppensupervision".[146]

Neidhardts Beitrag ist vor allem deswegen bemerkenswert, weil die Autorin die soziologische Analyse der Organisationsstrukturen und die ihnen inhärenten institutionellen Konflikte ins Zentrum ihrer Argumentation stellt. Sie greift damit eine, von der psychologisch orientierten Supervisionsliteratur zweifellos vernachlässigte Dimension auf. Die *Schwierigkeiten* der Sozialarbeiter liegen, nach Neidhardt, nicht nur in ihren Beziehungen zu den Klienten, sondern resultieren mindestens ebensosehr aus der Interaktion mit den Kollegen und aus den Beziehungen zur bürokratischen Organisation des Amtes oder der Einrichtung, an der sie tätig sind. Konflikte in den letztgenannten Bereichen entzögen sich dem traditionellen Methodenrepertoire der Sozialarbeit, das im wesentlichen auf der Einzelfallhilfe basiert. Die Beschäftigung mit der Gruppensupervision ist deshalb immer zugleich auch Kritik an der Einzelfallhilfe.

Neidhardt verbindet weitreichende Hoffnungen mit der Methodendifferenzierung. Mit ihr sei „die Möglichkeit gegeben, von mehreren Arbeitsweisen jeweils die auszuwählen, welche der Lösung eines bestimmten Problems angemessen ist".[147] Voraussetzung für solche Problemlösungsstrategien ist das Wissen um die institutionellen Mechanismen, die die Praxis der Sozialarbeit beeinflussen. In Anlehnung an Scott[148] verweist sie hier zunächst auf die „Konflikte zwischen Spezialisten und bürokratischen Organisationen". In institutioneller Perspektive handelt es sich bei den beiden Gruppen um Subsysteme, zwischen denen Verständigungsprobleme und Kooperationskrisen unvermeidbar sind. Die grundlegende Differenz besteht darin, daß Spezialisten (Neidhardt nennt Forscher, Ärzte und interessanterweise auch Sozialarbeiter als Beispiele) über internalisierte professionelle Kompetenz und Standards verfügen, die eine autonome Durchführung beruflicher Aufgaben ermöglichen. „Der Bürokrat dagegen erscheint gewöhnlich als jemand, der in einer hierarchischen Struktur und unter einem System formaler Regeln eine relativ eng umschriebene Funktion ausübt."[149] Im Anschluß an Scott definiert Neidhardt vier Konfliktbereiche:

„I.   Der Widerstand der Spezialisten gegen bürokratische Regeln.

II.   Die Zurückweisung von bürokratischen Standards durch Spezialisten.

III. Der Widerstand der Spezialisten gegen bürokratische Überwachung.

IV. Die bedingte Loyalität der Spezialisten gegenüber der Bürokratie."[150]

Diese allgemeine Definition der Konfliktzonen ist so unspezifisch, daß wir sie gedankenexperimentell ebensogut auch auf das umgekehrte Verhältnis anwenden können. Die Formulierung lautet dann:

1.   Der Widerstand der Bürokraten gegen Verfahrensvorschläge der Spezialisten.

2.   Die Zurückweisung der Standards der Spezialisten durch die Bürokraten.

3.   Der Widerstand der Bürokraten gegen spezialisiertes Expertentum.

4.   Die Illoyalität der Bürokratie gegenüber den Spezialisten.

Nicht reziprok sind demgegenüber die gegenseitigen Erwartungen. Während die Spezialisten davon ausgehen, daß ihnen die Fachkompetenzen zugestanden und Entscheidungsspielräume zur Entfaltung ihrer professionellen Rolle eingeräumt werden, beruht das Handeln von Bürokraten auf einer „Autorität kraft formeller Ermächtigung und nicht überlegener Sachverständigkeit".[151] Administrative Macht gründet also in der Auslegung und Durchsetzung von Verfahrensregeln und Normen und nicht in gegenstandsbezogenen Qualifikationen.

Neidhardt verdeutlicht die möglichen Konflikte zwischen Spezialisten und Bürokraten am Beispiel der Oberfürsorgerin in der Familienfürsorge: „Die Position der Oberfürsorgerin ist ursprünglich keine professionelle Aufstiegsposition, denn ihre (bisher überwiegend) bürokratischen Aufgaben tragen alle Merkmale bürokratischer Institution. Ihre bürokratische Aufgabe ist vergleichsweise eng umschrieben und kann nur im bürokratischen Regelsystem von Überwachung mit geteilter Verantwortung von ihr ausgeführt werden. Damit ist sie abhängig von der Art und Weise, wie ihr bürokratischer Arbeitgeber ihre Position beschreibt. Andererseits ist sie beispielsweise in der Familienfürsorge eine Art Verbindungsglied zwischen bürokratischer und professioneller Institution. Sie kann ihre eigene Auffassung überwiegend i. S. bürokratischer Aufgabenstellung definieren. Die Folge davon wird sein, daß der beschriebene Konflikt zwischen den beiden Institutionen gewissermaßen ein Konflikt innerhalb der Berufsgruppe wird. Beschreibt sie ihre Position im Rahmen der Zugehörigkeit zu ihrer Berufsgruppe, trägt sie den genannten Konflikt in der eigenen Person aus. Sie würde dann möglicherweise für die Mitarbeiter einen Schutzraum und damit einen größeren Handlungsspielraum schaffen können."[152] So richtig es ist, daß sich die Oberfürsorgerin entweder mehr auf die Seite der Profession oder mehr auf diejenige der Administration schlagen kann, sowenig trägt eine solche subjektive Entscheidungstheorie zur Analyse institutioneller Konfliktzonen bei.

Einen zweiten Einwand gegen das Erklärungsmodell erhebt die Autorin selber: Es sei auf die Verhältnisse in der amerikanischen Sozialarbeit zugeschnitten und sei deshalb nicht umstandslos auf deutsche Verhältnisse übertragbar. Ist Sozialarbeit dort durch akademische Ausbildung, wissenschaftliche Fundierung der Methoden und einen von der Profession anerkannten *code of ethics* legitimiert, so steht diesem professionellen System in der Bundesrepublik „ein offenes, weitgehend konzeptloses Berufsbild gegenüber".[153] Zwar seien mit der Anhebung der Sozialarbeiterausbildung auf Fachhochschulniveau und der Weiterentwicklung der *methodischen Arbeitsweisen* Fortschritte in Richtung auf Professionalisierung erzielt worden, gleichzeitig seien aber auch Gegentendenzen zu beobachten, z. B. in der Neigung der Sozialarbeiter, sich mit den „Klienten zu identifizieren und zu verbünden".[154] Nach Baumann erweisen sich solche „Identifizierungsvorgänge beim Erwachsenen ... als Abwehrmechanismen, die eine Situation fixieren".[155] Die angestrebten institutionellen und berufspolitischen Veränderungen ließen sich auf dieser Basis ebensowenig verwirklichen wie die Entwicklung einer eigenständigen beruflichen Identität.

Ein Konzept der Gruppensupervision, das die bisher ausgeklammerten Dimensionen methodisch berücksichtigte, so das Fazit Neidhardts, sei ein wesentlicher Beitrag zur Professionalisierung der Sozialarbeit im Sinne des Scottschen Modells. Diese These ist allerdings nicht mehr als ein Desiderat, weil sie weder theoretisch erörtert noch gar empirisch untersucht wird. Ein wesentlicher Mangel der soziologischen Überlegungen Neidhardts besteht darin, die Kontroversen um die Professionalisierung der Sozialarbeit nicht berücksichtigt zu haben. Diese Unterschlagung führt zu einer Fehleinschätzung der berufspolitischen Bedeutung der Gruppensupervision. Sie kann allenfalls die persönliche Professionalisierung der Weitergebildeten in Richtung auf eine Identität als Supervisoren bewirken, nicht aber die der Sozialarbeit bewerkstelligen. Für die Professionalisierung der Sozialarbeit kann Gruppensupervision, und das hat die Entwicklung gezeigt, nichts leisten.

Wie die soziologische Analyse, so beruhen auch Neidhardts Überlegungen zur Methode der Gruppensupervision auf Prämissen, die systematisch kaum durchgearbeitet sind. Einerseits wird in guter psychoanalytischer Tradition darauf hingewiesen, daß vor allem die unbewußten Inszenierungen im Zentrum der Gruppensupervision stehen sollen, wobei die Gruppe nicht als Therapie-, sondern als Lern- und Arbeitsgruppe verstanden wird. Der Leiter soll dabei nur dann strukturierend eingreifen, wenn Lernstörungen auftreten. Andererseits soll aber nicht etwa die Methode der psychoanalytischen Gruppensupervision angewandt werden, sondern eine Technik, die auf der Kommunikationslehre Watzlawicks beruht. Mit dieser Überlegung verstrickt sich Neidhardt in Widersprüche, weil es Watzlawick um die Aufdeckung von Verhaltensritualen und gerade nicht um die Analyse von unbewußten Prozessen geht. Sie löst das Problem durch die Forderung nach *Methodenvielfalt*. Gemeint ist damit ein Eklektizismus, bei dem die verschiedenen Verfahren jenseits ihrer immanenten Logik miteinander kombiniert und in der Praxis angewandt werden. Auffällige Widersprüche unterlaufen ihr auch in einer anderen Frage: Nachdem sie im soziologischen Teil der Studie vehement die Bedeutung institutioneller Aspekte für die Supervision vorgehoben hat, fallen sie im methodischen Teil, sieht man von Absichtserklärungen ab, wieder aus der Argumentation heraus. Trotz dieser Widersprüchlichkeiten hat die Studie

Neidhardts das Verdienst, die Bedeutung der Sozialwissenschaften für die Entwicklung der Gruppensupervision hervorgehoben zu haben. Mit der Betonung der Methodenvielfalt, die in der Supervision wie in der Sozialarbeit zur Geltung gebracht werden müsse, antizipiert sie zudem einen Trend zum Eklektizismus, der sich in der Folgezeit verstärken wird.

Zu den wenigen Monographien über Supervision, die in der Expansionsphase entstanden sind, zählt die Studie von Kersting mit dem Titel: „Kommunikationssystem Gruppensupervision". Im Zentrum steht der Versuch, ein Konzept der Gruppensupervision auf der Grundlage der von Watzlawick ausgearbeiteten Kommunikationstheorie zu entwickeln. Diese Theorie ermögliche es, „eine Fülle von Phänomenen der Supervision beschreibbar zu machen und die Hypothesenbildung für die Konstruktion von Supervisionsprozessen"[156] zu erleichtern.

Als allgemeines Ziel der Supervision definiert Kersting im Anschluß an Zier die Ausbildung „eines persönlichen kreativen Integrationsvermögens, und zwar für solche Berufstätige, die mittels einer persönlichen Beziehung anderen Hilfestellung leisten".[157] Vier Dimensionen sollen dabei verbunden werden: die „persönliche Art zu reagieren, objektive Erkenntnisse, die aktuelle Arbeitssituation und die subjektive Erfahrung".[158] Diese allgemeine Aufgabenbeschreibung wird in fünf Punkten spezifiziert. Die Gruppensupervision soll beitragen:
– zum Erlernen der Handlungskompetenzen im Umgang mit Gruppen
– zur Entwicklung von Kooperationsfähigkeit im Praxisfeld
– zum Erkennen von Funktionsproblemen im Dienstleistungssystem
– zur Haltungs- und Einstellungsveränderung und schließlich
– zur Entwicklung der Berufsidentität.

Die Ziele sind, anders als in der frühen Supervisionsliteratur, nicht bloße Deklarationen, sie werden vielmehr zu Lernzielen umformuliert, die methodisch-didaktisch operationalisiert werden. Zur ideologischen Rechtfertigung dieses utilitaristischen Lernzielansatzes beruft sich Kersting ausgerechnet auf die Befreiungspädagogik Freires: „Das Lernen in der Supervision ist nach der Art des pädagogischen Konzepts Freires so, daß die Supervisanden (Klientsystem) vom Supervisor (als Dienstleistungssystem) nicht mit Wissen gefüttert oder mit Handlungsanweisungen vollgestopft werden."[159] Bei der Supervision handele es sich um ein Verfahren, bei dem die „Rollenverteilung in Nur-Lehrende und Nur-Lernende aufgehoben ist zugunsten eines dialogischen Lernens aller Beteiligten, diesen Vorgang (habe ich) als Lernlehrverfahren bezeichnet. Was die Wertvorstellungen dieses pädagogischen Konzepts angeht, sagt Freire: ‚Erziehung kann niemals neutral sein. Entweder ist sie ein Instrument zur Befreiung des Menschen oder sie ist ein Instrument zu seiner Domestizierung, seiner Abrichtung für die Unterdrückung'.“[160]

Trotz des in den 70er Jahren verbreiteten Trends, durchaus konventionelle Ansätze durch politische Theorien aufzuwerten, ist die Berufung auf Freire erstaunlich. Während Freire Lerninhalte und Ziele der Pädagogik als gemeinsamen Bewußtwerdungsprozeß an der Seite der unterdrückten Bevölkerungsgruppen in den Entwicklungsländern konzipiert hat, geht es Kersting um ein gänzlich anderes Konzept. Das Motiv, das hinter dem Mißbrauch Freires für den utilitaristisch dimensionierten Ansatz Kerstings steht, wird indes bei der Lektüre seines Buches deutlich: Es besteht in dem Versuch, dem 1975 erschienenen Buch emanzipatorische Legitimationen zu verschaffen. Mit den illegitimen Anleihen bei der Befreiungs-pädagogik glaubt der Autor sein Supervisionskonzept an die politische Diskussion der 70er Jahre anschließen zu können. Dabei übersieht er, daß das Lernzielkonzept, das er vorschlägt, nicht nur im krassen Gegensatz zum Ansatz von Freire steht, sondern daß es auch den potentiell kritischen Gehalt der Supervision untergräbt.

Interessant ist, daß Kersting im zentralen Kapitel seines Buches, das den Titel: „Kommunikationssystem Gruppensupervision" trägt, das Lernzielkonzept wieder zurücknimmt. *Kreatives Integrationsvermögen* als Ziel der Supervision sei nämlich kein operationalisierbarer Gegenstandsbereich. Methodisch ließe sich diese Vorstellung nur durch den „Nachweis der Affinität zwischen Ziel und Lernlehrverfahren"[161] ableiten, wobei „der Supervisionsvorgang selbst … ebenso strukturiert" sei „wie das Vorgehen in der Praxis".[162] Interessant ist nun, wie Kersting versucht, die Affinität ‚nachzuweisen': „Die Ähnlichkeit liegt auf der Hand: Im Feld soll der Sozialarbeiter nicht anders agieren als der Supervisor oder seine impulssetzenden Mitsupervisanden, die auf diese Weise zu Mitsupervisoren werden. Er ‚füttert' das Klientsystem nicht mit seinen Lösungen, sondern setzt Impulse oder greift Impulse aus dem Klientsystem verstärkend auf, damit die Lebenssituationen als Problem wahrgenommen und reflektiert werden können. Erst aus dieser Reflexion sind Aktionen zur Problemlösung möglich. Ziel der funktionalen Beziehung der Zusammenarbeit sind gewiß die Problemlösungen; diese haben jedoch Bestand, wenn die

Klientsysteme die Fähigkeit zur Integration von Reflexion und Aktion, von Theorie und Praxis erworben haben. Es besteht also ein Höchstmaß an Affinität zwischen dem Ziel der Supervision und der Supervision als Mittel zu diesem Ziel."[163] Kritisch wäre anzumerken, daß diese Textpassage dem proklamierten Anspruch, die Affinität nachzuweisen, keineswegs gerecht wird. Im Gegenteil: die Argumentation Kerstings folgt der für die pädagogische Diskussion der 70er Jahre typischen postulatorischen Logik. Das, was sein soll, wird als Realität unterstellt, eine empirische Überprüfung der Thesen wird nicht erwogen.

Mindestens ebenso plausibel wie die Affinitätsthese wäre eine Überlegung, die von einer strukturellen Differenz von Sozialarbeit und Supervision ausginge. Sowohl die unterschiedlichen Aufgaben als auch Handlungs- und Settingvoraussetzungen würden eine solche These zumindest nicht unplausibel erscheinen lassen. Auch unter den Bedingungen der Differenzthese sind produktive Austauschprozesse zwischen den Ebenen Supervision, Sozialarbeit und Klientsystem durchaus denkbar.[164] Durch den bloßen Rekurs auf theoretische Modelle – auch wenn es sich dabei um den relativ empirienahen Ansatz Watzlawicks handelt – ist die skizzierte Transferproblematik kaum lösbar. Abgelöst von der Empirie ist der *Nachweis*, von dem Kersting spricht, allenfalls ein Gedankenexperiment, bei dem es bestenfalls um die Integration von Begriffen und Versatzstücken der Kommunikationstheorie in den Supervisionsdiskurs geht.

Bei Kersting geht der Anspruch allerdings weiter: Die Übertragung von Thesen der Kommunikationsforschung auf das Lernlehrverfahren Supervision[165] wird von ihm als spezifisch geeigneter Forschungsansatz für die agogische Wissenschaft[166] deklariert. Als Argument wird ins Feld geführt, daß mit Hilfe der Kommunikationsforschung die Organisationsstruktur[167] sowie einige in der Sozialarbeit häufig gebrauchte Begriffe wie System, Kommunikation, Beziehung, Konflikt usw. untersucht[168] werden können. Konkret sieht der Forschungsansatz Kerstings dann so aus, daß die Grundfiguren der Theorie Watzlawicks, wie z. B. die Kreisförmigkeit der Kommunikation[169], die „Unmöglichkeit, nicht zu kommunizieren"[170], die Unterscheidung von Inhalts- und Beziehungsaspekt[171] stark verkürzt referiert und mit Hilfe einiger Beispiele auf Supervision übertragen werden.

An einem Beispiel aus dem Kapitel über die Bedeutung des Beziehungsaspekts wollen wir den Erkenntnisgehalt einer solchen *Übertragung* für die Gruppensupervision diskutieren. Zunächst unterscheidet Kersting im Anschluß an Watzlawick zwischen zwei *Idealfällen*, dem positiven, bei dem die Kommunikationspartner sich sowohl über den Inhalt als auch über die Definition ihrer Beziehung einig sind, und dem negativen, bei dem sich die Kommunikationspartner auf beiden Ebenen uneins sind. Zwischen den Polen liegen Mischformen wie diejenige, daß die Partner auf der Inhalts- nicht aber auf der Beziehungsebene harmonieren. Den umgekehrten Fall – Harmonie auf der Beziehungsstufe, Dissenz auf der Inhaltsebene – illustriert Kersting durch ein Beispiel aus der Praxis:

„A: ‚In dieser Situation, die du geschildert hast, kenne ich keine Hilfsmaßnahmen mehr. Es hat wohl auch wenig Zweck, hier noch mit unseren Mitteln zu arbeiten.‘ – B: ‚Ich werde trotzdem versuchen, Herrn XY durch ein Gespräch zu motivieren, Hilfsmaßnahmen in Anspruch zu nehmen, die vielleicht jetzt noch als aussichtslos erscheinen.‘

A: ‚Ich finde gut, daß du in dieser Situation nicht aufgibst, obschon ich der Meinung bin, daß es sinnlos ist, hier weiterzuarbeiten.‘ B: ‚Ich kann nicht mehr tun als versuchen, und weiß nicht, ob ich Erfolg habe.‘"[172]

Kersting behauptet nun, daß diese Sequenz beispielhaft für inhaltlichen Dissenz bei positiver Beziehungstönung sei. Er schließt diese Annahme vermutlich aus der bestätigenden Äußerung des *A: Ich finde gut …* Mit ebenso großem Recht könnte man daraus aber auch kritische Distanz herauslesen, dann nämlich, wenn man die Möglichkeit unterstellt, daß Sprache mehrdeutig sein kann. So könnte die Mitteilung: *ich finde gut, daß du in dieser Situation nicht aufgibst*, im Sinne eines Sprachklischees verwandt worden sein, hinter dem sich eine ganz andere Botschaft verbirgt. Etwa die: *Du bist ein typischer Sozialarbeiter, der sich nicht abgrenzen kann und der sich in sinnlosen Aktionen aufreibt.* In diesem Falle läge nicht nur ein professioneller Dissenz vor, auch die Beziehungebene wäre durch die kritische, tendenziell abwertende Distanz zum Kollegen betroffen.

Interessant ist übrigens, daß der Autor in einem Buch über Gruppensupervision eine dyadische Interaktionssequenz auswählt. Kersting betreibt hier nicht nur unkritische Watzlawickrezeption, er desavouiert vielmehr auch den eigenen Anspruch, die Kommunikationstheorie für die Gruppensupervision fruchtbar zu machen. Resultat ist ein lebloser Formalismus, der den Erkenntnispotentialen der Kommunikationstheorie nicht gerecht wird.

Zur Illustration unserer Kritik noch ein zweites Beispiel. Kersting hat es eingeführt, um einen weiteren Watzlawickschen Interaktionsmodus darzustellen. Es handelt sich um den Fall, daß zwei Kommunikaten sich auf der Inhaltsebene einig sind, während auf der Beziehungsstufe Dissenz besteht:

„Einem Supervisor gelang es, nur über einen Teilnehmer B mit einem Teilnehmer A zu kommunizieren, indem der Supervisor und Teilnehmer B eine Koalition inhaltlicher Art eingingen. Die Beziehung Supervisor – B war definiert im gemeinsamen Versuch, A zu überzeugen, wobei B bewußt oder unbewußt den einzigen Kommunikationskanal von Supervisor zu A darstellte. Als die anderen Teilnehmer in der Reflexion dieses Dreiecksverhältnis offenlegten, versuchten A und Supervisor, ihre Beziehung abzuklären, und nahmen direkte Kommunikation miteinander auf, was ihnen gelang. Der Effekt war: als B bemerkte, daß jetzt die Kommunikation mit dem Supervisor, die inhaltlich in Richtung A definiert war, nicht mehr sinnvoll war, zerbrach sowohl die Beziehung zu A als auch zum Supervisor. Es begann ein mühsamer Aufbau von neuen Beziehungsstrukturen, wobei der Supervisor und A sehr wenig helfen konnten. Allerdings betätigten sich die übrigen Teilnehmer als ‚Metakommunikatoren', die bereits mit ihrem Aufdecken der Beziehungsstruktur A, B und dem Supervisor die Möglichkeit genommen hatten, dieses Beziehungsmuster aufrechtzuerhalten. Sie schlugen neue Definitionen für die Beziehung von B zu A und zum Supervisor (und umgekehrt) vor, aus denen dann diese Kommunikationspartner die Möglichkeit hatten, passende und gemeinsam akzeptierte auszusuchen."[173]

Es ist schwer verständlich, warum Kersting glaubt, diese Textpassagen als *Beispiel* auswählen zu müssen. Die Szene zwischen A, B und dem Supervisor ist so durchformalisiert, daß sie eher dem Typus theoretischer Aussagen, als einem empirischen Beispiel nahezukommen scheint. Ein *Beispiel* im übrigen, daß kaum für das steht, was es belegen soll. Wie bereits angedeutet, ging es Kersting ja darum, den Fall (Dissenz auf der Beziehungs- und Konsens auf der Inhaltsebene) plausibel zu machen, wobei der Autor hinzufügt, daß im „schlechtesten Fall" an der „Beziehungsklärung" die „Inhaltsebene zerbrechen könnte".[174]

Versucht man, die von Kersting durch unnötige Formalisierung zerstörte Szene zu rekonstruieren, dann könnte man sich ein Drei-Personen-Stück vorstellen, bei dem die anderen Gruppenmitglieder als Zuschauer fungieren. (Man könnte auch an den „Chor" in der griechischen Tragödie denken, der die Aufgabe hat, Dimensionen, die den Protagonisten verborgen sind, aufzudecken, freilich ohne den Lauf der Ereignisse beeinflussen zu können.) Thema dieses Stückes sind Verständigungsprobleme, die zunächst dadurch entstehen, daß der Supervisor sich mit „B" verbündet, angeblich um mit „A" zu kommunizieren. Faktisch freilich scheint es so zu sein, daß der Supervisor durch die Koalition mit „B" den „A" beständig vor den Kopf stößt. Es ist nicht nur ein Zeichen für mangelnde Empathie und Verstehensmöglichkeiten, sondern Ausdruck von Aggressionen des Supervisors, wenn er sich beständig mit „B" zusammentut, um „A" von irgend etwas zu überzeugen. Natürlich profitiert auch „B" von dieser Konstellation: Er kann sich dem Supervisor nahe und seinem Mitsupervisanden überlegen fühlen. Anstatt sich diesem Machtspiel des Supervisors zu unterwerfen, reagiert „A", wobei Kersting uns nicht verrät, wie; wahrscheinlich entweder störrisch oder durch Rückzug. Nachdem die übrigen Gruppenmitglieder, die Zuschauer, diesem auf die Dauer frustrierenden und langweiligen Spiel eine Zeitlang zugeschaut haben, decken sie die Beziehungsverknotung auf. Dies nun veranlaßt den Supervisor, in einer Art Wiederholungszwang jetzt mit „A" gegen „B" zu koalieren, was dann wiederum zum Eingreifen der Zuschauer führt. Sie sind es, die letztlich die Szene heilen. Der Supervisor selber hat, so scheint es, dem Verständnis der Szene und damit einer produktiven Supervisionsarbeit die stärksten Widerstände entgegengesetzt.

Bei dieser Lesart stehen die Tendenzen des Supervisors im Mittelpunkt, Gruppenmitglieder an sich zu binden und gegeneinander auszuspielen. Es geht also um ein Machtspiel, das der Leiter – wahrscheinlich unbewußt – der Gruppe aufnötigt. Für eine solche Interpretation, die übrigens durchaus mit dem Instrumentarium der Kommunikationstheorie entwickelt werden könnte, spricht, daß der Supervisor offensichtlich nicht in der Lage ist, seine professionelle Funktion auszuüben. Sie bestünde darin, mit Hilfe des Settings und seiner Interventionstechnik die Arbeitsfähigkeit der Gruppe als ganzer herzustellen. In einer Gruppe, in der der Supervisor blind Koalitionen eingeht, konnte sich mit großer Wahrscheinlichkeit kein produktives Arbeitsbündnis entwickeln. Mithin kann es auch nicht durch Überlagerungen aus der Beziehungsdimension zerstört worden sein. Es ist übrigens kein Zufall, daß in dem Beispiel das Thema, also der Inhalt der Arbeit, an keiner Stelle erwähnt wird. Am Ende konstelliert sich eine Situation, in der sich jeder Interaktionspartner die passende Beziehungsdefinition aussuchen konnte. Mit anderen Worten, die Defizite des Super-

visors wurden dadurch kompensiert, daß die Gruppe selber Beziehungsformen entwickelt hat, in die jeder sich einpassen konnte. Damit war zwar
die Kontinuität der Gruppe gewährleistet, Supervision als Beschäftigung
mit dem Dritten, den professionellen Problemen, dürfte mit einem solchen
Supervisor indes kaum möglich gewesen sein.

Natürlich wären noch eine Reihe anderer Lesarten denkbar, z. B. eine
familienpsychologische, bei der die Geschwister „A" und „B" um die
Gunst des Vaters (Supervisor) konkurrieren, oder eine Opfertheorie, bei
der „B" ein Mensch ist, der den Supervisor verführt hat, sich mit ihm gegen den „A" zu verbünden, wobei „A" dann zum „Sündenbock" wird und
die Szene sich später umkehrt. Denkbar ist auch eine gruppenanalytische
Lesart, bei der, nach Schindler, auf die einzelnen Protagonisten Positionen
von Alfa bis Omega verteilt würden. Es spricht viel dafür, daß alle diese
Lesarten, würde man sie ausführen, das Beispiel erklärungskräftiger erläutern würden, als die von Kersting vorgeschlagene Version.

Was mag den Autor dann aber bewogen haben, das Beispiel einzuführen? Vielleicht helfen die folgenden drei Argumente, diese Frage zu
klären. Das erste Argument bezieht sich auf die methodische Orientierung
Kerstings. Seiner eigenen Intention nach geht es ihm darum, theoretische
Sätze der Kommunikationstheorie durch Beispiele aus der Gruppensupervision zu belegen. Bei diesen Anwendungsversuchen kommt es notwendig zu Diskrepanzen, die der Autor, etwa durch die Formalisierung in dem
Beispiel oder auch durch theoretische Sprünge in andere Theoriezusam-
menhänge, zu verdecken sucht. Das methodische Problem bei Kersting ist
also, daß er nicht Prozesse aus der Gruppensupervision analysiert, sondern Anwendung von Lehrsätzen betreibt, die in anderen Zusammenhängen entstanden sind. Vor diesem Hintergrund ist es nicht verwunderlich,
daß seine Beispiele ebenso unspezifisch für Supervision bleiben wie die
Theorie, die er heranzieht.

Das zweite Argument bezieht sich auf den Gegenstand der Supervision.
An dem Beispiel, wie in dem gesamten Buch, wird deutlich, daß er ausgeklammert wird. Kerstings Interesse gilt nicht dem Dritten, den Klienten
oder der schwierigen Berufsrealität, sondern der Klärung der Beziehungen unter den Gruppenteilnehmern. Bei dem, was der Autor darstellt, handelt es sich im strikten Sinne gar nicht um Supervision, sondern um ein
gruppenpädagogisch-selbsterfahrungsbezogenes Konzept. Zwar versucht
Kersting, den Bezug zur Supervision durch das Argument von der Affi-

nität *des Vorgehens in der Praxis* und des *Supervisionsvorganges selbst* herzustellen, den Nachweis für die Affinitätsthese bleibt er jedoch schuldig.[175]

Der ungenaue Umgang mit Begriffen ist keineswegs eine Eigenart von Kersting. Er ist vielmehr typisch für den Diskurs in der Expansionsphase der Supervision. Begriffssysteme aus anderen Beratungs- und Therapiezusammenhängen werden zur Begründung von Supervisionskonzepten herangezogen, ohne daß die Transferprobleme diskutiert oder gar systematisch untersucht werden. Mit der Begriffserosion bereitet sich die partielle Übereignung der Supervision an den Psychoboom vor, die zum zentralen Problem in den 80er Jahren wird.

Das dritte Argument bezieht sich auf die Egalitätserwartung, die Kersting in bezug auf den Supervisor formuliert. „Seine Aufgabe besteht eigentlich darin, eine Lernorganisation zur Verfügung zu stellen, die alle Beteiligten (er selbst natürlich auch) ausbauen und mit Leben erfüllen können."[176] Während diese gruppenkonstitutive Rolle des Leiters bei Kersting relativ detailliert beschrieben wird, wird der fachliche Beitrag des Supervisors zur Lösung der Probleme beruflichen Handelns eher gering geschätzt. Zwar soll er den *Transfer zur Praxis* offenhalten, aber im Sinne der oben beschriebenen Analogiebildung von Kommunikationsproblemen hier und da. Er fungiert als Beziehungs-, nicht als Fachexperte. Deshalb braucht er die Eigenarten und Probleme des Berufsfeldes nicht näher zu kennen. Sollte er spezifisches Fachwissen haben, dann nicht, um es für die Behandlung der Klienten und für die Entwicklung der beruflichen Kompetenz der Supervisanden sinnvoll einzusetzen, er soll vielmehr, wie es in einer anbiedernden Formulierung heißt, „nach symmetrischen Interaktionsformen" suchen, „um so seinen Informationsvorsprung abzubauen".[177]

Die Verdrängung der Berufs- und Klientenperspektive aus der Supervision erfährt im Anhang des Buches eine merkwürdige Erweiterung. War sie bei der Rezeption der Kommunikationstheorie wenigstens noch als Analogie thematisch, so wird sie nun vollends exkommuniziert. Kersting schlägt vor, als Technik in der Gruppensupervision die „Themenzentrierte Interaktionelle Methode" (TZI) nach Ruth Cohn anzuwenden. Diese Methode fokussiere „die Wahrnehmung von Gefühlen, Stimmungen und Einstellungen bei sich und anderen ... Von besonderer Wichtigkeit sind störende Gefühle, die auf jeden Fall der Gruppe mitgeteilt werden sollen."[178]

Bereits diese Kurzdarstellung des Verfahrens müßte einen Supervisions-
autor skeptisch machen, geht es doch in der Supervision primär um die
Analyse beruflichen Handelns und nicht um die allgemeine Klärung individueller Gefühlswelten. Auch der Hinweis, daß die TZI-Gruppen „im
Gegensatz zur Therapiegruppe dadurch strukturiert" sind, „daß ein gemeinsames Thema bzw. eine gemeinsame Aufgabe von allen bearbeitet
wird"[179], ändert nichts daran, daß die Arbeit in der Gruppe primär selbst-
referentiell vonstatten geht. Die TZI verfügte ursprünglich weder über die
für Supervision bedeutsamen Wissensbestände zur Analyse von Institutionen noch über Professionalisierungstheorien oder systematisiertes Wissen
über soziale Welten.[180]

Kersting scheut sich trotz dieser Defizite nicht, die Kommunikations-
regeln der TZI für Supervision unmodifiziert vorzuschlagen. Er zitiert sie
als Leitfaden für die Supervisionstechnik. So soll man „sein eigener chair-
man" sein, soll nicht in der „man-Form" sprechen, „Negativaussagen" sollen ebenso unterbleiben wie „Streitgespräche", Fragen sollten möglichst
wenig gestellt und die Regel: „Interpretiere möglichst wenig"[181] sollte beachtet werden.

Für einen Kommunikationstheoretiker ist die Anlehnung an das Regelwerk der TZI merkwürdig, weil er eigentlich wissen müßte, daß Verstän-
digung anders als über interpretative Akte gar nicht stattfinden kann.
Interpretative Kompetenzen sind gerade in den beratenden Berufen ein
wichtiges Arbeitsinstrument. Entscheidend für Supervision ist, daß die
Interpretation von Situationen, Personen etc. explizit gemacht und ausgehandelt werden und die Interaktion nicht in Form von Vorurteilen bestimmen. Kersting selber hat auf die Bedeutung der Aushandlung von
Interpretationen hingewiesen, hat aber zum Regelwerk der TZI in diesem
Punkt keine kritische Distanz. Absurd ist auch die Forderung, daß Kritik
allenfalls positiv geäußert werden sollte und daß Streitgespräche von Übel
seien. Für die Supervision wäre der kritische Dialog nicht zu suspendieren; die Belastbarkeit durch Kritik ist dabei bei den Mitgliedern voraus-
zusetzen. Generalisierungen in bezug auf den Fall oder die Handelnden
gehören zu den erwünschten Resultaten der Supervision.

Mit der weder methodisch noch beratungstechnisch gerechtfertigten
Einführung des unmodifizierten TZI-Standardverfahrens als Supervisionsmethode reproduziert Kersting jenen Eklektizismus, der nach der
simplen Überlegung verfährt, daß es nicht schaden könne, zwei, drei oder

vier Verfahren miteinander zu verbinden. Die Frage, ob sie miteinander verknüpft werden können oder methodisch inkompatibel sind, bleibt dabei unberücksichtigt, obwohl dem Autor eigentlich klar sein müßte, daß die Verbindung von TZI und Kommunikationstheorie problematisch ist, da sie in ihrer methodologischen Anlage mehr Trennendes als Gemeinsames haben. Erst unter der Voraussetzung einer supervisionsspezifischen Weiterentwicklung der beiden Ansätze könnte überhaupt sinnvoll über eine Methodenkombination diskutiert werden.

Trotz dieser kritischen Einwände gehört Kersting zu den wenigen Autoren, die den Versuch unternommen haben, systematisch eine Theorievariante für die Supervision fruchtbar zu machen. Er scheitert jedoch, weil er nicht von der Analyse der Supervisionspraxis ausgeht. Er bewegt sich in einem *geschlossenen System*, anstatt den selber propagierten Anspruch ernstzunehmen und die Gruppensupervision als *offenes System* zu untersuchen. Das gelingt ihm nur an wenigen Stellen, so z. B., wenn er die *Kreisförmigkeit der Kommunikation* beschreibt, die *Interpretationskonflikte* untersucht oder auf die Bedeutung der Metakommunikation hinweist. In seiner Untersuchung reproduziert sich ein Dilemma, das auch bei anderen Supervisionsautoren zu beobachten ist: Der Mangel an einer eigenen wissenschaftlichen Identität verführt dazu, Erklärungsansätze, Methoden und Theorien aus anderen Disziplinen anzuwenden oder zu übertragen, ohne die Transferprobleme mit zu analysieren. Kersting weist in seiner Zusammenfassung selbstkritisch auf dieses Problem hin: „Auch die Kommunikationsforschung, ebenso wie die übrigen Disziplinen, die teilweise eklektisch von Sozialarbeitern als Hilfwissenschaften benutzt werden, kann die Entwicklung einer eigenen Theorie der Sozialarbeit nicht ersetzen."[182]

8. Von der Beziehungsdynamik zum Eklektizismus

Betrachtet man die Literatur der Konsolidierungsphase, dann fällt auf – und darauf hat Schaeffer zu Recht hingewiesen –, daß sie ihren Anspruch, auf Probleme beruflichen Handelns Einfluß zu nehmen, „zunehmend aus den Augen zu verlieren droht".[183] Die kritische Einschätzung Schaeffers hat um so größeres Gewicht, als sie sich auf Resultate einer empirischen

Untersuchung „Supervision in der AIDS-Arbeit", die am Fachbereich Psychologie der Freien Universität Berlin durchgeführt worden ist, stützen kann. An die Stelle der Reflexion professionellen Handelns tritt ein gruppendynamisches Verständnis von Supervision, in dem die Objektbereiche auf ihr beziehungsdynamisches Substrat reduziert werden. Die Handlungsprobleme der Supervisanden werden ebenso wie die psychosozialen Problemlagen der Klienten und die institutionellen Dimensionen beruflichen Handelns von beziehungs- bzw. gruppendynamischen Umdefinitionen überlagert. Die Mehrzahl der Publikationen in der Zeitschrift „Supervision", die seit 1982 den herrschenden Diskurs repräsentiert, folgen diesem Modell.

Ein aufschlußreiches Beispiel dafür ist der Beitrag von Bernd Jansen mit dem Titel: „Felddynamik – Beziehungsdynamik in der Supervision – kein Gegensatzpaar"[184]. Er zeigt den Trick, mit dem unterschiedliche Dimensionen der sozialen Realität mit Hilfe der Gruppendynamik vereinheitlicht werden: „Mein gestriger Supervisionstag war ein typischer Tag mit zwei Gruppen, die, gemischt zusammengesetzt, im Rahmen von beruflicher Fortbildung bei mir Supervision erhalten. Zwei Gruppensupervisionssitzungen bedeuteten, daß ich mich an diesem Tag mit vier Fällen, Arbeitsfeldern, Interaktionsproblemen, persönlichen Hintergründen, unterschiedlichen beruflichen Identitäten und Geschichten, Wünschen und Hoffnungen beschäftigt habe. Konkret ‚war' ich gestern a) beim Jugendamt in der Abteilung Adoptionsvermittlung, b) in einer Beratungsstelle für arbeitslose Jugendliche in einem Verein mit verschiedenen Aktivitäten in bezug auf diese Zielgruppe, c) und bei einer Sozialarbeiterin im Kreisjugendamt, die für die Nachbetreuung von Psychotikern nach stationärem klinischem Aufenthalt zuständig ist, und ich ‚war' d) in einem Offene-Tür-Jugendheim einer Trabantenstadt. Natürlich war ich nicht wirklich an all diesen Orten, sondern diese Arbeitsfelder waren Gegenstand der gestrigen Supervision."[185]

Wie hat Jansen die *Felddynamik* behandelt, wie hat er die vier Arbeitsfelder in seiner Supervisionstätigkeit berücksichtigt? Bei der Beantwortung der Frage benutzt der Autor einen argumentativen Umweg: er schreibt zunächst einmal über sich selbst. Diese mit dem Psychoboom in Mode gekommene Betroffenheitsperspektive hat den ‚Vorteil', daß der Diskurs weder wissenschaftlich noch nach anderen Objektivitätskriterien legitimiert zu werden braucht. „Ich kam zur Supervision als Dozent einer

Fortbildungsinstitution, in der ich seit vielen Jahren in Kursen für Fachkräfte aus unterschiedlichsten Praxisfeldern sozialer Arbeit tätig bin. Ausgebildet bin ich als Diplompädagoge und als Trainer für Gruppendynamik im DAAG. Viele der Fragen meiner Supervisanden sind mir durch eigene Erfahrung in deren Arbeitsfeldern zuvor noch nie begegnet. Durch die Berichte von Kursteilnehmern habe ich im Laufe der Jahre Einblick in die verschiedensten Arbeitsfelder nehmen können. Und doch besitze ich keine Feldkompetenz ... Gleich mir würden die meisten Supervisorenkollegen in arge Verlegenheit gebracht, müßten sie für ihre Tätigkeit solche Felderfahrungen nachweisen. Somit tut sich ein folgenreiches Dilemma auf: Fachleute, die professionell anderen dabei behilflich sind, fachbezogene Fragen zu klären, vernachlässigen den Feldbezug der Beratung mangels Kenntnissen aus dem Feld. Wie habe ich – und viele andere – dieses Problem gelöst: die meisten Fragestellungen meiner Supervisanden beziehen sich auf zwei Bereiche: Störungen in der Beziehung zu den Klienten und Störungen in den Rollenbeziehungen mit Kollegen und Vorgesetzten. Zumeist sind beide Bereiche miteinander verknüpft und bedingen sich gegenseitig. Doch überall geht es um ,Beziehung'. Damit war das Dilemma fast gelöst. Als Supervisor war ich ,Beziehungsberater'. Und so hat diese Arbeit sehr viel mit meiner Arbeit als Trainer gemein. Da sich die Gruppendynamik zunehmend auch für komplexe Organisationsstrukturen kompetent machte, ließen sich die Erfahrungen in diesem Arbeitsfeld auf die Beratung in der Supervision leicht übertragen."[186]

Der Trick ist einfach: Die Komplexität der Supervision wird reduziert auf zwei Dimensionen, die schließlich zu einer zusammengeschmolzen werden. Der Zufall will es, daß diese dann der erlernten Kompetenz des Supervisors entspricht. Strukturell geht Jansen so vor, daß er Supervision nicht aus der Analyse ihrer Problemlagen konzeptualisiert, sondern von einer Beratungstechnik her. Bei der Unterwerfung der Supervision unter die Gruppendynamik beruft er sich auf die Annahme, daß die Beziehungsdynamik das allseits strukturierende Phänomen ist. Problematisch ist dabei nicht nur die generalisierende Weise, in der dieser Topos reklamiert wird, problematisch ist vor allem die Außerachtlassung der Frage, ob es möglicherweise andere relevante Dimensionen für die Konzeptualisierung der Supervision gibt und wie diese zu berücksichtigen seien.

Jansens Argumentationsweise harmoniert optimal mit dem ,Zeitgeist' in der Supervision. Die erdrückende Mehrzahl der Autoren folgt dem Modell, Supervision nicht von Problemlagen oder dem Gegenstand, sondern von Methoden aus dem Bereich der Psychotechniken her zu entwickeln. Wissenschaftliche Rationalität, die in Forschungsarbeiten begründet ist, scheint dabei ebenso störend wie theoretische Reflexion. Statt dessen dominiert Erfahrungsjournalismus, der mit Betroffenheitsjargon und Selbsteinbringung einhergeht. Stand die Erfahrungsorientierung in den 70er Jahren aufklärerisch gegen den theoretisierenden Soziologismus ein, so verkehrt sie sich heute ins Gegenteil: Sie wird zur Fessel der Erkenntnis und des Wissens. Jansens Beitrag über die *Felddynamik* ist dafür ein gutes Beispiel. Obwohl er in seiner Selbsteinbringung deutlich macht, daß er als *Dozent einer Fortbildungsinstitution* zur Supervision kam und an dieser Institution Fachkräfte aus den unterschiedlichsten Praxisfeldern sozialer Arbeit weiterbildet, beschäftigt ihn dieser Aspekt im Fortgang der Argumentation nicht mehr, obwohl dieser Faktor für die Ausblendung des Dritten von großer Bedeutung ist. Die Selbsteinbringung hat ihren eitlen Zweck erfüllt. Über die spezifischen Bedingungen und Probleme der Supervision in den eingangs erwähnten Arbeitsfeldern erfahren wir nichts.

Mit gleicher Beliebigkeit werden programmatische Ansprüche formuliert: „Supervision ist Beratung beruflichen Handelns, und berufliches Handeln bestimmt sich durch das Feld, in dem gehandelt wird. Das Feld wiederum ist geprägt von der spezifischen Struktur der Klienten, Institutionen sind in diesem Sinne eine – funktionale oder dysfunktionale – Antwort auf spezifische Persönlichkeits- und Beziehungsstrukturen von Personengruppen, die sozial als defizitär definiert sind … Man kann sagen, daß die Störungen der Klienten feldkonstituierend sind.“[187] Dieser Text, der eine manifeste Verkennung institutioneller Objektivität dokumentiert, läßt sich parodistisch gegen den Autor wenden: Ein Supervisionsverständnis, das ausschließlich auf die Bearbeitung der Beziehungsdynamik abhebt, läßt sich als *feldkonstituierende Störung* einer realitätsbezogenen supervisorischen Praxis verstehen.

Neben den Ansätzen, die Supervision aus einer Methode, zumeist der Gruppendynamik abzuleiten, haben sich in den letzten Jahren zunehmend eklektizistische Konzepte durchgesetzt. Das Prinzip des Eklektizismus besteht darin, mehrere Methoden, die aus höchst unterschiedlichen theoretischen und Anwendungszusammenhängen stammen können, zu kombinieren und in der Praxis einzusetzen. Dabei wird weder die Vereinbarkeit der Verfahren noch ihre Gegenstandsangemessenheit systematisch reflektiert. Die Verfahren werden vielmehr zumeist situativ und willkürlich gewechselt, oft dann, wenn Störungen in der Gruppe auftauchen und die Supervisoren nicht mehr weiter wissen. Ein Beispiel für diese „Integrative Technik" ist das Vorgehen von Conrad und Pühl.[188] Die Autoren versuchen, ihren eigenen konzeptionellen Beitrag zur Teamsupervision am Material einer Fallstudie zu entwickeln. Umrahmt wird die Fallstudie, bei der es sich um eine von den Autoren selber durchgeführte Supervision in einem Heim handelt, von:

– kursorischen Überlegungen zur Theorie der Heimerziehung
– einer Rezeption des Literaturstandes zur Gruppensupervision
– einer Auseinandersetzung mit Konzepten der analytischen Gruppentherapie als Grundlage eines Teamsupervisionskonzepts.

Zu Recht weisen die Autoren darauf hin, daß sich die Teamsupervision im Spannungsfeld institutioneller Konflikte, individueller Probleme und gruppendynamischer Vorgänge abspielt. Um so erstaunlicher ist es, daß sie für ihre eigene Praxis und die daraus abgeleiteten konzeptionellen Vorstellungen einen Bezugsrahmen wählen, in dem institutionelle Dimensionen nicht vertreten sind und in dem darüber hinaus Gruppenkonflikte weitgehend individualisiert werden. Diese, dem selbstgesetzten Anspruch gegenüber inadäquate Arbeitsgrundlage hängt, wie in dem entsprechenden Kapitel deutlich wird, mit einer defizitären Rezeption der Literatur zusammen. Die Institutionsanalyse[189] wird nicht zur Kenntnis genommen, Autoren wie Balint und Argelander werden verzerrt wiedergegeben; so z. B. wenn Conrad und Pühl schreiben, daß Balint „weder die Gruppen in ihrer eigenen Dynamik noch die Funktion des Leiters präzisieren" könne, weil bei ihm die *Leiter-Teilnehmer-Beziehung* ungeklärt und Aggressionen sowie therapeutische Bedürfnisse der Teilnehmer unbearbeitet blieben. Gerade zu diesen Punkten hat Balint unmißverständlich Stellung genommen. Die Leiter-Gruppe-Beziehung hat er als *primus inter pares* Relation beschrieben und bezüglich der therapeutischen Bedürfnisse darauf hingewiesen, daß Balintgruppen für die Mitglieder einen indirekten therapeutischen Effekt hätten. Die Verkennungen, die an der Literaturrezeption deutlich werden, setzen sich in der Supervisionspraxis und in den Konzeptionsvorstellungen fort. An einem Beispiel möchte ich diese Kritik verdeutlichen:

In dem Kapitel über *Widerstand in der Supervision*, in dem nach einer kurzen theoretischen Einleitung der psychoanalytische Begriff des Widerstands als *Lernblockade* umdefiniert wird, wobei sowohl der interaktive Gehalt als auch die intrapsychische Dimension des psychoanalytischen Widerstandskonzepts ausgemerzt wird, diskutieren die Autoren ihren eigenen Umgang mit Widerstandsphänomenen in der Gruppe. Sie schreiben: „In der ersten Sitzung fiel uns die Verleugnung als Abwehrform auf, da kein Erzieher auf unser Kommen vorbereitet schien und sich keiner so recht an unser Erstgespräch erinnern konnte. Genauso wurde die Abwehrform des Agierens sichtbar, als ständig übermäßig viel Kaffee konsumiert wurde, Zigaretten geraucht, heftig und nervös auf organisatorische Belange reagiert wurde … Während die oben beschriebenen Widerstände die Gruppe nicht in ihrem Supervisionswunsch einschränkten, erlebten wir Bernds Verhalten als hinderlich für das Team."[190] Auffällig an dieser Textsequenz ist, daß Conrad und Pühl psychoanalytische Begriffe inflationär verwenden, ohne begründen zu können, warum diese für die Analyse der *chaotischen* Anfangssituation geeignet sein sollen.

Die Interpretation der Autoren, daß *Verleugnung als Abwehrform* am Werk sei, wenn z. B. eine Teilnehmerin zu den Gruppenleitern gewandt sagt*: Was, Ihr seid schon da*, zeigt ein grundsätzliches Mißverständnis des psychoanalytischen Konzepts der Abwehrmechanismen. Wie bei der Verleugnung, so ist auch bei der Darstellung des Kaffeetrinkens als Agieren fraglich, ob damit Gruppenprozesse angemessen beschrieben werden können. Immerhin könnte man ja in einer terminologisch unbelasteteren Interpretation mit ebenso großem Recht zunächst einmal annehmen, daß das Team die Regeln der Gruppensupervision noch nicht kennt – es handelt sich ja um eine erste Sitzung – und daß sie den Stil, den sie normalerweise bei Teamsitzungen pflegen, auch in der Supervision anwenden.

Der inflationäre Gebrauch psychoanalytischer Begriffe ohne Verständnis ihrer genauen Bedeutung und Reichweite führt auf der Ebene der Gruppentechnik dazu, daß in der Gruppe eine schlechte Analyse von einzelnen durchgeführt wird. Das wird an der Überlegung, daß das Verhalten einer Person als *hinderlich für das Team* angesehen wird, deutlich. Der projektiven Verkennung folgend, nehmen die Supervisoren sich dieses verhaltensgestörte Teammitglied auch gehörig vor. Seitenlang[191] wird das Verhör der Supervisoren mit dem Angeklagten dokumentiert. Sein Hauptfehler besteht darin, daß es ihm in der Arbeit gut geht, während die Gruppennorm, die von den Leitern in vorderster Front mitverfochten wird, eigentlich nur Unfähigkeit und Scheitern im Heimalltag zuläßt. Das Verhör hatte natürlich, wie alle Dispute dieser Art in der Gruppensupervision, zwischen Supervisoren und Supervisanden die Folge, daß sich die Abwehr der Gruppe verstärkte und weder dem *Angeklagten* noch den anderen Gruppenteilnehmern neue Erfahrungen mit ihrer Teamproblematik möglich wurden. Die Lösung der verfahrenen Situation wird dementsprechend auch nicht etwa durch die Gruppenleiter, sondern durch den Angeklagten (*ich glaube, wir sind in einer Sackgasse*) und durch das Gruppenmitglied Christa (*wir haben den roten Faden verloren*) eingeleitet.[192]

In der Analyse dieser Sequenz konzedieren Conrad und Pühl zwar, daß sie sich „in dieser Sitzung unbewußt mit der Restgruppe identifiziert und Bernd so noch mehr in die Isolation gebracht"[193] hätten, relativieren diese Selbstkritik aber sofort wieder mit einer grotesken Ideologie: Das Nicht-Verstehen und die ersatzweise Übernahme der Leitungsfunktion durch Gruppenmitglieder „ist ein grundsätzlich notwendiger Prozeß, damit das Team selbst aktiver wird und auch ohne Supervisor gemeinsam handlungsfähig bleibt".[194] Merkwürdig ist, daß das Herausfallen aus der Leiterfunktion explizit als eigener konzeptioneller Beitrag zur Supervision bezeichnet wird. Damit aber nicht genug: Um verlorenes Terrain wiederzugewinnen, greifen die Supervisoren in der nächsten Sitzung in die psychologische Trickkiste. Anstatt ihre Schwierigkeiten einzugestehen, schlagen sie einen abrupten Methodenwechsel vor und lassen die Gruppenmitglieder Collagen über ihre Arbeit mit Kindern anfertigen. Euphemistisch wird dieser, im Dienste der Abwehr der Gruppenleiter stehende Wechsel der Arbeitsformen als *Auflösung des Widerstands* bezeichnet.

Deutlich wird, daß die Autoren eine selbstkritische Perspektive nicht ertragen können und statt dessen zur apologetischen Darstellung der eigenen Praxis neigen. Wenn Verstehensgrenzen auftauchen, werden diese durch Methodenwechsel aus dem Weg geräumt. Nicht nur bei Conrad und Pühl kann man den Eindruck gewinnen, daß der Methodeneklektizismus seine Ursachen in derartigen Kompetenzdefiziten hat. Während Conrad und Pühl sich aus der Not der Praxis heraus eklektizistisch verhalten, gehen andere Autoren systematisch vor. So fordert Schreyögg,[195] in einer zunächst plausiblen Formulierung, daß Supervisionsmodelle „entsprechend dem Gegenstand von Supervision solche Theorien und Methoden enthalten, die eine angemessene Themenbearbeitung garantieren".[196] Für die Modellkonstruktion unterscheidet sie vier Ebenen, die „in einem deduktiven Zusammenhang stehen".[197] Von der Metaebene, die anthropologische

104

und erkenntnistheoretische Grundannahmen beinhaltet, bis zur praxeologischen *Ebene*, die „Anweisungen darüber (enthält), welche methodischen Maßnahmen und prozessualen Regelungen der Supervisor verwenden soll"[198], entwirft die Autorin eine Hierarchie vom Allgemeinen zum Besonderen, bei der sie sich – unglaublich, aber wahr – auf die Phänomenologie beruft. Die Verkehrung des induktiven methodologischen Prinzips der Phänomenologie in sein Gegenteil fällt ihr nicht auf. Ebenso großzügig ist sie bei der Formulierung von Ansprüchen. „Die Zielstruktur integrativer Gestaltsupervision … umfaßt drei Prinzipien:

– Auf individueller Ebene sollen einzelne Individuen, Klient, Supervisand, in ihrer Entwicklung als Leib-Seele-Geist-Subjekt gefördert sowie personenimmanente Blockierungen aufgedeckt und beseitigt werden.

– Auf interaktionaler Ebene trägt Integrative Gestaltsupervision der Tatsache menschlicher Bezogenheit Rechnung, indem sie konzeptionell und methodisch auf die Herstellung optimaler Beziehungen im Sinne von Subjekt-Subjekt-Beziehungen abzielt. Notorische Subjekt-Objekt- oder Objekt-Objekt-Relationen, also sogenannte Haben-Beziehungen, werden als defizitär diagnostiziert und bearbeitet.

– Auf systemischer Ebene zielt integrative Gestaltsupervision auf die Entfaltung sozialer Systeme sowie auf die Beseitigung von Systemstörungen. Klient und Supervisand werden jeweils als Teile von Systemen erfaßt."[199]

Auf praxeologischer Ebene, so Schreyögg, bedarf es einer Methodenkombination, um dem skizzierten Interventionsprogramm gerecht zu werden. Die Verbindung von Gestalttherapie, Psychodrama und kreativer Medien biete als integratives Instrumentarium optimale Voraussetzungen zur Realisierung der beschriebenen Ziele.

An einem Fallbeispiel versucht die Autorin, die Leistungsfähigkeit der *Integrativen Gestaltsupervision* zu veranschaulichen: Bei dem Fall handelt es sich um einen Psychologen, der Schwierigkeiten hat, seine Position und Rolle in einer Suchtklinik zu finden. Die Klinik ist in einem Umstrukturierungsprozeß begriffen, so daß alte und neue Orientierungen miteinander konkurrieren. Dominiert wird die Klinik zunächst noch von den Protagonisten des alten Systems, während der Falleinbringer von dem reformorientierten leitenden Arzt als Mitstreiter eingestellt wurde. Nachdem es gelungen war, den Strukturkonflikt in der Supervisionsgruppe deutlich zu machen, ging es in der Folgezeit darum, daß der Supervisand lernt, sich in der Klinik gegenüber dem Chefarzt zu artikulieren. In direktiver Manier wird er dazu angehalten, im Rollenspiel entsprechende Szenen einzuüben. Die Gespräche zwischen leitendem Arzt und Psychologen hatten zur Folge, daß ein Supervisor an die Klinik kam. Eine grundlegende Verbesserung der Situation ergab sich allerdings erst, nachdem der Exponent des alten Systems die Szene verlassen hatte. Ohne ihn paßten sich die Mehrheit der Mitarbeiter dem neuen System an.

Der Fall gehört einem Typus an, der in der Folge der Reformpolitik zu einem Standardfall in der Teamsupervision geworden ist. Die Lösungen, die Schreyögg als besondere Leistungen der *Integrativen Gestaltsupervision* ausweist, lassen sich ebensogut bei Supervisoren finden, die ausschließlich mit verbalen Verfahren arbeiten. Der Unterschied zu psychoanalytischen oder gesprächstherapeutischen Ansätzen besteht dann im wesentlichen darin, daß die Leiter bei diesen Verfahren weniger direktiv sind und die Wege zu Problemlösungen in stärkerem Maße von den Gruppenmitgliedern und den Falleinbringern selber hervorgebracht werden.

Vor dem Hintergrund der inhaltlich und terminologisch hochgeschraubten Ansprüche spiegelt der Fall die bescheidene Realität der *Integrativen* Gestaltsupervision: Zwar werden einige individuelle, interaktive und institutionelle Dimensionen, die in der professionellen Arbeit des Psychologen eine Rolle spielen, angesprochen; es wäre aber völlig überzogen, die Realisierung *anthropologischer Prämissen* konstatieren zu wollen. Auch die Entwicklung des Supervisanden als Leib-Seele-Geist-Subjekt dürfte kaum gefördert worden sein, und es ist fraglich, ob die *Haben-Beziehungen* durch *Subjekt-Subjekt-Beziehungen* abgelöst worden sind. Selbst die Systemstörungen dürften nicht beseitigt sein, wenn man davon ausgeht, daß ein Machtkampf zugunsten derjenigen Fraktion entschieden worden ist, die nicht nur die modernen Orientierungen, sondern vor allem auch die Macht des Geldes (Krankenkassen) hinter sich hat. Merkwürdig ist, daß der Autorin keine Zweifel kommen, ob die großangelegte *Zielstruktur Integrativer Gestaltsupervision* angesichts einer 14tägigen, zweistündigen Sitzungsfrequenz nicht ein etwas hoch angesetztes Gedankenkonstrukt ist.

Derzeit steht die integrative Methodik und der sie begründende Eklektizismus in der Supervision hoch im Kurs. Zu den Ursachen dieser Entwicklung gehört die ebenso verführerische wie trügerische Vorstellung, daß man den komplexen Problemstellungen in der Supervision durch die

Kombination von drei, vier oder fünf Beratungsmethoden gerecht werden könne. Trügerisch ist diese Vorstellung nicht nur deshalb, weil in der Regel die Gegenstandsangemessenheit der Methoden vorab nicht geklärt wird, sondern mehr oder weniger intuitiv erfolgt, häufig dann, wie wir bei Conrad und Pühl gesehen haben, wenn Krisen in den Gruppen auftreten, die Gefühle der Hilflosigkeit und Unfähigkeit bei den Supervisoren hervorrufen. Ein verbreitetes Motiv zum Einsatz eines Methodenmix ist auch die präventive Absicherung solcher Gefühle. Eine solche Strategie, die man in der Psychoanalyse als Agieren bezeichnet, kann das angstreduzierende Ziel im Sinne der Abwehr durchaus bedienen. Solange die Gruppe in Aktion gehalten wird, wird der Raum für die Entfaltung quälender Phantasien und unbewußter Konflikte immer wieder geschlossen.

Auch bei wohlerwogenen, planvoll eingesetzten Versuchen der Methodenintegration sind Zweifel angebracht: Zu fragen wäre, ob es tatsächlich Gruppenleiter gibt, die gleichermaßen z. B. über psychoanalytische, gruppendynamische, gestalttherapeutische und institutionsanalytische Kompetenzen und Erfahrungen verfügen. Allein der Erwerb psychoanalytischer Grundqualifikationen bedarf einer durchschnittlich achtjährigen intensiven postgradualen Weiterbildung. Auch wenn die Weiterbildung für die anderen Bereiche nicht ganz so aufwendig ist, kämen bei einer Kombination der Ausbildungen absurde Qualifikationszeiten zustande. Unberücksichtigt ist dabei, daß die therapeutischen Verfahren für den Einsatz in der Supervision erheblich modifiziert und umgestaltet werden müßten. Der einzige Weg, der zur Supervision als integrativem Modell führt, ist der von Schreyögg in ihrem bereits zitierten *Lehrbuch* vorgestellt: Eine bis zur Unkenntlichkeit verzerrte Rezeption der einzelnen Methoden, vor allem aber der Psychoanalyse.

Für die Orientierung am integrativen Modell sind aber auch unbewußte Motive nachweisbar. In Balintgruppen, die ich mit integrativ arbeitenden Supervisoren durchgeführt habe, habe ich den Eindruck gewonnen, daß das Aushalten der Hilflosigkeit und das Eingeständnis der Begrenzungen der eigenen Möglichkeiten sowie die damit verbundene Kränkung der supervisorischen Größenphantasien nur schwer zu ertragen ist. Der Sprung in ein anderes Verfahren erlaubt dann zumindest die Aufrechterhaltung der Handlungsfähigkeit. Diese agierende Abwehr hat im Rahmen der Supervision eine doppelte Funktion. Zum einen hilft sie dem Supervisor, Insuffizienzgefühle und Depressionen nicht spüren zu müssen. Zum anderen hat sie aber auch eine kontraphobische Bedeutung in bezug auf die unterdrückten Probleme, mit denen die Supervisanden in der Praxis mit ihren Klienten oder in den Auseinandersetzungen mit den Institutionen zu tun haben. Das eigentliche Dilemma liegt nun darin, daß weder der integrative Ansatz noch die Orientierung an einer einzelnen Methode den komplexen Problemlagen in der Supervision gerecht werden können.

Aus diesem Dilemma glaubt nun Rappe-Giesecke mit ihrer 1990 erschienenen Untersuchung über die Gruppen- und Teamsupervision einen Ausweg gefunden zu haben. Nicht gerade unprätentiös verspricht sie, „ein Modell von Gruppen- und Teamsupervision" vorzustellen, „das eine vollständige Beschreibung aller Dimensionen von Gruppensupervision enthält"[200]. Ohne Zweifel gehört das Buch zu den wenigen wichtigen Arbeiten, die bisher zur Gruppen- und Teamsupervision erschienen sind. Das liegt zunächst daran, daß es sich bei ihrer Untersuchung um eine systematische, teilweise empirisch fundierte Studie handelt, die weit über den Standards jener in partikularen Selbsterfahrungen oder, wie bei Schreyögg, in legitimatorischen Argumentationen begründeten Theorieansätzen liegt. Die empirischen Resultate zum handlungsschematischen Ablauf und zu den interaktiven Aufgaben in der Gruppensupervision gehen zurück auf unsere, einleitend zitierte Untersuchung zur „Erforschung interaktioneller Vorgänge in ausbildungs- und berufsbegleitenden Supervisions- und Balintgruppen". Sie sind nach Ende des Projekts 1981 von der Autorin in bemerkenswerter Weise weiterentwickelt und ausdifferenziert worden.

Der Anspruch Rappe-Gieseckes, ein Modell zu entwickeln, das „eine vollständige Beschreibung aller Dimensionen von Gruppensupervision enthält", geht indes über Darstellung und theoretische Schlußfolgerungen aus ihren empirischen Untersuchungen weit hinaus. Um dem Totalitätsanspruch gerecht zu werden, bedient sich die Autorin folgender Operationen: Als metatheoretischen Rahmen bezieht sie sich auf die Systemtheorie Luhmannscher Prägung und versucht dann, den Gegenstandsbereich der Supervision kategorial entsprechend den Universalien der vorausgesetzten Theorie zuzurichten. In der Perspektive der Systemtheorie erscheint Supervision „als ein selbststeuerndes System, das sich in einer komplexen Umwelt erhält, zu dieser Umwelt Kontakt aufnimmt und sich gleichzeitig von ihr abgrenzt und so seine Identität sichert. Supervisor und Supervisand erscheinen als soziale Rollen, als Elemente dieses Systems."[201]

Nun weiß natürlich auch Rappe-Giesecke, daß sich die Interaktanten in der Supervision nicht nur als *soziale Rollen*, sondern ebensosehr auch als Individuen verhalten. Nach der Logik der theoretischen Prämissen müssen solche Dimensionen wiederum als Systeme bzw. Subsysteme definiert werden. Folgerichtig spricht sie vom *Personalsystem*, wenn sie sich auf „Individuen mit einer spezifischen Biographie und einer besonderen psychischen Struktur"[202] bezieht. Der Formalismus des systemtheoretischen Ansatzes, der bereits an der Sprache deutlich wird, ist einer der verschwiegenen Hintergründe des totalitätsheischenden Anspruchs. Verbunden ist dieses Desiderat mit einem instrumentalistischen Supervisionsverständnis, das sich in der Konzeption der *Programme* bzw. *Schaltkreise* niederschlägt. Bei den drei die Supervision konstituierenden *Programmen* handelt es sich um *Selbstthematisierung*, *Institutionsanalyse* und *Fallarbeit*. Die drei *Schaltkreise* repräsentieren den „inneren Aufbau des Systems"[203] und erscheinen selber als *Subsysteme* innerhalb des *Supersystems* Supervision. Die Komplexität der Supervision wird also drei Systemen untergeordnet, die dann in endlosen Klassifikationen formal und funktional sowie in ihren Wechselwirkungen beschrieben werden.

Die Interaktion innerhalb der *Programme* läuft nach einem, dem jeweiligen Subsystem entsprechenden *Normalformmodell* ab, wobei die Behebung von *Störungen*, die als Interaktionskrisen auftreten, zu den wesentlichen Aufgaben des Leiters gehört. *Störungen* können entweder innerhalb eines Programms oder durch *Programmwechsel* bearbeitet werden. Wenn beispielsweise bei dem Programm *Fallarbeit* Störungen auftreten, so muß der Leiter – je nach Problemlage – auf das Programm *Institutionsanalyse* oder *Selbstthematisierung* umschalten. Trotz detaillierter *Umschaltpläne*, die bei Rappe-Giesecke für diesen Fall vorgesehen sind, kann sie, worauf Bardé zu Recht hingewiesen hat, „im Rahmen ihres Supervisionsmodells keine rationalen Prinzipien angeben, über die das ‚Umschalten' in ein anderes ‚Programm' sinnvoll begründet werden könnte … Der Supervisor handelt demnach im Rahmen dieser Modellkonstruktion dezionistisch, alleine unter der Maxime der ‚Komplexitätsreduktion' und der ‚Bestandserhaltung' des Supervisionssystems und damit letztlich alleine der Bestandssicherung seiner selbst."[204]

So sinnvoll die Differenzierung des komplexen Geschehens in der Supervision nach den Dimensionen Fallarbeit, Selbstthematisierung und Institutionsanalyse ist, so verfehlt ist die Vorstellung von der Gleichrangigkeit der drei Subsysteme. Sehr viel sinnvoller wäre es demgegenüber, die drei Ebenen in einem Zuordnungsverhältnis zu konzeptualisieren. An einem Beispiel möchte ich deutlich machen, worin die Differenz zwischen Gleichrangigkeit und Zuordnung der drei Dimensionen besteht: Für den Kontrakt zwischen einer Gruppe und einem Supervisor würde Gleichrangigkeit bedeuten, daß Institutionsanalyse, Selbstthematisierung und Fallorientierung gleichberechtigte Gegenstände des Arbeitsprozesses wären, mit der Folge, daß das Komplexitätsniveau, das damit gegeben ist, in der Tat nur durch dezionistische Akte des Gruppenleiters um den Preis der Beschränkung des selbstreflexiven Potentials der Gruppe reduziert werden kann. Wenn demgegenüber eine Prioritätensetzung etwa zugunsten der Fallsupervision stattfindet, dann werden Institutionsanalyse und Selbstthematisierung zu Dimensionen, die dem Leitprogramm (das dann, in der Sprache Rappe-Gieseckes, das Supersystem repräsentieren würde) zugeordnet werden. Ähnlich verhielte es sich, wenn, wie in Teamsupervisionen häufig zu beobachten, die *Selbstthematisierung* als Inhalt des Supervisionskontrakts festgelegt wird. In diesem Fall sind dann *Fallarbeit* und *Institutionsanalyse* diejenigen Dimensionen, die in einem Zuordnungsverhältnis zur *Selbstthematisierung* stehen.

Argumente für eine solche Konzeptualisierung des Verhältnisses der drei Dimensionen ließen sich auch in systemtheoretischer Perspektive gewinnen. Ausgehend von der Kategorie der Selektivität, die bei Rappe-Giesecke charakteristischerweise unterrepräsentiert ist, ließe sich nicht nur die Überkomplexität der Gleichrangigkeit analysieren, sondern darüber hinaus die Option für eine klare Systemdefinition, z. B. im Sinne der fallbezogenen Gruppensupervision, gewinnen. Der unbestreitbare Vorteil der Fokussierung auf ein Programm besteht nämlich darin, daß das Niveau der Binnendifferenzierung erhöht wird und sich damit der *Programmwechsel* erübrigt. Institutionsanalyse und Selbstthematisierung wären dann Aspekte eines *Programms*.

Jenseits der Drei-Systeme-Hypothese liegt das zentrale Problem des Ansatzes Rappe-Gieseckes darin, sich vorbehaltlos der Systemtheorie ausgeliefert zu haben. Im Unterschied zu früheren Arbeiten, die im Rahmen unseres Forschungsprojekts erschienen sind, wurden Wissensbestände aus anderen theoretischen Zusammenhängen, also z. B. aus der Phänomenologie oder dem Symbolischen Interaktionismus, die neben der Psychoanalyse in unserem Projekt einen bedeutenden Stellenwert hatten, weitgehend zurückgedrängt. Damit ist zugleich der Bezug auf die Sinn- und Bedeutungsdimensionen in der Supervision eliminiert. Bardé hat darauf hingewiesen, daß die Ausgrenzung der „Sinn- und Bedeutungskategorie" zu einer „logischen Leerstelle" führt, die mit „gravierenden Reflexionsdefiziten" und „fundamentalen Aporien" einhergeht und gerade keine „vollständige Beschreibung aller Dimensionen von Gruppensupervision" erlaubt.[205] Die Aporien, in die sich die Vertreter der integrativen Methoden ebenso verstricken wie die Autoren monomethodischer Ansätze, werden bei Rappe-Giesecke um eine weitere Variante bereichert. Mit der systemtheoretischen Zurichtung der Supervision wird das Erkenntnispotential aus den empirischen Untersuchungen partiell wieder zunichte gemacht. Sinnverstehen und Bedeutungsrekonstruktion werden zugunsten der Einschnürung des supervisorischen Handelns in mechanistische Schemata partiell wieder suspendiert.

Ich möchte den Streifzug durch die Geschichte der Supervision nicht ohne einen Hinweis auf das nach meiner Einschätzung interessanteste Buch zur Gruppen- und Teamsupervision abschließen. Soweit ich die Literatur überschaue, ist es das einzige Beispiel, in dem es gelungen zu sein scheint, der komplexen Aufgabenstellung der Supervision angemessen Rechnung zu tragen. Bei der Veröffentlichung handelt es sich um eine Sammlung von Beiträgen zur Supervision in der Arbeit des „Vereins für psychoanalytische Sozialarbeit", der sich seit 1978 der „Psychoanalytischen Arbeit mit psychisch schwer gestörten Kindern, Jugendlichen und jungen Erwachsenen, mit ihren Familien und ihrer übrigen sozialen Umgebung" widmet.[206] Die Autoren berichten aus ihrer Perspektive als Supervisoren bzw. Supervisanden über die historischen Entwicklungen und Konzepte, über Erfahrungen und theoretische Grundlagen der Supervision. Gleich zu Anfang setzt Ernst Federn, der Mentor der psychoanalytischen Sozialarbeit, einen kraftvollen Akzent gegen die von der gruppendynamischen Supervision ins Spiel gebrachte, inzwischen zu einer herrschenden Ideologie gewordenen Vorstellung, daß das Feldwissen eine quantité négliable sei. Er hält dagegen: „Nach meiner Auffassung ist der entscheidende Schwerpunkt jeder Supervision, daß der Supervisor mehr praktische Erfahrungen im supervidierten Arbeitsfeld haben muß als der Supervisand. Es genügt nicht, den Prozeß der Supervision zu steuern. Ein Supervisand wird nur dann aus der Supervision Gewinn ziehen, wenn er seinen Supervisor als eine Autorität im eigenen Fach anerkennt."[207] Mit dieser Qualifizierung von Grundvoraussetzungen auf seiten des Supervisors bezieht sich der Autor natürlich auf eine Praxis, in der Supervisanden mit schwierigen Klienten bzw. Patienten arbeiten. Für Institutionen und Teams, die demgegenüber primär mit sich selbst beschäftigt sind, bedarf es natürlich keiner „größeren Kompetenz" des Supervisors „in der supervidierten Praxis", hier reicht es aus, „den Prozeß der Supervision zu steuern".[208] Im Beitrag von Federn deutet sich bereits die radikale Differenz zu den gängigen Supervisionsvorstellungen an. Die stationäre und ambulante Behandlung frühgestörter Patienten hat weitreichende Folgen für Setting und Intensität der Supervision. Als Teil des therapeutischen Rahmens richtet sie sich – und darin liegt der grundsätzliche Perspektivenwechsel – nach dem Behandlungsbedarf der Patienten und den daraus resultierenden Dynamiken der Therapeut-Patient-Beziehung. Sie ist weder ein randständiges Moment innerhalb eines von Sachzwängen und Routinen geprägten institutionellen Ablaufs noch bloße Zugabe zur Befriedigung von Mitarbeitern.

Zu den Konsequenzen der Orientierung am Primat der Therapie gehört eine ungewöhnlich hohe Supervisionsfrequenz. Zweimal pro Woche finden fallbezogene Teamsupervisionen statt, die einzelnen Mitarbeiter haben darüber hinaus die Möglichkeit, Einzelsupervision in Anspruch zu nehmen. Für Krisensituationen existiert zudem noch die Möglichkeit kollegialer Beratung.[209] In den Gruppen sind teilweise bis zu drei Supervisoren tätig. Koller spricht in diesem Zusammenhang von „triangulierter Supervision".[210] Die Verbindung von Einzel- und Gruppensupervision, die Frequenz und die Mehr-Supervisoren-Konstruktion resultieren aus den Behandlungsanforderungen. „Die psychoanalytisch orientierte externe Supervision ergänzt sich mit der fachlichen Autorität der therapeutischen Teams auf den Stationen und wird als Teil der Behandlung der Patienten begriffen. Auf die kürzeste Formel gebracht, läßt sich zu der Psychotherapie psychotischer Patienten sagen: Die Behandlungen verlaufen die längste Zeit in unmittelbar handelndem Umgang mit dem Patienten deutungsabstinent. Die Macht der Gegenübertragungen des Teams erzeugt jeweils die Objektbeziehungsregressionen und Übertragungen der Patienten, die sich verändern entlang der Deutungen für die Therapeuten und den aus diesen Deutungen resultierenden Einstellungsänderungen innerhalb der einzelfallzentrierten und der Gruppensupervision."[211] An diesem Zitat wird eine Schwierigkeit deutlich, die den gesamten Band durchzieht. Für

Nicht-Psychoanalytiker sind viele Textpassagen entweder gar nicht oder nur rudimentär verständlich. Die Texte setzen differenzierte Kenntnisse und klinische Erfahrungen mit der psychoanalytischen Objektbeziehungstheorie voraus.

Im alltäglichen Umgang mit den Patienten geht es zunächst einmal darum, Räume für das Erleben und die Strukturierung von Beziehungen zur Verfügung zu stellen, in denen die Patienten Selbstanteile, rudimentäre Objektbeziehungsaspekte und Selbstheilungsversuche zur Darstellung bringen können. Mit dieser Ermöglichung wird ein Übertragungsraum aufgespannt, in dem der einzelne Therapeut und das therapeutische Team eine *haltende Funktion* (Winnicott) wahrnimmt, die ihrerseits Voraussetzung für die Herstellung der *containing-function* (Bion) ist. Zugleich etabliert sich damit aber auch jenes Feld der Gegenübertragungen, auf dem die psychischen Wunden und psychotischen Anteile der Behandler mit denen der Behandelten kommunizieren. Probleme von Patienten werden „in die Gruppe der Betreuer hineingetragen und" erscheinen „zunächst einmal als Probleme der Mitarbeiter untereinander; es kommt dann darauf an, Lösungen dieser Probleme zu erarbeiten, bei denen durchsichtig wird, was die Patienten für Gefühle und Affekte in die Teammitarbeiter hineinstecken und wie diese Teammitarbeiter die abgespalteten Teile der Patienten selbst diesen zurückgeben und dabei den Unterschied zu ihren eigenen Gefühlen und Problemen, den sie vorübergehend verlieren, untereinander wiederherstellen und wahrnehmen".[212] Die Rückgewinnung des Differenzierungsvermögens ist zugleich ein Stück eigener Therapie der Therapeuten.

An dieser Stelle kommt eine weitere Dimension ins Spiel: Die Bedeutung der Institution als Teil des therapeutischen Rahmens. Normalerweise stellen die Regeln und Routinen (disfunktionale) Abwehrversuche des psychotischen Erlebens und der psychotisch induzierten Übertragungskonstellationen dar. Resultat ist die von Routinen und Sachzwängen hergestellte faktische Abwendung von den Behandlungsbedürfnissen der Patienten. Im „Verein für psychoanalytische Sozialarbeit" versucht man, diesen Tendenzen einerseits durch Modifikation der Organisationsstrukturen, die dem Konzept einer *gesprengten Institution* nahekommen, und andererseits durch die Analyse der Institutionalisierungsprozesse in der Supervision Rechnung zu tragen. „Die wesentlichste Vorrichtung gegen das Überwiegen ... der Immanenz der Institution (und der Belange der

Mitarbeitergruppe im Sinne expliziter Selbsterfahrung – A.G.) ist in den Supervisionen realisiert: Im methodischen Gebot, alle Probleme und Konflikte, die in der Mitarbeitergruppe und in der Institution auftauchen, vornehmlich als Produkt, als Ausdruck, als Effekt der Arbeit mit den psychotischen Kindern und Jugendlichen und ihrer Spaltungstendenzen ... zu begreifen. Andersherum formuliert: Dieses methodische Gebot zeigt sich als methodisches Verbot der expliziten Thematisierung der Selbsterfahrung der Mitarbeiter und der Eigenbelange der Institution."[213] Trotz der mit einem solchen *Verbot* verbundenen Reduktion von Komplexität ergibt sich der paradoxe Effekt, daß die institutionelle Problematik ebenso virulent bleibt wie die Dynamik der Mitarbeitergruppe.

Das Supervisionsmodell des ‚Vereins‘ unterscheidet sich damit radikal von den gruppendynamischen Ansätzen berufsbezogener Selbsterfahrung einerseits und der ‚Organisationsentwicklung‘ mit ihrem inhärenten Euphemismus der Versöhnung von Organisations- und Mitarbeiterinteressen andererseits. Das Modell unterscheidet sich aber auch von einem psychoanalytischen Supervisionsverständnis der Teamsupervision, bei dem die „Methode den Gegenstand"[214] konstituiert. In der Version von Pollak führt das dazu, daß über weite Strecken das psychoanalytische Sprachspiel, vor allem die Konzepte des ‚Unbewußten‘, der ‚Deutung‘ und der ‚Abwehr‘, variantenreich auf Supervision appliziert werden, ohne daß die Bedeutung der Institution, der Arbeitsfelder oder der professionellen Paradoxien systematisch entfaltet und in ihrer Funktion für die Entstehung des Unbewußten in Teams analysiert werden.[215] Problematisch daran ist nicht nur, daß die Methode (in modifizierter Form) dem Gegenstand vorgeordnet wird, sondern daß der Anspruch erhoben wird, den Diskurs über Teamsupervision um ein spezifisches Konzept bereichert zu haben. Betrachtet man nun die Fallvignetten, die Pollak zur Illustration seiner Überlegungen heranzieht, und hier vor allem die Interventionen des Supervisors, dann wird deutlich, daß das Fallverständnis und die Deutungen keineswegs zwingend auf eine psychoanalytische Konzeptualisierung verweisen. Die Entschlüsselung der vorgestellten Szenen liegt, wenn ich es richtig sehe, durchaus im Bereich der Leistungsfähigkeit der Deutungsmuster interpretativer Supervisionsansätze, seien sie nun kommunikationstheoretisch begründet oder am symbolischen Interaktionismus orientiert.[216] Wenn dem aber so ist, dann wäre zu fragen, worin der heuristische Wert bzw. die spezifische Leistungsfähigkeit der psychoanalytischen Begriffsdifferenzierungen bei Pollak und anderen Autoren des Readers: „Psychoanalytische Teamsupervision", liegt.[217] Auch für den von der Theorie und Methode des Supervisors her entwickelten psychoanalytischen Supervisionsansatz gilt, daß er sich, wie die Konzepte Schreyöggs oder Rappe-Gieseckes, in der aporetischen Logik der Theoriedependenz verfängt. Wahrscheinlich wäre die Aporie nur durch einen Perspektivwechsel zugunsten einer empirisch fundierten, von den Problemlagen der Supervisanden und der komplexen Dimensionierung des Kontextes her entwickelten Theoriebildung aufzulösen.

9. Resultate und Perspektiven – zur aporetischen Entwicklungslogik der Supervision

Die Analyse ausgewählter Texte aus drei Entwicklungsphasen der Supervision hat gezeigt, daß sich ihre Geschichte als beständige Neuauflage unbegriffener Aporien darstellt. Das mangelnde historisch-kritische Bewußtsein wird zum Einfallstor für die Orientierung der mainstream Supervision an den jeweils gängigen Psychotrends. Damit wird zugleich eine gegenstandsangemessene wissenschaftliche Substanzanreicherung, die zu einem eigenständigen Praxis- und Theorieverständnis führen könnte, beeinträchtigt. Die Verdrängung der Geschichte läßt sich bereits an der Pionierphase nachweisen. Anstatt an der psychoanalytischen Vorgeschichte der Supervision anzuknüpfen, wird sie als geschichtslose Praxis importiert, mit der Folge, daß sie ein ich-psychologisch verkürztes Methodenverständnis ausbildet.

Waren in dieser Zeit immerhin noch die Perspektive auf den leidenden Klienten und die Weiterentwicklung der methodischen Arbeit des Sozialarbeiters als handlungsleitende und theorierelevante Orientierung präsent, so wurde dieser Zusammenhang in der Expansions- und Konsolidierungsphase zugunsten einer selbstbezüglichen Praxis der Gruppen- und Teamsupervision aufgegeben. Das gilt, wie ich zu zeigen versucht habe, für den politischen Diskurs ebenso wie für die monomethodischen und die sogenannten integrativen Ansätze. Die Orientierung an heteronomen, aus der Gruppendynamik oder dem Psychotherapiesektor entlehnten Theorien und Verfahren führte zu einer psychologistischen Reduktion der für den

Gegenstandsbereich der Supervision typischen Komplexität. Vor allem in den in der Praxis vorherrschenden gruppendynamisch beeinflußten Arbeitsformen wird die Einheit von berufsbiographischen, interaktionellen und institutionellen Dimensionen einerseits und die Verantwortung für eine qualifizierte Behandlung der Klienten andererseits zugunsten einer im „Hier und Jetzt" der Gruppe situierten *Beziehungsanalyse* aufgelöst. Gegenüber diesen Ansätzen markiert der theoriedependente Entwurf Rappe-Gieseckes einen Fortschritt, freilich im doppelten Sinne des Wortes: Jenseits der empirisch fundierten Erkenntnisfortschritte reproduziert sich in ihrem Ansatz erneut das Problem der Angemessenheit von Theorie und Gegenstand, wenn sie Supervision den Ableitungsschematismen der Systemtheorie subsumieren zu können glaubt.

Wenn es richtig ist, daß historisches Bewußtsein, vor allem die selbstkritische Durchdringung der immanenten Widersprüche einer Disziplin oder einer Methode, von zentraler Bedeutung für deren wissenschaftliche Begründung und Weiterentwicklung ist, dann läßt sich an der Geschichte der Supervision zeigen, daß die historische Amnesie mit dazu beiträgt, daß sich die Aporien wie in einer Art Wiederholungszwang reproduzieren und ihre gegenstandsangemessene Entwicklung beeinträchtigen.[218] Mit einigen kritischen Bemerkungen zur gegenwärtig stattfindenden Phase der *expansiven Professionalisierung* möchte ich diesen Zusammenhang weiter verdeutlichen.

Zeitlich deckt diese Phase die Entwicklung der Supervision in den 90er Jahren ab. Charakteristisch sind Bemühungen um eine Ausweitung ihres Geltungsbereichs. So soll Supervision auf die Beratung und Entwicklung von Organisationen ausgedehnt, im sogenannten „Profitsektor" implementiert, als „Instrument der Personalentwicklung" profiliert und im Rahmen der Qualitätssicherung zur Anwendung gebracht werden. Das erweiterte Aufgabenspektrum läßt sich als Reaktion auf die strukturellen Veränderungen des Supervisionsmarktes verstehen. Die Nachfrage nach Team- und Gruppensupervision scheint zu stagnieren, während gleichzeitig eine relativ große Zahl frisch ausgebildeter Supervisoren auf den Markt drängt. Durch Einzelsupervision kann die diskrepante Entwicklung nicht kompensiert werden, da dieses Marktsegment in den vergangenen Jahrzehnten sträflich vernachlässigt worden ist. Hinzu kommt, daß sich die sozialen und medizinischen Dienste in einer Phase der Umstrukturierung befinden. Um die Bearbeitung der dabei entstehenden Friktionen nicht anderen Pro-

116

fessionen zu überlassen, mußten claims abgesteckt und Ansprüche besetzt werden. Auch in bezug auf die Ausdehnung der Supervision in den Profitbereich ging es um die Besetzung eines lukrativen Marktsegments. Vor allem dem Personal- und Managementbereich soll die Stärkung kommunikativer Kompetenzen durch Supervision angedient werden.[219]

Der Vorstand der „Deutschen Gesellschaft für Supervision" (DGSv) hat die expansive Professionalisierung mit bewundernswerter Zielstrebigkeit, gleichzeitig aber auch mit auffälliger Eile betrieben. Mit Schwerpunktheften der DGSv-nahen Zeitschrift „Supervision"[220] wurde der Leser seit 1990 mit dem Projekt vertraut gemacht. Damit nicht genug: auch der „2. Deutsche Supervisionstag" mit dem Titel: „Supervision – ein Instrument der Personalentwicklung", der im Herbst des Jahres 1994 stattfand, und das Forschungssymposion „Qualitätssicherung durch Forschung" sowie die publizistische Aufbereitung der Themen in „DGSv aktuell", dem Nachrichtenblatt des Verbandes, dienen im Verein mit gleichlaufenden Aktivitäten in einigen Weiterbildungen[221] der permanenten Propagierung des Expansionskurses.

Der zentrale Stellenwert, der der Ausweitung der Supervision auf den Organisations- und Profitsektor im Verband eingeräumt wird, ist nicht unproblematisch. Während Supervision in ihren Kernbereichen, der Einzel-, Gruppen- und Teamsupervision, nach wie vor kaum erforscht ist und selbst einfachste Fragestellungen teils ungeklärt, teils gänzlich unbearbeitet sind, sollen in einer Art Übersprunghandlung neue Felder besetzt werden. Mit bemerkenswerter Offenheit hat Weigand die Motive für den Aktivismus benannt. Neben dem Interesse, die Supervision auf ein möglichst breites Fundament zu stellen, werden die Bedürfnisse nach Erfolg, Macht und Geld als maßgebliche Motive herausgestellt.[222] Mit der Hinwendung zum Profitsektor und zur Organisationsentwicklung läßt sich der als Kränkung empfundene soziale Stallgeruch,[223] der der Supervision aufgrund ihrer Herkunft aus der Sozialarbeit anhaftet, endlich abschütteln. Aber der Preis ist hoch, wie sich an einem Werbetext der DGSv zeigen läßt.

In dem Text: „Supervision" wird das Verfahren folgendermaßen beschrieben: „Die Nachfrage nach Supervision ist groß, da die Schwierigkeiten am Arbeitsplatz zunehmen; kommunikative und kooperative Defizite, Konflikte zwischen einzelnen, in Gruppen und Teams oder zwischen Arbeitsbereichen und Abteilungen lassen für Organisationen Probleme entstehen, die nicht mit fachlichem Know-how lösbar sind, sondern auf persönlichkeitsbedingte, soziale und interaktionelle Probleme hinweisen, die einer anderen Art von Bearbeitung bedürfen. Mangelnde Kooperation, ein schlechtes Arbeitsklima, sinkende Motivation der Mitarbeiter, geringe Identifikation mit der Gesamtorganisation reduzieren die Leistungsbereitschaft und verhindern die Erreichung der Organisationsziele, wenn die Organisation selbst nicht in der Lage ist, die ‚human resources' im Sinne der Organisation und der in ihr arbeitenden Menschen gleichermaßen zu nutzen."[224] Da dieses, vermutlich eilig zusammengeschriebene Textstück in der Selbstdarstellungsbroschüre als zentrale Legitimationssequenz fungiert, lohnt sich ein kurzer Blick auf die Implikationen.

Abgesehen von der nicht belegten These wachsender Probleme am Arbeitsplatz, die wahrscheinlich argumentationsstrategisch eingeführt worden ist, um in Zeiten eines stagnierenden, wenn nicht gar schrumpfenden Marktes die große Nachfrage auch in die Zukunft hinein zu projizieren, abgesehen auch von der problematischen Unterstellung, daß Konfliktlösungskompetenzen nicht zum *fachlichen Know-how* der Professionellen gehören, liest sich der Text wie ein Anbiederungsversuch an die Interessen der Geschäftsführer von Organisationen. Mit Hilfe der Supervision sollen die Mitarbeiter konfliktfreier und angepaßter gemacht werden. Unterstellt wird, daß neben interaktionellen und sozialen auch persönlichkeitsbedingte Konflikte von Mitarbeitern bearbeitet werden könnten. Gerade in bezug auf die Lösung persönlichkeitsbedingter Konflikte wäre indes Einsicht in die Beschränktheit der Methode angebracht. Betrachtet man die Textstruktur, dann wird deutlich, daß die Professionellen hinter den Organisationsinteressen lediglich als sekundärer Bezugsrahmen der Supervision figurieren; die Klienten sind ebensowenig erwähnenswert, wie der selbstreflexive, auf Verstehen und nicht auf utilitaristischen Pragmatismus gerichtete Gehalt guter Supervisionspraxis.

Am Beitrag von Nellessen mit dem Titel: „Supervision in lean-management, lean-service"[225] läßt sich eine weitere Facette des Problems verdeutlichen: Fasziniert vom Utilitarismus und vom Effektivitätsdenken versucht der Autor, den lean-management-Ansatz der sozialen Arbeit vermittels der Supervision anzudienen, ohne freilich die entscheidende Frage zu diskutieren, ob die aus der Rationalisierung des Automobilbaus stammenden Vorstellungen für die Felder sozialer und therapeutischer Arbeit überhaupt angemessen sind. Noch weiter geht Hilarion Petzold mit seinem „Postgraduate Program Supervision". In der Ankündigung spiegelt sich der

Größenwahn mit kaum zu überbietender Offenheit.[226] Bereits der Titel ist megaloman: „Coaching for Excellence – Ausbildung in Integrativer Führungsberatung". Im Ausschreibungstext heißt es dann unter anderem: „Über Coaching ist viel gesagt und geschrieben worden – wenig Substantielles. Wir bieten eine Coaching-Ausbildung für den Profit- und den Non-Profit-Bereich an, die dafür ausrüstet, Menschen in Führungspositionen in der Handhabung ihrer Aufgaben zu beraten, mit ihnen Strategien zu entwickeln, durch die sie unter systemischer Perspektive ihren institutionellen Kontext besser nutzen und Konfliktsituationen konstruktiv zu bewältigen lernen. Weitere Ziele sind, ihre Führungsqualitäten zu verbessern, ihre kreativen Potentiale und die Effizienz ihres Entscheidungsverhaltens zu optimieren …"[227] Auch wenn man bei derartigen Ausschreibungen eine gewisse marktschreierische Attitude konzediert, so verrät der Text doch die Ideologie, die hinter der *Ausbildung* steckt. Ähnlich wie bei Nellessen handelt es sich um manipulativ eingesetzten Utilitarismus. Selbstreflexive oder gar selbstkritische Auseinandersetzungen, wie z. B. die Diskussion der mit Führung verbundenen individuellen, institutionellen und gesellschaftlichen Macht- und Herrschaftsproblematiken sind im Kurskonzept ebensowenig vorgesehen, wie beratungstheoretische Metaperspektiven. Trotzdem reklamiert man für sich großsprecherisch das Label ‚Ausbildung' statt Fortbildung, und dann auch noch *for excellence*.

Der polypragmatische Utilitarismus scheint Resonanz zu finden. In mehreren Beiträgen des Heftes der Zeitschrift „Supervision"[228] zum *Supervisionsmarketing* taucht diese ideologische Figur auf. So schreibt etwa der Verwaltungsleiter der Universitätskliniken Münster: „Externe Supervision setzen wir inzwischen zur Lösung, zum Entschärfen oder zur Vermeidung von Problemen, z. B. in der Zusammenarbeit in einzelnen Teams, ein."[229] In dieser Fassung wird Supervision zum administrativ verordneten Mitarbeiterberuhigungsinstrument. Die berufliche Qualifikation der Mitarbeiter spielt dabei keine Rolle mehr. Die Konsequenzen des administrativen Supervisionsverständnisses werden ein paar Seiten später von Elsler und Gerhards beschrieben: „Polarisierend ausgedrückt war es früher gängige Praxis, daß … die Teams innerhalb der Supervision einen intimen Raum besaßen. Im Zuge der Notwendigkeit innovativer Prozesse wird Supervision heute nicht mehr als begleitender Prozeß verstanden, bei dem das Team ‚irgend etwas' für die eigene Psychohygiene tut, sondern als zeitlich befristeter Prozeß mit einem Entwicklungsziel, das eine Wertigkeit

für den einzelnen Mitarbeiter, das Team und die Organisation besitzt ...
Dementsprechend werden die Entwicklungsziele innerhalb der Kontraktsitzung zunehmend in der Triade Team-Leitung-Supervisor gemeinsam
definiert und die Erreichung dieser Ziele in der Abschlußsitzung reflektiert.“[230] Um die vorgeordneten administrativen Interessen, die euphemistisch als Innovationsnotwendigkeiten apostrophiert werden, bedienen
zu können, werden Essentials der Supervision, der geschützte Raum, die
besondere Gesprächssituation und der sich über einen längeren Zeitraum
frei entfaltende Supervisionsprozeß, suspendiert.

Neben Polypragmatismus und administrativer Abhängigkeit gehört das
Einschwenken auf betriebswirtschaftliche und unternehmensberaterische
Terminologien zu den folgenreichen Neuerungen des Diskurses in der
Phase der expansiven Professionalisierung. Da werden Strategien, Unter-
nehmensziele, Marketingkonzepte und Positionierungen entworfen. Die
Exponenten der neuen mainstream-Orientierung in der Supervision sprechen nicht länger von Klienten, Patienten oder Menschen in Notlagen,
sondern von „Kunden“. Die Einzelsupervision wird zum Coaching, das
beraterische Handeln soll in Produktkategorien gefaßt, die Arbeit in der
Supervision dient nicht länger der Reflexion von Problemen, sondern der
Entwicklung der „Corporate Identity“ und der „Qualitätssicherung“, wobei Berker verrät, was mit Qualitätssicherung gemeint ist, nota bene: diejenigen Maßnahmen, die *zur Motivation und Kontrolle von Arbeitsleistungen* herangezogen werden.[231] Beispielhaft für den neuen Jargon und die
Art des Denkens ist der Beitrag von Krug und Münsterjohann[232] zum Supervisionsmarketing. Sie haben, nach dem gleichen Prinzip wie Nellessen,
einfach Terminologie und Marketingkonzepte, die für den Unternehmens-
bereich entwickelt wurden, übernommen, so z. B. Modellvorstellungen
von Meffert und Ansoff und auf Supervision übertragen, ohne zu klären,
ob diese Modellvorstellungen für Supervision überhaupt sinnvoll und
anwendbar sind. Wahrscheinlich glauben sie mit dieser Argumentations-
strategie, auch noch besonders avantgardistisch zu sein.

Vor dem Hintergrund dieser Entwicklungstendenzen wäre zu fragen, ob
Supervision unter dem Einfluß der Expansionisten nicht in Gefahr gerät,
in ein effektivitätssteigerndes Überwachungsverfahren amerikanischer
Prägung umfunktioniert zu werden. In einem solchen System werden die
Berater, worauf Richter zu Recht hingewiesen hat, zu korrupten Hand-
langern des Systems, denen es primär um Erfolg, Macht und Geld geht.[233]

Anstatt eine wissenschaftlich fundierte, substantielle Weiterentwicklung der Kernbereiche der Supervision voranzutreiben, werden neue Felder besetzt, die primär die narzißtischen Größenphantasien der „Macher" bedienen, gleichzeitig aber den selbstreflexiven Gehalt der Supervision zugunsten eines ignoranten Polypragmatismus zerstören. Es ist allerdings noch keineswegs ausgemacht, ob der Coup der Profiteure gelingt. Die Kehrseite der „schönen neuen Supervisionswelt", die Aufgabe einer kritisch-selbstreflexiven Supervisionspraxis, hat nämlich durchaus problematische Folgen: sie führt zu methodischer Unsicherheit und Beliebigkeit, letztlich zur Dequalifizierung der Supervision. Vielleicht ist es dieser Sachverhalt, der in Zukunft supervisionsspezifischen Themen wieder mehr Aufmerksamkeit verschafft.

II. Fallanalytische Untersuchung des Transkripts einer Supervisionssitzung

1. Methodische Anmerkungen zur Supervisionsforschung

Wenn es richtig ist, daß sich der herrschende Diskurs über Supervision – von wenigen Ausnahmen abgesehen – als beständige Reproduktion unbegriffener Aporien darstellt und daß sich das mangelnde historisch-kritische Bewußtsein nicht nur in den blinden Flecken der Theoriediskussion, sondern vor allem in der Übereignung der Supervision an die jeweils gängigen Psycho- bzw. Markttrends niederschlägt, dann erhebt sich die Frage nach Alternativen zu dieser Entwicklung. Die Beantwortung dieser Frage ist, wenn ich es richtig sehe, an einen Perspektivwechsel geknüpft. Erst mit der Entwicklung einer gegenstandsbezogenen Forschung können die grundlegenden Probleme der Supervision allmählich geklärt werden. Das zweite Kapitel stellt sich in diesem Zusammenhang als Versuch dar, eine dieser basalen Fragestellungen, den handlungsschematischen Ablauf und die Themenbearbeitung in der fallbezogenen Gruppensupervision, am Material einer Fallstudie empirisch zu untersuchen. Neben der Generierung handlungs- und orientierungsrelevanten Wissens soll die Fallstudie auch als Einführung in ein niederschwelliges Forschungsverfahren dienen, das ohne allzugroßen Aufwand auch von Praktikern angewendet werden kann.

Die theoriegeschichtliche Untersuchung hat deutlich gemacht, daß in der Supervisionsdiskussion Beiträge, die den Standards wissenschaftlicher Forschung entsprechen, seltene Ausnahmen darstellen. Das gilt auch für den Diskurs in den 90er Jahren: Zwar läßt sich ein Trend zugunsten wissenschaftlich ambitionierter Publikationen beobachten, der sich unter anderem in einer steigenden Zahl von Monographien niederschlägt, forschungsgestützte Beiträge sind aber nach wie vor unterrepräsentiert. Im wesentlichen beruht der Diskurs auf arbiträren Argumentationen, in denen partikulare Erfahrungen dargestellt und zum Teil mit großen theoretischen Ansprüchen verknüpft werden. Forderungen nach wissenschaftlicher Begründbarkeit werden nicht selten als *verkopft* abgetan.

In dem Maß, in dem arbiträre Positionen dominieren, verschärft sich die

Diskrepanz zwischen Professionalisierungserfolg einerseits und unzureichender Substanzbildung andererseits. Sie findet ihren Niederschlag in jener verbandspolitisch vorangetriebenen und mit dem Argument angeblicher Marktgesetzlichkeiten nur notdürftig bemäntelten Neigung, sich unkritisch den jeweiligen Modetrends anzudienen.[1] Autoren, die an der empirisch gestützten, grundlagentheoretischen Erforschung des Gegenstandsbereichs interessiert sind, repräsentieren demgegenüber Minderheitspositionen.

Die wichtigsten Untersuchungen sind schnell aufgezählt: Die Forschungsgruppen um Argelander[2] und Kutter[3] haben sich mit der Evaluation von supervisionsgestützten Fortbildungsprojekten beschäftigt. Eine neuere Untersuchung aus diesem Bereich ist die von Clemenz[4] herausgegebene Evaluationsstudie über ein psychoanalytisch orientiertes Fortbildungsprojekt für Sozialarbeiter, die vor allem deshalb interessant ist, weil zwei Supervisionsgruppen im Längsschnitt und im Kontext mit anderen Elementen der Fortbildung[5] dargestellt und einer Metaanalyse[6] unterzogen werden. Textanalytische Rekonstruktionen von Supervisionsprozessen wurden von der Arbeitsgruppe Eicke/Gaertner in dem bereits erwähnten Forschungsprojekt[7] und neuerdings auch von Oevermann, Overbeck, Buchholz und anderen[8] durchgeführt. Eine psychoanalytisch orientierte Fallstudie wurde von Graf-Deserno S. und Deserno H.[9] publiziert, während sich Schütze mit der methodischen Begründung der Supervisionsforschung und vor allem mit der Untersuchung professionellen Handelns beschäftigt, wobei er unter anderem Supervisionstranskripte als Datenbasis verwendet.[10] In einem am „Psychologischen Institut der Freien Universität" Berlin durchgeführten Projekt wurde Supervision unter dem Aspekt ihres Beitrags zur Professionalisierung der „AIDS-Arbeit" untersucht.[11] Nicht berücksichtigt werden in diesem Zusammenhang Forschungsstrategien, die sich am normalwissenschaftlichen Paradigma der wahrscheinlichkeitstheoretisch begründeten Methodologie orientieren. Zwar gibt es auch in der Supervisionsforschung einige Fragestellungen, die mit empirisch-statistischen Methoden sinnvoll untersucht werden können,[12] der Erkenntnisbedarf der Supervisionsforschung ist aber nicht nur wegen des rudimentären Forschungsstandes, sondern vor allem wegen der grundlagentheoretischen Defizite auf eine ‚logic of discovery' und damit auf hypothesengenerierende Verfahren angewiesen.

Systematisch lassen sich die empirisch gestützten, hypothesengenerierenden Ansätze zwei Bereichen zuordnen, die unterschiedliche Erkenntnispotentiale der Supervisionsforschung repräsentieren:

Supervision als Untersuchungsgegenstand mit dem Ziel der grundlagentheoretischen Erforschung des Gegenstandsbereichs, z. B. in Form der Generierung systematisierten Handlungswissens über Interaktionsformen, Prozeßverläufe und Themenprozessierungen (Dimension I).

Supervision als Forschungsinstrument, wobei das Spektrum von der Analyse und Bearbeitung professioneller Handlungsprobleme und ihrer biographischen Einbettung bis zur Untersuchung der Repräsentationen von Objektbereichen in der Perspektive der Gruppenteilnehmer reicht (Dimension II).[13]

Die Transkriptanalyse, die ich in diesem Kapitel vorstelle, bezieht sich auf die Dimension *Supervision als Untersuchungsgegenstand*. Im wesentlichen verfolge ich mit der Textanalyse zwei Ziele: Zum einen soll mit der Fallstudie verallgemeinerbares, handlungsleitendes und orientierungsrelevantes Wissen über den Ablauf, die Interaktionsformen und die Themenbearbeitung in der minimal strukturierten Gruppensupervision erzeugt werden. Zum anderen wird eine erfahrungsnahe, niederschwellige Untersuchungsmethode vorgestellt, die auch von nicht-spezialisierten Untersuchern, also etwa von den Supervisoren selber oder von Gruppenteilnehmern, zur retrospektiven Erforschung der Interaktionsphänomene und Themen in Gruppen eingesetzt werden kann.[14] Um den skizzierten Ansprüchen gerecht zu werden, muß die Transkriptanalyse die folgenden Kriterien erfüllen. Sie muß:

– gegenstandsadäquat
– methodisch-systematisch
– intersubjektiv nachvollziehbar und
– anschaulich sein.

Wie lassen sich diese Desiderate forschungsmethodisch konzeptualisieren? Voraussetzung dazu ist zunächst, daß der methodologische Rahmen dem Forschungsinteresse angemessen ist. Wie bereits angedeutet, ist die wahrscheinlichkeitstheoretisch begründete, quantifizierende Empirie für Untersuchungen, bei denen es um die Rekonstruktion der Sinnstrukturiertheit von Interaktionsprozessen geht, nicht anwendbar, da sich die Geltung dieser Verfahren auf die empirisch-statistische Prüfung von Hypothesen und die daraus abgeleitete Erzeugung nomothetischen Wissens bezieht.[15]

Die Kontroversen um das positivistische Forschungsparadigma haben die deutsche Soziologie jahrzehntelang beschäftigt. Seit den 80er Jahren haben sie auch in die Psychologie Eingang gefunden. Sie gehen zurück, wenn nicht auf den philosophischen Disput zwischen Sensualisten und Rationalisten des 18. Jahrhunderts, so doch zumindest auf die paradigmatischen Differenzen zwischen der „verstehenden" (Max Weber) und der „Wissenssoziologie" (Mannheim, Schütz) einerseits und der stochastisch begründeten Soziologie (Comte, Durkheim) andererseits. In den 60er Jahren fand diese Kontroverse ihre Fortsetzung im berühmt gewordenen „Positivismusstreit"[16] von Popper und Adorno und von Habermas und Albert. Auch wenn die Suprematie des Scientismus sich in den Sozialwissenschaften, vor allem aber in der Psychologie, nach wie vor als beherrschende Orthodoxie behauptet, so lassen sich inzwischen doch auch Tendenzen zur Koexistenz der Paradigmen beobachten. Ein schönes Beispiel für diesen Trend war eine Tagung, die von der Forschungsabteilung des Krankenhauses Tiefenbrunn im Frühjahr 1995 durchgeführt wurde. Das Transkript einer Supervisionssitzung wurde aus verschiedenen forschungsmethodischen Perspektiven untersucht. Zur Anwendung kamen sowohl Ansätze einer quantifizierenden Inhaltsanalyse (ZBKT, R. Grabhorn und SASB, Forschungsgruppe: Hartkamp, N./Wöller, W.) als auch interpretative Methoden in Getalt der „objektiven Hermeneutik" Oevermanns, der „psychoanalytischen Hermeneutik" (Forschungsgruppe: Overbeck, A./Metzger, H. G.), der Diskursanalyse (Flader, D.) und der Metaphernanalyse (Buchholz, M.), einer Methode, die zwischen den Paradigmen angesiedelt ist. Vergleicht man die Erkenntnisleistungen der verschiedenen Methoden, dann hat die Konkurrenzsituation gezeigt, daß die interpretativen Verfahren sowohl dem grundlagentheoretischen als auch dem praktischen Erkenntnisbedarf der Supervisionsforschung sehr viel eher entgegenzukommen scheinen als die quantifizierenden Verfahren.[17]

Wie bereits angedeutet, bezieht sich die Geltung des interpretativen Paradigmas – im Unterschied zum wahrscheinlichkeitstheoretisch begründeten Scientismus – auf jene Bereiche kommunikativen Handelns, die nur über Akte des Sinnverstehens und der Bedeutungsrekonstruktion erschlossen werden können. Diese Leistungen sind es, und darüber herrscht in den Kultur- und Sozialwissenschaften inzwischen weitgehend Konsens,[18] die die interpretative Methodologie für die grundlagentheoretische Erfor-

126

schung sozialen Handelns und für die Generierung von Hypothesen unverzichtbar erscheinen läßt.[19] Neben dem heuristischen Stellenwert ist eine weitere Eigenschaft dieses Paradigmas ausschlaggebend für die methodologische Rahmung unserer Untersuchung. Oevermann hat, mit Blick auf die objektive Hermeneutik, nachdrücklich darauf hingewiesen, daß das interpretative Paradigma eine unhintergehbare Voraussetzung zur Analyse der Subjektivität in ihrer sozialen Verfaßtheit darstellt.[20]

Diese Hinweise zur methodologischen Rahmung unserer Studie, die natürlich nicht den Anspruch einer wissenschaftlichen Diskussion erheben, mögen ausreichen, um die paradigmatische Positionierung zu verdeutlichen. Als nächstes wenden wir uns nun der Frage nach der forschungsmethodischen[21] Ausrichtung der Untersuchung zu. Innerhalb des interpretativen Paradigmas haben sich zahlreiche Varianten ausgebildet, wobei das Spektrum von der *teilnehmenden Beobachtung*, über *Inhalts-* und *Diskursanalyse*, *kommunikative* und *rekonstruktive Sozialforschung* bis zur *psychoanalytischen* und *objektiven Hermeneutik* reicht. Mit den unterschiedlichen Ansätzen sind natürlich auch höchst unterschiedliche Erkenntnisinteressen und Geltungsansprüche verbunden. Hier reicht die Varianz von phänomenologischen Deskriptionen über verallgemeinerbares typologisches Wissen bis zur Generierung von Strukturgeneralisierungen.

In dem Prospekt unterschiedlicher Ansätze beziehen wir uns in der vorliegenden Untersuchung wesentlich auf die psychoanalytische Hermeneutik und die von Glaser und Strauss[22] entwickelte Methode der „grounded theory", die wegen ihrer gleichermaßen gegenstandsbezogenen und theoriegenerierenden Perspektive[23] für die Rekonstruktion der Interaktionsphänomene in der Gruppensupervision besonders geeignet erscheint. Anregungen für die sequenzielle Analyse des Textes verdanke ich auch der psychoanalytischen Hermeneutik nahestehenden „objektiven Hermeneutik" Oevermanns. Mit diesen methodischen Anleihen ist allerdings nicht gemeint, daß wir bei der Analyse des Fallmaterials auf vorausgesetzte Theoriesysteme, wie z. B. den symbolischen Interaktionismus, den Strukturalismus oder die Psychoanalyse rekurrieren. Grundlage unseres Ansatzes ist vielmehr die Generierung der Methode aus dem Fallmaterial selber.

Voraussetzung dazu ist, daß eine künstlich hergestellte, naive Wahrnehmungseinstellung eingenommen wird, bei der das Vorwissen bewußt zurückgestellt wird.[24] Wir sprechen in diesem Zusammenhang von einer nicht-theoriegeleiteten Forschungsmethode. Im Sinne einer „logic of discovery" hat eine solche Orientierung den entscheidenden Vorteil, daß die Präformationskraft vorausgesetzter Theorien für den Untersuchungsgegenstand eingeschränkt wird.[25]

Die forschungspraktische Annäherung an das Transkript erfolgt in vier Schritten: Zunächst wird der Textkorpus gelesen, wobei Auffälligkeiten markiert werden. Die Markierungen werden nicht systematisch, sondern in vorwissenschaftlicher Einstellung angebracht. Im Interesse einer „naiven" Wahrnehmungseinstellung sollten lange Überlegungen bei dieser ersten Auswertungsaktivität vermieden werden. Mit der Markierung sind intuitive Interpretationsleistungen verbunden, die freilich noch nicht expliziert werden. Allgemein kann man sagen, daß die Unterstreichungen diejenigen Worte oder Passagen betreffen, die dem Leser aufgrund mangelnder Plausibilität des Textes (sprachliche Brüche, Widersprüche, logische Inkonsistenzen etc.), wegen besonderer Gestaltungen (Verdichtungen, Wiederholungen, Metaphorik etc.) oder aufgrund eigener lebensgeschichtlicher Sensitivitäten besonders auffallen.

Bereits an dieser Stelle wird ein methodisches Erfordernis rekonstruktiver Forschung deutlich: Die Auswertung sollte möglichst nicht als monologischer Akt, sondern im diskutierenden Kontext einer Forschungsgruppe erfolgen. Am Beispiel der Markierungen läßt sich dieses Postulat leicht verdeutlichen: Durch mehrere Untersucher, von denen teils analoge, teils divergierende Signierungen vorgenommen werden, erhöht sich die Zahl der Perspektiven. Die Explikation der Wahrnehmungen und Annahmen, die bei den einzelnen Mitgliedern der Forschungsgruppe zu den jeweiligen Markierungen geführt haben, ist nicht nur ein wichtiger Interpretationsschritt, sie trägt wesentlich dazu bei, daß die für die Textrekonstruktion notwendige prozessuale Forschungsdynamik in Gang gesetzt wird.

In einem zweiten Schritt wird der Textcorpus segmentiert.[26] Damit ist gemeint, daß eine Untergliederung in sinnvolle Einheiten vorgenommen wird. Die Möglichkeit zur Segmentierung verweist auf die Sinnstrukturiertheit von Texten, die ihrerseits gleichermaßen Voraussetzung und Resultat der gesellschaftlichen Konstruktion der Wirklichkeit ist. Um die überkomplexe, kontingente Realität bewältigen zu können, haben sich im Verlauf der Evolution „Ordnungen" herausgebildet, die Sozialität allererst konstituieren und die von alltagspraktischen Habitualisierungen über In-

128

stitutionalisierungen bis zu hochspezialisierten kulturellen Aktivitäten reichen. Diese werden in Sozialisationsprozessen vermittelt und repräsentieren als internalisierte Muster ein Set unbewußter Orientierungen, mit denen Handeln in sozialen Situationen möglich wird.[27]

Wenn wir den vorliegenden Text segmentieren, rekonstruieren wir Ord-
nungs- und Orientierungsschemata, die die Interaktanten in der Supervisionssitzung selber aktivieren, um handlungsfähig zu sein. Bei den Aktivitäten, die zur Herausbildung der Strukturmuster führen, handelt es sich
um internalisierte Schemata, die den Handelnden nicht bewußt sind,[28] sondern in Handlungssituationen quasi automatisch abgerufen werden. Wir
können also von einer Aktivierung von Strukturmustern als Ausdruck der
Regelhaftigkeit sozialen Handelns sprechen. Diese, von Oevermann mit
dem Begriff der „latenten Sinnstrukturen" bezeichnete objektive Strukturiertheit des Handelns wird in der Analyse des Textes rekonstruiert. Die
qua Bedeutungsrekonstruktion gewonnenen „latente(n) Sinnstrukturen
sind objektiv gegebene Realitäten genau insofern, als sie von objektiv geltenden Regeln im Sinne von Algorithmen generiert werden und als solche
mit Anspruch auf objektive Gültigkeit durch Inanspruchnahme genau jener Regeln im Interpretationsakt rekonstruiert werden können, die schon
bei der Erzeugung der zu interpretierenden protokollierten Wirklichkeit
operierten".[29]

Für die Herstellung der Segmentierung können verschiedene Systema-
tiken herangezogen werden. Während Oevermann zur Rekonstruktion der
latenten Sinnstrukturen sequenzanalytisch vorgeht und die aufeinander-
folgenden Redebeiträge als Einheiten wählt, wobei vor allem die *initialen
Interaktionssequenzen* besondere Aufmerksamkeit erfahren,[30] arbeiten die
Ethnomethodologen, aber auch die Diskurstheoretiker[31] zunächst die formale Strukturiertheit der Texte heraus. Für unsere Fragestellungen ergänzen sich die beiden Perspektiven. Forschungspraktisch verfahren wir so,
daß einerseits deutlich abgrenzbare kommunikative Aktivitäten, wie z. B.
die Falleinbringung, die durch die Verwendung eines speziellen Kommu-
nikationsschemas, der Erzählung nämlich, und durch Anfangs- und Ab-
schlußmarkierungen von anderen Passagen abgehoben sind, als Segmente
definiert werden. Andererseits werden thematisch abgeschlossene Einheiten für die Segmentierung herangezogen. Diese für die Segmentierung
herangezogenen Kriterien dürften deutlich machen, daß sie spezifisch auf
unser Erkenntnisinteresse, d. h. auf die Rekonstruktion des handlungs-

schematischen Ablaufs und auf die Generierung und Verarbeitung der Themen in der Gruppensupervision, zugeschnitten sind.

Der dritte Schritt der Textrekonstruktion besteht in der sequenziellen Analyse der Bedeutungsstruktur der Segmente. Während die Beschreibung der Segmente die Gesamtformung des Textes repräsentiert, erschließt die sequenzielle Analyse dessen Binnenstruktur. Bei der sequenziellen Analyse der Segmente sind großflächige Interpretationen von kleinräumigen zu unterscheiden. Vor allem Stellen mangelnder Plausibilität, wie z. B. die Eingangsszene in unserem Transkript, werden einer extensiven Bedeutungsrekonstruktion unterzogen. Auf dieser Ebene arbeiten wir, ähnlich wie Oevermann, mit der Generierung von Lesarten. Im Fortgang der Untersuchung werden die Lesarten nach Sinn- und Evidenzkriterien zu einer kohärenten Version verdichtet. Auf diese Weise entsteht ein Text über einen Text: im gelungenen Fall die Entzifferung der latenten Bedeutungen.

Auf der Grundlage des neuen Textes wird im vierten Auswertungsschritt eine Typologie entwickelt. In einer ersten Annäherung kann man die Typenbildung als Formulierung von *Überschriften* verstehen, die den latenten Bedeutungsgehalt des interaktionellen Geschehens in kondensierter Form erfassen. Der Geltungsanspruch der Typenbildung geht aber weit über die Qualität von Überschriften hinaus. Grundlagentheoretisch repräsentieren sie Strukturgeneralisierungen, die, wie sich am Beispiel der Strukturmuster für den handlungsschematischen Ablauf einzelner Sitzungen in der minimalstrukturierten Gruppen- und Teamsupervision deutlich machen läßt, durchaus den Status sozialer Gesetzmäßigkeiten für sich in Anspruch nehmen und die Grundlage einer allgemeinen Theorie bilden können.

Durch die Textförmigkeit der Datenbasis, die gleichsam geronnenes Handeln repräsentiert[32], sind die Erkenntnisse, die mit der Bedeutungsrekonstruktion generiert werden, in spezifischer Weise praxisrelevant. Der handlungsleitende und orientierungsrelevante Charakter typologischen Wissens resultiert konstitutionslogisch aus jenem weiter oben zitierten referentiellen Bezug der Methode auf die *objektiv geltenden Regeln* (Oevermann) des Handelns. In seiner Praxisrelevanz ist das interpretative dem scientistischen Paradigma eindeutig überlegen. Das gilt auch für einen anderen Zusammenhang: Validität und Reliabilität der Resultate interpretativer Forschungsstudien werden von den Vertretern der sogenannten „har-

130

ten" Methoden zu Unrecht in Zweifel gezogen. Die Geltung der Aussagen und damit der Wahrheitsanspruch rekonstruktiver Forschung beruht wesentlich auf der Transparenz der Erkenntniskonstitution. Der intersubjektiv nachvollziehbare Forschungsprozeß bringt also selber die Reliabilität und Validität der Interpretationen hervor. Dabei bleibt die Komplexität des Untersuchungsgegenstands in einem weit höheren Maße erhalten, als dies bei der notwendig reduktionistischen Operationalisierung auf meßbare Untersuchungsdimensionen der Fall ist. Die Validierung der Ergebnisse erfolgt im Fall der interpretativen Untersuchungen durch die Interpretengemeinschaft, zu der auch die Rezipienten gehören, die den Forschungsprozeß nachvollziehen und/oder die Resultate anwenden. Damit ist zwar ein Perspektivismus verbunden, dieser ist jedoch notwendiges Moment jeder Erkenntnis und betrifft auch die Aussagen scientistischer Forschungssettings, in denen er freilich objektivistisch verleugnet oder besser: forschungstechnologisch kaschiert wird.

Ein weiterer Einwand von den Vertretern der sogenannten ‚harten Methoden' betrifft die beschränkte Reichweite der Resultate von Einzelfallstudien. Dem ist insoweit zuzustimmen, als aus einem Fall natürlich weder typologische Verallgemeinerungen noch gar allgemeine Theorien abgeleitet werden können. In bezug auf unsere Untersuchung kann diesem Einwand mühelos begegnet werden. Grundlage der Fallstudie sind zahlreiche rekonstruktive Analysen von Supervisionstexten, die wir im Projekt: „Erforschung interaktioneller Vorgänge in ausbildungs- und berufsbegleitenden Supervisions- und Balintgruppen" durchgeführt haben. Wenn wir das Transkript als einen Einzelfall untersuchen, dann im Kontext einer komparativen Kasuistik. Mit diesem methodischen Hintergrund lassen sich die Bedingungen für eine reliable Typenbildung durchaus erfüllen. Auch wenn – aus Darstellungsgründen – in der nachfolgenden Untersuchung nur an wenigen Stellen auf die Kontrastfolien verwiesen wird, so bilden sie doch den Background unserer Aussagen.[33] Insofern kann man sagen, daß die folgende Transkriptanalyse eine Demonstration sowohl der Forschungsmethode als auch der Ergebnisse jener Untersuchung darstellt. Trotz der berechtigten methodischen Bedenken hat die Konzentration auf nur einen Fall den Vorteil, daß ein konsistenter, nachvollziehbarer Text entsteht, der nicht von einer unübersehbaren Datenfülle überwuchert wird.[34]

2. Dokumentation des Transkripts einer fallbezogenen Teamsupervision
Arbeitsfeld: Psychotherapeutische Beratungsstelle

2.1 Transkriptionssystem

Bei dem Transkript wird auf Interpunktion nach grammatikalischen Regeln verzichtet. Statt dessen verwenden wir ein Transkriptionssystem, das einige parasprachliche Phänomene abbildet.[35]

(.)	Senken der Stimme
(')	Heben der Stimme
(-)	Stimme in der Schwebe
..	kurze Pause
…	Sprechpause, Zögern
10 sec	längere Pause mit Zeitangabe
………	unverständlich
(k)	Korrektur (z. B.: er war ge(k) – gegangen)
	Unterstreichung = auffällige Betonung

(lachend) (schnell) etc. Charakterisierung von nichtsprachlichen Vorgängen

Gruppenteilnehmerinnen und -teilnehmer:
Herr Beck
Frau Hahn
Frau Löhr
Frau Welp
Prakt. = Praktikantin
S = Supervisor
ein Teilnehmer fehlt bei der Sitzung

```
 1  Beck:   Hat von Euch einer was(') sonst würd' ich über 'ne Klientin reden(.)
 2          Ja .. ich hab da so gestern(-) vorgestern schon
 3          drüber nachgedacht(-) mir ist dabei aufgefallen(') daß ich
 4          mich so(-) … an … .. ja vergleichsweise wenig Inhalte
 5          erinnern kann(-) sondern eigentlich nur dieses(-) ja starke
 6          Ge-fühl(-) da ist(.) ich hab deswegen so bißchen Sorge ob ich
 7          eigentlich so (lachen) die Zeit füllen kann(-) aber ..
 8          irgendwie beschäftigt es mich schon sehr stark(.) .. (tief
 9          Luft holen) es ist 'ne Frau(') wie alt 33(-) 35(-) so in der
10          Gegend(') war Lehrerin(') is /eh/ zur Zeit Hausfrau(') mit
11          einem Kind(-) 3 Jahre etwa(-) .. und ist wegen dem Kind zu
12          Hause geblieben(.) .. und .. ist gekommen(-) im Januar(')
13          .. /eh/ damals hatte sie einfach nur so gesagt sie müßte
14          nochmal 'ne Therapie machen (-) und das Schwanken war sehr
15          stark(-) und das war ihr so ganz diffus und unklar(-) und
16          sie(k) das war eigentlich auch ebenso diffus was sie nun damit
17          wo(k) /eh/eh/ erreichen wollte(') ich hab ihr dann noch mal so
18          gesagt sie soll sich das doch noch mal überlegen(') und in der
19          zweiten Stunde haben wir dann noch mal drü(k) drüber
20          gesprochen(-) und sie hat dann gesagt sie wollte keine Analyse
21          machen(.) .. /eh/ mit mir weiter arbeiten(.) und ich hab das
22          dann erst mal so begrenzt auf 15 Stunden(') (tief Luft holen)
23          für mich einfach erst mal so mit 'ner Fragestellung
24          herauszufinden was sie eigentlich will(.) oder das vielleicht
25          auch ihr klarer zu machen(-) aber mir war es irgendwie so
26          diffus(.) von vornerein(.) es gab so ein paar so 'n paar
27          Hinweise(-) daß es ihr offensichtlich nicht sehr gut geht(')
28          (tief Luft holen) und relativ schnell(') ich glaub das war
29          aber erst in der zweiten Stunde(-) hat sie gesagt daß sie
30          schon mal beim Ferdi(-) das ist ein Kollege(-) Honorarkraft
31          hier(-) früher schon mal in 'ner Therapie war(') und /eh/ das
32          sei sehr schön gewesen mit ihm(-) (hüsteln) die hätten sich
33          sogar richtig ein bißchen angefreundet(.) und das hat sie
34          so richtig mit Stolz erzählt(.) .. und ja das war mir auch
35          so ein bißchen geheuer(k) ungeheuer(') und /eh/ meine Frage
36          ob sie denn mit ihm wieder weitermachen wollte(-) ja(-) auf
37          der einen Seite .. war sie ganz angetan davon ihn wiederzu-
38          sehen(-) auf der anderen Seite aber nein(-) lieber mit mir(.)
39          und das war ach war alles so schwammig (räuspern) … /eh/
40          diese 15-Stundenbegrenzung hab ich dann irgendwann mal aufgeho-
41          ben(') im Einklang mit ihr weil es (hach) sich so entwickelt hat
42          daß sie(-) .. ja unheimlich stark eigentlich jetzt in dieser Beziehung drin
43          hängt(-) und /eh/ ja mir richtig mulmig ist dabei(.)
44  S.:           hm
```

1	Beck:	/ehm/ .. Ablauf(') .. seit langer Zeit(') ist so(-) sie kommt /eh/ ja fast
2		pünktlich(-) 'ne 1/4-Stunde zu früh(') setzt sich da draußen hin(') 'ne
3		Zeitlang war mir das richtig peinlich weil dann immer die gleiche an-
4		dere Klientin draußen war(-) und die draußen erst immer geschwätzt
5		haben(')
6	S.:	die kannten sich auch(')
7	Beck:	nee(-) ne ne ganz einfach so da draußen ham die sich unter-
8		halten(.) ich war richtig ein bißchen erleichtert als Peter da seine
9		Termine verlegt hat (allgemeines Lachen)
10		ja das war nur(-) also dieses Zufrühkommen(-) /eh/ also permanent
11		Zufrühkommen und gleichzeitig drauf insistieren sie könne gar nicht
12		einen früheren Termin machen(.) das war irgendwann mal ganz am
13		Anfang
14	S.:	hm
15	Beck:	da paßte mir der Termin nicht so richtig(-) aber sie mußte mit
16		ihrem Kind /eh/ da noch irgendwas machen(-) bis sie das abgeben
17		oder holen wollte das weiß ich jetzt nicht(-) konnte(k) könne nicht
18		früher kommen(-) und trotzdem diese Viertelstunde regelmäßig zu
19		früh(.) und sie sitzt dann schon so da(-) und ich merk so (tief Luft ho-
20		len) ah es beklemmt mich richtig(-) ich trau mich da gar nicht mehr
21		raus(.) bleib entweder im Sekretariat oder hier(-) aber lauf draußen
22		nicht(-) da fühl ich mich beobachtet(.) so ne(') und … sie kommt dann
23		rein(-) und kommt mir vor dabei wie ein geprügelter Hund(.) also soo
24		so 'n gesenkten Kopf(-) und gibt mir so ganz flüchtig die Hand(-) und
25		guckt so einmal so rüber(') /ehm/ .. demonstriert richtig daß wieder
26		ganz viel im Busch ist(-) und daß es ihr schlecht geht(-) oder (Luft
27		holen) setzt sich hin und schweigt(-) erst mal 'ne Zeit(-) sagt dann wie
28		schwer es wieder wäre anzufangen(-) .. und .. /eh/ erzählt daß es ihr
29		aufgrund der letzten Stunde wieder ganz schlecht gegangen sei(.) also
30		die Stunden /eh/ .. /eh/ (k) nach den Stunden erlebt sie's so daß sie
31		zwei Tage /eh/ zwei drei Tage immer ja ganz depressiv sei(-) und
32	S.:	hm
33	Beck:	… /ehm/ Schlafstörungen(-) hat und also es ging ihr wirklich
34		schlecht(-) und sie überlegt dann ob sie die Therapie nicht besser ab-
35		breche(-) und /eh/ im Moment /eh/ will sie zwar nicht abbrechen(-)
36		erwähnt das schon noch häufiger(-) aber sagt sie möchte versuchen(-)
37		/ehm/ die Stunden so ein bißchen oberflächlicher für sie zu halten(-)
38		damit sie damit sie nicht so bewegt wird(.) dadurch(.) … (tief atmen) ..
39		und ich glaub das ist auch so der Punkt der mir so zu schaffen
40		macht(-) und dieses (tief Luft holen) ha ja nicht so so richtig nah her-
41		ankommen(-) .. und bei ihr(-) ich merk also wenn wenn /eh/ wirklich
42		was Wichtiges da ist wird's auch für mich /eh/ sehr mulmig(.) (tief
43		Luft holen) .. und dann bietet sie wieder an so na ja dann lassen wir es
44		doch mal wieder distanziert(-) und dann denk ich auch wieder so

1		geht's ja nun auch nicht ne(') .. also wir müssen da schon irgendwie
2		so zum Thema kommen(.)
3	S.:	hm
4	Beck:	(tief Luft holen) /eh/ ein Punkt ist sicherlich daß sie sich
5		/eh/ ich glaub schon recht stark verliebt hat(') in mich(-) /ehm/ .. also
6		sie spricht nicht so explizit davon(-) sondern sie spricht immer nur
7		davon daß ich(k) /eh/ wieviel ich ihr bedeute(-) oder wieviel Gedan-
8		ken sie sich um mich macht(-) .. und /eh/ .. ja .. eindrucksvoll jetzt ja
9		zwei Episoden da(-) einmal bin ich ja im Sommer weggeblieben als
10		der Andreas geboren ist(') unser Kind(.) und /eh/ ich mußte dann
11		auch ihr absagen(-) und /eh/ als sie dann wiederkam(-) /eh/ faßte
12		sie so (tief atmen) (k) als ich sagte daß ich die Stunden hab ausfallen
13		lassen(-) so mit ganz spitzen Fingern an(-) und sagte so (-) sie wisse
14		ja den Grund warum ich weggeblieben sei(.) .. und kein Wort mehr
15		drüber(.)
16	S.:	hm hm (räuspern)
17	Beck:	oder jetzt 'ne andere Geschichte(-) … die war wohl mit auch auf
18		der Demonstration da in Gorleben(') und muß mich da irgendwie
19		gesehen haben(.)
20	S:	hm
21	Beck:	und ich hab sie nich gesehen(-) .. und(-) .. /eh/ bei ihr dann wieder die
22		Frage ob ich sie übersehen habe(-) und /eh/ ja übergangen habe(-)
23		nicht mit ihr zu tun haben wollte(-) jedenfalls sagte sie sie hätt
24		zwei Nächte wieder nich schlafen können(.) danach (.) und es wär ihr
25		wieder ganz schlecht gegangen(.) .. also so diese diese reale Begeg-
26		nung(.) die war wieder schlimm(.) … .. und das ist glaub ich auch das
27		war für mich(k) was mich so beklommen macht(.) daß so(-) sie wenig
28		Möglichkeiten hat so zu differenzieren zwischen(-) ja 'ner Realbezie-
29		hung(-) und 'ner Therapiebeziehung(.) .. wenn ich schon immer so
30		merke(-) wie krieg ich das eigentlich wieder auf die Ebene
31		(-) daß sie weiß daß es 'ne Therapie ist(.)
32		und(-) … denk dann immer so an eine Geschichte(-) die sie erzählt von
33		von dieser früheren Therapie mit Ferdi(-) da ist sie so ganz stolz(-)
34		also einmal auf diese Freundschaft die sich da entwickelt hat fast als
35		wären sie Kaffeetrinken gegangen(-) zusammen(-) und sie hätte /eh/
36		bei dem Ferdi ja auch so viel bewirken können(.) also sie ist wohl ir-
37		gendwie auch engagiert in der Friedensbewegung(-) hätte das dem
38		Ferdi dann nahegebracht daß er dann auch wirklich drüber nachge-
39		dacht hätte(.) ne(') Therapeuten verändern(.)
40	S.:	hm
41	Beck:	dachte sie so(.)
42		(mehrere lachen – eine Frau: das ist ja auch was)
43	Beck:	ja das ist ja auch was(.) ist ja auch was gewesen(.)
44	S.:	ist Ferdi der Vorname oder der Nachname(')

1	Beck:	Vorname(.)
2	S.:	der Vorname(.)
3	Beck:	sie reden den mit Vornamen an(.) also die haben sich offenbar auch
4		gedutzt(.)
5	S.:	hm hm ja das(-) hm hm
6	Beck:	… (räuspern) bei mir war das mit dem Du ganz am Anfang mal(.)
7	S.:	hm
8	Beck:	ein Punkt(.) … /ehm/ taucht im Moment nicht mehr auf(-)
9	S.:	hm
10	Löhr:	also ihr siezt euch
11	Beck:	wir siezen uns(.) … .. ja und ich find die eigentlich ir-
12		gendwie schon sehr so so ganz nett(-) sieht ganz gut
13		aus(-) denke in vielem sind wir uns nahe(-) so Friedensbewegung(.)
14		sie ist wohl auch ganz aktiv in der Gewerkschaft(-) .. kommt mir auch
15		irgendwie nahe(-) (tief atmend) und ich denk das ist schon 'ne Frau
16		die so auch so tatkräftig sein kann(-) aber so diese De(k) diese De-
17		pressivität(-) also dieses Leidende(-) und dieses Direktmichmeinen(')
18		das (tief atmend) ha zerrt ganz schön an mir(.)
19	S.:	… das starke diffuse Gefühl (.)
20	Beck:	und ich weiß da auch manchmal nicht wie ich die Distanz kriege(.) …
21		… irgendwann(-) im Frühjahr(-) .. es … ja so um den Dreh siebte
22		achte neunte Stunde gewesen sein(-) .. /eh/ .. rief sie /eh/ irgendwie
23		einen oder zwei Tage vorm nächsten Termin an(-) und /eh/ erzählt wie
24		schlimm und wie schlecht es wäre(-) und /eh/ ja wollte offenbar län-
25		ger mit mir sprechen(-) und ich hab's dann recht kurz gehalten(-) hab
26		auf den nächsten Termin verwiesen(-) .. das ist ein Punkt den sie bis
27		heute ganz /eh/ ganz lebendig und präsent hat(-) wenn's ihr wirklich
28		schlecht geht dann sprech ich ja sowieso nicht mit ihr(.) dann bin ich
29		ja sowieso nicht da(-) und ich /eh/ halte sie an der langen Leine(-) mit
30		den .. knappen Terminen(.) … und als Hintergrund(-) (räuspern) … ..
31		/hm/ denk ich irgendwie in der Stunde immer an das was sie so von
32		der Kindheit erzählt hat(-) .. /ehm/ ihre Eltern müssen sie mit recht
33		jungen Jahren(-) eins zwei drei Jahren(-) /eh/ weggegeben haben(-)
34		zu Onkel Tante(-) irgend jemanden(-) nahen Verwandten(-) und müs-
35		sen dann immer mal wieder zu Besuch gekommen sein(-)
36	S.:	hm
37	Beck:	und /eh/ waren dann wieder weg(.)
38	S.:	hm
39	Beck:	also das hat sie irgendwann mal beschrieben(-) /eh/ so dieses (tief
40		Luft holen) ja(-) /mhm/ so Ersatzleben bei /eh/ bei Onkel und Tante(-)
41		da gar nicht so richtig zu Hause sein(-) sondern sie ist da so so ir-
42		gendwie mitgelaufen(-) fühlte sich aber nicht so richtig heimisch(-)
43		(tief Luft holen) und die Eltern kamen nur so sporadisch zu Besuch(.)
44		und so dachte ich ist das hier so in der Therapie auch ein bißchen

1	so(.) wenn sie sich mal wirklich einläßt(-) auf mich(-) ja und viel-
2	leicht auch ein Gefühl entwickelt(-) dann bin ich sowieso gleich wie-
3	der weg(-) … und(-) .. ich möchte .. ja das eigentlich gerne noch mal
4	zur Sprache bringen(-) was eigentlich da früher los war(-) und mer-
5	ke(-) ich hab ziemliche Angst davor(.) denk was wühl ich da nur ei-
6	gentlich auf(-) … ja(-) und da schleichen wir dahin(-) … .. … … von
7	Stunde zur Stunde jedesmal mit diesem(-) .. Thema Distanz und Nä-
8	he(-)
9	S.: hm hm
10	Beck: gehts dann schlechter(-) solln wir die Therapie ganz abbrechen(-) …
11	ja(.) und frag mich halt(-) /mhm/ was spielt da meine eigene Angst
12	vor(-) ja(.) Nähe(-) vor(-) .. (k) davor daß es vielleicht hier dramati-
13	scher werden könnte(-) was spielt die da für 'ne Rolle daß(-) ja ich ihr
14	sozusagen die Distanz auch nahe lege(.) … .. … .. … .. ja und wie krieg
15	ich's hin mich nicht mehr so beklommen zu fühlen(.) ne(') so ich
16	könnte was Schlimmes anrichten wenn ich irgendwas sage(-) formu-
17	liert sie auch so(-) und sagt wenn sie dauernd sagt wie schlecht es ihr
18	ginge(-) würd ich doch bestimmt auch ganz vorsichtig(-) ne(') und das
19	wollte sie ja nun auch wieder nicht(.)
20	(jemand lacht)
21	Beck: sie spürt das schon(-)
22	S.: hm hm
23	Beck: sie spürt das schon recht gut was da so los ist(-) … …
24	Prakt.: (lacht) (… ..) verliebt (-) oder was(')
25	Beck: da bin ich mir nicht ganz sicher(.)
26	Prakt.: (nochmals lachen und unverständliche Frage)
27	Hahn: was hast du denn für Phantasien was passieren könnte
28	wenn's dramatischer würde(-) also du hast das schon am Anfang
29	gleich vorweggenommen(-) ich hab da eigentlich nur ein Gerüst und
30	keine Inhalte(-)
31	und da hab ich auch so ein richtiges Loch in der Mitte(-) ich wollte
32	es so an der Stelle vorhin als du gesagt hast(-) wenn's wichtig wird
33	meine ich ja es müßte wichtig werden(-) aber ich hab auch so ein biß-
34	chen Angst(-) und sie sagt dann auch es regt sie so auf(-) geh ich lie-
35	ber wieder auf was(-)
36	Beck: hm hm
37	Hahn: also das(.) (k) was ist es denn worüber ihr dann gerade
38	redet(.) .. wenn's wichtig wird in der Stunde(.) .. das ist so 'ne Frage
39	nach dem Inhalt(-) worüber redet ihr eigentlich(.) na ja wenn ihr zu-
40	sammen seid(')
41	(mehrere reden durcheinander,
42	Hahn: kann ich mir auch überhaupt nicht
43	Beck: tja das ist das ist eigentlich das wo ich im Augenblick hän-ge(-) das
44	ist wirklich wirklich so ein Loch(-) das ist so ein(-)

1	Hahn:	ja so ein Loch, ich hab auch ein Loch(.) also ich hab so ein ring(-)
2	Beck:	tja(-)
3	Hahn:	also so ein Rettungsring wo in der Mitte nichts ist(-) (lachen) nur was
4		drum rum(.)
5	Beck:	tja(-)
6	Löhr:	so da du gesagt hast sie redet relativ wenig über ihre Kindheit(-) so
7		hab ich das verstanden(-) so hätt ich dann erst mal die Erwartung(-)
8		daß sie mehr so von ihrem aktuellen Alltag erzählt(.) aber gleichzeitig
9		hast du davon zumindest nix erzählt(.) außer daß sie mit dem Kind zu
10		Hause ist (eine Frau stöhnt gelangweilt, mehrere reden durcheinan-
11		der) ich weiß noch nicht mal ob sie 'nen Mann hat oder sonst noch
12		lebt(') (mehrere reden wieder durcheinander „ja das hat mich auch
13		beschäftigt".)
14	Beck:	nach vielen vielen Stunden kam kürzlich jetzt mal ihr Mann(-) ....
15		und(-) es scheint 'ne sehr konfliktreiche Beziehung zu sein(-) es ist
16		irgendwie so daß sie sich aus dem Weg gehen(-) mit gegenseitigen
17		Vorwürfen(-) die sich ums Versorgen vom Kind drehen(-) und Nähe
18		zwischen den beiden(.) er werfe ihr immer vor(-) dieses Leiden(-) damit
19		will er wahrscheinlich nichts mehr zu tun haben(-) Trennung ginge ja
20		nicht wegen dem Kind jetzt(-)
21	S:	hm hm
22	Löhr:	sagt sie(.)
23	Beck:	sagt sie(.) und sie müsse halt mit ihm noch aushalten(-) bis das Kind
24		halbwegs groß sei(.) .. (stöhnen) ich hab so 'ne ne Phantasie die muf-
25		feln sich so an(-) und /eh/ .. sitzen so in getrennten Zimmern(-) und
26		und reden dann nur um die Versorgung des Kindes (ganz leise) ne(')
27		irgendwann ganz interessant war mal so 'ne Frage ob sie /eh/ um-
28		ziehn(-) mit anderen zusammen(-) das fand ich so ganz merkwürdig(-)
29		weil da plötzlich so was kam(-)
30	S.:	hm hm ja
31	Beck:	was da gar nicht in dieses Bild reinpaßte so(.)
32	S.:	In dieses leblose Bild(')
33	Beck:	und das jetzt mit Gewalt(-) hm(')
34	S.:	was lebendiges ins Spiel kommen sollte (.)
35	Beck:	nee(-)
36	S.:	ne(')
37	Beck:	so das war so so wie mit Gewalt 'ne Veränderung wollen(.)
38	S.:	ach so(.) hm
39	Hahn:	oder dir was bringen was in dein Konzept(-) .. also bestimmten Vor-
40		stellungen was entgegenzubringen(.) .. also bei dir 'ne andere Seite
41		noch auszuprobieren(.) … aber worüber(-) wie läuft denn so 'ne Stun-
42		de ab(')
43	S.:	ganz konkret(.) das war auch mein Eindruck das auch hier vieles so
44		diffus bleibt.

1		(mehrere reden durcheinander)
2	S:	und da wär's gut, daß wir mal sehen wie so 'ne Stunde abläuft(.)
3	Beck:	wenn ich das noch genau(-) genau hinkriegen würde(-)
4		das war genauso dieses Problem wo ich so hängengeblieben
5		bin(-) und wo ich so so
6	Löhr:	den Anfang hast du ja beschrieben wie es so meistens losgeht(.) und
7		dann /eh/ ja(.)
8	Beck:	tja sie kommt hier(k) kommt rein(-) setzt sich da hin(-) ich setz mich
9		da hin(-) (tief Luft holen) .. und dann erst mal langes Schweigen(.)
10	Hahn:	voriges Mal auch so(')
11	Beck:	ja ja ja(.) … dann /eh/ es wär wieder so schwer 'nen Anfang zu krie-
12		gen(-) jetzt hätt sie endlich wieder Abstand und sie fürchte(-) /eh/
13		wenn sie jetzt wieder anfinge dann käm es ja doch wieder zu irgend-
14		welchen Punkten die sie sehr bewegen würden(-) und dann ging es ihr
15		wieder nach der Stunde schlecht(.)
16	S:	hm hm
17	Beck:	Pause(.) … .. nach der vorletzten Stunde sei sie irgendwie sehr sauer
18		gewesen auf mich (-)(…..)
19	Löhr:	das ist ja schon mal was(.)
20	Beck:	… .. ich habe ihr irgendwas gesagt(-) und das ist mir nicht mehr
21		eingefallen(-) das ging irgendwo so in Richtung ja Therapieebene(-)
22		Realebene(-) ich weiß es nicht mehr genau was ich gesagt hab(-)
23	Prakt.:	hm hm
24	Beck:	das hätte ich ihr mal vor(-) /eh/ etlichen Stunden sagen sollen(-) dann
25		wäre es für sehr wichtig gewesen(-) im Moment /eh/ .. ja .. wär es fast
26		/eh/ .. wie eine Kränkung und Selbstverständlichkeit weil sie das be-
27		griffen hätte(-) und wenn ich das noch mal sagen würde(-) .. hätt sie
28		das sehr geärgert(.)
29	Prakt.:	hm
30	Beck:	… .. erzählt dann(-) … ja wie schwer es überhaupt sei über irgendwas
31		zu sprechen(-) /eh/ sie hätte ja vor ein paar Stunden dann noch mal
32		über ihre Ehe gesprochen(-) und danach sei es wieder furchtbar ge-
33		worden zu Hause dabei ist ihr so richtig klar geworden wie schlimm
34		es da sei(-) und das hätt sie wieder kaum ausgehalten(-) und dann
35		kommen so meine Angst(-) /eh/ so leicht suizidale Themen(-)
36	S.:	hm
37	Beck:	und es wäre besser das so laufen zu lassen(-) und wir würden besser
38		nicht drüber reden(.) … … und dann ja(-) so immer so das Gefühl bei
39		mir(-) so ich geh eigentlich am am eigentlichen Punkt vorbei(-)
40	S.:	ja hm
41	Beck:	wir können zwar schwätzen sozusagen(-) ne aber wir können(k) aber
42		ich kann auch nicht nich formulieren worum es nun eigentlich
43	S:	hm
44	Beck:	/eh/ sehr emotional zum Beispiel geht(.) ne(') … .. … ich sprech dann

```
 1            an so(-) kann Angst haben davor daß die Therapie beendet würde
 2            plötzlich(-) daß ich vielleicht mal wieder nicht da sei(-)
 3  S.:             hm
 4  Beck:   … (tief Luft holen) .. ich merk auch ich hab innerlich unheimlich
 5            Schwierigkeiten Termine zum Beispiel zu verändern oder abzusagen(-)
 6            das ist da an dem Punkt meine schwierigste Klientin(.) da trau ich
 7  S.:             hm
 8  Beck:   mich nicht irgendwas zu verändern ne(') und ich merke so (ganz leise)
 9            ich bin sehr beklommen und und ängstlich(.)
10  Hahn:   so irgendwie an der Leine ne(') und halten(.) ..
11            sie machen sowieso nix richtig(.) ist alles falsch(-) das letzte Mal
12            hätten sie dann sagen müssen(-)
13  Beck:          hm hm
14  Hahn:   und /eh/ wenn sie das ansprechen dann geht's mir schlecht(-) das tun
15            sie mal lieber nicht(-) und solche Sachen ne(') also so(-) …
16  Löhr:    das ist ja irgendwie 'ne klassische Situation wie Freud sie beschreibt(-)
17            so also daß ihr Widerstand ist daß sie sich in dich verliebt(-) und die
18            hält ja auch diesen Zustand so aufrecht(-) denn beschäftigt sie sich
19            damit(-) und deshalb ist es eigentlich sicher auch ein Grund weshalb
20            sie da nun auch gar nicht so sehr zum Beispiel ihre konkreten Pro-
21            bleme mit ihrer Beziehung mit ihrem Mann da reinbringt(-) weil sie
22            lebt ja mit dir in ihrer Phantasie da und das ist ja auch
23  mehrere Stimmen:         hm hm hm hm
24  Löhr:    ganz schnell immer wieder das Thema ne(') ..
25            was machst du damit(-) also das (lachen) aber so kommt mir das
26            erst mal vor(-) wirklich ganz ganz klassisch(.)
27  Hahn:   sie scheint also ihre ihre Probleme ähnlich hier mit ihrem(k) also ich
28            hab auch so die Vorstellung daß das was ist was sie mit ihrem Mann
29            auch so macht(-) also nicht unbedingt was was mit ihrem Mann zu tun
30            hat(-) aber wie sie so mit ihren Partnern umgeht(.) … …
31  Beck:          hm
32  S.:       hat sie mal was über ihr Kind erzählt(')
33  Beck:   kaum(.)
34  S.:       auch nicht(.) .. auch das wird nicht lebendig(.) .. wir haben gehört(-)
35            Sie ist selber ein weggeschicktes Kind(.)
36  Beck:   also irgendwie in diesem Alter von zwei drei Jahren(-)
37  S.:             hm hm
38  Beck:   (tief Luft holen) sie mag sie gern(-) manchmal wird's ihr zuviel und
39            irgendwo ist es in 'ner Krabbelgruppe oder so irgendwo unterge-
40            bracht(.)
41  S:             hm
42  Beck:   das ist das was ich von dem Kind weiß(-) ein Mädchen ist es(.)
43  S.:             hm
44  Beck:   wie es heißt weiß ich nicht(.)
```

140

1	Löhr:	und darüber(-) und warum sie zum Beispiel aufgehört hat zu arbeiten
2		also ist ja nicht unbedingt selbstverständlich(-) auch als Lehrerin hat
3		sie auch nicht gesprochen(-) oder ob ihr das ein Problem ist oder
4		nicht ein Problem ist(-) .. also naheliegen würde für mich da erst mal
5		die Vermutung aufgrund dieser Geschichte mit den eigenen El-
6		tern(-) daß sie deshalb aufgehört hat zu arbeiten(-) weil sie ist weg-
7		gegeben worden(-) und sie muß jetzt 'ne gute Mutter sein(-) also zum
8		Beispiel eine die immer da ist(-) oder(-) … ..
9	S.:	aber trotzdem erscheint das Kind nicht in der Therapie(.) ne(')
10	Löhr:	ja das ist seltsam(.)
11	S.:	noch weniger/
12	Hahn:	vielleicht eine die immer zuwenig kricht auch ne(') sie teilt ja immer
13		mit daß ihr alles nicht recht gemacht wird(-) daß alles war ihr entge-
14		gengebracht ist gerade das ist was sie jetzt grade nicht braucht(.) …
15		sie braucht jetzt nicht grade das ist wichtig oder sie braucht diese
16		Bemerkung nicht gerade jetzt(-) die hätte vorher kommen müssen
17		dann hätte sie was bewirkt(-)
18	Beck:	und ich hätte gerade dann wenn sie telefoniert Zeit haben müssen(-)
19	Hahn:	ja und jetzt gerade den Termin und du hast auch Angst das zu tun(-)
20	S.:	daß also nie(-) (k) jedes Thema ist 'ne Sackgasse(-) an deren Ende ein
21		Loch ist ne(') es fällt immer wieder ins Loch(.)
22	Beck:	hm aber immer wieder/
23	Hahn:	Angst vor Enttäuschung(.)
24	S.:	aber immer mit dieser mehr oder weniger ausgesprochenen Suizid-
25		drohung
26	S.:	hm
27	Beck:	im Hintergrund(.) … …
28	Hahn:	ja aber das ist so das Doppelte(.) also ich hab immer so das Gefühl
29		sie baut auf der einen Seite vor nicht enttäuscht zu sein(.) daß das ir-
30		gendwo (k) hat unheimliche Wünsche(-) ist verliebt(-) aber hält das so
31		fern(-) aber will's nicht ganz verlieren und macht Druck(.) .. also ..
32	Beck:	hm … mir kommt immer so dieses Bild mit den Eltern(-) wobei ich
33	mehrere Frauenst.:	hm hm hm
34	Beck:	auch da wenig sachlich weiß(.) sondern nur so dieses dieses
35	S.:	hm ja
36	Beck:	recht schmale Information(.) die warn immer wieder weg(.) und ich
37		denk mir auch so (tief Luft holen) ja ich komm mal zu Besuch oder wir
38		treffen uns mal(-) und sie weiß sowieso von vornherein das bricht
39		wieder ab(.) … und sie kann weder weder wirklich wütend werden(-)
40		noch weder wirklich 'ne Beziehung eingehen(.) nur was weiß ich nur
41		ungeheure Sehnsucht(.) ist da(.)
42	mehrere Frauenst.:	hm hm
43	Löhr:	und an dem Punkt ist ja auch? eher wie ein
44		Kind(-) denk ich nicht so wie 'ne Frau die sich in dich verliebt(-) also

1		das paßt ja auch zu dieser Bemerkung da zu Anton ne(') also daß sie
2		nicht haben kann daß du wirklich ein Kind gekricht hast zum Bei-
3		spiel(.) daß das für sie ein Problem ist(.)
4	Beck:	hm also ich weiß den Grund warum sie nicht da warn(.)
5	Löhr:	ja
6	Beck:	diesen Kommentar dazu ne(') … …
7	S.:	hm … … … …
8	Löhr:	also da kommt sie mir wirklich wie ein bedürftiges Kind vor(-) das
9		paßt auch zu dem wie sie versucht die Therapie so zu was Realem zu
10		machen ne(') und so daß sie so früh hier ist(-) hier mit den Leuten
11		auch redet(-) und Beziehungen aufrollt(-) oder diese Geschichte mit
12		Ferdi(-) und(-)
13	Hahn:	hat sie ja schon mal abgesagt(') daß sie mal krank war oder so ir-
14		gendwas war(')
15	Beck:	(ganz leise) doch doch doch doch doch … im Urlaub bestimmt(.) … …
16		ich glaube nicht(.)
17	Hahn:	Urlaub ist ja so was Abgesprochenes aber so daß mal plötzlich mal
18		gibt ja ne(') so … … .. ..
19	Beck:	(tief Luft holen) ich denk wie komm ich aus dieser realen Ebene wie-
20		der raus(') … … … … ich denke wieder(-) .. Intervention ist es ja nur
21		nur Therapie sein ist ungeheuer kränkend(-)
22	S.:	hm
23	Beck:	und führt zu 'ner zu 'ner Scheinanpassung(.)
24	S.:	hm hm
25	Beck:	so na ich weiß ne(') verhalten sie sich mal so(:) ist ja klar(.) /
26	Hahn:	du bringst ja dazu ich darf ihr nix zumuten ne(') also immer wenn sie sagt
27		jetzt gehts mir schlecht(-) dann gehst du auch wieder zurück ne(')
28		soll nicht sein(-) darf nicht sein(.) … … …. so wie ein Kind dem man
29		nichts zumuten darf(-) und dem man nich(-) ..
30	Beck:	ich denke das ist so vielleicht auch dieses (räuspern) so kommt mir
31		das oft in den Sinn(-) dieses /eh/ ja die Grundentscheidung die sie in
32		der ersten Stunde mit vorgelegt hat(-) ja soll ich eine kürzere Thera-
33		pie oder eine Analyse machen(-) also so soll ich mehr auf der realen
34		Beziehung bleiben oder soll ich /ehm/ .. ja wirklich langfristig mich
35		abhängig machen(-) daß ich die Kindheitserfahrungen wieder erle-
36		be(-) so als wäre das weiterhin genau dieser Konflikt(.)
37	S.:	hm hm
38	Hahn:	aber ihr habt's nicht entschieden(-) du hast eigentlich erst das kurzfri-
39		stige und bist nachher in das längere übergegangen(.)
40	Beck:	hm … .. (ganz leise) genau das ist das Problem weiterhin(.) …
41	S.:	das würde ja heißen daß ein analytisches Arbeitsbündnis eigentlich
42		noch gar nicht richtig existiert(.) in dem man über die Beziehung
43		sprechen kann(.) das da noch ein Vorstadium ist(.)
44	Beck:	das ist immer wieder so in Frage gestellt(.) daß so wie ich nicht real

142

1		da bin(-) kommt die Kränkung(-) und besser Therapie abbrechen(-)
2		weil die Kränkung eben so schmerzhaft ist daß es ihr schlecht geht(.)
3	S.:	hm ... ...
4	Beck:	und das Ganze aber mit ner Heftigkeit(-) die mir schon wieder zu
5		schaffen macht(.) ... ...
6	S.:	ja ich denk die Inszenierung die sie macht das wissen wir jetzt eini-
7		germaßen(-) sie kommt hierher(-) und möchte gerne diesen Therapie-
8		bereich hier verändern(.) so wie sie damals den Therapeuten Ferdi
9		verändert hat(-) und wie sie auf ihn Einfluß genommen hat(-) und das
10		gelingt ihr ja auch ein Stück weit(.) sie /eh/ halten sich hier ängstlich
11		in ihrem Zimmer bzw. in ihrem Büro auf(-) und sie hat vorne ein Ge-
12		spräch mit der anderen Patientin(.)
13	Beck:	hm
14	S.:	aber in den Stunden selber da bleiben Inszenierungen aus(.) da ist's
15		leblos(-) sie ist(k) hat wohl 'ne besondere .. intensive Beziehung zu ih-
16		nen(-) aber es kommt nicht zum Ausdruck(-) sie hat ein Kind(-) aber
17		das Kind kommt nicht in Erscheinung(.) sie ist verheiratet(-) und auch
18		das kommt nicht in Erscheinung(.) und von den frühen Konflikten war
19		das eine Bild von den Eltern die kommen und wieder weggehen(-) und
20		sie abgegeben haben(.) ... ... und ich denke da ist dieser Verdacht
21		liegt schon nahe(-) was liegt hinter der Abwehr(') 'ne abgrundtiefe
22		Sehnsucht(.) und das ihnen da mulmig wird das kann man sich leicht
23		vorstellen(-) das liegt hinter der Abwehr(')
24	Beck:	ja ich schwimme da unheimlich(-) ne(') ist es was weiß ich so 'ne
25		depressive Situation mit diesen Versagungserlebnissen(-) ist das eine
26		Borderline-Geschichte(-) wo sie (tief atmen) so gar nicht trennen
27		kann(-) ... .. ja selber vielleicht auch Angst davor hat daß die die
28		Wünsche(-) die Bedürfnisse(-) die Sehnsucht so stark durchbricht(-)
29	S.:	hmhm
30	Beck:	das formuliert sie ja auch so(.) so auf kleiner Flamme halten(.)
31	S.:	die Beziehung kontrollieren muß (... ..) nichts passieren darf in der
32		Stunde(.)
33	Beck:	ja und ich merk das umgekehrt ja auch bei mir(-) so (...) (..)
34	Welp:	ja das ist ja auch bei jedem Gefühl bei ihr da kommt ja gar nichts
35		ne(') nichts zu dem Kind also der Ärger auf den Mann kommt nicht in
36		die Therapie auch aber nicht die Trauer daß das so war mit ihren
37		Eltern(.) da ist ja überall ein Deckel drauf(.)
38	Beck:	hm
39	Hahn:	ein Deckel drauf(-) aber diese Inszenierungen brauchen ja auch
40		Aktivität(-) also ist ja auch irgendwo was Aggressives(-) sie ist ja
41		nicht nur so depressiv und (...) (...) also ich hab auch so 'ne Phantasie
42		was passiert eigentlich mit ihrer Aggression(') ich erleb sie irgendwo
43		stark im Hintergrund(-) da ist schwer was drauf und wo geht das hin(')
44		(viele reden durcheinander)

1	Beck:	ja auch so das war auch so in der letzten Stunde(-) ne(') so extrem(.)
2		(mehrere lachen)
3	S.:	gegen den Therapeuten
4	Beck:	in der letzten Stunde genau(.) ich wollte sie ja aggressiv machen wenn
5		ich irgendwo auf Ärger bei ihr anspiele so als würde ich sie manipu-
6		lieren(.)
7	S.:	hm hm
8	Beck:	ich wollte ja nur daß sie daß sie /eh/ Aggressionen spürt(-) so unge-
9		fähr um sie wieder fernzuhalten(-)
10	S.:	hm
11	Beck:	damit sie merkt welche Distanz sie eigentlich zu mir hat und sauer ist
12		auf mich(.)
13	S.:	hm hm
14	Beck:	sch ph auch wieder weg
15	Löhr:	damit erinnert sie ja gleichzeitig auch wieder Wut auf dich zu krie-
16		gen(-) das wär ja auch irgendwann mal ein notwendiger Punkt wahr-
17		scheinlich(-) durch so ne Interpretation und so ein Herangehen da
18		wirklich wütend zu werden ne(') da …
19	Beck:	bei mir schneidet sie aber auch ab da auf diesem Weg weiterzuge-
20		hen(.) erst mal(.)/
21	Hahn:	/aber dann mußt du's auch sagen ne(')
22	Beck:	bevor das mit dem Manipulieren nicht geklärt ist(.) … .. …
23	Löhr:	also das würd ich so interpretieren daß daß ihre Sehnsucht(-) und
24		ihre Wünsche noch so groß sind daß sie sie nich an so 'nem Punkt ist
25		wo sie wütend werden kann(.) und dann wenn sie merkt daß das ir-
26		gendwie in die Richtung gehen könnte dann bremst sie das ganz
27		schnell ab(-) weil sie Angst hat dann die Liebesbeziehung zu verlie-
28		ren(-) oder so was/
29	Beck:	und wird dann / eher depressiv bis
30	Löhr:	und das kann sie nicht aushalten(.)
31	Beck:	Suizid irgendwo ne(')
32	S.:	ich denk das ist bei allen Gefühlen so ne(') daß die Sehnsucht(-) das
33		was lebt in ihr so groß ist(-) daß sie diese Gefühle(-) sei es auf ihre
34		Tochter(-) auf den Mann(-) auf ihre Beziehung bezogen in der Thera-
35		pie(-) nicht aufkommen darf(.) .. ne also daß nichts (…) darf(.)
36		(Gemurmel, Unruhe)
37	Beck:	das war irgendwie so ein ganz absurder Vorschlag mit der Aggres-
38		sion(.) was von mir(.)
39	S.:	ja …
40	Beck:	was Merkwürdiges(-) Unverständliches(-)
41	S.:	hm … .. sprechen sie über Träume mit ihr(')
42	Beck:	wenn sie mir einen erzählen würde würd ich das probieren(.)
43	S.:	hm hm (allgemeines Gelächter)
44	Beck:	ich würde mich aber momentan hüten sie aufzufordern(.)

1	S.:	ja hm
2		(eine Frau lacht) .. ..
3	Hahn:	also mir ist noch nicht(k) /eh/ also .. so von der theoretischen Struktur
4		kann ich mir das auch irgendwo denken(-) aber trotzdem(k) oder
5	Beck:	ja
6	Hahn:	mir auch ein Gebilde machen(-) wo so also dieses sich hüten(-) nich
7		mögen(-) (.. ..) in der Therapie(-)
8	Beck:	ja(-)
9	Hahn:	nich wollen dieses Zurückschrecken(-) ist ja ein ganz großes Thema
10		also eigentlich schon bei uns allen(-) vorsichtig(-) und ich hab auch
11		immer wieder so das Bedürfnis zu fragen(-) wovor hüten wir uns ei-
12		gentlich bei ihr(') oder wovor sind wir eigentlich so vorsichtig(-) oder
13		ja wo haben wir eigentlich das Gefühl daß wir uns die Finger ver-
14		brennen(-) das ist ja immer so 'n(-) ganz seltsames(-) /eh/ Lähmungs-
15		gefühl was da auch kommt(-) wovor eigentlich(')
16	Beck:	ein Punkt ist sicherlich so(-) Suizidalität(.)
17	Hahn:	wo kommt das zum Ausdruck(') du hast das jetzt schon ein paarmal
18		gesagt(-) aber ich/
19	Beck:	/spricht sie so /ehm/ in Andeutungen oder(-)
20	Frau:	/wie macht sie das denn(-)
21		wie denn(')
22	Beck:	.. ihr Mann hätte jetzt die Tabletten weggepackt(-) /eh/ manchmal
23		also sehr deutlich(.)
24	Hahn:	also ja mehr indirekt(.) mehr oder(')
25		(mehrere durcheinander)
26	Hahn:	als Zeichen deutlich(-) aber sie sie sagt das so über jemand Dritten ne(')
27	Welp:	ja aber das liegt ja nicht so fern bei ihr(-) so diese Leere und Bezie-
28		hungslosigkeit(-) und wo hängt die denn eigentlich dran ne(') am Le-
29		ben(.) da is ja nix ne(')
30	Beck:	ja nee nee
31	Hahn:	ja aber/
32	Welp:	/noch nicht mal das Kind ne(')
33	Hahn:	sie werden mir weggenommen(-) es ist nicht jetzt(-) .. also das will ich
34		selber machen(-) oder was weiß ich(.) also da is jemand der nimmt
35		mir was weg(.) so teilt sich das mit über diesen Weg(.)
36	Beck:	nee da is jemand(-) der bietet mir nach so ein ganz klein bißchen
37		Schutz(-) so versteh ich's(-)
38	Prakt.:	ja ja hm
39	Beck:	da war einer der mich grade noch davon abgehalten hat(.)
40	Prakt.:	der kümmert sich noch um mich(-) der hat das noch ein Stück ver-
41		standen was da mit mir war(-) der hat das geahnt oder(')
42	Beck:	der oder der ist wenigstens in schlimmen Situationen da(.)
43	Prakt.:	hm
44	Beck:	könnte man auch sagen(-)

1	Hahn:	du bist(k) hast ja keine Zeit am Telefon(.)
2	S.:	sie sind nicht da(.)
3	Beck:	hm
4	Prakt.:	hm
5	S.:	genauso wie auch der andere Therapeut der lieber war als sie(.) hat
6		sich mehr auf sie eingelassen(.)
7	Beck:	ich fühl ihn in den Stunden auch manchmal richtig als Konkurrenz(.)
8	S.:	aber sie will nicht zu ihm zurückgehen(-) interessanterweise(.)
9	Prakt.:	ja
10	Beck:	und ich hab mich mal mit ihm unterhalten da drüber(-)
11	Hahn:	das wollt ich gerade fragen und da wollt ich(k) war ich eigentlich
12		sehr beruhigt(-)
13		(allgemeines Lachen)
14	Beck:	keineswegs so lieb war ne(')
15	Löhr:	aber er ist anders als du(.)
16		(lachen)
17	Welp:	ist eher lieb(.)
18	Beck:	(lachend) jao
19		ja und in den Stunden hab ich schon so das Gefühl(-) (tief Luft holen)
20		/ehm/ ja weiß ich
21		so den Wunsch Kaffeetrinken zu gehen(-) und /eh/ small talk oder so
22		was(-) zu
23		machen sollte mir nicht durchkommen(-)
24	S.:	Es ist was merkwürdiges mit dem Lachen(-) als sollte was
25		(undeutlich) weggelacht werden(.)
26	Beck:	entweder sie macht Therapie oder geht weg(-) also das(k) da bin ich
27		schon irgendwie relativ hart merk ich ne(') .. also so auf 'ne Be-
28		schwichtigung möcht ich mich nich einlassen(.) .. ist die Kehrseite(.)
29		das ist natürlich so auf die(-) ganze Dramatik trau ich mich auch
30		nich(.)
31	Hahn:	da wird was weggelacht(.) was du sagst die ganze Dramatik(-) /eh/
32		ich mei(te) lieber am so 'ne Beziehung denken(.) ich stell mir grad
33		vor wie du dich wohl fühlst wenn sie sagt ich komm nich mehr(.) ... ..
34		dann komm ich nich mehr(.)
35	S.:	und das sind natürlich auch gleich die zwei Seiten die sie ansprechen
36		ne(') eine phantasierte Beziehung(.) ohne wirkliche Gefühle(.) oder
37		Therapieabbruch(.) (längere Passage unverständlich) ... ...
38		... .. und die Angst glaub ich die sie so be-
39		klommen(-) die uns alle auch hier beklommen macht is /eh/ wenn's zu
40		ner wirklichen Beziehung käme(-) daß sie dann so überschwemmt
41		würde von ihren Gefühlen(-) die sie jetzt abspalten muß(-) daß dann
42		was Furchtbares passieren würde(-) daß sie sich umbringen würde(-)
43		oder(-) .. furchtbar depressiv werden würde(-) oder vielleicht auch
44		verwirrt(-) das weiß man nicht also(-) die Realität nicht mehr zusam-

```
 1          menhalten kann(.)
 2   Hahn:  ja daß das so furchtbar werden würde hängt auch damit zusammen(-)
 3          daß eigentlich viel Power dahinter das ist ja nicht so(k) viel Aktivität
 4          auch irgendwo dahinter is(.)
 5   Beck:           ja
 6   S.:    … .. aber 'ne dunkle(.) nich(') .. 'ne dunkle Energie
 7   Hahn:  ja irgendwie ganz ungestaltete(-) ich weiß(.) … … … …
 8   S.:               hm
 9          (35 sec Pause)
10   S.:    also insofern macht sie's schon richtig(-) nich(') sie gestaltet alles
11          diffus(-) auch das Setting(.) … sie setzen zwar was dagegen(-) sie sind
12          hart(.) haben sie gesagt(-) aber sie kommen nicht durch damit(.)
13   Beck:  hmhm
14          (25 sec Pause)
15   S.:    aber wenn man das jetzt noch mal anders sehen würde(-) kann man
16          sagen(-) sie benutzt sie und ihre Therapie hier(-) als Krücke(.) als
17          Krücke um .. stabil bleiben zu können(-) … ..
18   Beck:  Thema hatten wir glaub ich schon ne(')
19   Beck:  soso das Gefühl jetzt schon so reingezogen zu sein daß ich weder vor
20          noch zurück kann ne(') also so abbrechen daß(-)
21   Hahn:  hmhm /eh/ das/
22   Beck:  /ich denk das geht nich(.) (murmelt noch was)
23   Hahn:  das mit der Krücke ist immer so 'nen Bild was so als Bild so schnell
24          verstehbar ist(-) aber wie läuft das denn wirklich da(-) würde das
25          denn heißen zum Beispiel wenn sie kommt(-) und sagt nach der The-
26          rapiestunde ist mir wieder so schlecht gew(k) gegangen(-)
27   Beck:  ja ja
28   Hahn:  daß sie auf diesen Satz(-) in der Therapiestunde ist mir so schlecht
29          ihre Probleme die sie im Alltag hat(-) darauf projizieren und das
30          eben kanalisieren kann(-) und daran liegt's(.)
31   S.:    hm hm hm hm(.)
32   Beck:  ja das denk/
33   Hahn:            /über über/
34   Beck:                      ich auch so(-) Therapieabbruch(-) /eh/ ja(-) … ..
35          denk ich wär 'ne
36          so Perspektive von 'nem(-) ja weiterhin sehr schlimmen Leben(.)
37   S.:              hm hm
38   Beck:  also so wie sie das beschreibt(-) mit /eh/ mit 'nem Mann(-) Unbeweg-
39          lichkeit
40   S.:                     hm              hm
41   Beck:  bei den beiden(-) wäre ein Therapieende wirklich so was wie /eh/ ja
42          sich aufgeben(.)
43   S.:    'ne Hoffnungslosigkeit(.) nen Absturz in das Loch(.) aber das dürfen
44          sie ihr alles sagen(.)
```

```
 1  Beck:          ja(.)
 2  Hahn:    das heißt dann doch auch erst mal daß sie ihren(k) ihr Lebensarran-
 3           gement verstärkt dadurch(-) also da wo irgendwo ein bißchen Gefühl
 4           durchkommt(-) was sie eigentlich nicht haben will das
 5  mehrere:       hm hm hm
 6  Hahn:    wird sozusagen umgeleitet(-) wie so ein (.. ..)/
 7  Beck:    /hier hier entwickelt sich im Grund/
 8  Hahn:          /das bißchen noch hier/
 9  S.:            hm
10  Beck:    /noch so ein kleines kleines bißchen Bewegung(-)
11  S.:            hm
12  Beck:    und sie muß dafür bezahlen(.) daß es ihr schlecht geht(.)
13  Hahn:    und das spaltet sie hier dann wieder ab(-) das ist das dauernde The-
14           ma ist die Beziehung(-) was hier läuft(-) was hier eigentlich was ganz
15           Wichtiges wär(-) aber es ist trotzdem
16           so(-) es wird nicht gelebt(-) sondern nur ein bißchen drauf geguckt
17           ne(') also ein Versuch gemacht(-)
18  Beck:          hm
19  Hahn:     es dann auch noch ängstlich zu vermeiden(.)
20  S.:      sie braucht sie(-) um es zu Hause ein bißchen aushalten zu können(-)
21  Hahn:          hm
22  S.:      aber es darf nichts intensiv werden(.) weder da noch hier(.)
23  Beck:    hm
24  Hahn:    Abwehrverstärkung(.) als Aufgabe(.)
25  S.:      hm ja ich finde das übrigens nicht negativ in jedem Fall(-) also ich
26           finde daß Therapie schon
27  mehrere Frauen:        hm hm
28           auch Kükenfunktion haben kann(.)
29  Beck:    (einatmend) aber anstrengend(.)
30  S.:      genau(.) wenn man sich das deutlich macht ist es dann etwas weniger
31           anstrengend(.)
32           dann ist es mehr entlastend(.)
33  Hahn:    hm aber es ist doch ent(k) also ich meine die Zielfrage kommt doch
34           eher(.) nich(') es ist ja(-) ist das nich endlos(')
35  Welp:    tja was ist das Ziel ne(')
36  Beck:    ich merke aber auch daß sich bei mir der Widerspruch regt(.)
37           (allgemeines Gelächter)
38  Beck:    also so(-) so was zu akzeptieren(-) mit eben auch dem Stück Hoff-
39           nungslosigkeit was für mich drin stecken würde(-) also keine Verän-
40           derung erreichen zu können(-) ich weiß nicht ob ich das dialektisch
41           vielleicht doch noch mal ändern kann ne(') aber erst mal so(-) es bleibt
42           so wie es ist(.) find ich auch schlimm(.) also da wo(-) … ..
43  S.:      hm
44  S.:      aber dann kommt natürlich diese merkwürdige Erfahrung ins Spiel(-)
```

148

1		/eh/ daß wenn der Therapeut so 'ne innere Umstellung vorgenommen
2		hat(-) daß dann manchmal eben doch paradoxerweise was in Gang
3		kommt(.)
4	Beck:	ja das ist/
5	S.:	/nämlich /eh/ dann ist beispielsweise die Patientin von dem Ziel entla-
6		stet(-) was sie für sie haben(.) dann weiß sie(-) daß sie hier etwas las-
7		sen kann .. von der Angst und der Sehnsucht(.)
8	Welp:	hm genau ja
9	Beck:	das das nee das meint ich eben grade dieses dieses Ziel so(-) wo ich
10		(mehrere: hm ja)
11	Beck:	merke(-) ich hab ja auch 'ne ganze Menge Sympathie für sie(-) und /eh/
12	S.:	hm ja
13	Beck:	sehe sie ja doch auch irgendwie lebendig(-) und /eh/ aktiv und attrak-
14		tiv(-)
15	S.:	hm
16	Beck:	/eh/ und sie sozusagen in dieses /eh/ unbewegliche(-) freudlose Leben
17		da zu entlassen(-) das würde mir auch schwerfallen ne(')
18	Löhr:	sollst de ja auch nich(.) entlassen
19	Beck:	so meine eigenen Veränderungswünsche(.) aufzugeben(.)
20	S.:	hm hm(-) da kommt Widerstand rein(.)
21	Welp:	aber wenn du sie verändern willst(-) dann willst du sie ja eigentlich
22		auch immer schon wieder woanders hinhaben(.) ne(') nich da wo
23	Beck:	ja ja
24	Welp:	sie gerade ist(.)
25	S.:	und das muß man ja auch sehen(-) also wenn die in der Friedensbe-
26		wegung aktiv ist(-) wenn die in der Lage ist zu Demonstrationen zu
27		fahren und so(-) dann kann's ihr so schlecht auch wieder nicht ge-
28		hen(.)
29	Welp:	ja
30	S.:	dann hat sie zwar 'ne Menge Schwierigkeiten(-) aber da das geht dann
31		offensichtlich noch ganz gut(.) also wenn sie was hat wofür sie sich
32		engagieren kann(.) nämlich
33	Beck:	sie engagiert sich auch noch darüber hinaus(-) nicht nur einfach
34		dahin zu fahren sondern andere dafür zu gewinnen(-) zumindest teils sie
35	S.:	ja ja ja ja
36	Hahn:	das .. hat sie erzählt(.) also sie hat zumindest
37	S.:	hm hm
38	Hahn:	ein Ziel(-) ob das so ist ist ja egal(-) aber es doch/
39	S	(-) das bedeutet einiges … ..
40		(20 sec Pause)
41	Beck:	ich weiß nicht ob das zusammenhängt(-) (tief Luft holen) mit … so
42		Situationen wie es ihr vielleicht geht wenn sie allein ist(.)
43	S.:	hm
44	Beck:	daß es ihr dann wirklich sehr viel schlechter geht(.)

```
 1  S.:     hm
 2  Hahn:   hm
 3  Beck:   kann ich mir schon vorstellen(.)
 4  S.:     das wollt ich auch nich /eh/ in Frage stellen(-) nur wollt ich darauf
 5          hinweisen daß sie ja auch noch 'ne Menge Funktionen Ich-Funktionen
 6          hat(-) die noch nicht zerbrochen sind(.)
 7  Beck:   hm hm
 8  Löhr:   ja irgendwo scheint sie ja auch das Kind großzuziehen(.) immerhin
 9          ne(')
10  S.:     irgendwie ja(.)
11  Löhr:   ich weiß zwar nicht genau wie(-) aber
12  S.:     ja oder auch mit dem
13          Mann(-) das scheint ja auch irgendwie zu gehen(.)
14  Löhr    ja klar … .. … ..
15  Hahn:   das ging mir eben auch so bei diesem Veränderungsziel(.) also da
16          sind ja(-) da haben sich ja Arrangements entwickelt(-) die ja auch ei-
17          ne Wechselbeziehung sicher sind(.) auch mit dem Mann(.) was würde
18          zum Beispiel mit der Ehe passieren wenn sie sich wirklich in Richtung
19          so eines emanzipatorischen Zieles so irgendwie verändern würde(-)
20          also das /eh/ da weiß man ja überhaupt nichts auch über(k) nicht nur
21          wie sie sich fühlt in der Beziehung(-) sondern wie da auch einer den
22          andern stabilisiert(-) oder was er da(-) was seine Struktur ist(-) um
23          auf sie
24  S.:     hm hm
25  Hahn:   so anzusprechen(-) das scheint(-) also ich hab so die Phantasie daß
26          das auch miteinander sehr verzahnt ist(.) wenn jemand wirklich so
27          wenig in der Lage ist so seine Gefühle so (…) (..) überhaupt so zu le-
28          ben(-) wie entwickelt sich dann überhaupt so 'ne Partnerbeziehung
29          ne(')
30  Beck:   sie will Druck machen wenn das geht
31  S.:     hm ja sehr vorwurfsvoll ne(')
32  Hahn:   ja aber er hat ja/
33  Beck:   ja natürlich wenn ich alleine schuld bin an der Therapie hier ne
34  Hahn:   /er ist ja diese Beziehung eingegangen ne(') du leidest darunter(-) du
35          bist aber auch gleichzeitig rat(k) fasziniert
36          das ist ja auch(-) … .. … ..
37          (20 sec Pause)
38  Beck:   na ja ich denk schon daß ich so auf ihren Druck auch ganz gut rea-
39          giere(.)
40  S.:     ja(.) damit hat sie sie in der Hand(.)
41  Beck:   so mit dem mit dem (lachen) ich will ihr beweisen daß ich sie nicht so
42          schnöde verlasse(.)
43  S.:     ja
44  Löhr:   hm
```

```
 1  Beck:   ne(') und .. ich peinlich akkurat bei den(-) (k) beim Einhalten von
 2          Terminen(-) vor den Stunden(-) beweis ich ihr daß (lachen) ich mich
 3          mit nichts anderem beschäftige(-)
 4  Hahn:   als wenn das Treue wär(.) (allgemeines Gelächter)
 5          (15 sec Pause)
 6  Welp:   das ist doch auch wirklich schlimm so direkt hier vorm Wartezimmer
 7          (lachen)
 8  Beck:   und ich hab (…) (..)
 9  S.:     hm
10          (40 sec Pause)
11  Hahn:   komisch mich beschäftigt die Vorstellung wie wohl so 'ne Beziehung
12          zwischen dir und der anderen Frau aussehen
13          würde(-) wie das(k) was da eigentlich läuft(.) also beispielsweise/
14  andere St.: hm
15  Löhr:   (leise) das hab ich mich auch schon gefragt
16          /ich denke es wär weniger leicht das so auf die Ebene von verlieben
17          zu schieben(-) also sicher würde sie sich auch verlieben(.) aber es ist
18          dann doch irgendwie immer noch was anderes(-) und es würde auch
19          bei ihr eher denk ich also dieses(-) ich weiß nicht vielleicht die Sehn-
20          sucht nach der Mutter oder so(-) vielleicht würde sie da eher auch
21          darauf kommen oder empfinden als /eh/ in so 'ner Beziehung zu 'nem
22          Mann(-) könnte ich mir vorstellen(-) also/
23  Hahn:   /das Kind ist auch ein Mädchen ne(')
24          /wie das nun dann wirklich wäre weiß ich nicht aber also ich denke
25          das schon immer ein bißchen anders(.)
26  S.:     und Ferdi gegenüber hat sie die Gefühle erotisierend abwehren kön-
27          nen(-) ham wir hier ja auch versucht(-) 'ne Zeitlang ..
28  mehrere:        hm hm hm
29  S.:     ihnen gegenüber gelingt es nicht(-) und sie geht in so 'ne vorwurfs-
30          volle /eh/ Position(.)
31  Löhr:   und versucht es aber auch dann immer wieder denk ich ne(')
32  andere: hm hm
33  Beck:   wenn ich sie anspreche(-) dann möchte ich sie ja nur auf Distanz
34          halten (…) (..)
35  Löhr:   ja ja ja
36  Beck:   und das ist der Vorwurf
37  Hahn:   also dieses eigene(k) also auch die eigene Identität als Frau(-) und
38          auch ihre Beziehung zur Frau(-) also wieder zu dem Kind(-) weiß sie
39          daß ihr 'nen Sohn gekricht habt zu der Zeit(') ist ja 'n Ding(.) weißt
40          du nicht(.)
41  Beck:   irgendwelche Querverbindungen scheint's da zu geben ich kenn sie
42          sonst nicht(.)
43  S.:     ja ja kein Wunder(.)
44  Hahn:   das ist(-) kein(k) ja ja ich denk du versuchst sie zu interessieren(.)
```

1	Beck:	(murmelt dazwischen) aber wenn sie den Grund weiß warum ich
2		weggeblieben bin …
3	Hahn:	ich frag mich ob das was anderes wäre ob sie 'nen Sohn oder 'ne
4		Tochter hat ne(') das ist ja eben diese zu dem Kind(-) weil da ja auch
5		gar nichts/kommt(-) zu Männern
6	Beck:	/die weiß daß ich sonst nichts mitteile(.)
7	Hahn:	kommt dieses /eh/ dieses(k) diese Vorwurfsebene aber in Beziehung
8		auf Mutter(-)
9		Tochter(-) da ist gar nichts ne(') und auch zu sich selbst(-)
10	Löhr:	das ist natürlich auch irgendwie müßig jetzt vor allem(.)
11	S.:	hm das wär immer noch unbeantwortet(-) … /ehm/ wie könnte man
12		denn (räuspern) mit dieser Abwehr die sie bringt umgehen(') sie ha-
13		ben ja gezeigt daß sie die sehr oft ansprechen die Abwehr selber(.) in
14		bezug auf sich selber als Therapeuten(.) und offensichtlich können sie
15		da bei ihr nicht mit landen(.) … … und ich hatte ja dieses Krückenbei-
16		spiel gebracht(-) auch in der Überlegung daß(-) offensichtlich
17		braucht sie die Abwehr(.) erst mal(.) und /ehm/ mit diesem Verlieben
18		und diesen Sachen(-) das klappt alles nicht(.) das hilft ihr irgendwie
19		nicht(.) andererseits wenn man's anspricht(-) /eh/ dann /eh/ ist wieder
20		ein Vorwurf da(.) .. und manchmal wenn man so will(-) ist ja die The-
21		rapie auch die die Kunst des Umwegs(-) und das wäre so die Frage
22		ob's vielleicht irgendwo positive Umwege gäbe(.)
23		(38 sec Pause)
24	Beck:	sehr schwierig(-) weil sie natürlich auch viele Themen stoppt ne(')
25	S.:	bietet sehr wenig an ja(.) … sprechen sie ihr(k) zum Beispiel mit ihr
26		über so diese Demonstrationen(') … … … …
27	Beck:	ich hab's (räuspern) glaub ich ein bißchen angeboten(-) war ja auch
28	S.:	hm hm
29	Hahn:	das ist aber wieder die Beziehungsebene(.)
30		(mehrere durcheinander)
31	S.:	bitte(')
32	Löhr:	das hat sie ja auch angeboten denk ich erst mal(-) … …
33	S.:	na ja aber für die therapeutische Technik wär eben die Frage ob man
34		in so 'nem Fall(-) bei so 'ner Abwehr(:) tatsächlich dann die Bezie-
35		hungsebene ansprechen sollte(-) oder mehr diese andere Ebene(.)
36	Beck:	das mein ich erst mal so(-) das weiß ich um diesen Vorwurf auch ein
37		bißchen abzuschwächen so ich hätte sie übersehen so sagt sie(.)
38	S.:	klar(-) ist klar daß man das antworten muß nich(') das tut man halt
39		so(-) ich hab sie wirklich nicht gesehen(-)
40	Beck:	hm
41	Löhr:	ich hab mal 'ne Patientin im Wartezimmer meiner Frauenärztin wirk-
42		lich nicht gesehen aber tatsächlich nicht gesehen(-)
43	Beck:	ach du Jee(.)
44	Löhr:	die Angela hier(-) die hat offensichtlich(-) also das ist so ein Warte-

1		zimmer was um die Ecke geht(-) wo man dann
2		auch(-)(k) also nicht alle so jetzt wirklich in einem Raum sitzen(.) sie
3		hat mich da gesehen und hat mir das dann natürlich sehr vorwurfs-
4		voll in der nächsten Stunde präsentiert
5	S.:	lacht
6	Löhr:	und ich war völlig verblüfft(.) sie mag ja auch da gewesen sein aber
7		ich hab sie nicht gesehen(.) das war schon ziemlich hart(.) na gut das
8		ist
9	S.:	lacht
10	Löhr:	mir nur dazu eingefallen(.)
11	Beck:	ich find's unheimlich schwierig so was anzusprechen weil /eh/ … ich
12		krich sofort das Gefühl von 'nem Ablenkungsmanöver(.) (husten) aber
13		so wie sie anbietet(-) ja bleibt man auch immer ein bißchen ober-
14		flächlich(.) dann wird's alles nicht so schlimm(-) so komm ich mir
15		dann auch vor(.)
16	Löhr:	ich halt(k) bist du auch mit deinen eigenen Ansprüchen
17		irgendwie so
18	S.:	ja
19	Löhr:	denk ich wenig flexibel (…) (..) ja ich habe immer so(-) ja ich hab so
20		die Idee du müßtest da bißchen gelassener rangehen können(.)
21		dann(k) also soo(-) (tief Luft holen) irgendwie das ja dann dann wär
22		das vielleicht auch leichter ne(') das erst mal einfach so hinnehmen(.)
23		und nicht /eh/ dir selber so 'nen Druck machen(-) also wie das das
24		auch so toll alles in 'ner bestimmten Weise laufen muß(-) und sich
25		entwickeln muß(.) .. ah ich mein das kann man natürlich leicht sagen
26		(lachen)
27	Hahn:	also ich hab das eben so ein bißchen verstanden(-) also diese Wer-
28		tung produktiven Umweg(-) auch ruhig ihr Angebot erstmal nicht
29		soo(-) /eh/ nicht so rankommen lassen(-) sondern erstmal da oben so
30		außen vor zu bleiben(-) also einfach anders zu werten(.) so nicht mehr
31		als als /eh/ an der Sache vor-
32		bei(-) sondern als Möglichkeit das mal zu gehen(.)
33	S.:	als Entlastung ne(')
34	Hahn:	ja(.)
35	S.:	also daß sie auf der Oberfläche bleibt(-) als Entlastung für sie sel-
36		ber(.) insofern find ich den Vorschlag von ihr gar nicht so schlecht(.)
37		… … und das ist gewiß 'ne Entlastung(.) sie macht sich genug Vor-
38		würfe(-) und Selbstzweifel und hadert mit sich(.)
39	Löhr:	hm
40	S.:	das ist jetzt der Punkt /eh/ (…) (..) aber(-) … …
41	Löhr:	zum Beispiel so was(-) also mit so 'nem Klienten dann über so 'ne
42		Demonstration zu reden(-) wenn man das wirklich jetzt mal erlebt
43		hat(-) also so was gestatte ich mir inzwischen viel häufiger(-) also
44		früher und /ehm/ ich denke auch nicht daß ich dann wirklich irgend-

1		wie so die Grenzen verwische(-) sondern für mich ist das auch so 'ne
2		Ebene(-) es gibt ja so reale Berührungen(-) wo ich dem damit auch
3		/eh/ ohne daß ich mich dabei anstrengen muß(-) das Gefühl vermittel
4		daß ich ihn auch als Menschen so ernstnehme(-) und daß wir ge-
5		meinsame Anknüpfungspunkte haben wo man drüber reden kann
6		wirklich auch auf 'ne gleichberechtigten Ebene(-) das ist da 'ne ande-
7		re Ebene als die /eh/ wenn ich Therapeut bin und er Klient(.) und ich
8		find das manchmal ganz /eh/ also denk ich geht das immer ganz gut(-)
9		und ich hab immer so das Gefühl das ist so was was die Leute mei-
10		stens auch ganz schön finden(-) oder ganz ganz gut finden(-) also das
11		ist auch 'ne Form von Nähe die aber gar nicht unbedingt Komplika-
12		tionen schaffen muß wenn man zwischendurch mal über so was reden
13		kann ohne jetzt das andere irgendwie(-) also es darf natürlich jetzt
14		nicht so 'ne Funktion haben weil /eh/ ja nicht auf die Dauer daß man
15		dann irgendwie die Therapiebeziehung wegmacht ne(')
16	S.:	kann man ja mal abklären ne'
17	Löhr:	ja(.) klar(.) das aber grade bei Klienten die auch sehr reflektiert
18	S.:	ja
19	Löhr:	sind und /eh/ wo auch so 'ne Ebene(-) so 'ne Verständigung möglich
20		ist(-) da finde ich das nicht nicht so schlimm(-) oder nicht so schwie-
21		rig(.)
22	S:	Unsere Zeit ist um(-)
23		Abschalten des Tonbandgerätes.

3. Rekonstruktion der Interaktionsformen und Ablaufschemata sowie der Falleinbringung und Fallbearbeitung

3.1 Fallankündigung und Fallaushandlung

„Hat von Euch einer was(') sonst würd' ich über 'ne Klientin reden(.)"
Mit diesen Worten von Herrn Beck[36] beginnt das Transkript einer Supervisionssitzung. Formal betrachtet handelt es sich um ein geläufiges Kommunikationsschema: Wenn die als Frage formulierte Bedingung A erfüllt
ist, dann kann B folgen, allerdings nur, wenn die Gesprächspartner den
Vorschlag billigen. Normalerweise geschieht das in einer kurzen Ab-
stimmungssequenz. Daß es sich bei dem Votum von Herrn Beck um eine
Frage handelt, läßt sich aus dem Heben der Stimme nach dem *was* erschließen.

In alltagskommunikativen Situationen kann man erwarten, daß der
Sprecher nun den anderen Interaktanten Zeit einräumt, damit diese sich
äußern können. Herr Beck fährt aber fort: „sonst würd' ich über 'ne Klientin reden(.)." Versteht man diese Bemerkung als Erläuterung zur Frage,
dann wäre wenigstens nun der Zeitpunkt gekommen, an dem der Sprecher
den anderen Gruppenteilnehmern die Möglichkeit einräumen müßte, zu
dem Ansinnen Stellung zu nehmen. Diese Erwartung, das hat die Normalformanalyse gezeigt,[37] gilt üblicherweise auch für Supervisions- und Balintgruppen. Betrachtet man nun den Fortgang der Sitzung, dann zeigt
sich, daß der Sprecher zwar durch das Senken der Stimme nach dem Wort
reden(.) die Andeutung einer Redeübergabe macht, dann aber keine weiteren Stellungnahmen abwartet, sondern selber buchstäblich ohne Punkt
und Komma weiterredet.

Eine solche Verletzung kommunikativer Konventionen muß Gründe
haben, die in der Person des Sprechers, in Beziehungskonstellationen der
Gruppe oder in der Interferenz beider liegen. Sowohl in der Alltagskommunikation als auch in künstlichen Gruppen entsteht in solchen Situationen ein Erklärungsbedarf, zu dessen Abdeckung es mehrere Möglichkeiten gibt: Der Sprecher kann Erläuterungen nachreichen, die sein Handeln
plausibel machen. Die Gesprächspartner ihrerseits können Interpretationen über mögliche Gründe der Regelverletzung entwickeln, die dazu beitragen, potentielle Interaktionskrisen zu bewältigen.[38] Die Erklärungs-

schemata, die in der Regel ohne langes Nachdenken eingesetzt werden, sind normalerweise für die Regulation alltagskommunikativer Regelverletzungen ausreichend. Im vorliegenden Fall könnte man z. B. die Interpretation einsetzen, daß Herr Beck nur eine rhetorische Frage gestellt habe, um die Situation zu bewältigen.[39] Während die Verwendung habitualisierter Interpretations- und Erklärungsschemata für den Umgang mit Verletzungen kommunikativer Konventionen im Alltag sinnvoll ist, gilt Gleiches nicht für Supervisions- und Balintgruppen. In diesen Arbeitszusammenhängen ist es notwendig, solche Regelverletzungen bewußt wahrzunehmen, weil der Zweck der Institution ja gerade die methodisch angeleitete Reflexion mißlungener Interaktion und gestörter Beziehungen[40] ist. Für den Umgang mit Verletzungen kommunikativer Konventionen in der Supervision gibt es im Interesse der Herstellung verständigungsorientierter Kooperation mehrere Möglichkeiten. Entweder löst die Gruppe das Problem selbstregulativ oder durch Leiterinterventionen. Eine weitere Möglichkeit besteht darin, daß Gruppe und Leiter ein nicht explizit werdendes gemeinsames Verständnis darüber entwickeln, daß die Arbeitsfähigkeit nicht beeinträchtigt ist, so daß keine reparativen Initiativen ergriffen werden müssen.[41]

Wie wird nun in unserem Fallbeispiel die sich abzeichnende Interaktionskrise behandelt? Nach seinem Eingangsstatement fährt der Sprecher folgendermaßen fort:

„Ja .. ich hab da so gestern(-) vorgestern schon darüber nachgedacht(-) ..."

Auf den ersten Blick scheint es so, als würde der Sprecher eine Rechtfertigung dafür entwickeln, daß er der Gruppe gleichsam überfallartig sein Thema aufnötigen will. Mit dem Hinweis, daß die Klientin ihn schon seit Tagen beschäftige, greift er ein konventionelles Rechtfertigungsschema auf, das mit Variationen fast immer bei der Fallankündigung in Gruppensupervisionen angewandt wird. Normalerweise freilich wird die Relevanz in der Gruppe ausgehandelt, ratifiziert oder möglicherweise sogar zurückgewiesen. Letzteres tritt ein, wenn andere Falleinbringer plausibel machen können, daß ihr Thema wichtiger oder vordringlicher sei. Für solche Aushandlungsprozesse freilich läßt der Sprecher keinen Raum. Eine Vermutung, die sein Handeln erklären könnte, würde lauten, daß er die Relevanzmarkierung zunächst deshalb eingebracht hat, um einer Konvention Genüge zu tun und um damit das intendierte Handlungsschema störungsfrei durchziehen zu können.

Auf den zweiten Blick wird allerdings noch eine zweite Funktion der Äußerung deutlich: Dadurch, daß die Markierung der Dringlichkeit, einen Fall einzubringen, nachgestellt wird, übernimmt sie die Aufgabe eines Vermittlungsgliedes zwischen der Fallankündigung und der Falleinbringung. Merkwürdigerweise hält der Sprecher nämlich auch nach dieser Sequenz nicht inne, um die Gruppenmitglieder zu Wort kommen zu lassen, sondern beginnt sofort mit der Falleinbringung. Ab 133,3[42] „aufgefallen(') …" ist die Überrumpelung der Gruppe abgeschlossen, der Sprecher ist zum Falleinbringer geworden. Während in der analytischen Gruppentherapie eine solche Szene wahrscheinlich von einem Gruppenmitglied oder vom Leiter aufgegriffen worden wäre, ist die Sachlage in der fallbezogenen Teamsupervision komplizierter. Der Supervisor muß seine Interventionsentscheidung vor dem Hintergrund einer Prioritätensetzung treffen. Fokussiert er die Gruppendynamik, dann wäre es die Eingangsszene wert gewesen, analysiert zu werden. Orientiert er sich demgegenüber am Primat der Fallbearbeitung, dann sollte er abwarten, ob eine solche möglich ist oder ob die Störung so gravierend ist, daß sie die Exposition eines Falles verhindert und eine produktive Weiterarbeit unmöglich macht. Wenn letzteres der Fall wäre, dann muß natürlich zunächst die Störung behandelt werden, damit eine ziel- und aufgabenorientierte Arbeit ermöglicht wird.

Bevor wir uns der Fallgeschichte zuwenden, möchte ich mit Hilfe eines kleinen Experiments, bei dem die Fallankündigung sprachlich modifiziert wird, die Folgen für das Ablaufschema demonstrieren. So hätte der Sprecher seinen Wunsch etwa folgendermaßen einbringen können: „Ja .. ich hab da so gestern vorgestern schon darüber nachgedacht(.) ich würd heut gern über 'ne Klientin reden .. wenn keiner von Euch etwas hat (längere Pause)." Bei einer solchen Gesprächseröffnung hätten die anderen Gruppenteilnehmer nicht nur die Möglichkeit gehabt, sie wären vielmehr dem Zwang ausgesetzt gewesen, entweder eigene Vorschläge einzubringen und eine Priorität auszuhandeln, oder sie hätten das Angebot explizit ratifizieren müssen. An einem Beispiel aus einer anderen Gruppe möchte ich deutlich machen, wie die Fallaushandlung im Idealfall etwa vor sich geht:

Undefinierbare Geräusche, Scharren, Rascheln, Türschlagen, Stühle rükken

    Unverständliche Gesprächsfetzen, eine Frauenstimme: Hast Dir das

Bein gebrochen. Eine andere Stimme, nee, nur gezerrt's, mußte aber geschient werden. Männerstimme: Hast Dich beim Joggen (das weitere ist unverständlich)

Erneut Stühle rücken.

Supervisor: „Ja(-) erst mal guten Morgen, mehrere Stimmen: Guten Morgen, Morgen, Tach"

Herr A.: „Frau D. läßt sich heute entschuldigen, sie ist krank. Sonst fehlt wohl niemand."

Frauenstimme: „alle da."

(15 Sekunden Schweigen)

Herr C.: „Ich hab eine Sache, die brennt mir unter den Nägeln. Das ist so eine Geschichte mit einer Jugendlichen, die macht bei mir 'ne Einzelbetreuung, und macht mit mir was sie will. Ich komm da einfach nicht klar, irgendwie brauch ich da mal 'ne Hilfe."

Frau B.: „Ich hat ja letztes Mal schon was angekündigt, aber das kann noch ein bißchen warten, das läuft mir ja nicht weg, das ist so eine Heimgruppe, über die hatten wir ja schon mal gesprochen. Also ich würd's dann eigentlich heut noch mal zurückstellen."

Frau F.: „Ich hätt schon was, ich soll 'ne Gruppe übernehmen, und ich weiß nicht, ob ich das will. Das ist auch so ein Problem mit der Leiterin von unserer Beratungsstelle. Da müßte ich auch mal drüber sprechen, daß die mir die Gruppe so aufs Auge drücken will."

Frau G.: „Ja, könnt ich auch gut mitmachen, ich selbst hab nichts so direkt, bin ja mit meinem Bein beschäftigt. Bin heute nur zur Supervision hergekommen, eigentlich bin ich krankgeschrieben."

Herr A.: (lachend) „Wär natürlich auch ein Thema für uns Dein Unfall, käm bestimmt was Interessantes bei raus."

(10 Sekunden Schweigen)

Supervisor: „Wenn ich es richtig sehe, haben wir jetzt zwei Fallangebote und jetzt müßte eine Entscheidung getroffen werden."

(5 Sekunden Schweigen)

Frau F.: „Ich würd heut nicht gern zurückstehen, merk ich gerade. Da hat sich einfach was aufgestaut. Mit so 'ner Wut im Bauch könnte ich auch so eine neue Gruppe gar nicht anfangen. Alles Eltern mit schwierigen Kindern, Alleinerziehende und so."

Herr C.: „Na ja gut, dann steh ich heut mal zurück, vielleicht werd ich's ja auch noch wo anders los."

(Längeres Schweigen)
Frau F.: „Na dann schieß ich mal los …"

Anders als in dem ersten Sitzungstranskript beginnt die Tonaufzeichnung bereits vor Eintreffen des Supervisors. Der Text, der übrigens nicht nach dem Transkriptionssystem verschriftet ist, erlaubt uns also Aussagen über Gruppenaktivitäten, die der Fallaushandlung vorausgehen. Wir bezeichnen diese Phase deshalb auch als Vorphase. Der Kommunikationsmodus ist der Alltagskommunikation ähnlich, Privatgespräche werden geführt, man verständigt sich über außergewöhnliche Ereignisse, z. B. über das *gebrochene Bein*, neu eintreffende Gruppenmitglieder werden begrüßt etc.

Zu den wesentlichen, kollektiv zu lösenden Aufgaben gehört es, diese Phase zum Abschluß zu bringen, damit aus einer locker kommunizierenden Gruppe eine Arbeitsgruppe wird. Dazu sind einige Aktivitäten erforderlich, so z. B. die Vollständigkeit der Gruppe zu konstatieren und eine Zentrierung der Aufmerksamkeit auf die Gruppensituation herzustellen. Wesentlich ist es auch, den Supervisor wahrzunehmen und als Leiter zu integrieren. Normalerweise bereitet weder die Integration des Leiters noch die Herausbildung der Arbeitshaltung besondere Schwierigkeiten. Nach Eintreffen des Leiters werden die Privatgespräche in der Regel eingestellt, wie auf ein geheimes Zeichen wird es still in der Gruppe. Dieser Modalitätswechsel schafft Raum für die Entscheidung der einzelnen Gruppenmitglieder, ob sie einen Fall einbringen wollen oder nicht.[43]

In dem zitierten Beispiel erfolgt der Modalitätswechsel in der beschriebenen Weise. Nachdem der Leiter eingetroffen ist und Begrüßungen ausgetauscht worden sind, stellt Herr A. die Vollständigkeit der Gruppe fest, indem er Frau D. entschuldigt. Nach relativ langem Schweigen, das als Schaltpause zwischen der Vorphase und der Phase der Fallankündigung verstanden werden kann, meldet Herr C. einen Fall an, dessen Relevanz er mit den Worten markiert, daß er ihm *unter den Nägeln* brenne. Weiterhin deutet er an, daß er hilflos sei. Als nächstes meldet sich Frau B. zu Wort, die ihren Fall, aus Gründen, die nicht näher erläutert werden, zurückstellt. Interessant wird die Sache, als Frau F. eine konkurrierende Fallankündigung macht und darin von einer weiteren Teilnehmerin, Frau G., Unterstützung erfährt. Wie bei Herrn C., so wird auch von Frau F. die Dringlichkeit hervorgehoben, wobei sie die Relevanz noch dadurch verstärkt, daß sie Probleme auf mehreren Ebenen andeutet. Nachdem Herr A. mit seiner witzig gemeinten Bemerkung[44] über Frau G.'s Bein indirekt deutlich gemacht hat, daß er in der betreffenden Sitzung kein Problem einbringen möchte, ist die erste Runde abgeschlossen. Das Schweigen wird vom Supervisor so interpretiert, daß nach den Fallankündigungen nun eine Entscheidung getroffen werden muß. Indem er diesen Zusammenhang relativ schnell anspricht, setzt er die Gruppe unter Entscheidungsdruck. Frau F. macht sich daraufhin noch auf einer anderen Ebene stark: Sie möchte im Kampf mit Herrn C. nicht zurückstehen. Da Herr C. von keinem Gruppenmitglied für seinen Fall Unterstützung erhalten hat, ist der Ausgang des Kampfes schnell klar. Frau F., sekundiert von Frau G., gewinnt die Auseinandersetzung. Mit einem vagen Trost, seinen Fall vielleicht noch woanders loszuwerden, gibt sich Herr C. geschlagen. Der Übergang zur Falleinbringung wird in der vorliegenden Textpassage durch zwei Indikatoren eindrücklich markiert: Durch eine längere Pause und durch die Bemerkung von Frau F.: *Na dann schieß ich mal los …*

Nach Durchsicht der mir vorliegenden Transkripte und Sitzungsprotokolle scheint die Fallaushandlungsphase, trotz der komplizierten Aufgaben, die durchlaufen werden müssen, in der Regel wenig störanfällig zu sein. Im wesentlichen lassen sich drei Problemfälle herausarbeiten:

– Es findet sich kein Falleinbringer.
– Ein Teilnehmer überrumpelt die Gruppe mit seinem Angebot.
– Das Angebot eines Teilnehmers wird ratifiziert, dann aber später von ihm wieder zurückgezogen.
– Zwei oder drei konkurrierende Falleinbringer verhaken sich in einen zeitraubenden Konflikt.

In minimal strukturierten Gruppen entsteht für den Supervisor in solchen Situationen ein Entscheidungsproblem: Soll er auf die Selbststeuerungskräfte der Gruppe vertrauen und zeitraubende Schweigephasen bzw. Auseinandersetzungen in Kauf nehmen oder soll er durch entsprechende Interventionen den Teilnehmern den Arbeitsauftrag der Supervision vor Augen führen?[45]

Im Unterschied zu dem Beispiel, das wir in dem Teiltranskript wiedergegeben haben, interveniert der Supervisor der Therapeutengruppe trotz einer möglichen Interaktionskrise nicht. Zwei Annahmen liegen nahe, um sein Verhalten zu erklären: Entweder er hat die Krise gar nicht bemerkt, oder er hat Gründe für seine Zurückhaltung. Auch wenn keine sichere Entscheidung über die Geltung einer der beiden Hypothesen möglich ist, so müßten sich anhand des Materials plausible Belege für die Wahrscheinlichkeit der einen oder der anderen Hypothese finden lassen. Eine Möglichkeit bestünde darin, mit Hilfe aller Interventionen des Leiters sein implizites Supervisionskonzept zu rekonstruieren. Folgt man dieser Option, dann wird deutlich, daß er eindeutig ein fallbezogenes Supervisionskonzept vertritt, in dem die therapeutische Arbeit des Falleinbringers kontrolliert wird. Gruppenprozesse werden demgegenüber von ihm nicht analysiert. Für die Interpretation des ersten Segments (133, 1–3) läßt sich daraus ableiten, daß er wahrscheinlich den Selbststrukturierungsprozeß der Gruppe im Interesse der Fallgenerierung möglichst unbeeinflußt lassen möchte.

Neben der relativ formalen, auf den handlungsschematischen Ablauf und die potentielle Orientierung des Supervisors bezogenen Interpretation der Eingangsszene gibt es einen zweiten, weiterreichenden Zugang: Hierbei gehen wir davon aus, daß Interaktionssituationen aufgrund vorgängiger Erfahrungen, allgemeiner Einschätzungen und professionellen Wissens permanenten Typisierungen von seiten der Interaktanten unterliegen. Diese Typisierungen, das hat Oevermann[46] gezeigt, kann man durch die Entwicklung von Lesarten einer systematischen Bedeutungsrekonstruktion zugänglich machen. In dieser Perspektive kommen wir erneut auf die eingangs gestellte Frage nach der Bedeutung der Verletzung kommunikativer Konventionen zurück. Folgende Lesarten lassen sich u. a. entwickeln:

1. Der Sprecher könnte in der Gruppe einen schweren Stand haben, so daß er nur zum Zuge kommt, wenn er ‚mit der Tür ins Haus fällt‘.
   Diese Lesart läßt sich sowohl in bezug auf den Sprecher als auch in bezug auf die Gruppe ausdifferenzieren:
   a. Der Sprecher könnte befürchten, daß er, wenn ein zweiter Fall von einem anderen Gruppenmitglied vorgeschlagen wird, der Konkurrenz nicht gewachsen ist.
   b. Es könnte für die Gruppe charakteristisch sein, daß man nur durch überfallartiges Handeln zum Zuge kommt.
2. Es könnte eine konflikthafte Situation zwischen dem Sprecher und der Gruppe vorliegen, die nicht zur Sprache kommen soll und deshalb durch schnelles Handeln überdeckt werden muß.
   Auch diese Lesart läßt sich ausdifferenzieren:
   a. Der Sprecher könnte sich durch die Frauenmehrheit zur „Flucht nach vorn" veranlaßt sehen.

b. Die Nicht-Reaktion der Gruppenmitglieder könnte auf Gleichgültigkeit, Geringschätzung o. ä. zurückgehen.

3. Der Sprecher könnte sich – im Gegensatz zu den vorhergehenden Lesarten – als autoritäre Leitungsfigur typisieren, die ‚das Sagen hat‘, so daß die Frage: „Hat von Euch einer was", eine bloße Höflichkeitsfloskel ist.

4. Die Gruppenmitglieder könnten ihrerseits autoritätshörig strukturiert sein, d. h. sich nicht trauen, selber etwas einzubringen.

5. Denkbar wäre auch, daß der Sprecher bereits ganz unter dem Einfluß des Falles, den er unbedingt einbringen möchte, steht und daß sich deshalb in der überfallartigen Inszenierung bereits ein Merkmal des Falles, ein Aspekt der Therapeut-Patient-Beziehung spiegelt.

Die Entwicklung einer solchen Liste mit Lesarten, die durchaus erweiterbar wäre, könnte als spitzfindiges, intellektuelles Spiel mißverstanden werden. Demgegenüber ist es wichtig, sich klarzumachen, daß sowohl in der Alltagskommunikation als auch in künstlichen Gruppen von allen Interaktanten die unterschiedlichsten Lesarten, wenngleich zumeist nicht explizit, permanent zur Dekodierung von Bedeutungen entwickelt werden. Mit Hilfe solcher Lesarten werden Interaktionssituationen, vor allem das Handeln des jeweils anderen, typisiert, Erwartungen ausgebildet und Prognosen entwickelt. In Supervisions- und Balintgruppen erfolgt die Generierung von Lesarten ähnlich wie in der Alltagskommunikation: Unter Zeitdruck und Handlungszwang.

Wir stoßen hier auf eine konstitutive Paradoxie der Supervision: Der Anspruch auf Selbstreflexion stößt auf Settingbedingungen, die ein Aufhalten des Handlungsschemas und ein Zurückspulen in der Regel nicht ermöglichen. Die Selbstreflexion findet also innerhalb eines ablaufenden Prozesses statt. Gerade deshalb ist die Generierung handlungsrelevanten Wissens, das situative Orientierungsfunktionen hat, von Bedeutung. Die wissenschaftliche Untersuchung von Supervisionstranskripten unterscheidet sich in dieser Hinsicht grundlegend von der Originalsituation. Handlungsentlastet und ohne Zeitdruck kann das Material wiederholt und unter verschiedenen Fragestellungen analysiert werden. In bezug auf den Beitrag der Lesarten zum Verständnis der Supervisionssitzung können wir mit Muße das Material betrachten, um auf dieser Grundlage die plausiblen von den unplausiblen Versionen zu unterscheiden.[47] Hinweise dazu werden wir aus der Selbstdarstellung des Falleinbringers, der Art der Falleinbringung und der Kooperativität der Gruppenmitglieder ableiten können.

3.2 Die Phase der Falleinbringung

Nachdem Herr Beck sich als Falleinbringer[48] durchgesetzt hat, beginnt er seine Schilderung (133, 2) mit einer Selbstbeobachtung. Ihm sei aufgefallen, daß er sich an „wenig Inhalte erinnern kann" und Sorge hat, ob er „die Zeit füllen kann". Im Kontrast dazu steht: ein *starkes Gefühl*, und die wiederholte Beschäftigung mit dem Fall. Mit dieser Eröffnung (133, 2–8) hat Herr Beck – ohne es zu wissen – ein kompliziertes Falleinbringungsschema in Gang gesetzt: Er stellt der Falldarstellung eine Präambel in Form einer Selbstexploration voran. Die wenigen Erinnerungen einerseits und das starke Gefühl andererseits repräsentieren eine Paradoxie, in der zugleich die implizite Frage an den Supervisor und die Mitsupervisanden enthalten ist, wie sie zu verstehen und möglicherweise aufzulösen sei. Die Paradoxie besteht darin, daß sich der Gegenstand der Supervision zwar zu einem guten Teil auf gefühlsinduzierte Problemlagen bezieht, diese aber auf Erinnerungen, Phantasien etc. verwiesen sind. Ihr Darstellungsmedium ist die Erzählung eigenerlebter Fallgeschichten. Gerade dazu aber fehlt es dem Falleinbringer, so seine Selbsteinschätzung, an Material. Wenn er den Fall dennoch einbringt, so in der Hoffnung, daß die Paradoxie mit Hilfe der Supervision überwunden werden kann.

In der Perspektive der Gruppenteilnehmer und des Leiters stellt sich die Präambel so dar, daß sie zwar zur Problemlösung aufgefordert, gleichzeitig aber mit der Schwierigkeit konfrontiert werden, daß ihnen die Mittel dazu nur unzureichend zur Verfügung gestellt werden. Die Interaktionspartner werden damit indirekt auch darauf hingewiesen, daß sie keine zu großen Erwartungen an den Falleinbringer richten sollen. Herr Beck versucht sich mit der Präambel, die objektiv die Funktion der Rezipientensteuerung hat, präventiv gegen Ansprüche abzusichern.

An dieser Stelle möchte ich als Kontrast den Beginn der Fallschilderung des zweiten Transkriptbeispiels einblenden:

Nachdem Frau F. sich als Falleinbringerin durchgesetzt hat und die Aushandlungsphase selber mit den Worten: *Na dann schieß ich mal los*, abgeschlossen hat, beginnt sie nach kurzer Pause die Falleinbringung mit folgenden Worten:

„Eh also als ich ja es war Montag eh Montag ins Amt kam, da war da kam mir die Sekretärin also unsere Sekretärin schon entgegen. Ich dachte so huch die ist ja ganz aufgeregt und da sagt die eh also die sagt, ich soll jetzt mal zu Frau Dr. W. kommen, jetzt gleich. Ich dachte mir noch huch, was hast de denn jetzt verbrochen. Aber dann war die ganz freundlich, wär so eh überzeugt von dem, was ich mache, von meiner Arbeit so also, und das ist für die Gesundheitsarbeit im Kreis, ich würd mich ja auch in der psychosozialen Arbeitsgemeinschaft engagieren und daß es eh da so auch viel um prä also um präventive Arbeit ginge und daß das für den Kreis ja auch wichtig sei. Und dann hat se mir gesagt, ich sollte doch so diese Gruppe machen mit den Müttern, so hauptsächlich alleinerziehenden, aber auch eh die so aus der Sozialarbeit kämen, also bekannt geworden sind und die da so große Schwierigkeiten haben. Und da war ich dann erst auch so ganz angetan, hab da sofort auch was eh gesagt dazu, aber als ich dann raus war, später so eigentlich, da hab ich dann ganz anders, da hab ich eh gemerkt, die hat mir was aufs Auge gedrückt, ohne daß ich mich da so gegen wehren konnte ..."

Während die Präambel des Herrn Beck formal betrachtet eine Beschreibung ist, handelt es sich in unserem zweiten Beispiel um die Erzählung einer eigenerlebten Geschichte. In lebendiger Weise wird den Hörern bzw. Lesern mit diesem Darstellungsmodus das Erleben der Falleinbringerin vermittelt. Den Mitsupervisanden fällt es dementsprechend leicht, in der anschließenden Phase der Fallbearbeitung eigene Eindrücke, Assoziationen und Hypothesen zur Fallgeschichte beizusteuern und weiterführende Überlegungen zu entwickeln.

3.2.1 Kleiner Exkurs zum Erzählen eigenerlebter Geschichten in der Supervision

Im Unterschied zu Beschreibungen sind Erzählungen eigenerlebter Geschichten für die Supervision aus mehreren Gründen bedeutsam. Am Fallbeispiel wird deutlich, daß sie einen kommunikationsfördernden Charakter haben. Der Sprecher wendet sich direkt oder indirekt an die Zuhörenden, um ihnen seine Geschichte zu vermitteln. Erzählungen eigenerlebter Geschichten sind darüber hinaus die einzige Kommunikationsform, in der sowohl äußere Sachverhalte und Ereignisabläufe als auch die innere Beteiligung der Handelnden, vor allem natürlich des Ich-Erzählers, also Motivationen, Phantasien, Gefühle etc., dargestellt und vermittelt werden können.

Im Rahmen der Erzählung ist der Erzähler gezwungen, interaktive und zeitliche Zusammenhänge, Ablaufmodalitäten etc. zum Teil durch Rückblenden so zu detaillieren, daß die Geschichte eine für den Hörer plausible Gestalt annimmt. Kallmeyer und Schütze[49] sprechen in diesem Zusammenhang von Erzählzwängen, die zur Folge haben, daß der Erzähler sich in ein Handlungsschema verstrickt und Dinge ausspricht, die normalerweise der Zensur unterliegen. Diese Eigenart der Erzählung eigenerlebter Geschichte ist für den Supervisionszusammenhang, bei dem es ja immer auch um die Aufdeckung verborgener Motive und nicht bewußter Affekte geht, von besonderer Bedeutung. Aus der Perspektive der Gruppenmitglieder und des Leiters kommt ein weiteres Merkmal hinzu: Abweichungen von der idealen Erzählung, wie Sinnbrüche, Stellen mangelnder Plausibilität, Widersprüche, Probleme zeitlicher Kompatibilität u. ä., die jedem Erzähler notwendig unterlaufen, geben den Gruppenmitgliedern Möglichkeiten zum Nachfragen, zur Interpretation oder zum Widerspruch. Auf diese Weise können die subjektive Perspektive des Erzählers erweitert, Selbstverkennungen aufgedeckt und vor allem verborgene Sinnzusammenhänge erschlossen werden. So hat die Erzählerin in unserem zweiten Beispiel darauf abgehoben, daß ihr die Gruppenleitung von ihrer Chefin *aufs Auge gedrückt* worden sei. In der Fallbesprechung wurde dann deutlich, daß ein zweiter Aspekt mindestens ebenso entscheidend war, nämlich jene Eitelkeit, die das Lob der Leiterin, vergleichbar jener berühmten Fabel *Le Corbeau et le Renard*, bei ihr hervorgerufen hatte.

3.2.2 Fortsetzung der Analyse der Falleinbringung

Nach diesem kurzen Exkurs zum Erzählen eigenerlebter Geschichten kehren wir zurück zur Falleinbringung des Herrn Beck. Nach der Präambel gibt er zunächst einige Hinweise zum Geschlecht und zur Biographie der Patientin, über die er sprechen will (133, 9–12). Er knüpft damit an konventionelle medizinische bzw. psychotherapeutische Berichtsformen an, die unter dem Stichwort ‚Anamneseerhebung' professionell codifiziert sind. Bemerkenswert ist, daß er die Reihenfolge des Kopfteils eines virtuellen Anamneseerhebungsbogens exakt einhält: Er spricht Geschlecht,

Alter, Beruf und Kinderzahl an. Lediglich der Punkt „verheiratet ja/nein" fehlt. Interessant ist, daß das Alter der Klientin von dem Falleinbringer nur annäherungsweise bestimmt werden kann. Auch in der weiteren Darstellung scheint Herr Beck einem virtuellen Berichtsschema zu folgen. Er führt aus, wann die Patientin zum ersten Mal gekommen ist, daß ihre Therapiemotivation unklar war und daß 15 Stunden zur Klärung der Therapiemotivation vereinbart worden sind. Nur angedeutet werden die Beschwerden: *daß es ihr offensichtlich nicht sehr gut geht(')*. Detailliertere Hinweise gibt es demgegenüber zu den therapeutischen Vorerfahrungen (133, 28–37). Nach einem detaillierenden Einschub zur Therapieabsprache (133, 38–40) berichtet der Falleinbringer dann über den Therapieverlauf. Diese Darstellung nimmt relativ viel Raum ein (133, 42 – 137, 23). Auch diese Sequenz orientiert sich am Modell therapeutischer Fallpräsentationen, wobei hier – im Unterschied zum Beginn seines Berichts – die Erzählung als Kommunikationsschema dominiert. Die Falleinbringung von Herrn Beck ist ein eindrucksvolles Beispiel für die bewußte Verwendung einer sequenzialisierten Berichtsstruktur. Am deutlichsten wird das bei der Darstellung des Therapieverlaufs, den er einleitet mit */ehm/ ... Ablauf(')*. Auch die Passage zur Biographie der Klientin wird, wenngleich weniger eindeutig, markiert mit: *tief Luft holen*. Bisher haben wir die sequenzielle Organisation des Textes mit Hilfe einer Analogiebildung zu medizinisch-psychologischen Fallberichten beschrieben.

In einer mehr textbezogenen Perspektive soll im folgenden die Textstruktur bis 137, 23 bestimmt werden.[50] Wir unterscheiden dabei eine Grobstrukturierung nach Phasen (Vorphase, Fallankündigung und Fallaushandlung, Falleinbringung, Fallbearbeitung, Abschlußphase) und eine Binnendifferenzierung dieser Phasen, die mit Hilfe der Markierung von Segmenten kenntlich gemacht wird. Die Segmentierung erfolgt auf der Grundlage der Identifizierung thematischer Einheiten, die zum Teil mit sprachlichen Parametern untermauert wird.

Phase I.	133, 1	Fallankündigung durch Herrn Beck (Fallaushandlung hat nicht stattgefunden)
Phase II.	133, 2 – 137, 23	Falleinbringung

Binnensegmente:

II. 1	133, 2 – 133, 3	
		nachgedacht
		Vermittlungssegment zwischen Fallankündigung und Falleinbringung
II. 2	133, 2 – 133, 8	Präambel
II. 3	133, 9 – 133, 1	
		gekommen Biographie der Klientin
II. 4	133, 12 – 133, 27	Therapieabsprache und Motivation
II. 5	133, 28 – 133, 37	Therapeutische Vorerfahrungen
II. 6	133, 38 – 133, 40	Ergänzungen zum Binnensegment „Therapieabsprache"
II. 7	133, 42 – 137, 23	Therapieverlauf
II. 8	137, 10 – 137, 16	Implizite Fragen für die Fallbearbeitung

Die Darstellung der Phasenstruktur und die dazugehörige Binnensegmentierung ist, das dürfte unsere Transkriptanalyse bereits deutlich gemacht haben, Voraussetzung und Rahmen für die thematische Rekonstruktion des Textes. Auf dieser Grundlage werde ich, ausgehend vom manifesten Text, versuchen, einige latente Dimensionen der Fallgeschichte zu beschreiben. Methodisch gehe ich dabei – einem Vorschlag von Glaser und Strauss[51] folgend – so vor, daß ich deutungsrelevante Textstellen markiere, um sie anschließend zu explizieren. Vorbild dieses Ansatzes sind alltagskommunikative Prozesse zur Hervorbringung verständigungsorientierten Handelns.

Bereits auf der Stufe der unmittelbaren Wahrnehmung der Mitteilungen erfolgt beim Hörer eine erste selektive Interpretation. Die Grundlage dafür bilden biographisch und sozial vermittelte Rezeptionsmuster. Ähnliche Vorgänge lassen sich bei der Textrezeption beobachten. Deutungsbedürftig sind vor allem solche Textteile, die nicht innerhalb habitualisierter Rezeptionsraster liegen und Diskrepanzen zu eigenen Wahrnehmungs-, Denk- und Erfahrungsmustern aufweisen. Besondere interpretative Aktivitäten rufen also vor allem diejenigen Textstellen hervor, die vom Hörer/Leser als unverständlich, unplausibel oder divergent typisiert werden, wobei der kommunikative Sinn darin besteht, Verständigungsprobleme zu reduzieren. Die über interpretative Aktivitäten gesteuerte Adaptation dient also unter anderem der Vermeidung von Interaktionskrisen, positiv ausgedrückt: Der Herstellung der Reziprozität der Perspektiven.

Im Unterschied zur Alltagskommunikation, in der dieser Vorgang weitgehend habitualisiert und intuitiv abläuft, wird in unserer Textrekonstruktion die Festlegung auf deutungsbedürftige Textteile und die daran sich anschließende Interpretation mehr oder weniger weitgehend expliziert. Damit werden die subjektiv getroffenen Interpretationen gleichermaßen intersubjektiv nachvollziehbar und kritisierbar. Sie können deshalb auch durch konkurrierende Deutungen ergänzt oder unter Anführung von Gründen verworfen werden. Auf der Grundlage dieses Wissenschaftsverständnisses stellt sich die Generierung und Systematisierung gegenstandsbezogenen Wissens als kommunikativer Prozeß dar.[52]

Bei der Analyse der Präambel und der Biographie der Klientin haben wir bereits auf deutungsbedürftige Topoi hingewiesen. Im folgenden werden wir uns u. a. damit beschäftigen, wie das *starke Gefühl* im Kontrast zu den wenigen Erinnerungen verstanden werden kann. Erste Hinweise zur Beantwortung der Frage erhalten wir in dem Segment zur Biographie der Klientin. Daten, die in der Regel durch einfache Nachfragen geklärt werden können, bleiben undeutlich. Unklar bleibt z. B., ob die Klientin den Lehrerinnenberuf zugunsten der Hausfrauentätigkeit aufgegeben hat oder ob sie nur beurlaubt ist. Die Vermutung liegt nahe, daß der Therapeut aus Gründen, die wir noch nicht kennen, entweder an einer Klärung dieser Fragen nicht interessiert war oder sich durch die Klientin gehindert gefühlt hat, die biographischen Daten präzise zu erheben. Ähnlich verhält es sich mit der Therapiemotivation. Allerdings wird hier der Klientin die Äußerung zugeschrieben, *sie müßte noch mal 'ne Therapie machen(-)*. Herr Beck evaluiert diese und nicht genannte andere Stellungnahmen der Klientin *als ganz diffus und unklar*, wobei er die Diffusität sowohl auf die Entscheidung für die Therapie als auch auf das, was sie erreichen will, also auf das Therapieziel, bezieht. Eine wichtige Information, die die Klientin mit dem *noch mal* gegeben hat, greift er in seinem Bericht über die erste Sitzung nicht auf. (Daß es sich um die erste Sitzung handeln muß, wird aus der Textstelle 133, 29 deutlich, in der Herr Beck die zweite Sitzung gegenüber der vorangegangenen abhebt.) Offensichtlich hat der Therapeut in der ersten Sitzung, möglicherweise unter dem Eindruck der diffus unklaren Haltung, mit der Klientin über andere Therapiemöglichkeiten, z. B. über eine Analyse, gesprochen. Nachdem sie explizit erklärt hat, daß sie mit ihm *weiterarbeiten* wollte, hat er das Therapieangebot auf *fünfzehn Stunden* begrenzt. Er legitimiert diese Stundenbegrenzung mit einer therapeutischen Überlegung: Die 15 Sitzungen sind sozusagen eine Probezeit, in der die Klientin selber oder mit seiner Hilfe herausfinden soll, *was sie eigentlich will* (133, 24).

Auf der Grundlage der Textparaphrase können wir die These entwikkeln, daß die Theorie des Falleinbringers bezüglich seiner Klientin darin besteht, daß ihre Therapiemotivation diffus, schwankend und unklar ist. Indirekt läßt sich aus dem Text (133, 9–27) aber auch die Bedeutung des Therapeuten für die Klientin herauslesen. Aus ihrer Perspektive hat er offensichtlich, zumindest in der ersten Stunde, nicht direkt verstanden, was sie mit *noch mal 'ne Therapie machen* gemeint hat. Sie wollte ihm mitteilen, daß sie bereits eine (gescheiterte?) Therapie hinter sich hat. Vor diesem Hintergrund erscheint das *Schwanken* plötzlich in anderem Licht. Der untergründige Dialog geht dann so weiter, daß der Therapeut den Wunsch der Klientin, eine Therapie zu machen, dadurch implizit in Frage stellt, daß er ihr eine andere Therapieform vorschlägt. Nachdem sie das abgelehnt hat, bietet er ihr ein reduziertes Setting mit 15 Stunden an. Daß es sich bei der Stundenbegrenzung um einen bedeutsamen, auf sie gemünzten Vorgang handelt, weiß sie durch die Erfahrungen mit der vorhergehenden Therapie. Wir treffen hier auf eine dramatische Perspektivendifferenz zwischen dem Therapeuten und der Klientin. Während jener diese als schwankend erlebt, hat die Klientin Anlaß, den Therapeuten aus ihrer Perspektive folgendermaßen zu typisieren:

– Er will manches von mir nicht genau wissen, z. B. mein Alter.
– Er versteht meine Andeutungen nicht, z. B. daß ich schon eine Therapie hinter mir habe.
– Er will mich eigentlich nicht haben, was daraus deutlich wird, daß er mir eine andere Therapie anbietet. Nachdem ich das abgelehnt habe, erhalte ich nur eine begrenzte Stundenzahl.
– Außerdem scheint er sich nicht wirklich für meine Beschwerden zu interessieren.

Vor diesem Hintergrund erhält die Äußerung von Herrn Beck, daß ihn der Fall sehr stark beschäftige, eine mögliche Deutung: Unterschwellig hat er die Perspektivendifferenz wahrgenommen und ist darüber beunruhigt.

Nun zum Segment *therapeutische Vorerfahrungen* (II. 5). Formal betrachtet handelt es sich um die Erzählung einer Erzählung, d. h., der Fall-einbringer stellt die Geschichte seiner Klientin dar. Dazu einige Details: Die erste Therapie fand ebenfalls an der psychologischen Beratungsstelle statt, und zwar bei einem Therapeuten, der mit Vornamen eingeführt wird. Als Erläuterung für den Supervisor fügt der Erzähler an: *Das ist ein Kollege(') Honorarkraft hier(-)*. Auch wenn in den meisten Beratungsstellen das Duzen und das Ansprechen mit Vornamen in der internen Kommunikation zum normalen Umgangsstil geworden ist, ist an unserem Fallbeispiel gleichwohl eine Besonderheit zu verzeichnen. Ferdi dürfte die Abkürzung von Ferdinand sein. Solche Abkürzungen, die in der Regel in familiären oder freundschaftlichen Zusammenhängen gebräuchlich sind, lösen unweigerlich Assoziationen aus, und sei es auch nur, daß man den Namen *süß* findet. Die Verwendung von Kosenamen in beruflichen Zusammenhängen symbolisiert ein Intimitätsniveau, das – so kann man prognostizieren – nicht nur Auswirkungen auf die Kooperation im Team hat (z. B. Darstellung des Privatlebens gegenüber Kolleginnen und Kollegen), sondern auch in die Beziehung zu den Klienten hineinragen dürfte.

Die therapeutischen Vorerfahrungen der Klientin scheinen dies zu bestätigen. Sie erzählt, daß es mit Ferdi *sehr schön gewesen* sei und daß sie sich *sogar ein bißchen angefreundet* hätten. Herr Beck vermerkt, daß die Klientin das *so richtig mit Stolz erzählt* habe (133, 34). Interessant ist nun, wie Herr Beck die berichtete Verwandlung der professionellen Therapiesituation in eine quasi private kommentiert. *Und das war mir auch so ein bißchen geheuer (k) ungeheuer(')* ... (133, 34–35). Auf der manifesten Ebene möchte er sagen, daß ihm diese Art der Therapieführung *ein bißchen ... ungeheuer* vorkommt, er verspricht sich aber und sagt zunächst: *ein bißchen geheuer*.

Auch ohne den Hintergrund der psychoanalytischen Theorie der Fehlleistungen sind solche Stellen, in denen diametral entgegengesetzte Intentionen sprachlich an die Oberfläche kommen, deutungsbedürftig. Während die Situationscharakterisierung *ungeheuer* im Zusammenhang mit der therapeutischen Regel, nach der der Behandler den Patienten gegenüber eine professionelle und eben keine private Haltung einnimmt, relativ leicht verstanden werden kann, ist die Aufschlüsselung der Lesart *geheuer* komplizierter. Wenn wir uns indes vergegenwärtigen, daß Herr Beck die Therapie mit Ferdi durchweg positiv typisiert hat (*schön, angefreundet, stolz*) und seine Frage, *ob sie denn mit ihm weitermachen wollte(-)* (133, 35–36) in die Interpretation einbeziehen, dann läßt sich zumindestens eine These formulieren. Es wäre Herrn Beck ganz *geheuer*, wenn die Klientin mit Ferdi *weitermachen* würde und er sie damit los wäre. Für diese Lesart spricht die Konstruktion. In 133, 37–38 erwähnt er, daß die Klientin zwar davon *angetan* gewesen wäre, Ferdi *wiederzusehen, arbeiten* möchte sie aber eigentlich *lieber* mit ihm. Das könnte bedeuten, daß er sich unter Druck gesetzt sieht, seine professionelle Rolle wahrzunehmen, obwohl alles so schwierig ist (133, 21 und 133, 38). Die These, daß im Versprecher die latente Tendenz des Therapeuten zur Abschiebung der Klientin präsent ist, würde sich bruchlos in die von uns bisher rekonstruierte Dynamik der Beziehung einfügen. Wichtige Themen können unter diesen Voraussetzungen nicht hinreichend besprochen werden, so daß der Eindruck entsteht, daß *alles so schwammig bleibt* und z. B. das Scheitern der Therapie mit Ferdi in dem Binnensegment „therapeutische Vorerfahrungen" keinen Raum hat.

Schwer verständlich ist auch die Bedeutung des folgenden Binnensegments. Auf der manifesten Ebene berichtet der Falleinbringer, daß er die *15 Stunden-Begrenzung* in Übereinstimmung mit der Patientin *irgendwann mal aufgehoben* (133, 40) habe. Als Begründung führt er an, daß es *sich so entwickelt* habe und daß die Klientin *unheimlich stark* in der *Beziehung drin hängt* (133, 42). Gleichsam als Resümee verweist Herr Beck auf das Gefühl, das er mit dieser Entwicklung verbindet: Es ist ihm *richtig mulmig*. Was ihm mulmig ist, wird nicht expliziert. Hinweise darauf lassen sich jedoch aus denjenigen Sequenzen ableiten, an denen die Interaktion des Therapeuten mit der Klientin beschrieben wird. Weder der Therapiekontrakt, noch die Anamnese, noch schließlich die Aufhebung der *15 Stunden-Begrenzung* stellen sich als Resultat klarer Aushandlung dar. Insofern ist die Nicht-Aushandlung in der Phase der Fallfindung möglicherweise eine Reproduktion eines Merkmals der Therapeut-Klient-Beziehung in der Supervision. In bezug auf den Therapeuten läßt sich dieses Merkmal näher bestimmen. Die Aufhebung der 15 Stunden-Begrenzung hat *sich so entwickelt*, d. h., daß das therapeutische Handeln wesentlich durch Passivität des Behandlers bestimmt ist, während die Klientin trotzdem oder gerade weil es ihr sehr schlecht geht, ihre Intentionen durchsetzt.

Nach der Lesart, daß Herr Beck ambivalente Intentionen gegenüber der Klientin hegt, können wir nun eine zweite entwickeln, nämlich daß er in *einer Beziehung drinhängt*, in der er sich zur Passivität verurteilt glaubt.

In 133, 44 ist die erste Äußerung des Gruppenleiters das berühmte *hm*, vermerkt. Zur potentiellen Bedeutung des *hm* lassen sich zahllose Lesarten entwickeln. Das Spektrum reicht von einer formalen Qualifizierung als Rezeptionssignal über seine Beschreibung als erzählunterstützender Stimulus bis hin zu einem Deutungsentwurf, bei dem das *hm* als Ratifizierung der Falleinbringungsphase und damit als Übergang zur Fallbearbeitung verstanden wird.[53] Ungeachtet der Intention, die der Supervisor mit dem *hm* verbunden haben mag, ist offensichtlich, daß sich Herr Beck vom Falleinbringungsschema nicht abbringen läßt. Er geht vielmehr zur Schilderung des Therapieverlaufs über, die er mit der bereits erwähnten eindeutigen Markierung /ehm/ .. *Ablauf(')* einleitet (134, 1). Der Darstellungsmodus ist eine gut ausgebaute Erzählung, in der Szenen, die die Klientin charakterisieren, ebenso geschildert werden wie die Involviertheit des Therapeuten in die Beziehung und das daraus resultierende eigene Erleben. Die Szene läßt sich so zusammenfassen, daß die Klientin eine Viertelstunde zu früh kommt, obwohl sie dem Therapeuten, der eigentlich einen früheren Termin mit ihr vereinbaren wollte, unmißverständlich klargemacht hat, daß sie nicht früher kann. In der Viertelstunde, die sie zu früh kommt, *schwätzt* sie immer mit der gleichen anderen Klientin mit der Folge, daß der Therapeut sich *nicht mehr raus* traut und Peinlichkeits- und Beklemmungsgefühle bekommt.

Im Kontrast dazu steht der Auftritt der Klientin, wenn die Stunde beginnt. Dem Therapeuten kommt sie vor *wie ein geprügelter Hund*, der mit *gesenktem Kopf* in die Therapie kommt. Die anfänglich lustige Szene nimmt eine jähe Wendung, die ihren Höhepunkt in der kolportierten Bemerkung der Klientin hat, daß sie nach den Stunden *zwei, drei Tage immer ja ganz depressiv sei(-), Schlafstörungen* habe und daß sie überlege, *ob sie die Therapie nicht besser abbreche* (134, 31–35). Die Erzählung, die die Darstellung des Therapieverlaufs eröffnet, erlaubt im Unterschied zu den vorangegangenen Textsegmenten einen lebendigen Einblick in die Interaktionsangebote der Klientin. Beeindruckend ist dabei, daß in der Szene im Wartezimmer und in der Behandlung zwei scheinbar diametral entgegengesetzte Inszenierungen berichtet werden. Im Wartezimmer ist die Klientin kommunikativ und unterhaltsam, während sie in der Therapiesituation Kommunikationsstörungen hat. Betrachtet man nun die erste Szene in bezug auf ihre Beziehung zum Therapeuten, dann wird deutlich, daß sie durch das Zufrühkommen in sein Terrain eindringt und ihn in die Defensive drängt. Die Gefühle von Peinlichkeit und Beklemmung sind Resultat dieses Eindringens, die vermutlich dadurch verstärkt werden, daß der Therapeut keine erfolgreichen alltagsweltlichen oder professionellen Strategien zur Situationsbewältigung zur Verfügung hat. Der Therapeut stellt sich selber seiner therapeutischen Instrumente beraubt dar.

Während die Klientin in der ersten Szene initiativ wirkt, scheint sie in der zweiten (134, 22–31) das ganze Gegenteil zu sein. Allerdings nur auf den ersten Blick: Auch in diesem Fall drängt sie den Therapeuten in die Defensive, einmal, indem sie zu Stundenbeginn längere Zeit schweigt, und zum anderen, indem sie *erzählt, daß es ihr aufgrund der letzten Stunde wieder ganz schlecht gegangen sei(.)*. Sie klagt also den Therapeuten an, macht ihm Vorwürfe, daß ihr Zustand und ihre Symptome durch die Therapie ausgelöst oder zumindest verstärkt würden. Nicht der Therapeut, sondern die Klientin formuliert die Rezepte zur Bewältigung der Probleme: Therapieabbruch oder oberflächlich bleibende Therapiestunden. Auch an dieser Szene wird also deutlich, daß die Klientin die Situation definiert und auch hier durchaus aggressiv in das Gebiet des Therapeuten eindringt, ohne daß dieser adäquat reagieren kann.

Das Segment 134, 39 – 135,2 enthält einen Kommentar des Falleinbringers zu den vorausgehenden Szenen. Er hebt zunächst hervor, daß die Art, wie die Klientin mit ihm umgeht und ihn auf Distanz hält, wenn es ihr richtig erscheint, *der Punkt* sei, der ihm *zu schaffen macht*. Implizit läßt sich daraus entnehmen, daß Herr Beck das Handeln in der Therapie, vor allem die Regulierung von Nähe und Distanz, seiner Klientin zuschreibt. Sie wird damit als allmächtig typisiert, während er demgegenüber die Ohnmachtsposition einnimmt. Ohnmacht und Angst werden sprachlich in der adverbialen Bestimmung *mulmig* (134, 42) verdichtet. Was er gegen diese Situation unternehmen, wie er *zum Thema kommen* (135, 2) soll, ist ihm gänzlich unklar.

Nachdem dieser Topos behandelt ist, führt Herr Beck ein neues Thema ein. Er glaubt, daß sich die Patientin in ihn verliebt habe. Zur Unterstützung seiner Vermutung berichtet er zunächst entsprechende Wahrnehmungen bei der Klientin (135, 5–7), um dann zwei Episoden als Belegerzählungen einzubringen (135, 9–15 und 135, 17–19). Thematisch geht es in der ersten Episode um ein Ereignis aus dem Leben des Therapeuten, das Auswirkungen auf die Klientin gehabt hat. Nach der Geburt seines Sohnes Andreas hat er, aufgrund der Wahrnehmung von Vaterpflichten, Therapiestunden absagen müssen. Nach dem Wiederbeginn der Therapie ist darüber kein Austausch möglich. Die Klientin macht vielmehr nur die Andeutung, daß sie *den Grund, warum* der Therapeut *weggeblieben sei*, kenne. Außer dieser Bemerkung, so die Darstellung des Falleinbringers, gab es *kein Wort mehr darüber* (135, 14–15).

Es ist sicherlich berechtigt, in der außerordentlich reduzierten Reaktion der Klientin, die von üblichen Reaktionsmustern (gratulieren, nachfragen, ob es ein Junge oder ein Mädchen ist, etc.) abweicht, einen deutungsbedürftigen Umstand zu sehen. Wenn wir die Annahme des Falleinbringers teilen, daß sie sich in ihn verliebt hat, dann können wir spekulativ die folgende Interpretation entwickeln: Der Therapeut ist mit einer anderen Frau fremdgegangen und hat mit ihr ein Kind gezeugt. Nachdem dieses Kind zur Welt gekommen ist, sagt er für längere Zeit die Rendezvous mit ihr ab, sie muß zurückstehen und warten, bis er für sie wieder Zeit hat. Der Falleinbringer würde eine solche Interpretation kaum aussprechen können, weil sie zu peinlich wäre. Bereits bei der Annäherung an das Thema benutzt er gespreizt wirkende Formulierungen (135, 13), verspricht sich mehrmals und verfällt insgesamt in einen stockenden, durch *äh's* unterbrochenen Redestil (vgl. 135, 5–15).

Es scheint für ihn einfacher zu sein, das Thema der Verliebtheit anekdotisch zu umschreiben. Deshalb erzählt er eine zweite Belegepisode: Bei einer Demonstration, die beide besucht hatten, habe sie ihn, nicht aber er sie wahrgenommen. In der darauffolgenden Therapiestunde wird das zum Thema. Die Klientin fühlt sich *übersehen* und *übergangen*, so als wollte der Therapeut nichts *mit ihr zu tun haben* (135, 22). Sie hätte daraufhin *zwei Nächte wieder nich schlafen können(.) danach(.) und es wär ihr wieder ganz schlecht gegangen(.)* (135, 23–24).

Aus dieser Sequenz könnte man weitere Belege für die Verliebtheit herauslesen. Die Frau ist enttäuscht, daß der Mann, der sie doch eigentlich hätte sehen müssen, nicht wahrgenommen hat, sie fühlt sich verschmäht und kann deshalb zwei Nächte nicht schlafen. Gleichsam als Beleg dieser These kommt der Falleinbringer noch einmal auf die *Geschichte* mit Ferdi zurück. Dort war das Klima offensichtlich ganz anders, aus der therapeutischen Beziehung wurde eine freundschaftliche, auf die die Klientin ebenso stolz war wie darauf, daß sie den Therapeuten für die Friedensbewegung interessieren konnte. Die Deutung der Episoden als Belege für die Verliebtheit der Klientin, die der Falleinbringer nahelegt und die auch zunächst durchaus plausibel erscheint, könnte sich indes bei einer genaueren Analyse des berichteten Materials als voreilige Unterstellung eines ebenso konventionellen wie verführerischen Deutungsmusters erweisen.

In den einleitenden Bemerkungen zur ersten Episode weist der Falleinbringer darauf hin, daß die Klientin davon spricht, daß er ihr viel bedeute und daß sie sich viele Gedanken um ihn mache. Diese Beschreibung ließe sich ebensogut auch als Darstellung eines tiefen Abhängigkeitsgefühls verstehen, das mit Verliebtheit nicht unmittelbar gleichzusetzen ist. Wir haben bereits darauf hingewiesen, daß Herr Beck in 133, 42 selber darauf aufmerksam gemacht hat, daß die Klientin *unheimlich stark* in der *Beziehung drinhängt*. Daß sie unter diesen Voraussetzungen nicht konventionell auf die Geburt des Kindes des Therapeuten reagieren kann, ist verständlich: Auf der Ebene der abhängigen Beziehung ist ihr Konkurrenz erwachsen. Die zweite Episode würde eine solche Lesart unterstützen: Sie wird in ihrer Abhängigkeit und Bedürftigkeit vom Therapeuten übersehen und kann aufgrund der Gefühle, die das bei ihr auslöst, zwei Nächte nicht schlafen. Der Kommentar von Herrn Beck, daß die Klientin Schwierigkeiten habe, *Realbeziehung* und *Therapiebeziehung* (135, 28–29) zu unterscheiden, vor allem aber die wiederholt geäußerten diffusen und mulmigen Gefühlsvaleurs, würden eher auf eine solche Lesart als auf normale Verliebtheit verweisen.[54]

Interessant ist, daß Herr Beck erneut die Ferdi-Geschichte aufgreift. In 135, 42 führt die Geschichte von der Veränderung des Therapeuten dazu, daß mehrere Frauen lachen und eine einen ironisch-bewundernden Kommentar abgibt. Das Lachen ließe sich nun als Reaktion auf die Komik verstehen, die die Vorstellung der grotesken Verkehrung der Situation auslöst: Klientin verändert Therapeuten. Eine zweite Möglichkeit wäre, daß das Wort „verändern" implizit mit verführen gleichgesetzt wird, so daß die sexuelle Vorstellung das Lachen hervorruft. In dieser Situation bringt sich der Supervisor ins Spiel. Mit der Intervention: *ist Ferdi der Vorname oder der Nachname(')* (135, 44), greift er indirekt das Intimitätsthema und das Problem der Abgrenzung in der Therapie auf. Die Frage ist insofern merkwürdig, als wir davon ausgehen können, daß der Supervisor eigentlich weiß, daß Ferdi der Vorname ist. Verständlich wird die Form, wenn man eine provokative Intention unterstellt. Er verweist sozusagen auf einen Punkt, an dem dringender Klärungsbedarf herrscht.

Es stellt sich heraus, daß auch in der Therapie des Falleinbringers das Duzen am Anfang eine Rolle gespielt hat. Allerdings nimmt er nicht klar zu diesem Punkt Stellung, so daß Frau Löhr noch einmal deutlich hervorheben muß, daß sich Herr Beck und die Klientin siezen (136, 10). Diese Feststellung wird von Herrn Beck ratifiziert (136, 11), dann aber in einer unerwarteten Weise weitergeführt. Er macht deutlich, daß er die Klientin einerseits sehr nett und ganz gutaussehend findet. Allerdings schränkt er das *sehr nett* sofort zu *ganz nett* (136, 12) ein. Sie stünde ihm, so fährt er fort, in vielem nahe, so z. B. in der Friedensbewegung oder in der Gewerkschaftsarbeit. Wenn sie weniger depressiv und weniger eindringend wäre, wäre sie, so können wir ergänzen, eine ideale Klientin und wahrscheinlich auch eine für ihn interessante Frau. Statt dessen führt sie ihm vor Augen, daß sie zuwenig von ihm bekommt und daß es ihr deshalb schlecht geht.[55]

Die erneute Thematisierung des therapeutischen Dilemmas mündet in einen Nachtrag zur Lebensgeschichte der Klientin. Anders als im Segment *Biographie der Klientin* geht es dieses Mal nicht um äußerliche Daten, sondern um ihre Kindheit. Es wird deutlich, daß sie zwischen dem 1. und 3. Lebensjahr von den Eltern zu Onkel und Tante weggegeben wurde und daß die Eltern sie nur sporadisch besucht haben. Ein richtiges Zuhause habe die Klientin als Kind nicht gehabt.[56] Interessant ist, daß der Falleinbringer in 136, 39 – 137, 3 eine Parallele zwischen dem Beziehungsgeschehen in der Therapie und der frühkindlichen Lebenssituation herstellt:

„So dachte ich ist das hier so in der Therapie auch ein bißchen so(.) wenn sie sich mal wirklich einläßt(-) auf mich(-) ja und vielleicht auch ein Gefühl entwickelt(-) dann bin ich sowieso gleich wieder weg ..." (136, 44 – 137, 3)[57]

Diese Interpretation, die biographische Defizite mit den Beziehungsproblemen der Therapie in Zusammenhang bringt, ist der dramatische Höhepunkt der Falleinbringung. Die Lebensgeschichte wird zur Deutungsfolie sowohl für die mulmigen Gefühle des Therapeuten als auch für die diffusen Äußerungen der Klientin. Nicht gelöst indes ist das Problem, wie der Zirkel durchbrochen werden könnte. Zwar würde Herr Beck die Lebensgeschichte *gerne noch mal zur Sprache bringen* (137, 3–4), merkt aber, daß er Angst vor dem hat, was damit aufgewühlt würde. Resultat ist eine Stagnation der Therapie; Klientin und Therapeut agieren die Selbstblockierung *von Stunde zu Stunde jedesmal mit diesem(-) .. Thema Distanz und Nähe* (137, 7–8). In den Formulierungen zum Abschluß der Falleinbringung bilanziert Herr Beck das Dilemma der Therapie aus seiner Perspektive: Es bestünde in seiner Angst, daß er *was Schlimmes anrichten* könnte, wenn er *irgendwas sage* (137, 16). Ein zusätzliches Problem liege darin, daß die Klientin das Dilemma bereits spüre.

Mit diesem Resümee schließt der Falleinbringer seinen Bericht zunächst einmal ab, ohne allerdings einen expliziten Schlußpunkt gesetzt zu haben. Formulierungen, die das Ende der Fallerzählung und damit den Übergang zur Fallbearbeitung markieren, lauten häufig: *so das war's, jetzt seid ihr dran* oder *jetzt hab ich schon so lange erzählt, jetzt mach ich erst mal Schluß*. Häufig folgt einer solchen Abschlußbemerkung dann eine kurze Schweigephase, die durch Nachfragen von Gruppenteilnehmern oder durch erste Interpretationsversuche abgeschlossen wird. Vor dem Hintergrund einer solchen voll ausgebildeten Abschlußphase haben wir es in unserem Transkript mit einem gleitenden Übergang zur Fallbearbeitung zu tun. Die fehlende Markierung wird noch in einer anderen Hinsicht deutlich: Häufig formulieren die Falleinbringer zum Ende der Geschichte noch einmal die Frage, die sie mit der Gruppe erarbeiten möchten. Herr Beck hat das implizit getan, indem er in seinem Resümee seine Schwierigkeiten in Frageform zusammengefaßt hat. Angesichts der oft vagen Darstellungsweise ist es ohnehin erstaunlich, daß es überhaupt zu einem Abschluß der Fallgeschichte gekommen ist. Möglich wurde das, weil Herr Beck einerseits wesentliche Ergänzungen zur Lebensgeschichte noch eingeblendet hat und andererseits resümierende Fragen an die Gruppenmitglieder formuliert hat.[58]

Wenn wir an dieser Stelle noch einmal auf die Präambel zurückkommen, dann können wir festhalten, daß die Befürchtung des Falleinbringers, die Zeit aufgrund mangelnder Erinnerungen nicht füllen zu können, nicht eingetroffen ist. Er hat vielmehr, was die Länge angeht, eine durchschnittliche Falldarstellung produziert. Nicht die Materialmenge, sondern wie es zu verstehen sei ist das Problem.

3.3 Die Fallbearbeitung

Während in der Falleinbringungsphase das Handlungsschema wesentlich durch den Falleinbringer bestimmt wird, ändert sich dies bei der Fallbearbeitung. Hier übernehmen die Mitsupervisanden und der Supervisor sowohl bei der Abwicklung des Handlungsschemas als auch bei der Materialanalyse wichtige Funktionen. Wie für die beiden anderen Phasen, so läßt sich auch für die Fallbearbeitung eine Binnendifferenzierung des Ablaufschemas nachweisen. In der Regel stellen die Gruppenmitglieder zunächst Nachfragen zum Fall. Diese Nachfragen beziehen sich zumeist auf Verständnisprobleme, vor allem aber auch auf mangelhaft detaillierte oder vernachlässigte Themen. Die Fragen an den Falleinbringer haben zur Folge, daß dieser Klärungsaktivitäten ergreift, sei es in Form der Nachlieferung von Detailerzählungen, genaueren Beschreibungen oder, wenn die Fragen kritisch pointiert sind, in Gestalt von Rechtfertigungen.

Häufig ist die Nachfragesequenz bereits überlagert von Stellungnahmen der Gruppenmitglieder zum Fall, so daß sich ein gleitender Übergang zur eigentlichen Fallbearbeitung ergibt. Schematräger in dieser Sequenz sind wesentlich die Mitsupervisanden und der Supervisor. Durch Rekonstruktions- und Deutungsaktivitäten versuchen sie, zu einem erweiterten Fallverständnis zu gelangen, wobei in der Regel Symptome und Auffälligkeiten des Klienten (diagnostische Ebene), das professionelle Handeln des Therapeuten (therapeutisch-technische Ebene) und vor allem die Beziehung Therapeut–Klient (die Ebene von Übertragung und Gegenübertragung) im Zentrum der Fallanalyse stehen. Die Rolle des Supervisors besteht vor allem darin, die Phantasien, Assoziationen, Erklärungen und theoretischen Erwägungen der Gruppenteilnehmer zu integrieren und nach Möglichkeit zu einer neuen Sichtweise beizutragen. Zum Abschluß der Fallbearbeitung erfolgt häufig eine Ergebnissicherung und die Formulierung einer Maxime in bezug auf die vorangegangene oder für die weitere Arbeit.

Wie stellt sich nun in unserem Beispiel die Fallbearbeitung dar? Im vorhergehenden Abschnitt haben wir darauf hingewiesen, daß die Falleinbringung keinen expliziten Abschluß gefunden hat. Das äußere Kennzeichen dafür, daß die Phase der Falleinbringung abgeschlossen und die der Bearbeitung begonnen hat, besteht einerseits darin, daß Herr Beck seine Fragen an die Gruppe formuliert (137, 10–19) und daß er andererseits ab

137, 27 seine Rolle als Schematräger nach einem kurzen Zwischenspiel (137, 24–26) an die Mitsupervisanden abgibt. Damit entsteht der notwendige Raum für deren Aktivitäten. Frau Hahn greift die Redemöglichkeit mit einem interessant strukturierten Beitrag (137, 27 – 138, 4) als erste auf. An den Falleinbringer adressiert fragt sie nach den *Phantasien was passieren könnte, wenn's dramatischer würde* (137, 27). Sie begründet ihr Ansinnen mit bildhaften Umschreibungen ihres Defizits, sie habe *nur ein Gerüst und keine Inhalte* und *so ein richtiges Loch in der Mitte.*[59] Frau Hahn fährt mit einer Stellungnahme zur Behandlungsstrategie fort, wenn sie sagt, *daß sie die Auffassung vertritt, die wichtigen Themen müßten in der Therapie angesprochen werden.* Zugleich bekundet sie Verständnis für die Angst von Herrn Beck, was sie aber nicht daran hindert, eine zweite Frage zu stellen: Sie möchte den Inhalt, worüber in den Therapiestunden geredet wird, genauer wissen. In 137, 41 kommt dann eine unverständliche Stelle, in der mehrere Gruppenmitglieder durcheinanderreden. Wir können vermuten, daß es sich um Äußerungen handelt, die Zustimmung zu der Frage von Frau Hahn signalisieren[60] (137, 42). Herr Beck ratifiziert die Problemwahrnehmung von Frau Hahn und greift das Bild mit dem *Loch* auf. Zu einer Beantwortung ihrer beiden Fragen setzt er indes nicht an. Das könnte entweder damit zusammenhängen, daß er sein Statement als Unterbrechung des Beitrags von Frau Hahn verstanden hat, oder aber, daß er nicht ausreden konnte. Frau Hahn unterbricht ihn ihrerseits in 138, 1, um das Bild mit dem Loch zum *Rettungsring, wo in der Mitte nichts ist ... nur was drumrum* (138, 3–4) zu vervollständigen. Nach einer bestätigenden Bemerkung von Herrn Beck bringt sich eine zweite Gruppenteilnehmerin, Frau Löhr, ins Spiel. Sie resümiert zunächst einen Aspekt der Falleinbringung, nämlich, daß Herr Beck gesagt habe, daß die Klientin *relativ wenig über ihre Kindheit* (138, 6) rede. Im Kontrast dazu sähe sie ein anderes Defizit: Nämlich, daß zuwenig über die aktuelle Lebenssituation gesprochen wird. Als Frage, die zugleich ihre Einschätzung unterstreichen soll, fügt sie an, daß sie der Fallvorstellung nicht entnehmen konnte, ob die Klientin einen Mann hat oder nicht.

Im Unterschied zu den von Frau Hahn gestellten Fragen geht der Falleinbringer auf diejenige von Frau Löhr sofort ein. Indirekt legitimiert er sich damit, daß er selber erst nach *vielen Stunden* etwas über den Ehemann erfahren habe. Im folgenden charakterisiert er die Beziehung als konfliktreich und zitiert die Klientin, die es wegen des Kindes *mit ihm noch aushalten* (138, 23) müsse. Gleichsam als Kommentar entwickelt er die Phantasie einer *muffeligen* Beziehung des Paares, die dann ihrerseits eine Erinnerung an ein Detail auslöst, das Herrn Beck *merkwürdig* erschien. Es handelt sich um die Idee der Klientin oder des Paares, mit anderen zusammenzuziehen. Das sei etwas gewesen, *was da gar nicht in dieses Bild reinpaßte so(.)* (138, 31). Der Supervisor nutzt die Abschlußintonation, um einen Kommentar anzubringen. Mit der Formulierung *in dieses leblose Bild* (138, 32) versucht er, einen Eindruck zu verbalisieren, der durch die vorangehende Schilderung entstanden ist. Herr Beck geht allerdings nicht auf diese Intervention ein, was darauf schließen läßt, daß der Supervisor ihm ins Wort gefallen ist. Im folgenden wiederholt sich dieses Spiel: Noch eimal versucht der Supervisor, seine Lesart durchzusetzen, erfährt aber von Herrn Beck in 138, 35 expliziten Widerspruch. Im weiteren Verlauf nimmt der Supervisor in 138, 38 mit *ach so(.) hm* seine Lesart zurück. Die Gefahr einer Verständigungskrise zwischen Supervisor und Falleinbringer (138, 32–38) ist durch diese Rücknahme der Interpretation gebannt.

Die Phase der Nachfragen endet damit, daß Frau Hahn ihren eingangs geäußerten Wunsch zu erfahren, wie so eine Stunde abläuft (138, 41–42), wiederholt. Sie wird darin vom Supervisor unterstützt, der darüber hinaus seinen Eindruck mitteilt, *daß auch hier vieles so diffus bleibt* (138, 43–44). Der Aufforderung, die mit indirekter Kritik durch den Leiter verbunden ist, kann sich der Falleinbringer nicht entziehen. Ab 139, 3 versucht er, eine Stunde darzustellen. Im Unterschied zur Falleinbringung läuft das Darstellungsschema allerdings gänzlich anders ab. Kurz nachdem Herr Beck mit seiner Darstellung begonnen hat, schaltet sich Frau Löhr ein, dann folgt wieder Herr Beck, dann Frau Hahn. Offensichtlich typisieren die Gruppenmitglieder die Situation nicht als erneute Falleinbringung, sondern weiterhin als Bearbeitungsphase. Inhaltlich stellen die Voten von Frau Löhr (139, 6–7 und 139, 19) und von Frau Hahn (139, 10) Unterstützungsmaßnahmen für Herrn Beck dar. Diese Kooperationsbereitschaft führt dazu, daß er das *Problem*, an dem er wiederholt *hängengeblieben* ist, nämlich Details aus den schwierigen Sitzungen zu erinnern und darüber zu berichten, lösen kann. Konkret sieht das so aus, daß Frau Löhr ihm in 139, 6–7 eine Starthilfe gibt, wenn sie ihn darauf hinweist, daß er den Anfang einer Sitzung ja bereits in der Falleinbringung beschrieben habe. Herr Beck kann ihre Paraphrase ergänzen und den Stundenbeginn (139,

11–15) relativ gut nachvollziehbar machen. Es gelingt ihm, Reaktionen der Klientin auf seine Interventionen darzustellen (139, 20–28) und daran anschließend Details aus dem Stundenverlauf (139, 24 – 140, 9) zu konkretisieren. Auffällig ist, daß die Ausführungen zum Stundenverlauf durch erzählunterstützende Markierungen des Supervisors intensiv begleitet werden. In übertragenem Sinne könnte man von einem mäeutischen Dialog sprechen, bei dem zunächst Frau Löhr und Frau Hahn und später der Supervisor Geburtshelfer sind. Immerhin gelingt es, die in der Fallvorstellung ursprünglich diffus gebliebenen Andeutungen zum Therapieverlauf zu konkretisieren und damit vorstellbar zu machen.

Auf der thematischen Ebene gibt es eine entscheidende Ergänzung: Zum ersten Mal werden von Herrn Beck suizidale Tendenzen der Klientin erwähnt (139, 35). Allerdings führt er diese zunächst nicht näher aus, stellt aber einen Zusammenhang zu seiner Angst her, wichtige Themen anzusprechen. Erneut thematisiert er sein Dilemma: Wenn er unter dem Eindruck seiner Ängste die Dinge *laufen* läßt, dann entsteht bei ihm das Gefühl, daß er *am eigentlichen Punkt vorbei* (139, 37–39) geht. Sehr viel konkreter als zum Ende der Falleinbringung schildert Herr Beck den Teufelskreis, in dem er sich mit der Klientin befindet. Wie zur Illustration versetzt sich Frau Hahn in die Rolle der Klientin und paraphrasiert deren Part im Dialog mit dem Therapeuten. Solche Inszenierungen dienen der Veranschaulichung von Situationen und der Belebung der Gruppeninteraktion. Die These, die Frau Hahn illustrieren will, geht dahin, daß die Klientin den Therapeuten *an der Leine* hält (140, 10–15). Frau Löhr schließt sich mit einer Interpretation, in der sie auf Freud Bezug nimmt, an: Die Verliebtheit der Klientin sei als Widerstand zu deuten, mit dem diese es vermeidet, sich mit den konkreten Problemen der Lebensbewältigung zu beschäftigen. Statt dessen sei sie mit dem Therapeuten in der Phantasie verbunden (140, 16–26). Frau Hahn knüpft an das Votum an[61] und liefert Material zu der ausgeklammerten Realität. In 140, 32 schaltet sich der Supervisor mit der Frage ein, ob sie *mal was über ihr Kind erzählt* hat. Die negative Antwort des Falleinbringers wird vom Supervisor aufgegriffen und in einen Deutungszusammenhang gebracht: *Auch das wird nicht lebendig(.) .. wir haben gehört(-) sie ist selber ein weggeschicktes Kind(.).*[62] Im Anschluß an diese Deutung berichtet Herr Beck über sein – geringes – Wissen über das Kind und der Beziehung der Mutter zu ihm. So weiß er nach zehn Monaten Therapie zwar, daß es ein Mädchen ist, nicht aber, wie das Kind heißt. Frau Löhr spricht in diesem Zusammenhang einen anderen ungenügend explizierten Punkt an, nämlich die Frage, warum die Klientin als Lehrerin aufgehört hat zu arbeiten, und fügt die *Vermutung* an, daß ihre eigene Geschichte als weggegebenes Kind dazu geführt habe, daß *sie jetzt 'ne gute Mutter sein* (141, 7) muß. Der Supervisor knüpft kritisch an das Deutungsmuster an, wenn er den Widerspruch herausarbeitet, daß das Kind trotzdem nicht in der Therapie auftaucht. Von Frau Löhr wird diese Feststellung mit den Worten, *ja, das ist seltsam(.)* (141, 10), ratifiziert. Frau Hahn entwickelt daraufhin eine weitere Interpretation: Die Klientin sei jemand, die immer zuwenig, und wenn, dann das Falsche bekommen habe. Sie macht diese Deutung an Material fest, das Herr Beck zum Verlauf der einzelnen Therapiestunden geliefert hat.[63] Im weiteren Verlauf der Sitzung wird die Deutung von Frau Hahn schrittweise ergänzt. Zunächst geht es dabei um die potentiellen Gefühle der Falleinbringerin, z. B. die Angst vor Enttäuschung (141, 23), und um die Gefühlsambivalenz, einerseits *unheimliche Wünsche* zu haben und andererseits diese Wünsche fernhalten zu müssen, um sich nicht ganz zu verlieren (141, 28–31).

Auch Frau Löhr entwickelt ihre Interpretation schrittweise weiter. Im Anschluß an Herrn Beck, der seinerseits eine interessante Beziehungsdeutung entwickelt, wenn er auf das Schwanken der Klientin zwischen Angst und Sehnsucht hinweist (141, 36–41), hebt Frau Löhr darauf ab, daß sich die Klientin nicht *wie 'ne Frau* darstellt, sondern *wirklich wie ein bedürftiges Kind*, das *versucht, die Therapie so zu was Realem zu machen.*[64]

Ausgelöst durch eine Frage von Frau Hahn, ob die Klientin bereits einmal Stunden abgesagt habe, verändert sich der Fokus des Gruppengesprächs. Die Interpretationen zum Verständnis der Klientin werden abgelöst durch den Blick auf das Handeln des Therapeuten. Von Frau Hahn wird in 142, 26–29 darauf hingewiesen, daß Herr Beck die *Klientin wie ein Kind (behandelt), dem man nichts zumuten darf.* Herr Beck erinnert an die diffusen Therapievereinbarungen, was von Frau Hahn in 142, 38 bestätigt wird.

Der Supervisor bringt sich an dieser Stelle mit zwei Interventionen ins Spiel. Die erste bezieht sich auf die aktuelle Therapiesituation. Dezidiert weist er darauf hin, daß „*ein analytisches Arbeitsbündnis eigentlich noch gar nicht richtig existiert(.) indem man über die Beziehung sprechen kann(.) daß da noch ein Vorstadium ist(.)* (142, 41–43). Die zweite Intervention (143, 6–23) ist der Versuch einer gerafften Zusammenfassung des bisher über den Fall erzeugten Wissens. Auf dieser Grundlage wird dann eine psychodynamische Diagnose, ein Hinweis auf die Gegenübertragungsgefühle des Therapeuten und ein Hinweis zur Abwehrstruktur gegeben. Die zuletzt genannten Elemente machen deutlich, daß der Supervisor dabei auf psychotherapeutische, genauer: psychoanalytische Modellvorstellungen zurückgreift. Der Falleinbringer versteht und mißversteht[65] übrigens diese konzeptbezogene Dimension sofort: Aus der psychodynamisch beschreibenden Diagnose des Supervisors – abgrundtiefe Sehnsucht – macht er eine *Borderline-Geschichte*.

3.4 Zwischenbilanz

Um die Orientierung angesichts der sich aufhäufenden Inhalte nicht zu verlieren, ist es sinnvoll, an dieser Stelle die formale Strukturierung der dritten Phase kurz zusammenzufassen: Die Fallbearbeitung wurde eröffnet mit einer Nachfragesequenz, die entsprechende Stellungnahmen des Falleinbringers zur Folge hat. Gleichzeitig werden in dieser Phase erste Interpretationsversuche von seiten der Gruppenmitglieder unternommen, während sich der Supervisor noch weitgehend zurückhält. Die Nachfragesequenz mündet in eine vom Supervisor unterstützte Aufforderung an den Falleinbringer, einen Stundenbericht nachzuliefern. Hintergrund des Wunsches ist der Eindruck einiger oder aller Gruppenmitglieder, daß die Falleinbringung zuwenig konkret und anschaulich gewesen ist. Die Diffusität, die der Supervisand bei der Klientin beklagt, hat sich in seinem eigenen Fallvortrag niedergeschlagen.

Im Unterschied zur Falleinbringung verläuft die Nachlieferung des Stundenberichts nicht monologisch, sondern als kooperativer Prozeß zwischen Herrn Beck, Frau Hahn und Frau Löhr. Der Bericht geht über in eine Phase vermehrter Interpretationsaktivitäten, wobei die Aufschlüsselung des Verhaltens der Klientin im Vordergrund steht. Die Deutungsmuster, die dabei angewandt werden, verweisen auf psychotherapeutische Konzepte, so z. B. wenn über die unbewußte Sehnsucht, die Erotisierung der Beziehung zum Therapeuten oder über psychische Blockierungen gesprochen wird. In diese Sequenz ist ein Subsegment eingelagert, bei dem nicht die Fokussierung der Klientin, sondern die Rolle des Therapeuten im Vordergrund steht. Auch hier spielen therapiekonzeptionelle Erwägungen eine Rolle, wobei der Supervisor eine normierende Einschätzung zum Typus der vorgestellten therapeutischen Arbeit formuliert (142, 41–43). Neben dieser Intervention, die sich auf das Subsegment bezieht, befindet sich in der zuvor beschriebenen Interpretationsphase auch noch ein weiterer relativ umfangreicher Redebeitrag des Supervisors. Ganz auf der Linie der bisherigen Fallbearbeitung fokussiert er das Material einerseits im Hinblick auf eine Analyse der Klientin, deutet aber andererseits auch Verständnis für die Auswirkungen ihrer Störungen auf den Behandler an.

Als allgemeines Charakteristikum der Fallbearbeitung können wir festhalten, daß das Material, das der Falleinbringer produziert hat, in zwei Schritten behandelt wird: Zum einen werden die in der Falleinbringung nicht hinreichend deutlich gewordenen Themen und Konflikte nachgefragt. Es versteht sich von selbst, daß der Falleinbringer hierbei eine Detaillierungs- und Auskunftspflicht hat. Zum anderen versuchen die Gruppenteilnehmer, durch Assoziationen, Phantasien, theoretische Überlegungen, Kombinationen etc. thematische Ergänzungen zum Ausgangsmaterial zu entwickeln, wobei wieder zumeist diejenigen Textstellen als Ausgangspunkt gewählt werden, die im Fallbericht defizitär geblieben oder unplausibel sind. Anders als in der Falleinbringungsphase sind die einzelnen Segmente in der Bearbeitungsphase nicht so gut gegeneinander abgehoben. Auch im vorliegenden Fall überlappen sich Nachfrage- und Deutungsaktivitäten. Grund hierfür ist die größere Komplexität der Bearbeitungsphase, in der das Handlungsschema von allen anwesenden Personen getragen wird, während es sich bei der Falleinbringung um nur einen Schematräger handelt.

Natürlich können auch in der Phase der Fallbearbeitung erneut Stellen mangelnder Plausibilität produziert werden.[66] Ein Beispiel dafür ist der Topos Suizidgefahr, der im nachgelieferten Stundenbericht zwar erwähnt, nicht aber detailliert ausgeführt wird. Folge davon ist, daß dieser Topos zu einem späteren Zeitpunkt (145, 16 – 146, 2) nachgearbeitet wird. Wenn solche Nachbearbeitungen nicht erfolgen, verläuft der Gruppenprozeß insuffizient. Solche Sitzungen werden von den Gruppenteilnehmern als unbefriedigend erlebt und führen, wenn sie gehäuft auftreten, zu einem Sich-hinschleppen, gelegentlich auch zum Abbruch der Supervision.

3.5 Fortsetzung der Analyse

Zurück zur Transkriptanalyse: Im Anschluß an die Interpretation des Supervisors setzen die Gruppenmitglieder ihre Deutungsaktivitäten fort. Interessant ist, daß sich jetzt auch Frau Welp zum ersten Mal ins Spiel bringt. Ihr Beitrag schließt sich relativ eng an denjenigen des Supervisors an, wobei sie ein Bild produziert, nämlich, daß die Klientin Gefühle wie Ärger oder Trauer mit einem *Deckel* abwehre. Diese, in der Psychosprache verbreitete Metapher wird von Frau Hahn sofort aufgegriffen, womit sie der Kollegin auf der Ebene der Gruppeninteraktion signalisiert, daß sie in den Prozeß integriert ist.[67]

Von den Themen, die der Supervisor aufgegriffen hat, werden vor allem das Sehnsuchtsmotiv und die *Beziehungsabwehr* in der weiteren Abwicklung der Fallbearbeitung wiederholt aufgenommen und paraphrasiert. Der Falleinbringer erweitert die Interpretation des Leiters in Richtung einer Typisierung des Interaktionsspiels, und zwar so, daß einerseits die Klientin *Angst davor hat, daß die die Wünsche(') die Bedürfnisse(') die Sehnsucht so stark durchbricht(')* (143, 27–28), und daß er andererseits bemerkt, daß es umgekehrt bei ihm auch so ist (143, 33). Ein weiterer Aspekt zur Beschreibung der Klientin wird von Frau Hahn eingebracht. Sie erlebt die *Aggression irgendwo stark im Hintergrund* (143, 42–43). Herr Beck greift das Votum von Frau Hahn auf und exemplifiziert das durch den Hinweis auf die vorige Stunde. In 139, 24–28 hat er darüber berichtet, daß die Klientin sich auf seine wiederholten Hinweise, daß es um die *Therapieebene* und nicht um die *Realebene* (139, 20–23) ginge, sehr geärgert habe. Er liefert dazu jetzt die Begründung nach, daß er ja nur wollte, *daß sie /eh/ Aggressionen spürt(')* (144, 8) und *damit sie merkt, welche Distanz sie eigentlich zu mir hat und sauer ist auf mich(.)* (144, 11–12). Nach einem doppelten Rezeptionssignal des Supervisors und einer eher expressiv zu verstehenden Äußerung des Herrn Beck (144, 13–14) folgt Frau Löhr mit einem längeren, fünfmal unterbrochenen Beitrag. Zunächst macht sie dem Falleinbringer einen Vorschlag, die Wut, die die Klientin auf ihn hat, mit Hilfe einer Interpretation anzusprechen, um damit den Affekt hervorzulocken. Dieser Vorschlag wird von Herrn Beck umgehend zurückgewiesen (144, 19–20), und zwar mit dem Argument, daß sie ihn *auf diesem Weg* abschneidet. Darauf reagiert Frau Löhr mit einer Interpretation der *Sehnsucht* der Klientin, die noch nicht *an so 'nem*

Punkt ist, wo sie wütend werden kann (144, 23–25). Sie fügt eine weiter-
gehende Erklärung an, wenn sie darauf hinweist, daß die Angst vor dem
Verlust der Liebesbeziehung Ursache der gebremsten Affekte sein könnte.
Herr Beck unterstützt das mit dem Hinweis auf die Depressivität, die bis
zur Suizidalität reicht. Der Supervisor unterstützt die Interpretation von
Frau Löhr, ohne allerdings mögliche Ursachen anzudeuten. Der Falleinbringer faßt die Voten offensichtlich als Kritik auf, wenn er in 144, 37–38
darauf hinweist, daß es ein *absurder Vorschlag* gewesen sei, mit der
Klientin über Aggression zu sprechen. Er fügt an, daß es *was von mir* sei,
was Merkwürdiges(') Unverständliches(') (144, 38 und 40).[68]

Die Andeutung des Falleinbringers, daß etwas von ihm – in der Psychoanalyse würde man von einer Gegenübertragungsreaktion sprechen – in
die therapeutische Beziehung kommt, wird vom Supervisor nicht aufgegriffen. Im Gegenteil: Er spricht etwas gänzlich anderes an, wenn er die
Frage stellt, ob der Falleinbringer mit der Klientin über Träume spreche.
Bei dieser Intervention handelt es sich um einen Einwurf, der keinen Bezug zu dem Gruppenkontext hat, damit entsteht eine Stelle mangelnder
Plausibilität, die im Interesse der Rekonstruktion des supervisorischen
Handelns aufgeschlüsselt werden sollte. Immerhin könnte der mangelnde Gruppenbezug des Statements ja dazu führen, daß Verständigungsprobleme auftreten. Für die Äußerung des Supervisors, *sprechen sie über
Träume mit ihr*, lassen sich mehrere Bedeutungszuschreibungen entwikkeln:

Der Supervisor könnte ein theoretisches Konzept verfolgen, nach dem
es sinnvoll ist, in bestimmten therapeutischen Sitzungen die Klientin auf
ihre Träume anzusprechen. Es könnte sich aber auch um eine Assoziation
im Anschluß an die Äußerung von Herrn Beck, daß etwas *Merkwürdiges,
Unverständliches* im Spiel sei, handeln. Eine andere Version, die in die
ähnliche Richtung geht, würde lauten, daß der Supervisor den Gruppenprozeß selber als etwas Traumhaftes, Unrealistisches wahrgenommen
habe. Auch entferntere Lesarten, wie z. B. diejenige, daß der Leiter durch
absurde Interventionen Wirkungen bei der Gruppe induzieren will, wären
denkbar.

Wie geht nun die Gruppe mit der Frage des Supervisors um? Der Falleinbringer greift sie sofort auf, weist allerdings das implizite Ansinnen
zurück, daß er selber aktiv werden soll. Wenn die Klientin ihm einen
Traum erzählen würde, dann würde er versuchen, mit ihr darüber zu spre-

chen. Mit dieser Antwort bezieht sich Herr Beck indirekt auf Therapiekonzepte, in denen davon ausgegangen wird, daß die Klienten und nicht die Therapeuten die Aktivitäten in den Sitzungen bestimmen sollten. Der Supervisor reagiert daraufhin mit *hm, hm*, das in diesem Kontext wohl bedeuten dürfte: ‚das habe ich mir gedacht'. Wenn diese Interpretation zuträfe, würde das heißen, daß der Supervisor mit dem doppelten *hm* eine ironisierende Anspielung auf den Falleinbringer verbindet. Für eine solche Interpretation spricht, daß seine Äußerung allgemeines Gelächter auslöst. Ironisierende Bemerkungen von Supervisoren und Therapeuten sind nicht unproblematisch, weil sie in sich die Gefahr bergen, daß der so Angesprochene beschämt wird. Im vorliegenden Fall reagiert Herr Beck mit der Erklärung, daß er sich momentan hüten würde, sie aufzufordern.[69] Der Supervisor ratifiziert diese Äußerung mit *ja, hm* (145, 1), einer Äußerung, die Einsicht signalisiert. Eine nicht identifizierte Gruppenteilnehmerin lacht und sagt etwas Unverständliches. Damit ist die Szene abgeschlossen.

Als Beleg dafür können wir das nachfolgende Votum von Frau Hahn heranziehen. Sie bezieht sich nicht länger auf das Gespräch über die Träume, sondern meldet Klärungsbedarf an. So wenigstens würde ich ihre Äußerung (145, 3–4) verstehen, wenn man den unvollständigen Satz vervollständigen würde. Er würde dann lauten: ‚also mir ist noch nicht klar'. Das, was ihr nicht klar ist, wird im folgenden zunächst nur stockend angedeutet. Für eine präzise Bezeichnung fehlen der Supervisandin offensichtlich präzise Begriffe. Gemeint ist das *Zurückschrecken* des Falleinbringers, zentrale Themen der Therapie aufzugreifen und mit der Klientin zu besprechen.

Interessant ist, daß Frau Hahn einen Bezug zur Gruppe herstellt, wenn sie ausführlich auf die Wiederholung dieses Merkmals der Therapeut-Klient-Beziehung in der Gruppeninteraktion eingeht. Sie knüpft daran die Frage, *wovor hüten wir uns eigentlich bei ihr(')* (145, 11–12). Ohne die Frage selber zu beantworten, weist sie auf die Folgen des ungelösten Problems hin: *Das ist ja immer so 'n(') ganz seltsames(') /eh/ Lähmungsgefühl, was da auch kommt(')* (145, 14–15). Zur Verstärkung schließt sie dann noch einmal ihre Frage nach den Ursachen der Vorsicht an. Herr Beck, der bereits zweimal mit einem bestätigenden Ja auf die Sprecherin reagiert hat, bringt sofort nach Ende des Votums von Frau Hahn einen eigenen Kommentar in Form einer Erklärung ein, die sowohl die Frage in bezug auf die Lähmung der Gruppe als auch in bezug auf die Legitimation seines therapeutischen Handelns mit beantworten soll. *Ein Punkt ist sicherlich so(') Suizidalität(.)* (145, 16).

Nachdem Herr Beck in der Falleinbringungsphase bereits mehrfach auf die Selbstmordgefährdung seiner Klientin hingewiesen hat, wird diese nun zum Thema. Allerdings bedarf es dazu einer expliziten Aufforderung durch Frau Hahn, die nachfragt, wie die Suizidalität *zum Ausdruck* kommt. Herr Beck erläutert daraufhin die Indikatoren. Frau Welp und Frau Hahn versuchen, die diesbezüglichen Gefühlslagen und Erfahrungen der Klientin zu beschreiben. Vor allem das Gefühl der Verlassenheit und des mangelnden Schutzes werden vor dem Hintergrund weiterer Motive, die in der Gruppensitzung bereits besprochen worden sind, thematisiert. Eine Szene, die Herr Beck bereits in der Falldarstellung[70] erwähnt hat und bei der es darum ging, daß er die Klientin beim Telefongespräch relativ schnell abgefertigt hat, obwohl es ihr sehr schlecht ging, spielt dabei eine besondere Rolle. Frau Hahn greift sie in 146, 1 auf, der Supervisor präzisiert sie dahingehend, daß die Klientin das Gefühl hat, daß der Therapeut für sie nicht da sei. Er vergleicht Herrn Beck mit dem früheren Therapeuten Ferdi, *der lieber war als sie,* fügt dann aber noch jenes wichtige, aus der Falleinbringung bekannte Detail hinzu, daß die Klientin eben nicht von Ferdi behandelt werden wollte.

Der Falleinbringer greift die Intervention des Supervisors mit einem Geständnis auf: Er empfindet den vorigen Therapeuten *manchmal richtig als Konkurrenz* (146, 7). Er hat sich bereits mit Ferdi über die Therapie unterhalten und hat dabei erfahren, daß der offensichtlich *keineswegs so lieb war* (146, 14). Frau Welp und Frau Löhr nutzen dieses Angebot, um die Unterschiede der beiden Männer kurz zu typisieren. Die Konkurrenz des Herrn Beck mit Ferdi und die Unterscheidungen der beiden Therapeuten lösen Heiterkeit aus, die vom Supervisor sanktioniert wird mit dem Hinweis, daß etwas weggelacht würde. Worauf er sich damit bezieht, wird nicht deutlich, möglicherweise hat er den Eindruck, daß die Modalität angesichts der Problematik der Klientin oder der noch offenen Fragen unangemessen ist.[71] Herr Beck zieht ein Resümee derart, daß er den Unterschied zu Ferdi betont, wobei er zu erkennen gibt, daß er in der Frage Therapie- bzw. Privatbeziehung *relativ hart* (146, 27) für ein klares therapeutisches Setting eintritt. Allerdings macht er damit implizit auch deutlich (146, 21), daß ihm *der Wunsch, Kaffeetrinken zu gehen,* nicht fremd ist. Das eigentliche Dilemma, so hebt er zum Ende dieses Votums erneut hervor, liegt aber darin, daß er sich nicht traut, *die ganze Dramatik* aufzurollen. Damit teilt er der Gruppe indirekt mit, daß die Versuche, die Fallproblematik zu verstehen und Antworten auf seine Fragen zu finden, bisher nicht von Erfolg beschieden sind.

Zu diesem Zeitpunkt sind etwa zwei Drittel der Sitzungsdauer und mehr als die Hälfte der für die Fallbearbeitung zur Verfügung stehenden Zeit vergangen. Faßt man die bisherige Falldiskussion zusammen, dann können wir festhalten, daß die Gruppenmitglieder zwar Deutungsansätze zur Diagnostik der Klientin, zum therapeutischen Handeln und zur Therapeut-Klientin-Beziehung entwickelt haben; auch wurden undeutlich gebliebene Sequenzen des Fallvortrags ergänzt und nicht zuletzt die Reproduktionen des Falles in der Gruppe angesprochen. Trotzdem ist es aber nicht gelungen, die Beziehung des Falleinbringers zur Klientin so zu verstehen, daß ein produktiver therapeutischer Umgang absehbar ist. An dem von Frau Hahn diagnostizierten *Lähmungsgefühl* (145, 14–15) hat sich noch wenig verändert. Der Falleinbringer ist daran allerdings nicht ganz unschuldig. Seine Äußerungen sind durchzogen von teils ängstlichen, teils selbstanklagend-resignativen Zwischentönen. Diese tragen wesentlich dazu bei, daß sich eine perspektivenlose Situation konstelliert, die, wenn sie sich durchhielte, zu einem unbefriedigenden Sitzungsverlauf und vor allem zu einer Nichterfüllung des Arbeitsauftrags der Supervision führen würde.

In einer solchen Situation bedarf es einer Intervention, die aus der Sackgasse herausführt. Unter ablaufschematischen Gesichtspunkten sind wir an einem, für die Phase der Fallbearbeitung charakteristischen Wendepunkt angelangt. In der Regel wird die Erweiterung der Perspektiven durch Deutungen des Supervisors, gelegentlich aber auch Interventionen von Gruppenteilnehmern eingeleitet. In unserem Fallbeispiel haben die Äußerungen des Gruppenleiters (146, 35 – 147,17) die Funktion einer solchen Wendepunktintervention. Zur Verdeutlichung seien Ausschnitte zitiert:

> und die Angst glaub ich die sie so beklommen(-) die uns alle auch hier beklommen macht is /eh/ wenn's zu 'ner wirklichen Beziehung käme(-) daß sie dann so überschwemmt würde von ihren Gefühlen(-) die sie jetzt abspalten muß(-) daß dann was Furchtbares passieren würde(-) daß sie sich umbringen würde(-) oder(-) .. furchtbar depressiv werden würde(-) oder vielleicht auch verwirrt(-) das weiß man nicht(-) die Realität nicht mehr zusammenhalten kann(.) (146, 38 – 147,1)

Zunächst wendet sich der Supervisor, wenn er die Angst und das Beklommenheitsgefühl anspricht, an den Falleinbringer. Er greift dann die Spiegelung dieser Gefühle in der Gruppe auf, um schließlich die Ursachen in den psychischen Störungen der Klientin zu lokalisieren. Er entwickelt also eine komplexe diagnostische Hypothese, die man folgendermaßen paraphrasieren könnte: Die Behandlungsschwierigkeiten hätten ihre Ursache darin, daß die Klientin ihre Gefühle nicht äußern kann, weil sie dann von ihnen überschwemmt würde und etwas ‚Furchtbares' passieren könnte. Diese Schwierigkeit, Gefühle zu äußern, und die damit verbundenen Ängste vor Konsequenzen seien es, die die Angst von Herrn Beck und die ‚Beklommenheit' der Gruppenmitglieder hervorriefe.

Der Supervisor konstruiert also einen Zusammenhang zwischen den vermuteten Schwierigkeiten der Klientin, dem Falleinbringer und den Gruppenmitgliedern. Interessant ist, daß der Supervisor in seiner Intervention zentrale Begriffe, die von den Supervisanden eingeführt worden sind, übernimmt. Diese Form der Anknüpfung hat die Funktion, die gemeinsam erzeugten Wissensbestände zu synthetisieren und den Gruppenprozeß zu integrieren. An der Äußerung wird aber auch deutlich, daß sich der Supervisor als Fachmann für die Behandlung von Klienten mit solchen und ähnlichen Störungen typisiert. Die Aufzählung der Möglichkeiten, was passieren könnte, läßt sich in diesem Sinne entschlüsseln.

Nach einem kurzen Beitrag von Frau Hahn und einem Bestätigung signalisierenden *Ja* (147, 5) von Herrn Beck setzt der Supervisor seine Deutungsaktivitäten fort. Er reinterpretiert zunächst die Äußerung von Frau Hahn (147, 2–4), wenn er die *Power* der Klientin als *dunkle Energie* (147, 6) charakterisiert. Nachdem Frau Hahn seine Reinterpretation unterstützt hat, kommt es zu einer langen Schweigephase (35 Sek.). Sie wird vom Supervisor beendet mit einem Hinweis zur Beziehungsinszenierung der Klientin: Diese gestalte die Beziehung deshalb diffus, weil sie nicht von ihren Gefühlen überschwemmt werden möchte. Der Therapeut käme mit ihrem Beziehungsangebot deshalb nicht klar, weil er diese Bedeutung nicht verstehen könne. Wenn er sagt, *sie macht's schon richtig* (147, 10), interpretiert er das Beziehungsangebot der Klientin, das im Verlauf der Sitzung vornehmlich negativ typisiert worden ist, zum ersten Mal in einem positiven Sinne. In der Sprache der klinischen Psychoanalyse könnte man sagen, daß er die produktive, lebensermöglichende Rolle der Abwehr hervorhebt. Nachdem der Supervisor diese Dimension angesprochen hat, setzt er dazu das Interaktionsangebot des Behandlers in Beziehung. Dieser stelle der Klientin zwar einen ‚Rettungsring' in Form eines stabilen therapeutischen Angebots zur Verfügung, sei aber nicht in der Lage, die inneren Themen aufzugreifen (147, 11–12).

Herr Beck reagiert auf die Deutung des Supervisors mit einem doppelten *hm*, das vermutlich Zustimmung oder Verständnis signalisiert. Daran schließt sich erneut eine 25sekündige Schweigephase an, die abermals vom Supervisor beendet wird. Noch einmal deutet er die Klientin-Therapeut-Beziehung aus einer etwas anderen Perspektive: Er unterstellt, daß die Klientin aus innerer Notwendigkeit heraus den Therapeuten und die Therapie als *Krücke* benutzen muß, *um .. stabil bleiben zu können(-)* (147, 17). Während der Supervisor in der vorhergehenden Intervention eine Metapher von Frau Hahn – den *Rettungsring* mit dem *Loch drin* – aufgegriffen hat, entwickelt er mit dem Bild von der *Krücke* eine eigene Metaphorik.

Der Sinn des Gebrauchs von Metaphern besteht darin, Assoziationsräume zu schaffen, die den Zugang zur unbewußten Beziehungsmatrix von Klientin, Therapeut und Gruppe eröffnen. Die Wahrnehmung des unbewußten Angebots ist Voraussetzung zu einer Umstellung der therapeutischen Haltung. Implizit teilt der Supervisor dem Falleinbringer in seinem Votum mit, daß die Therapie nur dann aus der Sackgasse herauskommt, wenn dieser das unbewußte Beziehungsangebot der Klientin ernst nimmt und eine Umstellung der therapeutischen Haltung vornimmt.

Obwohl der Supervisor und seine Intervention an die im Gruppenprozeß produzierten Überlegungen anknüpft, geht er mit der Festschreibung der Diagnose und der damit verknüpften Handlungsanweisung an den Therapeuten entscheidend über den bis zum Zeitpunkt quo ante erreichten Diskussionsstand hinaus. Ob seine Intervention produktiv ist, ob also seine expliziten und impliziten Hypothesen über den Fall und den Falleinbringer angemessen sind, zeigt sich im weiteren Verlauf des Gruppenprozesses, und zwar darin, ob die Blockierung des Fallverständnisses aufgehoben werden kann.[72]

Die Analyse zentraler Leiterinterventionen ist vor allem deshalb bedeutsam, weil mit ihrer Hilfe ein theoretisches Modell für die Deutung in der Supervision entwickelt werden kann. Ausgehend von unserem Fallbeispiel, können wir die Elemente in der Deutung der Supervision folgendermaßen beschreiben:

1. Eine Deutung ist retrospektiv, d. h., der Leiter greift selektiv Äußerungen des Falleinbringers und der Mitsupervisanden auf.
2. In einer Deutung werden die interaktiv erzeugten Wissensbestände integriert, d. h., der Supervisor reinterpretiert die Äußerungen der Gruppenteilnehmer vor dem Hintergrund seines Fallverständnisses und ergänzt sie durch eigene Wahrnehmungen, Einschätzungen und Beurteilungen.
3. In einer Deutung wird das komplexe Interaktionssystem der Gruppensupervision wenigstens ansatzweise abgebildet. In unserem Fall das Beziehungsgeflecht Klientin-Therapeut-Supervisionsgruppe. Voraussetzung dazu ist, daß der Supervisor einerseits den Falleinbringer und den Gruppenprozeß ‚verstehen‘ kann und andererseits über bereichsspezifisches Wissen und einschlägige Erfahrungen verfügt.
4. In einer Deutung werden vom Supervisor neue Aspekte, z. B. durch unerwartete Kombinationen des vorhandenen Wissens, durch Aufdeckung verschwiegener bzw. unangenehmer Sachverhalte oder durch eigene Ideen, eingeführt.
5. Die Formulierung der Deutung oszilliert zwischen quasi kausalen Ableitungen und metaphorischen Darstellungsweisen.
6. Die Deutung stellt sich als Gesprächsangebot an die Gruppe dar. Ihre Stichhaltigkeit erweist sich darin, daß das Reflexionsniveau des Status quo ante erweitert wird.

Zusammenfassend läßt sich festhalten, daß die Funktion der Deutung darin besteht, neue Sinnhorizonte einzuführen, wobei die verschiedenen Aspekte natürlich nicht unbedingt in einer Äußerung enthalten sein müssen, sondern auch sukzessive eingebracht werden können.

Zurück zum Fallbeispiel: Wie gehen nun der Falleinbringer und die Gruppenmitglieder mit der Deutung des Leiters um? Auffällig ist, daß sich der Rhythmus und die Modalität des Gruppengesprächs ändern. War die Fallbearbeitungsphase bis dahin dadurch gekennzeichnet, daß pausenlos kommuniziert wurde, so treten im weiteren Gruppenverlauf mehrere lange Schweigephasen auf.[73] Die Veränderung der Modalität schlägt sich darin nieder, daß das Durcheinanderreden nicht mehr auftritt. Ursache dieses Phänomens dürfte eine Zentrierung der Aufmerksamkeit sein, die ihrerseits Resultat einer sich verändernden Fallwahrnehmung ist. Erschien der Fallvortrag zunächst eigentümlich diffus und unzugänglich, so sind nach der Wendepunktintervention des Leiters die Problemstellungen klarer konturiert.

Formal betrachtet konstelliert sich der weitere Gruppenprozeß zunächst als Dreieckskommunikation zwischen dem Falleinbringer, Frau Hahn und dem Supervisor. Während Frau Hahn sich mit der Krückenmetapher beschäftigt und versucht, das Bild auf konkrete Therapiesituationen umzusetzen, befaßt sich Herr Beck mit anderen Elementen der Intervention des Supervisors. Zum einen greift er aus der Einleitung seiner Deutung die Frage des Therapieabbruchs[74] und zum anderen die lähmende Angst auf und reformuliert den Zusammenhang in einer für ihn passenden Weise: Er fühlt sich in die therapeutische Dynamik so hereingezogen, daß er *weder vor noch zurück kann* (147, 19–20), so daß das Gefühl entsteht, die Therapie abzubrechen. Im weiteren Verlauf entwickelt er eine Argumentation, die gegen den Therapieabbruch spricht. Für die Klientin wäre das einem *Sich-Aufgeben* (147, 41–42) vergleichbar. Diese These wird vom Supervisor durch eine starke Formulierung, in der er wiederum die in der Gruppe entwickelte Metaphorik aufgreift, unterstützt. Therapieabbruch, so seine Stellungnahme, würde für die Klientin Hoffnungslosigkeit und einen *Absturz in das Loch* (147, 43) zur Folge haben. Bezogen auf den Falleinbringer, fügt er allerdings noch einen Hinweis auf die Gestaltung des therapeutischen Gesprächs an: *Aber das dürfen Sie ihr alles sagen(.)* (147, 43–44). Dieser Hinweis läßt sich als Versuch des Supervisors verstehen, den resignativen Tendenzen des Falleinbringers eine konkrete Perspektive für die Gestaltung der therapeutischen Interaktion entgegenzusetzen. Während Herr Beck sich mit dem ersten Teil der Leiterdeutung beschäftigt, bleibt Frau Hahn ihrem Thema, der Bedeutung der Krückenmetapher für die Therapie, treu. Interessanterweise bezieht sich die These, die sie dazu entwickelt, ebenfalls auf die konkrete Gestaltung der therapeutischen Situation. Sie versteht die Krückenmetapher so, daß der Therapeut das ‚Lebensarrangement' der Klientin zunächst einmal *verstärkt* (148, 2–3), so daß sich allmählich Gefühle entwickeln können, die gegenwärtig noch unerträglich sind.[75]

Die unterschiedlichen Perspektiven von Herrn Beck und Frau Hahn werden im weiteren Verlauf zunehmend konkretisiert bis zu jenen Formulierungen von Frau Hahn: *Abwehrverstärkung(.) als Aufgabe* (148, 24) und von Herrn Beck: *Ich merke aber auch, daß sich bei mir der Widerspruch regt* (148, 36). Die letzte Bemerkung ruft allgemeines Gelächter hervor. Offensichtlich war der Gruppe die Widerständigkeit des Fall-einbringers schon seit längerem aufgefallen. Herr Beck reagiert mit einer Rechtfertigung; es fiele ihm schwer, die Hoffnungslosigkeit, *keine Ver-änderung erreichen zu können* (148, 39–40), zu akzeptieren. Der Super-visor nimmt diese Bedenken zum Anlaß einer erklärenden Intervention, die sich etwa folgendermaßen paraphrasieren ließe: Wenn der Therapeut eine innere Umstellung in dem Sinne vorgenommen hat, daß er sich der Klientin zur Verfügung stellt, dann kämen paradoxerweise therapeutische Prozesse in Gang, weil *die Patientin von dem Ziel entlastet (sei), was sie für sie haben(.) Dann weiß sie(.), daß sie hier etwas lassen kann .. von der Angst und von der Sehnsucht.*[76]

In der nachfolgenden Passage bringen sich Frau Welp und Frau Löhr, die längere Zeit nur passiv durch Rezeptionssignale am Gruppengesche-hen teilgenommen haben, wieder verstärkt ins Spiel. Beide versuchen, in Unterstützung des Leiters, die Vorbehalte, die der Falleinbringer auch wei-terhin anmeldet, zu zerstreuen. Herr Beck faßt sie dahingehend zusam-men, daß er, bei dem vom Supervisor vorgeschlagenen Therapiekonzept, seine auf die Klientin bezogenen *Veränderungswünsche* (149, 19) auf-geben müsse. Der Leiter greift dieses Votum mit einer konfrontierenden Interpretation auf: *Da kommt ihr Widerstand rein* (149, 20). Eine solche, auf die Person bezogene Deutung findet sich in Supervisionstranskripten relativ selten. Über die Motive des Supervisors können wir nur Vermutun-gen anstellen: Möglicherweise möchte er mit seiner Deutung die destruk-tiven Tendenzen, die die Fallbearbeitung immer wieder erschweren, be-nennen, um sie in Schach halten zu können. Es könnte aber auch sein, daß er den Falleinbringer vor dem Hintergrund des stagnierenden Therapie-verlaufs anregen möchte, verstärkt über sich selber nachzudenken. Der Supervisor wird von Frau Welp (149, 21–22) unterstützt, indem sie sein Votum ausbaut. Durch die gemeinsame Position von Frau Löhr, Frau Welp und dem Supervisor bleibt Herrn Beck keine andere Möglichkeit, als deren Verständnis zu bestätigen (149, 23). Der Supervisor führt dar-aufhin einen erneuten Perspektivwechsel ein; in 149, 25–32 betont er die aktive Seite der Klientin, die immerhin in der Lage sei, zu Demonstratio-nen zu fahren. Dieses Votum läßt sich als Mitteilung an den Falleinbringer und die Mitsupervisanden verstehen, angesichts der Schwere der psychi-schen Störungen die starken Seiten der Klientin, die Grundlage einer the-rapeutischen Arbeitsbeziehungen sind, nicht zu übersehen.

Dieser Aspekt wird vom Falleinbringer nach einer längeren Pause aufgegriffen (149, 41–44). Der Supervisor erläutert noch einmal sein Votum von den Ich-Funktionen der Klientin und wird darin von Frau Löhr unterstützt, die darauf hinweist, daß die Klientin immerhin in der Lage sei, ein Kind großzuziehen. In der nachfolgenden Sequenz, die von Frau Hahn eröffnet wird (150, 15 – 152, 10), werden von den Gruppenmitgliedern erneut Versuche unternommen, sich dem Lebensentwurf der Klientin anzunähern. Frau Hahn beschäftigt sich in diesem Zusammenhang mit Phantasien über ihre Ehe und über die destabilisierenden Folgen, die eine Veränderung des eingespielten Gleichgewichts für die Paarbeziehung mit sich bringen würde (150, 15–29). Das Thema findet keine Resonanz in der Gruppe, ab 149, 41 expandiert Herr Beck erneut das Beziehungsgeflecht zwischen ihm und der Klientin, wobei er bereits bekannte Überlegungen wiederholt. Die Gruppenmitglieder assistieren ihm dabei, wobei auffällig ist, daß in einer kurzen Textpassage von 16 Zeilen (150, 37 – 151, 10) drei Pausen von zwanzig, fünfzehn und vierzig Sekunden verzeichnet sind. Dieses Phänomen ist deutungsbedürftig; es kann nicht allein durch die seit der Wendepunktintervention verstärkte Aufmerksamkeitsspannung der Gruppe erklärt werden. Vor dem Hintergrund der ab 149, 41 zu beobachtenden Tendenz, bekannte Themen erneut aufzugreifen, ließe sich die These vertreten, daß die Fallbearbeitung im wesentlichen abgeschlossen ist. Als Textindikator könnte man das Votum des Supervisors: *Das bedeutet einiges* (149, 39), heranziehen. Diese Stellungnahme erfolgt im Anschluß an eine Sequenz, in der der Falleinbringer seine Schwierigkeiten mit den Vorschlägen des Leiters eingeräumt hat, in der gleichzeitig aber auch günstige Perspektiven für die Klientin dargestellt werden. Für den möglicherweise abschließenden Charakter der Leiterintervention spricht auch, daß sich eine 20sekündige Pause anschließt und daß in der nachfolgenden Sequenz (ab 149, 41) sozusagen im Nachgang einige der bereits behandelten Themen vertieft werden. So beschäftigen sich der Supervisor und Frau Löhr mit den Fähigkeiten der Klientin, während Frau Hahn der hypothetischen Frage nachgeht, welche Konsequenzen Veränderungen der Klientin für das Gleichgewichtssystem ihrer Ehe hätten. Herr Beck beschäftigt sich nochmals intensiv mit dem Wechselspiel zwischen der Klientin und ihm. Nach einer 40sekündigen Pause, der längsten des gesamten Textes (151, 10), bringt Frau Hahn erneut eine hypothetische Frage ein, nämlich wie sich wohl die Therapie mit einer Therapeutin entwickelt hätte. Frau Löhr schließt sich der Frage an und entwickelt dazu einige Vorstellungen. Dieses Thema wird erweitert zur Frage ihrer Identität als Frau und der Bedeutung des Faktums, daß sie eine Tochter und keinen Sohn hat. Frau Löhr greift den spekulativen Charakter der Diskussion mit den Worten auf: *Das ist natürlich auch irgendwie müßig jetzt* (152, 10). Damit ist diese Sequenz abgeschlossen.

Der Supervisor wechselt das Thema und leitet das Interesse auf eine Frage, die *immer noch unbeantwortet* (168, 29) sei. Damit spricht er indirekt das Ende der Sitzung an: Wenn diese Frage noch beantwortet ist, dann ist die Arbeit abgeschlossen. Wie bereits in der Wendepunktintervention faßt er Ergebnisse der Sitzung aus seiner Perspektive zusammen und entwickelt die ,Theorie', daß bei der vorherrschenden Abwehrformation der Klientin direkte Deutungen wenig sinnvoll seien. Er fordert den Falleinbringer und die Gruppe auf, darüber nachzudenken, ob es Alternativen zu der von Herrn Beck verwandten Deutungsstrategie gäbe. *Wenn man so will, ist ja die Therapie auch die Kunst des Umwegs(-) und das wäre so die Frage, ob's vielleicht irgendwo positive Umwege gäbe* (152, 20–22). Wieder folgt eine lange Pause, die von Herrn Beck beendet wird. Er äußert Skepsis und wird darin zunächst vom Supervisor bestätigt (152, 24 und 25). Er fügt allerdings die kritische Frage an, ob der Falleinbringer mit der Klientin über alltägliche Dinge gesprochen habe. Damit gibt er zugleich zu verstehen, daß darin eine therapeutische Möglichkeit läge, die festgefahrene therapeutische Beziehung zu öffnen.[77] Herr Beck rechtfertigt sich, daß er das ja auch *ein bißchen angeboten* (152, 27) habe, wird aber von Frau Hahn darauf hingewiesen, daß er in diesem Kontext die *Beziehungsebene* angesprochen habe. Nach dieser Stellungnahme von Frau Hahn reden mehrere durcheinander, bis der Supervisor die Gruppe auffordert, zu einer geregelten Kommunikation zurückzukehren (152, 31). Frau Löhr unterstützt Herrn Beck, wenn sie hervorhebt, daß die Klientin diese Beziehungsebene ja auch angeboten habe. Der Supervisor bringt daraufhin dezidiert seine Vorstellungen zur *therapeutischen Technik ... in so 'nem Fall* (152, 33–34) zum Ausdruck und begründet sie mit seiner Falltheorie, die er in den vorangehenden Interventionen entwickelt hat. Nach einem kurzen Zwischenspiel[78] schildert Herr Beck seine Schwierigkeiten, den behandlungstechnischen Vorschlag des Leiters aufzugreifen. Er bekäme das *Gefühl von 'nem Ablenkungsmanöver* (153, 11–15), wenn er die alltäglichen Lebensprobleme der Klientin ins Zentrum der Therapie rücken würde. Frau Hahn und Frau Löhr versuchen, ihn in mehreren Beiträgen umzustimmen und für eine solche Arbeitsweise zu gewinnen. Auch der Supervisor greift noch einmal in diesem Sinne ein und hebt den psychischen Entlastungseffekt hervor, den die von ihm vorgeschlagene therapeutische Haltung sowohl für die Klientin als auch für den Supervisor hätte. Die Sitzung schließt mit einem längeren Beitrag von Frau Löhr, indem sie eigene Erfahrungen mit einer ähnlichen therapeutischen Arbeitsweise thematisiert. Der Supervisor schließt die Sitzung mit der lapidaren Feststellung: *unsere Zeit ist um* (151, 22).

Betrachtet man rückblickend die Fallbearbeitungsphase unter interaktionellen und ablaufschematischen Gesichtspunkten, dann lassen sich in einer groben Klassifizierung zunächst zwei Sequenzen unterscheiden. Die Schaltstelle wird durch eine Deutungsserie des Supervisors, die wir als Wendepunktintervention (146, 35 – 147, 17) bezeichnet haben, markiert. Formal ist der zweite Teil der Fallbearbeitungsphase durch eine Intensivierung der Leiteraktivitäten gekennzeichnet. Damit verstärkt er seine interaktive Dominanz, die Voraussetzung dazu ist, seine Falltheorie und die daraus abgeleiteten Behandlungsvorschläge gegenüber dem Falleinbringer und der Gruppe zu verdeutlichen und durchzusetzen. Liest man die größeren Interventionen des Supervisors hintereinander und ohne Bezug auf den Kontext, dann ergibt sich folgender Text:

S.: ja ich denk die Inszenierung die sie macht das wissen wir jetzt einigermaßen(-) sie kommt hierher(-) und möchte gerne diesen Therapiebereich hier verändern(.) so wie sie damals den Therapeuten Ferdi verändert hat(-) und wie sie auf ihn Einfluß genommen hat(-) und das gelingt ihr ja auch ein Stück weit(.) sie /eh/ halten sich hier ängstlich in ihrem Zimmer bzw. in ihrem Büro auf(-) und sie hat vorne ein Gespräch mit der anderen Patientin(.)

S.: aber in den Stunden selber da bleiben Inszenierungen aus(.) da ist's leblos(-) sie ist(k) hat wohl 'ne besondere .. intensive Beziehung zu ihnen(-) aber es kommt nicht zum Ausdruck(-) sie hat ein Kind(-) aber das Kind kommt nicht in Erscheinung(.) sie ist verheiratet(-) und auch das kommt nicht in Erscheinung(.) und von den frühen Konflikten war das eine Bild von den Eltern die kommen und wieder weggehen(-) und sie abgegeben haben(.) … .. … .. und ich denke da ist dieser Verdacht liegt schon nahe(-) was liegt hinter der Abwehr(') 'ne abgrundtiefe Sehnsucht(.) und das ihnen da mulmig wird das kann man sich leicht vorstellen(-) das liegt hinter der Abwehr(')

S.: und das sind natürlich auch gleich die zwei Seiten die sie ansprechen ne(')
eine phantasierte Beziehung(.) ohne wirkliche Gefühle(.) oder Therapie-
abbruch(.) (längere Passage unverständlich) … .. … .. … .. … .. und die
Angst glaub ich die sie so beklommen(-) die uns alle auch hier beklommen
macht is /eh/ wenn's zu 'ner wirklichen Beziehung käme(-) daß sie dann so
überschwemmt würde von ihren Gefühlen(-) die sie jetzt abspalten muß(-) daß
dann was Furchtbares passieren würde(-) daß sie sich umbringen würde(-)
oder(-) .. furchtbar depressiv werden würde(-) oder vielleicht auch verwirrt(-)
das weiß man nicht also(-) die Realität nicht mehr zusammenhalten kann(.)

S.: also insofern macht sie's schon richtig(-) nich(') sie gestaltet alles dif-
fus(-) auch das Setting(.) … sie setzen zwar was dagegen(-) sie sind hart(.)
haben sie gesagt(-) aber sie kommen nicht durch damit(.)

S.: aber wenn man das jetzt noch mal anders sehen würde(-) kann man sa-
gen(-) sie benutzt sie und ihre Therapie hier(-) als Krücke(.) als Krücke um ..
stabil bleiben zu können(-) … ..

S.: aber dann kommt natürlich diese merkwürdige Erfahrung ins Spiel(-) /eh/
daß wenn der Therapeut so 'ne innere Umstellung vorgenommen hat(-) daß
dann manchmal eben doch paradoxerweise was in Gang kommt(.)

S.: /nämlich /eh/ dann ist beispielsweise die Patientin von dem Ziel ent-
lastet(-) was sie für sie haben(.) dann weiß sie(-) daß sie hier etwas lassen
kann .. von der Angst und der Sehnsucht(.)

S.: hm das wär immer noch unbeantwortet(-) … /ehm/ wie könnte man denn
(räuspern) mit dieser Abwehr die sie bringt umgehen(') sie haben ja gezeigt
daß sie die sehr oft ansprechen die Abwehr selber(.) in bezug auf sich selber
als Therapeuten(.) und offensichtlich können sie da bei ihr nicht mit landen(.)
… … und ich hatte ja dieses Krückenbeispiel gebracht(-) auch in der Überlegung daß(-) offensichtlich braucht sie die Abwehr(.) erst mal(.) und /ehm/
mit diesem Verlieben und diesen Sachen(-) das klappt alles nicht(.) das hilft
ihr irgendwie nicht(.) andererseits wenn man's anspricht(-) /eh/ dann /eh/ ist
wieder ein Vorwurf da(.) .. und manchmal wenn man so will(-) ist ja die Therapie auch die die Kunst des Umwegs(-) und das wäre so die Frage ob's vielleicht irgendwo positive Umwege gäbe(.)
S.: bietet sehr wenig an ja(.) … sprechen sie ihr(k) zum Beispiel mit ihr über
so diese Demonstrationen(') … … … …

S.: na ja aber für die therapeutische Technik wär eben die Frage ob man in so
'nem Fall(-) bei so 'ner Abwehr(:) tatsächlich dann die Beziehungsebene
ansprechen sollte(-) oder mehr diese andere Ebene(.)

An der Abfolge der Leiterinterventionen läßt sich zeigen, daß er nach der Abarbeitung eigener Nachfragen und einigen Aktivitäten zur Strukturierung der Gruppeninteraktion bei der thematischen Erschließung des Falles in zwei Schritten vorgeht. Zunächst entwickelt er die Falltheorie, indem er das in der Gruppe produzierte Wissen selektiv kondensiert und mit eigenen Vorstellungen verbindet. In einem zweiten Schritt leitet er daraus Hinweise für die Behandlungstechnik ab. Als Referenzrahmen werden in seinen Interventionen mindestens fünf Dimensionen berücksichtigt. Dabei handelt es sich um:

– Annahmen zur Pathologie der Klientin,
– Interaktionsspiel zwischen Klientin und Therapeut,
– die Einschränkung des Therapeuten in den Bereichen Verstehen und Handeln,
– Wahrnehmung und Evaluierung der Beiträge der Gruppenmitglieder,
– Widerspiegelungen des Fallvortrags in der Gruppe.

Diese Perspektivenvielfalt ist Voraussetzung zur Erfassung der Fallkomplexität.[79] Die Entwicklung der Perspektivenvielfalt beruht einerseits auf den Wissens- und Erfahrungsressourcen sowie der Kooperativität der Gruppenmitglieder, andererseits aber auch auf dem Kompetenzspektrum des Supervisors. Neben der Fähigkeit, den Gruppenprozeß zu verstehen und zu strukturieren, gehören psychotherapeutisches und diagnostisches Wissen sowie eigene klinische Erfahrungen zu den Bedingungen supervisorischer Praxis in therapeutischen Arbeitsfeldern. Im vorliegenden Fall dokumentieren sich diese Kompetenzen in der Falltheorie und den Behandlungsvorschlägen.

Zu den kollektiv zu lösenden Aufgaben der Fallbearbeitungsphase gehört es, dem Falleinbringer das modifizierte Fallverständnis nahezubringen. In unserem Beispiel setzt Herr Beck diesen Versuchen aufgrund seiner Verwicklung mit der Klientin erheblichen Widerstand entgegen. Entsprechend stark ist der Druck durch einige Gruppenmitglieder, vor allem aber durch den Leiter, die Selbstbeschränkung und Ängste aufzugeben. Die quantitativ umfangreichen, theorievermittelnden und handlungsstrukturierenden Interventionen des Supervisors lassen sich in diesem Zusammenhang als Versuch verstehen, gegen die fallinduzierte Diffusität und Angst dem Behandler ein Gerüst für die Organisation des Fallverständnisses und für die Entwicklung von Handlungsperspektiven zur Verfügung zu stellen.

In Erweiterung unseres Schemas von S. 166–167 läßt sich die Fallbearbeitungsphase folgendermaßen segmentieren:

III. Fallbearbeitungsphase
Binnensegmente:

III. 1	137, 24 – 139, 10	Nachfragen zum Fallbericht und erste Ansätze zur Rekonstruktion und Interpretation des Falles
III. 2	139, 3 – 140, 9	Nachlieferung eines Stundenberichts
III. 3	140, 10 – 146, 34	Erschließung des Falles über rekonstruktive und interpretative Aktivitäten
III. 4	146, 35 – 147, 17	Formulierung einer Falltheorie durch den Leiter
III. 5	147, 18 – 152, 10	Verhandlungen über die Falltheorie und Fortsetzung interpretativer und rekonstruktiver Aktivitäten
III. 6	152, 10 – 154, 21	Formulierung von Handlungsalternativen für die weitere therapeutische Arbeit und diesbezügliche Verhandlungen mit dem Falleinbringer
III. 7	154, 22	Abschluß der Sitzung[80]

Diese schematische Darstellung der Sitzung beruht auf zwei Merkmalen: Zum einen orientieren wir uns am handlungsschematischen Ablauf, zum anderen an der Themenentwicklung. Im Rahmen unseres bereits mehrfach erwähnten Kasseler Forschungsprojekts wurde der handlungsschematische Ablauf der fallbezogenen Gruppensupervision mit den dazugehörigen Arbeitsaufgaben als generalisierter Idealtypus beschrieben, wobei die am weitesten elaborierte Fassung von Rappe-Giesecke[81] vorgestellt wurde. Der handlungsschematische Ablauf und die Interaktionsformen, die die Gruppenteilnehmer zur Bewältigung der Arbeitsaufgaben herausbilden, stellen den Rahmen für die thematische Analyse des Falles dar. Diese Dimension habe ich durch die sequenzielle Rekonstruktion des Bedeutungsgehalts zu erfassen versucht. Die Koppelung der Bedeutungsrekonstruktion an den handlungsschematischen Ablauf ermöglicht es uns, die Falldimensionen im Kontext ihrer interaktiven Hervorbringung sukzessive zu erschließen. Als allgemeinstes Resultat können wir festhalten, daß die

Problemstruktur der Therapeut-Klientin-Beziehung vom Falleinbringer durch die Art seines Fallvortrags reinszeniert wird. Die Arbeit der Gruppe läßt sich als Versuch verstehen, diesen Zusammenhang mit Hilfe der Entwicklung alternativer Interpretationen durchsichtiger zu machen. In einem weiteren Schritt geht es um die Formulierung alternativer Handlungsperspektiven, die das Ziel haben, die zirkuläre, festgefahrene Therapeut-Klientin-Beziehung thematisch und interaktionell zu verändern.

Vor diesem Hintergrund läßt sich jetzt auch unsere eingangs gestellte Frage, warum der Falleinbringer keine Fallaushandlung zulassen konnte, sondern mit der Tür ins Haus gefallen ist, beantworten. Offensichtlich ist die ‚Übersprungshandlung' Resultat seiner Angst, daß die Diffusität des Falles in Verbindung mit seiner eigenen Beklommenheit eine Fallaushandlung nicht überstanden hätte. Wenn auch nur eine der Teilnehmerinnen ein interessantes Angebot gemacht hätte, wäre er wahrscheinlich nicht zum Zuge gekommen. Insofern war die Verletzung des Ablaufschemas die Bedingung der Möglichkeit, daß dieser Fall zur Sprache gebracht werden konnte. Zugleich verweist die Nicht-Aushandlung des Falles auf Teamprobleme, die ein gruppendynamisch orientierter Supervisor wahrscheinlich thematisiert hätte. In der fallbezogenen Supervision stehen demgegenüber die Analyse und die therapeutische Gestaltung der Beziehung des Supervisanden mit der Klientin als kooperativ zu lösende Aufgabe im Zentrum des Arbeitsprozesses. Nur wenn die Kooperativität soweit von institutionellen oder Teamproblemen überlagert ist, daß keine hinreichend produktive Fallbearbeitung mehr möglich ist, wären diese Probleme zu analysieren.

4. Postskriptum

Bei der Vorstellung des Transkripts und der Analyse in verschiedenen Arbeitsgruppen kam es interessanterweise weniger zu Kontroversen um die Interpretationen,[82] statt dessen führte die Frage, ob es sich um eine gute oder mißlungene Supervisionssitzung handelt und ob der Leiter ein guter oder schlechter Supervisor sei, zu leidenschaftlichen Auseinandersetzungen. Die Dominanz dieser Fragestellung verweist darauf, daß offensichtlich der Bedarf an normativen Orientierungen dem Verstehen von

Beratungsprozessen vorgeordnet ist. Beim gegenwärtigen Stand der Supervisionsforschung halte ich normative Diskussionen, zumindest solange keine empirischen Längsschnittanalysen vorliegen, in denen Supervisionen über die gesamte Dauer des Prozesses untersucht worden sind, für verfrüht. Ob eine fallbezogene Supervisionssitzung gut oder schlecht war, läßt sich nur in bezug auf die Kooperativität, die Angemessenheit der Beziehungsanalyse, der diagnostischen und behandlungstechnischen Vorschläge und der Herausarbeitung neuer Perspektiven aus einer einzelnen Sitzung erschließen. Ein wesentlicher Gesichtspunkt, die Folgen der Sitzung für die Veränderung der therapeutischen Beziehung, kann daraus nicht entnommen werden. Hierzu müssen Daten über die Entwicklung der therapeutischen Interaktion herangezogen werden.

Im vorliegenden Fall verfügen wir über solche Daten. Der Falleinbringer hat seine Arbeit mit der Patientin vier Monate später erneut in der Gruppe vorgestellt. Leider liegen die Daten nicht in Form eines Transkripts, sondern als Protokoll des Supervisors vor. Hintergrund ist, daß die Tonbandaufzeichnungen nur über den Zeitraum von einem Jahr durchgeführt worden sind. Immerhin läßt sich aus dem Protokoll entnehmen, daß es in der therapeutischen Beziehung zu dramatischen Entwicklungen gekommen ist, die vom Falleinbringer auf die Wirkungen der Supervision zurückgeführt werden.

Einleitend zum Protokoll vermerkt der Supervisor, daß die Stimmung in der Gruppe völlig anders als bei der ersten Falleinbringung sei. Herr Beck setzt sich mit seinem Wunsch, die Patientin erneut einzubringen, gegen zwei konkurrierende Fallankündigungen durch. Er wirke nicht so *zögerlich*, sondern entschlossen, gleichzeitig aber auch sehr beunruhigt. Die Fallgeschichte, die er erzählt, ist von bedrängender Intensität. Das Klima in den therapeutischen Sitzungen mit der Klientin habe sich nach der letzten Supervisionssitzung völlig verändert. Herr Beck führt das darauf zurück, daß er jetzt *forscher* auf die Klientin eingeht. So habe er z. B. mit ihr besprechen können, wie das Zufrühkommen zu verstehen sei. Dabei wäre dann herausgekommen, daß die Klientin ihn nicht nur in der Stunde sehen wolle, sondern auch vorher schon etwas mitbekommen wolle, vor allem, welche Patientinnen noch zu ihm kämen. Als Herr Beck in diesem Zusammenhang auf ihre mögliche Eifersucht zu sprechen kommt, gibt sie ihm andeutungsweise zu verstehen, daß sie mehr als nur therapeutische Gefühle für ihn hegt. In der Folgezeit kommt es zu einer stark erotisierten

Übertragung, die nichts mehr von dem *irgendwie diffusen* an sich hat. Im Gegenteil: Die Klientin agiert ihre Gefühle derart, daß sie ihren Therapeuten nachts in dessen Haus heimsucht. Er fühlt sich jetzt nicht mehr durch das Unkonkrete, sondern durch die agierte, äußerst konkrete Beziehung bedrängt, manchmal regelrecht verfolgt. Anders als in der ersten Sitzung ist der Fallvortrag lebendig und enthält mehrere Szenen, die die Therapeut-Klient-Beziehung verbildlichen. Vor diesem Hintergrund ist es kein Wunder, daß die Gruppenmitglieder sehr viel einfühlsamer und einfallsreicher mit dem Fallmaterial umgehen können. In wechselseitiger Identifikation mit den Akteuren wird die hinter der Erotisierung vermutete abhängige Bedürftigkeit der Klientin sowie ihr Wunsch nach einem Objekt, über das sie verfügen kann, ebenso herausgearbeitet, wie die hinter dem Gefühl des Bedrängtwerdens liegende Wut des Therapeuten auf die Übergriffe der Klientin. Durch dieses Interpretationsmuster gewinnt der Supervisand im Verlauf der Sitzung wieder Distanz zum Geschehen in der Therapie und evaluiert die beiden Supervisionssitzungen als wichtige Erfahrung für seine therapeutische Arbeit.

Jenseits der positiven Einschätzung durch den Falleinbringer selber können wir uns fragen, ob die Erotisierung der Übertragungsbeziehung vom Supervisor nicht bereits in der ersten Sitzung hätte angesprochen werden müssen, zumal sich im Text an mehreren Stellen Hinweise auf diese Modalität der therapeutischen Beziehung finden lassen.[83]

Zur Beantwortung der Frage lassen sich zwei Erklärungen heranziehen: Entweder hat der Supervisor aufgrund mangelnder therapeutischer Erfahrung die Erotisierung der therapeutischen Beziehung nicht gesehen, oder er hat eine Notlage beim Behandler (und bei der Gruppe) wahrgenommen und seine Interventionsstrategie bewußt auf die Stützung des Supervisanden ausgerichtet, mit der Hoffnung, daß der therapeutische Prozeß sich entfalten kann und nicht abgebrochen werden muß.

Auch wenn zwischen den diskrepanten Interpretationen aus dem Text keine eindeutige Lesart herausgefiltert werden kann – dazu müßte das Transkript der zweiten Sitzung vorliegen –, so kann man doch einige Indizien zusammentragen, die dafür sprechen, daß der Gruppenleiter mit seinen Interventionen eine Strategie verfolgte, die primär auf die Befähigung des Supervisanden zur Herstellung des therapeutischen Arbeitsbündnisses gerichtet war. Die Herausarbeitung der erotisierten Übertragung hätte die Komplexität derart erhöht, daß möglicherweise dadurch die Gefahr der

Konfusion des Falleinbringers reproduziert worden wäre. Mit dieser spekulativen Interpretation wird ein Problem der Analyse einzelner Sitzungen deutlich: Ihr Geltungsrahmen ist systematisch eingeengt. Erst die rekonstruktive Untersuchung von Gesamtverläufen würde schlüssige Aussagen über die latenten und manifesten Wirkungen des Handelns der Supervisoren und Supervisanden zulassen. Eine solche Analyse trifft aber alleine schon durch die anfallenden Datenmengen auf forschungsmethodische Probleme, die derzeit noch ungelöst sind.

III. Typologische und konzeptionelle Differenzierungen der Gruppen- und Teamsupervision

Nachdem wir im zweiten Kapitel den handlungsschematischen Ablauf und die Themenbearbeitung am Beispiel des Transkripts einer Sitzung analysiert und als verallgemeinerbares Ablaufmodell dargestellt haben, hat das dritte Kapitel die Funktion eines widening scope. Die kleinräumige Untersuchung einer Sitzung wird durch mehrere Fallstudien mit erweiterten Fragestellungen ergänzt. Ziel dieses Untersuchungsschrittes ist nicht nur die Vorstellung des Variantenreichtums der Gruppensupervision, im Zentrum der Analyse steht vielmehr die Bedeutung dieses Variantenreichtums für eine empirisch gestützte Konzeptualisierung der Gruppen- und Teamsupervision. Ausgehend von der Frage, wie sich Teamsupervision von der sogenannten stranger group supervision (frei zusammengesetzte Gruppen) unterscheidet, werden wir an mehreren Beispielen die Auswirkungen von Kontextparametern untersuchen. Dabei handelt es sich um

– die spezifischen Bedingungen unterschiedlicher Arbeitsfelder,
– die Rahmen- und Kontraktvarianten,
– die Qualifikationsvoraussetzungen der Mitarbeiter.

Angesichts der vielfältigen Rahmenbedingungen, Arbeitsfelder und Kontraktmöglichkeiten repräsentieren vier Fallstudien natürlich nur einen kleinen Ausschnitt aus einem außerordentlich variantenreichen Spektrum. Bei den Beispielen handelt es sich um

– eine frei zusammengesetzte Gruppensupervision, die ihre Arbeitsaufgaben so definiert hat, daß neben der Behandlung von Fällen auch berufsbezogene Probleme besprochen werden;
– eine Teamsupervision, in deren Zentrum die Entwicklung einer sozialpsychiatrischen Institution steht;
– eine institutionsanalytisch orientierte Supervision in einer Schule;
– eine Gruppensupervision im Rahmen einer Fortbildung.

Im Unterschied zum zweiten Kapitel, in dem wir versucht haben, die Untersuchungsmethode in enger Verbindung mit der Textgrundlage zu entwickeln, beruhen die Analysen des dritten Kapitels auf theoriegeleiteten Fallrekonstruktionen. Damit ist gemeint, daß theoretisches Vorwissen sowohl in die Datenerzeugung als auch in die Auswertung eingeht. In der Datenerzeugung ist Vorwissen präsent, weil es sich bei den Protokollen nicht um Transkripte, sondern um Texte handelt, die von den Supervisoren bzw. von einem Protokollanten verfaßt und über mehrere Stufen zu Fallgeschichten verdichtet worden sind. Als solche enthalten sie gleichermaßen Alltagstheorien, Erfahrungswissen und theoretische Annahmen der Autoren. Sie repräsentieren also einen Typus subjektiv aufgeladener Daten.

Im Konspekt der Wissenschaften ist die Psychoanalyse diejenige Disziplin, die sich in ihren empirischen Grundlagen wesentlich auf Protokolle der Analytiker über Behandlungsverläufe stützt. Der Vorteil der fallorientierten Empirie besteht darin, daß das subjektive Erleben und das intime Beziehungsgeschehen, daß sich der Forschung normalerweise entzieht, überhaupt darstellbar werden. Freuds Forschungsmethode, paradigmatisch entwickelt in der Traumdeutung,[1] bestand darin, Selbstbeobachtungen und die von den Analysanden gegebenen Mitteilungen mit theoretischen Vorannahmen und Hypothesen zu verbinden, um daraus komplexe theoretische Aussagesysteme zu entwickeln, die sich im Kontext der Behandlung weiterer Fälle bewährten oder revidiert werden mußten. Das Junktim von Forschen und Heilen besteht in dieser wechselseitigen Durchdringung von Empirie und theoretischer Reflexion, wobei die Subjektivität des Forschers konstitutiv für den psychoanalytischen Forschungsansatz ist. Mit der Subjektivität kommt ein spekulatives Moment ins Spiel, das nicht unwesentlich dazu beigetragen hat, daß die Entdeckung der Psychoanalyse überhaupt möglich war. Gleichzeitig besteht die Gefahr, daß die empirische Fundierung der Theorie von spekulativen Annahmen überwuchert wird, wie dies im Fall der mainstream Psychoanalyse gegenwärtig beobachtet werden kann.

Es liegt nahe, daß das psychoanalytische Modell fallorientierter Empirie auch für die Analyse von Supervisionsprozessen herangezogen werden kann.[2] Allerdings muß der theoretische Rahmen, der für diesen Gegenstandsbereich benötigt wird, anders zugeschnitten werden, weil neben subjektivem Erleben und Übertragungsbeziehungen auch Dimensionen professioneller und institutioneller Interaktion bearbeitet werden. Neben psychoanalytischem geht deshalb auch sozialwissenschaftliches Wissen und nicht zuletzt Erkenntnisse aus der Transkriptanalyse in die theoriegeleitete Untersuchung der Protokolle ein.

Wenn wir trotz der subjektiven Aufladung auf Fallgeschichten zurückgreifen, dann deshalb, weil wir einerseits annehmen, daß sich wesentliche Elemente der Fallstruktur durch die Rezeption hindurch erhalten und daß andererseits die Verdichtung von Protokollen zu Fallgeschichten eine interpretative Leistung darstellt, die für eine Heuristik der Supervision durchaus bedeutsam ist. Die sekundäre Bearbeitung des Ausgangsmaterials stellt zudem ein Abkürzungsverfahren dar, weil die Ursprungsdaten nach theoriegeleiteten, argumentationsstrategischen und/oder alltagsförmigen Vorannahmen ausgewählt und interpretiert werden.

Entscheidend für die wissenschaftliche Legitimation der Verwendung von Fallgeschichten und ihrer theoriegeleiteten Auswertung ist die Klärung der Geltung der Aussagen. Derartige Kasuistiken erlauben natürlich ebenso wie die empirischen Fallrekonstruktionen keine Aussagen im Sinne der am naturwissenschaftlichen Paradigma orientierten Forschungsverfahren. Sie repräsentieren vielmehr einen Wissenstypus, der auf diskursiven Austausch angelegt ist und dessen Validität sich in Kontexten kommunikativen Handelns[3] erweisen muß. Im Fall der Supervision ist der erkenntniskonstitutive wissenschaftliche Diskurs keine bloß innerwissenschaftliche Veranstaltung. Im Gegenteil: die praktisch tätigen Supervisoren wären daran ebenso zu beteiligen wie die Supervisanden,[4] wobei die Geltung und Validität der Untersuchungsergebnisse sich durch eine komperative Orientierung, bei der unterschiedliche Typen verglichen werden, erweitern läßt.

Im Unterschied zu Analysen auf der Grundlage von Transkripten können Kasuistiken auf der Basis von Fallerzählungen den Status der Wissenschaftlichkeit nur bedingt für sich in Anspruch nehmen. Wesentliches Unterscheidungsmerkmal ist, daß die Aussagen nicht intersubjektiv überprüfbar sind. Trotz dieses Handicaps können, so meine These, diskursiv angelegte, komperative Kasuistiken explorative Annäherungen an das komplizierte Beziehungsgefüge professioneller Beratungen ermöglichen. Gelungene Fallstudien wären Modelle, in denen typische Interaktionssequenzen aus einer subjektiven Perspektive anschaulich dargestellt und theoretisch systematisiert werden; sie repräsentieren mithin einen erfahrungsnahen Wissenstypus, der sich durch Plausibilität und Erklärungskraft auszeichnet. Durch die Rezipienten kann und soll die Modellbildung auf der Grundlage eigener Erfahrungen erweitert, modifiziert oder verworfen werden.

1. Berufsbiographische Krisen in der Supervision

Bei der Gruppe, die ich vorstellen möchte, handelt es sich um eine sogenannte ‚stranger group‘, d. h. eine Supervisionsgruppe, bei der Teilnehmerinnen und Teilnehmer aus verschiedenen Arbeitsfeldern kommen und in der Regel keine persönlichen Beziehungen zueinander unterhalten. Die Gruppe besteht aus fünf Teilnehmerinnen und Teilnehmern, genauer: aus drei Frauen und zwei Männern. Zwei der Frauen sind Psychologinnen, eine Teilnehmerin ist Sozialpädagogin, die beiden Männer sind Sozialarbeiter. Sie sind in verschiedenen Arbeitsfeldern tätig: in der Drogenberatung, im sozialpsychiatrischen Dienst, in einer außenbetreuten Wohngruppe. Alle verfügen über langjährige Berufserfahrungen in psychosozialen Arbeitsfeldern und haben eine oder mehrere psychotherapeutische Weiterbildungen. Alle haben über viele Jahre Supervision in Teams oder in Weiterbildungen erlebt; einige sind selbst supervisorisch tätig. Das Alter der Gruppenteilnehmer/innen liegt zwischen Mitte 30 und Mitte 50.

Im Erstgespräch, der Kontraktsitzung, wurde vereinbart, daß neben Fällen auch die eigenen Probleme mit der Berufsrolle und die Schwierigkeiten in den jeweiligen Teams bzw. mit den Anstellungsträgern thematisiert werden können. Ein wichtiger Topos in der ersten Sitzung war auch die Klärung der Motivation der Supervisanden. Dabei wurde deutlich, daß alle Teilnehmerinnen und Teilnehmer Hilfestellungen für ihre beraterisch-therapeutische Praxis erwarteten. Diese Motivation, so wurde hervorgehoben, habe auch dazu geführt, daß die Gruppe einen Supervisor, der selber als Psychoanalytiker und Sozialtherapeut praktische Erfahrungen besitzt, ausgewählt hat. Angesichts der Vorerfahrungen der Supervisanden erübrigte es sich für den Supervisor, das Verfahren der Supervision in der Kontraktsitzung näher zu erläutern.

Die erste Sitzung fand zwei Monate nach der Kontraktsitzung statt, Thema war ein schwieriger sozialpsychiatrischer Verhandlungsverlauf. Ich konnte beobachten, daß sich die einzelnen Mitglieder bei der Besprechung des Falles kooperativ verhielten und ein hohes Explorationsniveau besaßen. Deutlich war auch, daß sich der Supervisor als Fachmann für Sozialpsychiatrie auf dem Prüfstand befand. Nach ähnlichem Muster verlief die zweite Sitzung, auch hier wurde ein Fall – eine Gruppenkonstellation in einer Wohngruppe für ehemalige Psychiatriepatienten – besprochen. Im Unterschied zu den ersten beiden Sitzungen beginnt die dritte

Sitzung, über die ich im folgenden detailliert berichten werde, mit der Ankündigung eines Teamproblems. Die Sozialpsychologin kündigt ihren Fall mit den Worten an: Sie hätte in der letzten Zeit zunehmend Schwierigkeiten mit ihrer Stellung im Team. Sie macht dann eine kleine Pause. Die anderen Gruppenmitglieder signalisieren ihr, daß sie an dem Angebot interessiert sind und daran arbeiten wollen.

> Es sei ihr aufgefallen, so beginnt die Supervisandin, daß sie in der letzten Zeit in einer ganz komischen Weise mit den Leuten aus ihrem Team über eine Supervision gesprochen habe, die sie in einer anderen Institution mache. Sie habe es einzelnen wie hinter vorgehaltener Hand gesagt, andere seien bis heute von ihr nicht informiert worden. Noch nie habe sie im Gesamtteam darüber gesprochen, obwohl sie regelmäßig Teamsitzungen hätten.

An dieser Stelle fügt sie eine Erklärung in ihren Bericht ein: Vielleicht läge das daran, daß die Institution, für die sie Supervision macht, in einem ähnlichen Bereich angesiedelt ist wie ihre eigene. Sie selber arbeitet in einer Drogenberatungsstelle, bei der anderen Institution handelt es sich um eine Klinikstation, in der auch Drogenkranke behandelt würden. Die Drogenberatungsstelle überweise gelegentlich an diese Klinik. Nach dieser ersten Erklärung fügt sie zwei weitere an: Es könnte sich auch irgendwie um einen Loyalitätskonflikt handeln, sie frage sich z. B., ob sie das überhaupt darf, ob sie ausscheren darf aus dem Kreis der Mitarbeiter, um etwas Besonderes, was ja irgendwie auch höher angesehen ist und gut bezahlt wird, zu machen. Außerdem sei es ihre erste Gruppensupervision, die sie selbständig leite. An dieser Stelle fügt sie hinzu, sie sei jetzt 34 Jahre alt. Sie stockt etwas, fährt dann fort: Sie sei natürlich unsicher, ob sie das gut mache oder ob sie das lieber nicht so an die große Glocke hängen soll, denn wenn es scheitere, sei dann der Gesichtsverlust nicht so groß.

> Eine Teilnehmerin nutzt eine kurze Pause der Falleinbringerin, um die Frage zu stellen, ob die Fallvortragende eine Supervisionsausbildung habe. Sie verneint das und fügt eine Legitimationspassage an: Sie habe eine langjährige Gesprächspsychotherapieausbildung und arbeite nebenher bereits seit längerem als Gesprächstherapeutin mit Klienten. Aufgrund dieser Qualifikation sei sie auch von der Gruppe angefragt worden. Sie fühle sich kompetent, obwohl sie gleichzeitig sehen würde, daß sie noch Anfängerin auf dem Gebiet der Supervision sei. Die ersten Sitzungen mit der Supervisionsgruppe seien sehr befriedigend verlaufen. Sie schweigt dann längere Zeit.

Ihr ginge gerade noch etwas durch den Kopf, die Sache mit dem Leiter ihrer Beratungsstelle. Sie würde ihn schon seit längerem kennen, und zwar nicht bloß aus dem beruflichen Arbeitszusammenhang, sondern auch aus einer gemeinsamen Fortbildung. Sie finde, daß er sehr schwach sei. Sie käme mit der Schwäche nur schlecht zurecht. Von anderen Mitarbeitern ihrer Einrichtung würde sie oft als Zwischenträgerin betrachtet, die dem Leiter unangenehme Dinge sagen kann, die die Kolleginnen und Kollegen nicht gerne vertreten würden. Was sie an dem Leiter stören würde, wäre z. B., daß er sich oft unangemessen aufregen würde, so etwa, wenn abends die Fensterläden nicht heruntergelassen seien, während er an anderen Stellen, etwa wenn es um das Konzept gehe, nicht genügend Verantwortung zeige. Andererseits hätte dies natürlich auch eine positive Folge: Alle hätten große Handlungsspielräume. Die Schwäche des Leiters wäre auch noch ein Grund gewesen, warum sie ihre Supervision nicht so gern an die große Glocke gehängt hätte. Man könnte nie wissen, was passieren würde, wenn sich das herumspräche und der Träger davon erfahren würde. An dieser Stelle macht die Supervisandin deutlich, daß sie erst einmal aufhören wolle.

Ein Teilnehmer fragt, ob die Institution, in der sie tätig sei, den gleichen Träger habe wie diejenige, für die sie Supervision mache. Die Falleinbringerin verneint das. Eine Teilnehmerin versucht in einer zweiten Frage, die Motive der Falleinbringerin zu klären: Sie habe bei ihr eine Frage herausgehört, ob man in der Drogenberatungsstelle etwas Besonderes machen dürfe und ob man nach außen darstellen könne, daß man etwas gut kann und es einem womöglich auch noch gut damit geht. Eine weitere Teilnehmerin bemerkt, daß in der Institution der Falleinbringerin das Verhältnis zwischen Leitungsebene und Mitarbeiterin unklar sei. Vielleicht ginge es ja auch um einen Machtkampf. Mehrere Voten gehen in die Richtung, daß die Falleinbringerin dem Team gegenüber irgendeine Angst habe, weil sie, wenn sie über ihre Supervision sprechen würde, indirekt zu verstehen gäbe, daß sie nachgefragt wird, daß sie besser sei als andere. Eine Teilnehmerin bemerkt, daß die Supervision bei einer anderen Institution für sie auch etwas mit Fremdgehen zu tun habe.

Wieder entsteht eine kurze Pause: Die erste Assoziationsrunde der Gruppenteilnehmer ist abgeschlossen. Die Falleinbringerin bringt sich erneut ins Spiel, indem sie ein Votum aufgreift: Sie habe tatsächlich das Gefühl, daß die anderen denken könnten, daß sie besser sei. Das sei eine Befürchtung, die sie schon seit längerem beschäftigen würde. Sie hätte im Team immer professionelle Standards vertreten, auf ihre Initiative gingen z. B. auch die regelmäßigen Fallbesprechungen zurück. Sie finde, daß einige ihrer Kolleginnen und Kollegen nicht so kompetent seien. Dazu würde sie auch den Leiter rechnen. Sie schweigt eine Weile, fährt dann fort: Sie müßte sagen, daß sie sehr stolz sei, daß man sie wegen der Supervision angefragt habe. Nur wäre es ihr lieber, diesen Stolz geheimzuhalten. Das hätte auch etwas mit ihrer Mutter zu tun, die schlecht ertragen konnte, daß sie als Tochter einen solchen beruflichen Aufstieg macht. Eine andere Supervisandin pflichtet dem bei, sie selber habe diese Erfahrung auch gemacht, außerdem sei es ein Problem, das viele Frauen haben. Die Falleinbringerin ergänzt, daß sie dieses Problem aus ihrer eigenen Therapie gut kenne, es sei die äußere Seite, sozusagen das Symptom. Dahinter lägen aber neuralgische Punkte, hinter die sie nicht so richtig käme. Vielleicht hätte sie diese Sache deshalb auch heute eingebracht.

Der Supervisor formuliert eine erste Intervention: Er habe die Falleinbringerin so verstanden, daß es ihr um die Frage ginge, warum sie das mit der Supervision nicht offen sagen könne. In der Gruppe seien nun einige Erklärungen dazugekommen, warum ihr das möglicherweise schwer fiele, mit dem Team zu sprechen. Das Fremdgehen sei angesprochen worden, die Illoyalität und auch Ängste, daß etwas offenbar werden könnte, was besser verborgen bliebe. Er frage sich nun, so der Supervisor, was das für eine Angst sei, und da müßte er natürlich an die Formulierung „wie hinter vorgehaltener Hand" denken, daß es sich vielleicht um etwas Peinliches, etwas Beschämendes handeln könnte.

Es entsteht längeres Schweigen, die Falleinbringerin beginnt nach der Schweigepause mit den Worten: Ihr fiele dazu noch eine sehr unangenehme Geschichte aus den letzten Tagen ein. Das habe sie bisher noch niemandem erzählt. Sie sei vom Geschäftsführer des Trägerverbandes angerufen und zu einem Gespräch gebeten worden. Es ginge darum, daß in den neuen Bundesländern Beratungsstellen aufgebaut werden sollten und daß sie die Leitung einer Beratungsstelle übernehmen sollte. Der Geschäftsführer habe ihr das indirekt angeboten, sie solle einmal darüber nachdenken. Da hätte sie dann direkt das Gefühl gehabt, daß das Team sauer würde und daß sie auf sie losgehen würden, wenn sie das offen sagt. Sie fühle sich da auch wieder in einem Loyalitätskonflikt und frage sich, ob sie überhaupt ernsthaft darüber nachdenken darf. Sie könne denen einfach nicht selbstbewußt gegenübertreten.

Wieder kommt sie in diesem Zusammenhang auf die Schwierigkeiten mit der Mutter zu sprechen, der hätte sie auch nicht sagen können, daß sie erfolgreich ist. Sie hätte ihr lange verschwiegen, daß sie Gesprächspsychotherapeutin sei. Irgendwie scheint der alte Konflikt doch nicht gelöst zu sein, obwohl sie in ihrer Therapie so viel daran gearbeitet habe.

Eine kurze Schweigepause wird von einer Teilnehmerin unterbrochen. Sie spricht mögliche Machtwünsche der Falleinbringerin an, vielleicht würde sie ja die Leitung der Beratungsstelle gerne übernehmen, würde sich das als Frau nur nicht zutrauen. Längere Zeit wird über die Schwierigkeiten von Frauen, Machtpositionen in Institutionen einzunehmen, gesprochen. Offensichtlich gäbe es ein Tabu für Frauen, ihre eigenen Stärken zur Geltung zu bringen. Ein weiteres Tabu bestünde darin, die Schwächen des Leiters anzusprechen, meint eine andere Gruppenteilnehmerin. Die Falleinbringerin hält dagegen, daß sie die Schwierigkeiten des Umgangs von Frauen mit Macht zwar sehe, daß das aber auf sie nicht zuträfe. Sie sei eher ambivalent, könne sich einfach nicht entscheiden, das sei etwas anderes. Als ob die Gruppe die Stellungnahme der

Falleinbringerin nicht gehört hätte, geht es weiter um das Thema Frauen und Macht.

Der Leiter nimmt diese Diskrepanz zum Anlaß einer Intervention. Er spricht an, daß es der Gruppe offensichtlich schwerfalle zu hören, was die Supervisandin gesagt habe – nämlich, daß das gar nicht ihr eigentliches Problem sei. Die Falleinbringerin merkt an, daß sie sich in den letzten zehn Minuten unverstanden gefühlt habe. Das Thema Frauen und Macht sei ein allgemeines Problem, darum ginge es ihr im Augenblick nicht. Bei ihr hingen die Schwierigkeiten eher noch mit einem anderen Wunsch zusammen, nämlich eine eigene Praxis aufzumachen. Sie schildert detailliert, daß sie große Anstrengungen unternommen habe, um in eigener Praxis tätig zu werden. Sie habe die Heilpraktikerausbildung gemacht, damit sie sich als Gesprächspsychotherapeutin niederlassen könne. Dann berichtet sie, daß sie Praxisräume angemietet und schon ein eigenes Türschild habe.

Von den Gruppenteilnehmern kommen viele Assoziationen zum Türschild und den Praxisräumen, es geht heiter und gelöst hin und her, bis eine Teilnehmerin sagt, daß sie darauf jetzt nicht direkt eingehen könne, sondern noch an dem vorigen hinge. Sie hätte selber auch einmal vor der Entscheidung gestanden, ob sie die Leitung einer Einrichtung übernehmen wolle, aber da sei sie schwanger geworden, und da sei es dann ganz klar gewesen, daß das für sie nicht in Frage käme. Sie würde das heute auch nicht bereuen, aber das wäre ihr eben, als die Falleinbringerin gesprochen habe, die ganze Zeit durch den Kopf gegangen.

Es wird ganz still in der Gruppe, dann passiert etwas Unerwartetes: Die Falleinbringerin, die eigentlich die ganze Zeit sehr souverän wirkte, bricht in Tränen aus; sagt dann schluchzend, daß sie seit eineinhalb Jahren schwanger werden wolle. Sie habe einen sehr einfühlsamen Mann, alles würde stimmen, sie hätten sich beide untersuchen lassen, aber sie würde nicht schwanger. Sie erzählt dann von Freundinnen, die in den letzten Jahren alle Kinder bekommen hätten, sie würde ja auch nicht jünger. Die Zeit verging rasend schnell. Sie hätte das Gefühl, wenn sie jetzt eine Leitungsstelle annehmen würde, dann wäre es das Aus für ihren Kinderwunsch. Ein Gruppenteilnehmer greift nach diesem Votum die eigene Praxis auf und sieht darin einen ersten Schritt, sich in den quasi-häuslichen Bereich zurückzuziehen. Eine andere Teilnehmerin arbeitet demgegenüber heraus, daß die Schwierigkeiten der Aufbauphase einer eigenen Praxis nicht zu unterschätzen seien. Die Falleinbringerin spricht an dieser Stelle noch einmal darüber, daß sie einerseits sehr geschmeichelt sei von dem Angebot, eine Leitungsstelle zu übernehmen, sich aber andererseits auch in ihrer jetzigen Arbeit sehr wohl fühlen würde. Dasselbe sei es mit dem Selbständigwerden, einerseits fände sie das eine wichtige neue Perspektive für sie, andererseits fiele es ihr schwer, aus dem Team herauszugehen.

An dieser Stelle formuliert der Supervisor eine Deutung: Es scheint Ihnen schwerzufallen, einen Kompromiß zu finden zwischen ihren Wünschen nach Berufstätigkeit und nach einer Familie mit Kindern. Vor lauter Ambivalenz gelingt es Ihnen nicht zu sagen, ,so, das ist jetzt dran'. Eine Teilnehmerin unterstreicht den letzten Teil der Intervention des Leiters. Sie hätte das Gefühl gehabt, daß sie überall Bestätigung suche und am liebsten auf drei Hochzeiten tanzen wolle. Der Leiter knüpft an dieses Votum an: Auf drei Hochzeiten zu tanzen, kann ja sehr schön sein, die Frage sei nur, wie sich das am besten koordinieren läßt, und da sei der Weg in die eigene Praxis sicherlich ein Schritt, der über die Ambivalenzen hinausführt. Ein Weg, der es vielleicht am ehesten ermöglicht, Kinder und Beruf zu verbinden.

Die Falleinbringerin geht sofort darauf ein und hebt hervor, daß sie das merkwürdigerweise noch nie so gesehen habe, obwohl sie doch schon so viel darüber nachgedacht und mit anderen darüber gesprochen habe. Dann spricht sie noch einmal über ihren Mann, der so einfühlsam sei, und daß sie ja eigentlich gar keine Angst haben müßte, jetzt auf den Stand der eigenen Mutter zurückzufallen. Sie erläutert das folgendermaßen: Die Mutter sei Krankenschwester gewesen und hätte damals ihretwegen den Beruf aufgegeben. Das hätte sie, seitdem sie 15 oder 16 war, immer wieder als Vorwurf zu hören bekommen. Sie schweigt einen Moment, das sei wirklich verblüffend, sie würde plötzlich einen Lösungsweg sehen. Das müßte sich natürlich noch setzen, finanziell wäre das bestimmt zu machen. Von der Drogenberatung und dem Umgang mit Aids-Patienten bekäme sie bestimmt kein Kind. Der Leiter weist darauf hin, daß die Sitzung zu Ende sei, die Supervisandin bedankt sich bei der Gruppe und ist so gerührt, daß sie lacht und gleichzeitig Tränen in den Augen hat.

Die Leserinnen und Leser werden mit dem Autor sicherlich darin übereinstimmen, daß der Fall, der zunächst so unauffällig begann, eine verblüffende Wendung genommen hat. Um diese Entwicklung verstehen zu können, ist es sinnvoll, den Prozeß nachzuzeichnen und zu erläutern:

Die Falleinbringerin beginnt ihre Darstellung mit einer kurzen Erzählsequenz, die deutlich macht, daß sie sich selber zum Fall macht. Sie exponiert ihr Problem folgendermaßen: Sie habe Schwierigkeiten, offen mit den Kolleginnen und Kollegen ihres Teams über eine Supervision zu sprechen, die sie für Mitarbeiter einer Klinik durchführt. Man könnte nun die Auffassung vertreten, daß das die Teammitglieder eigentlich nichts angeht, weil es sich offensichtlich um eine Nebentätigkeit handelt. Die Supervisandin legt den Sachverhalt aber indirekt – durch Hinweis auf die regelmäßigen Teamsitzungen – dahingehend klar, daß die Besprechung solcher Themen durchaus zur Gruppenkultur gehört. Der intime institutionelle Stil, der sich darin niederschlägt, ist für therapeutische und soziale Institutionen seit der Subjektivitätsdebatte Ende der 60er Jahre durchaus üblich.

Nach der relativ kurzen einleitenden Erzählsequenz fügt die Falleinbringerin mehrere Erklärungen für ihr Verhalten an. Damit macht sie zunächst deutlich – und das wird durch die Kürze der Erzählsequenz unter-
strichen –, daß sie sich bereits sehr viele Gedanken über das Problem
gemacht hat. Weiterhin könnte man die These vertreten, daß die Sequenz
als Hintergrunderzählung für die Darstellung der Erklärung gebraucht
wurde. Der interaktive Sinn der Sequenz bestünde dann darin, daß mit der
Erzählsequenz bei den Zuhörern die Voraussetzungen geschaffen werden,
den Erklärungsversuchen der Falleinbringerin zu folgen.

Die erste ‚Theorie' besteht darin, daß die beiden Institutionen, diejenige,
in der sie arbeitet, und diejenige, für die sie Supervision macht, zuviel miteinander zu tun haben. Interpretierend könnte man die ‚Theorie' so verstehen, daß die Falleinbringerin auf das therapeutische Abstinenzdesiderat
anspielt, darauf, daß das Einhalten von Abgrenzungen zum Repertoire
professionellen Handelns in den Bereichen von Beratung und Therapie
gehört. Man könnte aber auch, mehr auf sie selbst bezogen, vermuten, daß
sie möglicherweise Befürchtungen hat, Informationen über sie und ihre
Arbeit könnten zwischen den Bereichen hin und her gereicht werden. Die
mögliche Befürchtung bestünde dann darin, daß etwas Intimes oder möglicherweise auch Peinliches von einer zur anderen Institution transferiert
werden könnte. Für diese Überlegung spricht, daß die Falleinbringerin in
der Erzählsequenz eine spezifische Formulierung gewählt hat: Sie sagt,
daß sie mit einzelnen *wie hinter vorgehaltener Hand* gesprochen habe.
Für den Supervisor ist diese Formulierung ein Merkpunkt.

Nun aber zu den weiteren Erklärungen, die sie im Anschluß an die ein-
leitende Erzählung gibt. Sie spricht den *Loyalitätskonflikt* an, wobei sie
ihn in Verbindung setzt zu dem eigenen Wunsch, *etwas Besseres zu machen* und sich damit von den anderen Mitarbeitern abzuheben. Zum Verständnis der Äußerung sind mehrere Lesarten möglich, von denen ich zwei
benennen möchte: Zum einen könnte eine moralische Verpflichtung, nicht
aus der Gruppe auszuscheren, im Vordergrund stehen. Zum anderen könnte aber auch die Befürchtung eine Rolle spielen, daß die Teammitglieder
ärgerlich oder neidisch werden könnten, und daß daraus möglicherweise
Aggressionen gegen sie erwachsen könnten.

Dem Supervisor fiel in der Sitzung die Diskrepanz zwischen dem terminologisch hochangesetzten Begriff *Loyalitätskonflikt* und den qualifizierenden Propositionen, *etwas Besseres zu machen* und *höher angesehen*

zu sein, auf. Die dritte Erklärung der Falleinbringerin für ihr Handeln, es sei die erste Gruppensupervision, die sie selbständig leite, wird durch zwei Bemerkungen näher bestimmt: durch den Hinweis auf eine konventionelle Strategie, nämlich Dinge, deren man sich nicht sicher ist, nicht an *die große Glocke zu hängen*, und durch die völlig aus dem Rahmen fallende Bemerkung, daß sie 34 Jahre alt sei. Dieser Hinweis an dieser Stelle ist merkwürdig und läßt sich zunächst nicht unmittelbar verstehen. Es handelt sich also um eine Stelle mangelnder Plausibilität, für den Supervisor ein besonders wichtiger Merkpunkt.

Bis zu diesem Zeitpunkt gab es für den Supervisor drei Auffälligkeiten: Die erste bezieht sich auf das Verhältnis von Erzählung und Erklärungen, wobei meine These lautet, daß die Erklärungen im Vordergrund stehen, und die Erzählung nur die Möglichkeit schaffen sollte, diese zu exponieren. Der zweite Merkpunkt bezieht sich auf die Spezifität der qualifizierenden Propositionen, der dritte schließlich auf eine Stelle mangelnder Plausibilität. Ein wichtiges Merkmal der supervisorischen Professionalität ist es, diese signifikanten Stellen im Supervisionsprozeß wahrnehmen zu können. Voraussetzung dazu ist eine paradoxe Kompetenz: Einerseits den Gruppenprozeß in empathischer Nähe in sich einzulassen und andererseits in analytischer Distanz zu ihm zu stehen. Eine zweite Voraussetzung besteht darin, die Auffälligkeiten gerade nicht zur vorschnellen Hypothesenbildung zu mißbrauchen, sondern zuzuwarten, bis sich Klärungslinien durch den Gruppenprozeß selber abzeichnen.[5]

Es ist aufschlußreich, daß die Falleinbringerin nach den drei Erklärungen von einer Teilnehmerin unterbrochen wird, und zwar mit der Frage bezüglich der Supervisionsqualifikation. In minimal strukturierten Supervisionsprozessen sind Fragen zu einem solch frühen Zeitpunkt eher unüblich. Es läßt sich vermuten, daß sie durch die Legitimationspassage selber hervorgerufen wurden. Die Gruppenteilnehmerin könnte sich gefragt haben: ‚Was ist eigentlich los mit der Falleinbringerin, daß sie so viele Erklärungen abgibt, da muß man doch einmal etwas nachhaken.‘ Natürlich ist diese interpretierende Paraphrase eine Unterstellung, trotzdem würde ich daran festhalten, daß die lange Legitimationspassage vorbewußt einen solchen oder ähnlichen kognitiven Prozeß ausgelöst haben könnte. Auf die Nachfrage der Gruppenteilnehmerin nach der Supervisionsausbildung antwortet die Falleinbringerin, daß sie eine solche nicht habe. Daran anschließend legitimiert sie sich, wobei sie darauf hinweist, daß ihre therapeutische Zusatzausbildung ein Äquivalent darstellt. Gleichzeitig konzediert sie aber, daß sie auf dem Gebiet der Supervision noch Anfängerin sei. Interessant ist, daß sich an die Rechtfertigung nach einer längeren Schweigepause erneut eine Erzählsequenz anschließt. Es ist die Geschichte vom *schwachen Leiter* und der *Zwischenträgerin*. Sie hebt hervor, daß sie sich ihm überlegen fühlt. Durch eine Fortbildung hat sie Berührungspunkte mit ihm, die über den professionellen Rahmen hinausgehen, außerdem scheint sie faktisch die Funktion einer Stellvertreterin einzunehmen. Ein weiterer Topos in der Erzählung ist die ambivalente Situation, daß der Leiter die einzelnen Teammitglieder nicht schützen könne, andererseits hätten sie aber große Handlungsspielräume. Die Falleinbringerin bilanziert diese Erzählung in bezug auf sich selber, und zwar in dem Sinne, daß die *Schwäche des Leiters* mit dazu beigetragen habe, daß sie über ihre Supervision im Team nicht offen habe sprechen können.

Nachdem die Falleinbringerin deutlich gemacht hat, daß sie mit ihrer Darstellung an dieser Stelle erst einmal aufhören möchte, beginnen die Gruppenteilnehmer mit Nachfragen und eigenen Interpretationen, die von der Falleinbringerin angedeuteten Dimensionen aufzuschlüsseln. Auffällig ist, daß die Supervisanden sich relativ eng an die von der Falleinbringerin eingebrachten Themen halten, so z. B. wenn eine Teilnehmerin *herausgehört hat*, ob man in der Beratungsstelle *etwas Besonderes machen dürfe*. Mit dieser Anknüpfung verbindet sie einen erklärenden Hinweis, wenn sie auf die Konkurrenzdynamik im Team anspielt. Implizit fordert sie die Falleinbringerin auf, dazu etwas zu sagen. Mehrere Voten gehen mit unterschiedlichen Akzentsetzungen in diese Richtung. Die Spannbreite liegt zwischen der Konstatierung problematischer Organisationsstrukturen (unklare Beziehung zwischen Leiter und Teammitgliedern) und dem Gefühl, daß die Falleinbringerin *fremdgeht*.

Nach der ersten Runde greift die Falleinbringerin einen Gesichtspunkt heraus, um ihn weiter auszuführen. Sie habe tatsächlich das Gefühl, daß die anderen glauben könnten, sie sei besser. Sie konkretisiert ihr Gefühl in Richtung auf Kritik: Sie hielte einige Kolleginnen und Kollegen und vor allem auch den Leiter für nicht sonderlich kompetent. Die Verbindung von der Befürchtung, die sie äußert, und der Kritik, die sie austeilt, legen die Interpretation nahe, daß sie Angst vor der Rache der von ihr entwerteten Mitarbeiterinnen und Mitarbeiter haben könnte. In der weiteren Entwicklung der Szene stellt sie indirekt ihre Strategie dar, mit gefährlichen

Impulsen umzugehen. Deutlich wird das, als sie über ihren *Stolz* spricht, wegen der Supervision angefragt worden zu sein. Lieber verheimlicht sie den Erfolg, als daß sie ihn offen darstellt. Sie interpretiert diese Verhaltensweise als Resultat einer Mutter-Tochter-Problematik. Die Mutter wird als eine Person typisiert, die beruflich zu kurz gekommen ist und den Aufstieg der Tochter schlecht ertragen kann. Dieser Zusammenhang sei ihr durch ihre Therapie geläufig, es gäbe aber noch tieferliegende Ursachen – *neuralgische Punkte* –, die sie nicht kenne. Mit diesem Hinweis spricht sie implizit den Supervisor an, der von ihr vermutlich als Fachmann für unbewußte Konflikte typisiert wird, da sie weiß, daß er Psychoanalytiker ist. Das Kalkül geht auf; der Supervisor interveniert, indem er den bisherigen Gruppenprozeß in seinen thematischen Dimensionen kurz zusammenfaßt. Aus dem Material fokussiert er die Angst und greift die Bemerkung *wie hinter vorgehaltener Hand* auf, um sie in eine spezifische Richtung, als Ausdruck von etwas Peinlichem, zu deuten.

Die formale Struktur der Deutung besteht im wesentlichen aus zwei Operationen: Zunächst wird der gemeinsame Erfahrungsraum bezeichnet. In einem zweiten Schritt wird dann vom Supervisor in selektiver Anknüpfung an die Voten der Falleinbringerin und der Gruppenmitglieder eine eigene Interpretation der bis dahin entfalteten Probleme formuliert. Der kurze Hinweis auf den gemeinsamen Erfahrungsraum hat die Funktion, den Deutungshintergrund teilweise offenzulegen, um eine Konsensgrundlage für den nachfolgenden Deutungsteil herzustellen.[6]

Worauf beruht nun aber die eigentliche Interpretation? Sie basiert auf einer Hypothese, die der Supervisor sowohl aus der Inszenierung als auch aus dem Text des Gruppenprozesses entnommen hat. Voraussetzung für die Entwicklung einer deutungskonstitutiven Hypothese ist die Entscheidung, welche Spur der Leiter aus Text und Inszenierung der Gruppe aufnimmt; anders ausgedrückt: welche Relevanzentscheidung von ihm getroffen wird. Deutlich ist, daß der Supervisor nicht an den Erklärungsversuchen der Falleinbringerin ansetzt. Auch die institutionsbezogene Dimension, die man aus ihrer Beziehung zum Leiter der Einrichtung und ihrer Rolle als *Zwischenträgerin* herauspräparieren könnte, wird von ihm nicht aufgegriffen, obwohl diese Richtung von mehreren Gruppenmitgliedern thematisiert wird. Er bezieht sich demgegenüber auf einen affektiv aufgeladenen Aspekt aus dem Bericht der Falleinbringerin und versucht, diesen durch die Benennung der *Peinlichkeit* gleichsam zu unterstreichen. Die

Erklärungsversuche der Falleinbringerin – der erste Merkposten – dienen ihm dabei ebenso als Orientierungshilfe wie die auffällige Formulierung: *wie hinter vorgehaltener Hand*. Während die Erklärungsversuche vom Supervisor vorläufig als unbewußter Versuch verstanden werden, Ängste einer rationalisierenden Kontrolle zu unterwerfen, wird die auffällige Formulierung als Spezifizierung der Angst in Richtung auf Scham- und Schuldgefühle verbucht. Während die Schuldgefühle der Falleinbringerin bewußt sind – sie spricht in einer längeren Passage über diesen Topos in bezug auf ihre Mutter und die Therapie –, scheinen ihr Scham und Peinlichkeit weniger zugänglich zu sein.

Da der Sinn einer Deutung darin besteht, Unzugängliches zugänglich zu machen, bezieht sich die Deutungshypothese in unserem Fall darauf, die möglichen Scham- und Peinlichkeitsgefühle anzusprechen. Daß es sich bei dieser Hypothese nicht um einen zufälligen Einfall des Supervisors handelt, wird durch einige Voten von Gruppenteilnehmern über *Ängste* der Falleinbringerin oder ihr *Fremdgehen* belegt. Der Supervisor greift diese Beiträge auf, um für seine Deutung einerseits einen bewußtseinsnahen Bezug herzustellen und andererseits um ihre Akzeptanz und Plausibilität zu stärken. Diesen Maximen folgt auch die Formulierung der Deutung, wobei ein weiterer Gesichtspunkt hinzukommt: Die Wahl der Formulierung sollte so offen sein, daß Assoziationen, Widersprüche oder Modifikationen angeregt werden.[7] Im vorliegenden Fall scheint das gelungen zu sein. Der Hinweis auf beschämende und peinliche Gefühle evoziert eine *unangenehme Geschichte*, die die Falleinbringerin *bisher noch niemandem erzählt* hat. Diese einleitenden Bemerkungen kann man als Hinweis deuten, daß sich die Falleinbringerin vom Supervisor verstanden und ermutigt fühlt, unangenehme Themen anzusprechen. Sie schildert einen Konflikt, in den sie durch das Angebot, die Leitung einer Beratungsstelle zu übernehmen, gekommen ist. Ähnlich wie im Fall des Supervisionsangebots treten auch hier Hemmungen auf, offen mit Freunden und Kollegen über das Angebot zu sprechen. Wie im ersten Fall äußert sie die Angst, daß das Team *sauer* auf sie werden könnte, und führt die Hemmung auf ungelöste, alte Konflikte mit der Mutter zurück. Zum zweiten Mal erwähnt sie die Therapie, die ihr in diesem Punkt offensichtlich nicht geholfen habe.

Für den Supervisor ist mit dieser wiederholten Mitteilung ein Angebot, vielleicht eine Verlockung verbunden. Von der Falleinbringerin wird ihm der Wunsch nahegelegt, in Konkurrenz mit der vorherigen Therapeutin das Problem mit Mutter zu lösen. Mit dieser Inszenierung konstelliert die Falleinbringerin eine quasi dyadische Konstellation und versucht, den Supervisor zum Therapeuten zu machen. An dieser Stelle läßt sich der Unterschied zwischen analytischer Gruppentherapie und Supervision deutlich machen. Als Gruppenanalytiker würde man den unbewußten Wunsch der Falleinbringerin mit einer Deutung ansprechen. In der Supervision geht es demgegenüber um die Fokussierung des Prozesses auf die berufliche Identität.

Die Gruppenmitglieder entwickeln im Anschluß an die Erzählsequenz Hypothesen über die Hemmung der Falleinbringerin. Bei den Deutungsversuchen handelt es sich teilweise um eine Wiederaufnahme der Hinweise, die bereits in der vorhergehenden Sequenz geäußert wurden. Neu ist die Betonung der frauenspezifischen Dimension: die Schwierigkeiten des Umgangs von Frauen mit Macht. Gerade dieser Aspekt wird dann aber von der Falleinbringerin zurückgewiesen. Die Mitsupervisanden akzeptieren nun ihrerseits diese Zurückweisung nicht und fahren fort, die Konflikte der Falleinbringerin auf der Grundlage des etablierten Deutungsmusters zu interpretieren. An dieser Stelle deutet sich ein Verständigungsproblem an, das, wenn es nicht thematisiert würde, dazu führen könnte, daß der Dialog entgleist. Phänomenologisch können wir konstatieren, daß die Reziprozität der Perspektiven auseinanderzuweisen beginnt. Der gleiche Sachverhalt ließe sich psychologisch als Empathiedefizit der Gruppenmitglieder für die Falleinbringerin beschreiben.

Der Supervisor greift in seiner deskriptiv gehaltenen Intervention beide Lesarten auf. Zunächst spricht er das sich abzeichnende Verständigungsproblem an, um es dahingehend zu konkretisieren, daß die Gruppe die Falleinbringerin nicht versteht. Es ist kein Zufall, daß diese Intervention von der Falleinbringerin sofort ratifiziert wird. Darüber hinaus ‚bedankt‘ sie sich bei dem Supervisor für die ‚Parteinahme‘ durch die Generierung einer weiteren Erzählsequenz.[8] Die Gruppe nimmt das Angebot der Falleinbringerin auf und produziert Einfälle zu dem neuen Themenangebot. Die Stimmungslage der Gruppe ändert sich, der sich andeutende Konflikt macht einer gelösten Atmosphäre Platz. Wahrscheinlich haben die Intervention des Leiters und die bereitwillige Haltung der Falleinbringerin, ein neues Thema anzubieten, den Stimmungsumschwung bewirkt. Allerdings wird bald deutlich, daß dieser Prozeß nur von einem Teil der Gruppenmitglieder getragen wird. Zumindest eine Supervisandin *hängt* noch an der vorausgehenden Sequenz. Mit einer kurzen Erzählung stellt sie ein eigenes biographisches Detail dar: Auch sie habe einmal vor der Entscheidung gestanden, Leiterin einer Einrichtung zu werden. Die Entscheidung sei ihr aber dadurch abgenommen worden, daß sie schwanger wurde.

Diese Mitteilung hat nachhaltige Folgen für den weiteren Verlauf der Sitzung. Äußerlich wird die Zäsur zunächst durch Schweigen, dann durch den Affektausbruch der Falleinbringerin markiert. Noch bevor sie selber dazu Stellung nimmt, ist allen Anwesenden klar, daß mit dem Schwangerschaftsthema ein Thema ins Spiel gebracht worden ist, das über die bisher in der Gruppe erarbeiteten Erklärungsansätze hinausgeht. Die Falleinbringerin greift das Votum der Gruppenteilnehmerin sofort auf, berichtet über ihre Schwierigkeiten, schwanger zu werden, obwohl doch alles *stimmen* würde. Sie erwähnt ihren Mann, der sehr *einfühlsam* sei, die Freundinnen, die alle Kinder bekämen, und die Zeit, die *rasend schnell* verginge. Schließlich stellt sie fest, daß Leitungsstelle und Kinderwunsch sich gegenseitig ausschließen würden.

Das beschämende und peinliche Thema, das die Falleinbringerin mit dem ersten Satz ihrer Geschichte exponiert hat und über das man nur *hinter vorgehaltener Hand* sprechen kann, liegt nun offen zutage. Die Supervisandin macht deutlich, daß sie sich über die Problematik ‚Leitungsstelle‘ und ‚Kinderwunsch‘ bereits viele Gedanken gemacht, eine befriedigende Lösung hat sie bisher indes noch nicht gefunden. Sie steckt in einer Ambivalenzkrise.

Wie gehen nun die Gruppenteilnehmer mit dem neuen Thema um? Zunächst fällt auf, daß die Stellungnahmen kein einheitliches Muster ergeben, sie sind vielmehr diametral entgegengesetzt: Während der eine die Praxisgründung als einen Schritt in Richtung auf den häuslichen Bereich sieht, hebt eine andere die Schwierigkeiten der Aufbauphase einer eigenen Praxis hervor. Anders ausgedrückt: Die Gruppe schwankt zwischen Hoffnung und Skepsis und reproduziert damit die Ambivalenz der Falleinbringerin. Diese betont in einer Replik auf die Hinweise der Gruppenteilnehmer, daß sie am liebsten, wie es eine Teilnehmerin später nennen wird, *auf drei Hochzeiten tanzen* würde: Die Leitungsstelle schmeichelt ihr, in der jetzigen Arbeit fühlt sie sich wohl, das Selbständigwerden ist eine wichtige neue Perspektive. Für das Schwangerwerden gibt es unter diesen Bedingungen keinen Platz.

Diesen Zusammenhang greift der Supervisor in seiner Deutung auf, wenn er die Ambivalenz und den Entscheidungsbedarf anspricht. Er geht aber noch einen Schritt darüber hinaus, und zwar durch den Hinweis auf eine Möglichkeit, die Ambivalenz zu überwinden. Die Praxisgründung sei der geeignete Weg, Beruf und Kinder zu vereinbaren. Wiederum schließt die Falleinbringerin mit ihrer Stellungnahme unmittelbar an das Votum des Supervisors an. Sie betont, daß sein dezidierter Vorschlag eine neue Perspektive für sie eröffnen würde. Darüber hinaus gibt sie zu verstehen, daß ihre Angst, durch eine eventuelle Schwangerschaft den Beruf – wie ihre Mutter – aufgeben zu müssen und in Abhängigkeit zu geraten, unrealistisch sei, zumal sie einen *einfühlsamen* Partner habe. Als Fazit formuliert sie die ebenso eindrucksvolle wie anrührende Feststellung, daß sie von der Drogenberatung und dem Umgang mit Aids-Patienten bestimmt kein Kind bekäme.

Wie läßt sich nun – über die Paraphrase hinaus – die abschließende Sequenz der Fallgeschichte verstehen? In seiner äußeren Form konstelliert sich dieser Teil im wesentlichen als Dialog zwischen Supervisor und Falleinbringerin. Lediglich an einer Stelle wird er durch das Votum einer Teilnehmerin durchbrochen. In der gruppenanalytischen Theorie werden dominante dialogische Interaktionsformen als ,pairing'[9] bezeichnet. Für die Fallanalyse stellt dieses Beziehungsmuster einen entscheidenden Schlüssel zum Verständnis dar, weil sich darin, so meine These, die Reinszenierung des zentralen Konflikts der Falleinbringerin im Medium der Gruppe niederschlägt. Die Reinszenierung ist dabei sowohl um das berufliche Dilemma, keine prospektiven Entscheidungen treffen zu können, als auch um die Infertilitätsproblematik der Falleinbringerin zentriert. Betrachtet man die Intervention des Supervisors, dann fällt auf, daß er nicht nur dezidiert Stellung nimmt, sondern einen Vorschlag unterbreitet. Im Repertoire supervisorischer Aktivitäten sind solche Handlungsanweisungen, die auch als Rezepte bezeichnet werden, wenig erwünscht. Und das aus gutem Grund: Sie repräsentieren einen instruktionspädagogischen Vermittlungstypus, der mehr auf Anpassung und Nachahmung als auf die Entwicklung persönlichkeitsspezifischer Handlungskompetenzen hinausläuft. Wenn der Supervisor trotzdem an dieser Stelle einen solchen Vorschlag zur Lösung des beruflichen und biographischen Dilemmas der Supervisandin vorschlägt, dann kann er entweder, wie in der Alltagskommunikation, einen Einfall zum Besten gegeben oder besondere Gründe dafür gehabt haben.

Wenn wir davon ausgehen, daß Gründe maßgeblich waren, dann müssen sich diese aus der entsprechenden Szene rekonstruieren lassen.

Offensichtlich verwendet der Supervisor in seiner Intervention Annahmen über die besonderen Schwierigkeiten weiblicher Berufsbiographien, die dann auftreten, wenn Kinderwunsch und beruflicher Erfolg miteinander verbunden werden sollen. Berufliches Engagement nach dem Modell männlicher Karrieregestaltung läßt sich nur schwer mit der Mutterschaft verbinden. Zwar gibt es Modelle, wie dieses Dilemma gelöst werden kann, z. B. durch Fremdbetreuung der Kinder (Hausangestellte, Tagesmütter etc.), diese haben jedoch zur Folge, daß die Intimität mit dem Kind mehr oder weniger eingeschränkt ist. Sowohl in individueller als auch in gesellschaftlicher Perspektive ist diese Intimität nun nicht bloß Ausdruck für befriedigende weibliche Lebensentwürfe, sondern zugleich auch Voraussetzung einer günstigen Prognose für die psychosoziale Entwicklung des Kindes.[10] Zu den wenigen Möglichkeiten, berufliche Tätigkeit und Mutterschaft befriedigend miteinander zu verbinden, gehören Berufe, die eine flexible Zeitgestaltung in Verbindung mit Sozialprestige und Einkommen ermöglichen. Die in freier Praxis ausgeübte psychotherapeutische Tätigkeit erfüllt prinzipiell diese Bedingungen. Wenn der Supervisor also der Falleinbringerin rät, den Schritt in die freiberufliche Tätigkeit zu wagen, dann bezieht er sich dabei auf Annahmen über spezifische Konfliktsituationen weiblicher Berufsbiographien[11] einerseits und auf Kenntnisse über die soziale Welt der therapeutischen Professionen andererseits.

Ich habe eingangs betont, daß es sich bei der Falleinbringerin und den Gruppenmitgliedern um hochqualifizierte Professionals handelt, denen gegenüber der Hinweis auf die Tätigkeit in eigener Praxis eine Trivialität darstellt. Wenn die Supervisandin demgegenüber betont, daß sie das so noch nie gesehen habe, dann legt das die Vermutung nahe, daß sie den allgemein bekannten Zusammenhang nicht auf sich beziehen kann, weil die Infertilität Auswirkungen auf die Wahrnehmung ihrer Lebenslage hat. Belege für diese These finden sich bereits zu Anfang ihrer Erzählung. In ihrem ersten Statement weist sie darauf hin, daß sie *jetzt 34 Jahre alt* sei. Die Bemerkung wirkt an der Stelle, an der sie gemacht wird, eigentümlich deplaziert, so als gehöre sie in einen anderen Kontext. Vor dem Hintergrund des später hinzugekommenen Wissens können wir vermuten, daß sich die Supervisandin bereits zu diesem Zeitpunkt innerlich mit ihrer Unfruchtbarkeit beschäftigt. Die verrinnende Lebenszeit gehört zu den prävalenten, quälenden Faktoren in der Auseinandersetzung mit der Infertilität. Die seelische Not der Falleinbringerin, die sich im Affektausbruch niederschlägt, besteht darin, daß sie sich nicht erklären kann, warum sie unfruchtbar ist. Sie hebt hervor, daß *alles in Ordnung* sei, und weist wiederholt darauf hin, daß sie einen *verständnisvollen* und *einfühlsamen Partner* habe. Mit dieser Typisierung der Partnerschaft legt sie die Interpretation nahe, daß es nicht an ihrem Mann oder an Beziehungskonflikten liege, daß sie kein Kind bekommt.

Wie bezieht sich nun der Supervisor in seiner Intervention auf die Unfruchtbarkeit? Zunächst spricht er die Ambivalenz der Falleinbringerin an und verweist auf die Notwendigkeit, Entscheidungen zu fällen. Neben diesem expliziten Text, der in der Empfehlung mündet, ist die dezidierte Form der Intervention auffällig. Explizit und implizit verkörpert sein Beitrag einen Gegenentwurf zur Ambivalenz. Anders ausgedrückt: Im Rahmen der Paarbildung verkörpert er einen nicht einfühlsamen, zur Verschmelzung neigenden Partner, sondern einen männlichen Gegenpol, der Entscheidungen trifft und Vorgaben macht und damit der Frau hilft, aus der Ambivalenz herauszukommen. Der Supervisor folgt der Falleinbringerin also nicht in der Einschätzung, daß *alles in Ordnung* sei; er hat vielmehr die Vermutung, daß die männliche Komponente, als eine wesentliche Voraussetzung der Empfängnis, nicht hinreichend ausgeprägt ist. Ohne männliches Komplement kann die Falleinbringerin den biographischen Sprung, den eine Schwangerschaft zweifellos darstellt und der zudem ein ‚point of no return‘ ist, nicht wagen.

Als Bestätigung für diese Hypothese kann die Reaktion der Supervisandin auf die Deutung des Leiters bewertet werden. Sein dezidiertes Votum ermöglicht es ihr, die Ambivalenz ein Stück weit aufzugeben und den vorgeschlagenen Lösungsweg als Möglichkeit zu akzeptieren. Eine Verbindung von Berufstätigkeit und Mutterschaft wird für die Falleinbringerin potentiell vorstellbar.

Wir können festhalten, daß neben Annahmen über weibliche Berufsbiographien und therapeutische Professionen die Intervention des Supervisors auch auf Annahmen über die Psychodynamik von Ambivalenzkonflikten und die Psychosomatik der Infertilität beruht. Natürlich verweisen diese Annahmen auf theoretische Konzepte, Forschungserfahrungen und die therapeutische Praxis des Gruppenleiters. Entscheidend ist, daß diese Vorstellungen der Gruppe und der Falleinbringerin nicht als Vorurteile aufoktroyiert werden, sondern daß sie parallel zum Gruppenprozeß, am Material der Teilnehmer eingebracht werden und durch diese Erlebnis- und Erfahrungsbezogenheit Evidenz erlangen.

In unserem Fallbeispiel ist die Paarbildung das Schlüsselphänomen für die Decodierung des unbewußten Themas. In psychoanalytischen Termini könnte man sagen, daß es unbewußt um die Inszenierung der generativen Potenz geht, bei der der Gruppenleiter den ‚Mann als potentiellen Vater‘ repräsentiert. Die Gruppenmitglieder schauen zu, wie Mann und Frau die Voraussetzung zur Zeugung eines Kindes ‚herstellen‘. Prinzipiell ist es sinnvoll, die Spiegelung des Falles in der Gruppe zu deuten. Wenn der Leiter die Paarbildung in diesem Fall nicht gedeutet hat, dann vor allem deshalb, weil er den Prozeß nicht noch mit einem weiteren schwergewichtigen Thema beladen wollte. Für die Entscheidung, ob man bestimmte Aspekte in einer Sitzung anschneidet oder nicht, sind vor allem Einschätzungen über die Verarbeitungskapazität von Gruppen und Erfahrungen mit dem ‚timing‘ von Deutungen ausschlaggebend.[12]

Durch die vorangegangene Explikation der Leiterinterventionen könnte der Eindruck entstanden sein, daß seine Aktivitäten den Prozeß der Gruppensupervision bestimmen. Betrachtet man indes die Gesamtformung der Sitzung, dann wird deutlich, daß die entscheidenden Aktivitäten von der Falleinbringerin und den Mitsupervisanden ausgehen. Sowohl die Exposition der Fallgeschichte als auch die daran sich anschließende Suchbewegung und der schließlich entdeckte Wendepunkt gehen auf Aktivitäten der Gruppenteilnehmer zurück. Demgegenüber nimmt der Supervisor über weite Strecken eine zurückgenommene, prozeßbegleitende Haltung ein. Seine Interventionen sind überdies von der Ratifizierung der Gruppenteilnehmer abhängig. Ihr Erfolg bemißt sich am Progress der praktischen Verstehens- und Handlungsmöglichkeiten, wobei die Gruppenteilnehmer, bei denen es sich ja nicht, wie in der Psychotherapie, um psychisch Kranke, sondern um Berufstätige handelt, ein kritisches Forum darstellen.

Abschließend möchte ich noch auf ein spezifisches Problem des vorgestellten Supervisionstypus hinweisen: Anders als in der klassischen Supervision, bei der es um einen Fall aus der Berufspraxis geht, macht sich in unserem Beispiel die Supervisandin selber zum Fall. Damit ist die Nähe zur Therapie unübersehbar. Supervision ist in einem solchen Fall ein riskantes Unternehmen, weil sie einerseits nur allzu leicht in wildes Therapeutisieren und andererseits in objektivistische Verleugnung abzugleiten droht. Die erste Version wäre eingetreten, wenn man den Prozeß zur *Selbsterfahrungsgruppe*, letzteres, wenn man ihn zur *Organisationsberatung* umfunktioniert hätte. In der vorgestellten Fallstudie haben Leiter und Gruppe versucht, die Supervisionsperspektive durch strikte Orientierung an der berufsbiographischen Thematik durchzuhalten. Daß auf diese Weise unbewußte Konflikte der Falleinbringerin (und der anderen Gruppenteilnehmer) indirekt mitbehandelt wurden, zeigte sich sowohl auf der Gruppenebene als auch bei der Supervisandin. Während sich bei der Gruppe nach diesem Fall eine sehr viel intimere Gesprächskultur durchsetzte, vollzogen sich bei der Falleinbringerin rasante berufliche und private Entwicklungen, wobei letztere nach zwölf Monaten unübersehbare Folgen hatten.

2. Supervision als Qualifikationsinstrument bei der Entwicklung einer sozialpsychiatrischen Institution

Einleitend habe ich auf die Bedeutung der Reformpolitik für die Expansion der Supervision hingewiesen. Im zweiten Fallbeispiel möchte ich nun umgekehrt den Beitrag der Supervision im Rahmen eines Reformprojekts herausarbeiten. Es geht um einen ‚sozialpsychiatrischen Dienst‘, der seine Existenz dem Modellprogramm zur Verbesserung der Lage der psychisch Kranken verdankt, das zu Beginn der 80er Jahre in den sozialdemokratisch regierten Bundesländern durchgeführt worden ist. Ich hatte das Glück, die Gruppe, die zugleich eine neue sozialpsychiatrische Institution repräsentiert, über einen Zeitraum von viereinhalb Jahren als Supervisor zu begleiten. Aus dem Spektrum der Gesamtentwicklung fokussiere ich in meiner Darstellung nur einen kleinen, gleichwohl typischen Bereich: die Entwicklung der sozialtherapeutischen Gruppenarbeit mit Psychotikern.

Der besagte sozialpsychiatrische Dienst befindet sich in einer ländlich strukturierten Region mit einigen kleinen Städten. In der Planungsphase wurden Bezirke festgelegt, in denen die neu eingestellten Sozialarbeiter tätig werden sollten. Eine zentrale Dienstbesprechung pro Woche sollte für die Koordination der Arbeit sorgen. Organisatorisch ist der sozialpsychiatrische Dienst dem zentralen Gesundheitsamt der Modellregion angeschlossen. Bereits in der Zeit vor dem Modellversuch gab es dort eine kleine Abteilung, die bei der Vermittlung von Entziehungskuren, bei Einweisung in psychiatrische Krankenhäuser und bei Rehabilitationsmaßnahmen tätig wurde. Mit der Einstellung von neun Sozialarbeiter/innen, einer Ärztin, einer Krankenschwester und einem Psychologen ist indes eine neue Institution entstanden, die Auswirkungen auf das Gesundheitsamt und die kommunale Administration hatte.

Das Dilemma der Anfangsphase bestand darin, daß die Sozialarbeiter/ innen und der Psychologe weder eine Arbeitskonzeption noch eine Klientel, sondern bloß den Anspruch vorfanden, sozialpsychiatrisch tätig zu werden. Wie sozialpsychiatrische ambulante Arbeit zu konzeptualisieren sei, war niemandem klar. Insofern ist es auch nicht verwunderlich, daß mich der Leiter des Gesundheitsamts bei meinem Vorstellungsgespräch fragte, ob ich denn wenigstens wüßte, was Sozialpsychiatrie denn nun wirklich sei. In dieser prekären Situation waren für die neuen Mitarbeiter vier Fragen virulent:

1. Was sollen wir tun?
2. Welches Handwerkszeug haben wir?
3. Wie und wo stehen wir in der Institution?
4. Woher können wir Hilfe bekommen?

Auf die erste Frage ließ sich leicht eine Antwort finden: Das Arbeitsfeld wuchs den Mitarbeitern nach und nach zu. Aus den Kliniken wurden Patienten entlassen, die dem ‚Dienst' zur Nachbetreuung anempfohlen wurden. Vermittelt durch die ‚Psychosoziale Arbeitsgemeinschaft' – einem Zusammenschluß von Vertretern der in der Region ansässigen psychosozialen Einrichtungen und Initiativen –, entstanden Kontakte mit anderen Institutionen, die Überweisungen zur Folge hatten. Gelegentlich wurden auch von Polizei oder von Nachbarn auffällige Personen gemeldet.

Aber was waren das für Leute, die in die Sprechstunden der Sozialarbeiter/innen kamen? Welche Schwierigkeiten hatten sie und welche Hilfsmöglichkeiten konnten die einzelnen Mitarbeiter und der ‚Dienst' insgesamt zur Verfügung stellen? Anders ausgedrückt: Welche spezifischen Konzepte und Kompetenzen standen für die Arbeit zur Verfügung? Auch auf die zweite Frage ist die Antwort einfach: Die Sozialarbeiter konnten weder auf professionalisierte Kompetenzen noch auf Konzepte zurückgreifen. Zur Gestaltung der Kontakte mit den Klienten waren sie auf ihr

Alltagswissen und ihre Alltagskompetenzen angewiesen. Die Grundausbildung als Sozialarbeiter oder Psychologe bot nur einige abstrakte Orientierungen über Sozialpsychiatrie, die Probleme der schwierigen Arbeit mit psychisch Kranken in ambulanten Settings waren nicht einmal ansatzweise bekannt. Auch vorhergehende berufliche Tätigkeiten in anderen Arbeitsbereichen boten nur begrenzte Orientierungshilfen.

Die Analyse der dritten Frage machte deutlich, daß der Status der Mitarbeitergruppe in der Institution außerordentlich schwierig war. Die ambulante, regionalisierte Tätigkeit des ‚Dienstes‘ entzieht sich weitgehend den Regeln administrativer Arbeitsformen. So ist z. B. die Überprüfbarkeit der Arbeitszeit aufgrund der nachgehenden Tätigkeit kaum möglich. Die Verwaltung verliert damit eines ihrer wichtigsten Kontrollinstrumente. Auch die Arbeitsaufgaben unterscheiden sich grundsätzlich von der Bearbeitung von Akten. Alles in allem Grund genug, dem sozialpsychiatrischen Dienst von seiten der Verwaltung mißtrauisch gegenüberzustehen. Auch das Gesundheitsamt als Behörde, dem der ‚Dienst‘ zugeordnet war, hatte zunächst keine Vorstellungen von der Tätigkeit der neuen Mitarbeiter; außerdem war es versäumt worden, eine fachliche Leitung einzurichten, die den ‚Dienst‘ gegenüber der Verwaltung geschützt hätte. Unter diesen Voraussetzungen ist es kein Wunder, daß Dauerkonflikte zwischen den Mitarbeitern des ‚Dienstes‘ und der Administration entstanden sind. So konnte sich das Team monatelang über falsch ausgezahltes Kilometergeld erregen, während die Verwaltung den fehlerhaften Abrechnungsmodus anmahnte. Dieser Topos band einen großen Teil der Energien, der damit der Arbeit mit den Patienten und der Entwicklung der eigenen Qualifikationen entzogen war. Auch der Leiter des Gesundheitsamtes war lange Zeit Zielscheibe für Verfolgungsphantasien. Vermutungen wurden angestellt, welch böses Spiel er hinterrücks treibe und in welche Fallen er die Mitarbeiter locke.

Diese Phase, die etwa ein Jahr dauerte, hatte eine deutlich paranoide Modalität. Über projektive Externalisierung und Außenfeinde wurden die eigenen Defizite und Schuldgefühle abgewehrt, wobei die Verwaltung und der Leiter des Gesundheitsamtes als Verfolger und die Sozialarbeiter als Opfer fungierten. Die wechselseitigen Projektionen schufen ein Klima, in dem die internen Probleme zum primären Arbeitsgegenstand der Mitarbeiter wurden. Der Außenfeind, der für das Team des sozialpsychiatrischen Dienstes zunächst in der Verwaltung bestand, wurde bald auch in den eigenen Reihen ausgemacht: Es kam zu Spaltungsprozessen innerhalb der Gruppe der Mitarbeiter.

Die Resultate einer solchen Entwicklung schlagen sich nicht nur in Demotivierung und Unzufriedenheit, sondern auch in der Gefahr nieder, daß die Institution nicht für die Klienten arbeitet, sondern zunehmend mit sich selbst beschäftigt ist. Im Prozeß der Implementierung von Innovation sind die skizzierten Vorgänge keineswegs die Ausnahme. Im Gegenteil, viele Reformprojekte sind nach meiner Erfahrung an der Unfähigkeit gescheitert, effektive Strategien für die folgenden Problemkreise zu entwickeln:

– Definition des Arbeitsfeldes
– Entwicklung spezifischer Kompetenzen
– Organisation der institutionellen Interaktion.

Erschwerend kommt hinzu, daß die häufig zu beobachtende anfängliche Reformeuphorie die Arbeit an der Bewältigung dieser Aufgaben eher erschwert, weil Illusionen und Wunschdenken den nüchternen Blick auf die professionellen Anforderungen behindern. Vor diesem Hintergrund wird die Frage relevant, welche Bedingungen erfüllt sein müssen, damit innovative Projekte nicht an ihren inneren Widersprüchen scheitern. Am Beispiel des sozialpsychiatrischen Dienstes sollen im folgenden dazu einige exemplarische Hinweise gegeben werden.

Wenn man davon ausgeht, daß es sich bei dem sozialpsychiatrischen Dienst um eine neue und in der beschriebenen Weise andersartige Substruktur innerhalb einer öffentlichen Verwaltung handelt, dann sind Anlaufschwierigkeiten unvermeidbar. Es ist sozusagen das Recht der Administration, die Arbeit der neuen Teilstruktur mißtrauisch zu verfolgen. Auch kann nicht erwartet werden, daß ein Verwaltungsapparat gegen die eigenen Beharrungstendenzen Verständnis und Interesse für Probleme der neuen Struktur zeigt. Für den sozialpsychiatrischen Dienst resultierte daraus die Notwendigkeit, Konflikte mit der Administration strategisch zu handhaben, weil nur so Handlungsspielräume erweitert bzw. erhalten werden können. Diese Position, die der Supervisor repräsentierte, konnte von den Mitarbeitern des ‚Dienstes‘ zunächst nur schwer akzeptiert werden. Mangelnde Qualifikation und Erfahrung führten zu den angedeuteten Abwehrreaktionen. Erst der Zuwachs an Handlungskompetenz und Selbstsicherheit hat dazu geführt, daß der projektiv-moralisierende Umgang mit der Verwaltung einer strategischen Sichtweise gewichen ist. Dabei wurde deutlich, daß die Administration primär ein Interesse an der ruhigen, möglichst reibungslosen Abwicklung der Arbeit hat und nur dann restriktiv reagiert, wenn hochgespielte Konflikte das reibungslose Funktionieren gefährden.

Trotz der skizzierten Probleme war die Prognose für eine positive Entwicklung des sozialpsychiatrischen Dienstes nicht ungünstig. Ausschlaggebend dafür war zum einen der Wunsch nach Hilfe und das Interesse der Gruppenmitglieder an der eigenen Qualifikation und Fortbildung. Zum anderen wurde Fortbildung durch den Modellversuch zur Bedingung gemacht und genügend Geld für qualifizierte Durchführung zur Verfügung gestellt, wodurch schließlich auch die anfängliche Skepsis der Administration gegenstandslos wurde. Mit der Fortbildung wird das professionelle Hilfesystem um eine Substruktur mit eigener Dynamik und eigenen Regeln erweitert. Fortbildung und insbesondere Supervision mobilisiert bei den Mitarbeitern große Erwartungen und bei der Verwaltung – wie in unserem Fall – nicht selten Skepsis. Explizit beziehen sich die Erwartungen auf Hilfen

– bei der Entwicklung von Handlungskompetenz,
– bei der Behandlung von Fällen und
– auf die Lösung von Teamkonflikten.

Die impliziten Erwartungen gehen weiter: Häufig gehen therapeutische Bedürfnisse einiger Gruppenmitglieder oder eines ganzen Teams in die Supervision ein. Auch der unbewußte Wunsch, der Fortbilder solle als ‚guter Leiter‘ das Team vor der ‚bösen‘ Verwaltungs- und Leitungsebene schützen, ist typisch für die Fortbildung in Institutionen.

Auf den Supervisor wirkt sich die Vielzahl von latenten und expliziten Bedürfnissen in einer starken Mobilisierung von Gegenübertragungsreaktionen aus. Auf der intrapsychischen Ebene sind zunächst narzißtische Phantasien von Allmacht und Ohnmacht virulent. Stehen unbewußte Allmachtsphantasien im Vordergrund, dann kommt es nicht selten zu einer charakteristischen Spaltung: Der Supervisor wird vom Team in die Rolle des heimlichen, guten Leiters gedrängt, dem der Amtsleiter als böses Objekt gegenübersteht. Wenn der Supervisor aus unbewußten Größenphantasien oder Gratifikationsbedürfnissen heraus in Koalition mit dem Team diese Spaltung mitinszeniert, dann ist es klar, daß der Fortbilder nach kurzer Zeit aus der Institution entfernt wird. Eine zweite typische Konstellation besteht darin, daß der Supervisor allen Bedürfnissen gerecht werden will und dann von den vielfältigen Anforderungen selber desorientiert wird. So sollen, um ein Beispiel zu nennen, in der Supervision gleichermaßen Teamprobleme gelöst, Fälle besprochen und Konflikte mit der Leitung analysiert werden. Eine solche Erwartungsstruktur führt bei einem Supervisor, der nicht in der Lage ist, Grenzen zu setzen, notwendig zu Desorientierung, chaotischem Agieren oder völliger Hilflosigkeit. Die gelegentlich zu beobachtenden kollusiven oder identifikatorischen Verstrickungen von Supervisor und Gruppe haben vermutlich hier ihre Genese.

Eine objektive Schwierigkeit für die Fortbilder und Supervisoren bestand darin, daß es zu der Zeit, als der Modellversuch implementiert wurde, kaum Vorbilder und Modelle gab, an denen man sich hätte orientieren können. Wenig vorbildlich waren jene sozialpsychiatrischen Dienste, die primär als Zwischeninstanzen für Psychiatrieeinweisungen und Entziehungskuren fungierten. Angesichts der Problemstruktur der Klientel sind jedoch auch solche Einrichtungen fragwürdig, die sich selber primär als psychotherapeutische Beratungsstellen verstehen. Für Supervision und Weiterbildung resultierte daraus die doppelte Aufgabe, zum einen ein praktikables Konzept für den sozialpsychiatrischen Dienst zu entwickeln und zum anderen zum Abbau der zuvor erwähnten projektiven Tendenzen beizutragen. Konkret sah das so aus, daß ein kombiniertes Supervisions-Fortbildungsangebot entwickelt wurde. Alternierend zu der 14tägig, zweistündig stattfindenden Teamsupervision wurde im ersten Jahr eine Fortbildung mit externen Fachleuten angeboten. Die Supervision ging über einen Zeitraum von viereinhalb Jahren. Als gemeinsame Aufgabe für die Supervision und die Fortbildung wurde die Vermittlung basaler Behandlungs- und Beratungskompetenzen und die Entwicklung eines Konzepts für die Tätigkeit des sozialpsychiatrischen Dienstes definiert. In je spezifischer Weise wurden diese Aufgaben in der Supervision und in der Fortbildung bearbeitet. Ein weiteres Thema für die Supervision waren die emotional aufgeladenen Interaktionsprobleme mit der Administration und innerhalb des Teams.

In der Anfangsphase des Projekts hatten Supervision und Fortbildung vor allem die Funktion, gegen Resignation und die Gefahr des Versinkens der Institution in eine dauerhafte Stagnation anzukämpfen.[13] Dabei ging es zunächst um das Allereinfachste: Darum, mit den Sozialarbeitern und Psychologen zu besprechen, daß ihnen bei Hausbesuchen und in den Sprechstunden Patienten, d. h. leidende und behandlungsbedürftige Menschen, gegenübersitzen. Das klingt auf den ersten Blick selbstverständlich, angesichts der alltagstheoretischen Orientierung der Mitarbeiter muß eine feld- und aufgabenspezifische Supervision aber genau hier ansetzen. Sinnvollerweise geht man dabei so vor, daß man den Mitarbeitern anrät, eine langfristige, zwei- bis dreijährige Beratung bzw. Therapie mit einem Patienten aufzunehmen und diese Arbeit von Zeit zu Zeit in der Teamsupervision (und in zusätzlicher Einzelsupervision) kontrollieren zu lassen.

Es ist erstaunlich, wie selten Mitarbeiter psychiatrischer oder therapeutischer Einrichtungen Erfahrungen mit langfristiger Beratung bzw. Therapien haben, obwohl diese doch die beste Möglichkeit darstellen, über Prozesse der Selbst- und Fremdwahrnehmung die eigene Professionalität zu entwickeln, zumal dann, wenn durch die Supervision Kontrollmöglichkeiten zur Verfügung stehen. Ein solcher Ansatz unterscheidet sich nicht unwesentlich von einem Supervisionskonzept, das die Gruppendynamik des Teams in den Vordergrund rückt. Die gruppendynamische Arbeitsweise hat zwar den Anspruch, Konflikte in der Gruppe und zwischen Gruppe und Leitungsebene zu bearbeiten, um so die Professionalität der Gruppenmitglieder zu stärken, in der Realität geschieht jedoch häufig etwas anderes: Die Teamprobleme eskalieren, während die Patienten mehr und mehr aus dem Blickfeld rücken. Die aus dieser Verkehrung der Funktionen resultierenden Gefühle von Schuld und Insuffizienz schlagen sich zirkulär in verstärkten paranoid-projektiven Tendenzen nieder. Auch wenn es allmählich gelingt, den Teufelskreis zu analysieren und ein besseres Arbeitsklima herzustellen, so ist für die Entwicklung der therapeutischen Kompetenz damit noch wenig gewonnen.

Unsere Erfahrungen mit fallbezogener Supervision haben demgegenüber gezeigt, daß sich mit der Ausbildung spezifischer Handlungskompetenzen auch die Neigung zur Projektion der eigenen Insuffizienz verringert und damit das Konfliktniveau im Team sinkt. Zwar wurden im Rahmen der Supervision gelegentlich auch Teamprobleme thematisiert, dann nämlich, wenn aufgrund von außerordentlichen Ereignissen die Gruppe unfähig war, über Fälle zu sprechen. Die Arbeit auf der Teamebene wurde aber nie systematisch, sondern nur im Sinne einer psychohygienischen Entlastung der Mitarbeiter betrieben. Diese Erfahrungen erlauben die Formulierung der These, daß die Arbeit an der Entwicklung der professionellen Identität indirekt auch zur Verbesserung der kooperativen Kompetenzen beiträgt.

Natürlich war die mehrjährige, kontrollierte Einzelbetreuung nur ein Element in der Ausbildung der beruflichen Identität. Die Konfrontation mit den psychisch Kranken mobilisierte Defizite, die über den Rahmen dessen, was in der Supervision behandelt werden konnte, hinausgingen. So fehlten den Mitarbeitern fast gänzlich diagnostische und behandlungstechnische Kenntnisse, die eine Orientierung hinsichtlich der oft beunruhigenden Krankheitsbilder und Therapieverläufe geboten hätten. Im Rahmen der Fortbildung wurde versucht, diese Defizite mit mehreren Einheiten über Diagnostik und Krankheitslehre zu beheben. Dabei wurde allerdings sehr bald klar, daß der Typus der psychiatrischen Krankheitslehre und Diagnostik zuwenig die sozialen und biographischen Lebenszusammenhänge der Kranken berücksichtigt. Wenig hilfreich für die praktische Arbeit erschien auch die antipsychiatrische Kritik an der Diagnostik, weil sie zwar zu Recht auf die Gefahr von Zuschreibungen verweist, andererseits aber die Orientierungsproblematik nicht löst. Als Möglichkeit bot sich an, die psychoanalytische Diagnostik im Sinne des sozialtherapeutischen Arbeitsansatzes um biographische und soziale Dimensionen zu erweitern.

Gleichzeitig mit der Entwicklung des diagnostischen Konzepts wurden die technischen Grundlagen der Beratung in der Fortbildung behandelt. Im Unterschied zur erfahrungsbezogenen Arbeit in der Supervision standen hier konzeptionelle Aspekte im Vordergrund mit dem Ziel, den Sozialarbeitern und Psychologen solides Handwerkszeug für ihre Arbeit mit den Patienten an die Hand zu geben. Im Laufe der Zeit wurden Standardsituationen, wie z. B. Erstgespräche, bestimmte Problemsituationen, Beendigung von Interventionen etc. analysiert, geübt und interaktionstheoretisch durchgearbeitet.

Kasuistik, Diagnostik und Beratungstechnik waren die drei Bereiche, auf die die Fortbildung des sozialpsychiatrischen Dienstes zentriert war. Selbsterfahrung, die Teil einer jeden therapeutischen Fortbildung ist, wurde von uns – gegen die in der Therapieszene geläufigen Trends – strikt ausgegliedert. Sie wurde von uns als Privatsache angesehen, wobei den Mitarbeitern durchaus zu einer eigenen therapeutischen Selbsterfahrung geraten wurde. Auf diese Weise konnte, wie bereits beim Verzicht auf Gruppendynamik in der Supervision, verhindert werden, daß sich der sozialpsychiatrische Dienst hinterrücks in eine Psychogruppe verwandelte.

Die über Qualifikationsprozesse erfolgende Entwicklung der professionellen Identität einer Gruppe hat eine eigene Zeitstruktur. Nach meiner Erfahrung braucht man etwa drei Jahre intensiver Supervisions- und Fortbildungsarbeit, bis die Kompetenzen sich stabilisieren und projektive Neigungen zurückgehen. Nach diesen drei Jahren taucht dann allmählich ein spezifisches Selbstbewußtsein auf, das eine Reihe der anfangs beschriebenen Probleme löst. Die Arbeitstechniken können sehr viel selbstverständlicher und damit auch kreativer eingesetzt werden, die Identifikation mit der Arbeit bereitet keine Mühe mehr, und es wird möglich, sie nach außen zu vertreten. Ein gut ausgebildetes professionelles Selbstbewußtsein, das eng mit beruflicher Zufriedenheit verbunden ist, entwickelt sich nach etwa vier bis fünf Jahren.

In diesem Zusammenhang darf allerdings nicht unerwähnt bleiben, daß in einem solchen Prozeß notwendig auch Abgrenzungen erfolgen müssen. Einige Mitarbeiterinnen und Mitarbeiter werden von sich aus das Team verlassen, wenn ihre Erwartungen sich nicht erfüllen, möglicherweise wird man aber auch in besonderen Fällen Kündigungen aussprechen müssen. Entlassungen sind in sozialen und therapeutischen Institutionen zumeist ein Tabu. Häufig kommt es zu einer eigentümlichen Verkehrung: Nicht derjenige, der die Arbeitsanforderungen unzureichend erfüllt, wird zum Problem, sondern derjenige, der das Versagen anspricht, zieht die Aggressionen auf sich. Ohne radikale Selbstkonfrontation mit der Notwendigkeit der Abgrenzung werden Institutionen – und schon gar psychiatrische – nicht gut arbeiten können.

Abschließend möchte ich am Beispiel der Arbeit mit Psychotikern zeigen, wie in dem sozialpsychiatrischen Dienst mit Hilfe der Supervision sozialtherapeutische Arbeitsformen realisiert worden sind. Es handelt sich um ambulante Angebote im Rahmen der Nachbetreuung von Patienten, die die klassischen psychiatrischen Diagnosen aufweisen und die zumeist seit vielen Jahren mehr oder weniger langfristig interniert waren. Einige Erfahrungen aus der ambulanten Arbeit mit so schwer gestörten Patienten zeigen, daß die Gruppen häufig entweder gar nicht zustande kommen oder nach einigen Sitzungen scheitern. Um so erstaunlicher ist es, daß es den Mitarbeiterinnen gelungen ist, fünf kontinuierliche Gruppen einzurichten. Welche Bedingungen haben das ermöglicht?

Die wichtigste Voraussetzung lag bei den Gruppenleiterinnen selber. Sie verstanden die Gruppen als Lernmöglichkeit und konnten dementsprechend sehr offen mit Erfahrungen und Schwierigkeiten umgehen. Mit zunehmendem Verständnis für die Patienten und mit größer werdender Sicherheit in der Gruppenleitung konnten allmählich konzeptionelle und behandlungstechnische Vorstellungen entwickelt werden, die verallgemeinerbar waren. Ein erster Schritt war die Modifikation der in der Fortbildung vermittelten analytischen Gruppentechnik. Versuchten die Gruppenleiterinnen zunächst, eine therapeutische Situation ohne strukturierende Vorgaben zu ermöglichen, so wurde bald deutlich, daß eine solche abstinente, analytische Haltung von den Patienten nicht ertragen wurde. Einige Gruppenmitglieder waren motorisch sehr unruhig, andere standen auf und verließen den Raum, wieder andere rangen mit den Händen und Füßen oder zogen sich völlig in sich zurück, um die beängstigende Situation zu bewältigen. Die Modifikation der Technik stand auf der Tagesordnung. Vor dem Hintergrund von Hypothesen über die intrapsychischen Konflikte und Defizite der Patienten wurde einerseits ein stärker ich-stützendes, andererseits ein vom Anspruch her entlastetes Setting erprobt. Dabei wurde versucht, eine gegenläufige Reaktionsbildung in Form überfürsorglicher, infantilisierender Aktivitäten zu vermeiden.

Konkret sah das so aus, daß die Gruppen keinen primär therapeutischen Anspruch haben sollten, sondern sich als Gesprächsgruppen verstanden. Aktivitäten, die im Alltag geläufig sind, wie z. B. Kaffee trinken und Kuchen essen, werden ins Setting ebenso einbezogen wie gelegentliche Ausflüge und ähnliche Beschäftigungen. Die stabilisierenden Effekte eines solchen erweiterten Settings sind unübersehbar: die Gruppensitzungen verlaufen sehr viel ruhiger und von Über-Ich-Ansprüchen entlastet(er). Die Gruppenleiterinnen fungieren als Helferinnen des Gruppenprozesses, indem sie in sehr feinfühliger Weise als Hilfs-Ich oder als Hilfs-Über-Ich eingreifen, wenn sie feststellen, daß ein Patient unruhig wird oder ein anderer seinen Wahn zu stark in den Vordergrund rückt. Immerhin ist es dem sozialpsychiatrischen Dienst auf diese Weise gelungen, fünf Gruppen zu stabilisieren und die psychotischen Manifestationen der Patienten teilweise deutlich zu reduzieren, bis dahin, daß in einzelnen Fällen keine Psychiatrieeinweisungen mehr erfolgt sind. Diese Erfahrungen lassen den Schluß zu, daß paradoxerweise gerade die Rücknahme des psychotherapeutischen Anspruchs zu einer Verbesserung der therapeutischen Wirkungen führt.

In diesem Zusammenhang ist es entscheidend, daß die Therapeuten in ihrer Arbeit eine andere Perspektive übernehmen. Bestand das Interesse der Psychologen und Sozialarbeiter zunächst darin, den Patienten zu helfen, das lebensgeschichtlich erlittene Unglück aufzuarbeiten, um so autonome Lebensmöglichkeiten zu eröffnen, so wurde nach und nach klar, daß dieser Anspruch illusionär ist. Möglich ist in den meisten Fällen allenfalls eine Milderung der Symptomatik oder eine leichte Stabilisierung, so z. B. wenn eine depressive Patientin durch die Gruppe keine Krankenhausaufenthalte mehr braucht. Den zumeist chronischen Psychotikern können bestenfalls Hilfestellungen in Form der Wahrnehmung ihrer Bedürfnisse und der Zuwendung zur Verfügung gestellt werden, eine restitutio ad integrum ist die seltene Ausnahme.

Dieser Perspektivwechsel löst bei den Mitarbeitern häufig eine tiefgreifende narzißtische Krise aus. Es ist nur schwer erträglich, sich eingestehen zu müssen, so machtlos zu sein und nur so wenig für die Patienten tun zu können. Entgegen den eigenen – oft versteckten Größenphantasien – demonstrieren einem die Patienten, wie wenig man letztlich gegen die Symptome vermag. Interessant ist in diesem Zusammenhang, daß die Mitarbeiter unter der Einwirkung von Größenphantasien in der Regel nicht in der Lage sind, die inneren Veränderungen einzelner Patienten oder Gruppen wahrzunehmen. Der Grund liegt wahrscheinlich in dem, was man als narzißtische Abschottung gegen die Patienten bezeichnen könnte. Symptome dieser Abschottung finden sich überall in der Arbeit mit Psychotikern. Die übermäßigen Kaffee-trink-Rituale von Schwestern und Pflegern in den Psychiatrien sind dafür ebenso beispielhaft wie gewisse Formen exzessiver Medikamentenverschreibung durch Ärzte. Mit dem Abschied von den Größenphantasien wird die Sensibilität und die Wahrnehmungsfähigkeit bei den Behandlern deutlich gesteigert, mit der Folge, daß plötzlich Entwicklungen bei den Patienten oder in der Gruppe sichtbar werden, die vorher hinter der Fassade scheinbarer Stagnation verborgen waren.

Es ist nicht sinnvoll, eine solche Arbeit mit dem Begriff Psychotherapie zu bezeichnen. Statt dessen haben wir in der Supervision von ‚sozialtherapeutischer Begleitung‘ gesprochen. Eine solche begriffliche Konkretisierung der Arbeit ist vor allem deshalb wichtig, weil sie zu einer Veränderung der Perspektive und der Attributionen beiträgt. Es wurde deutlich, daß die ‚sozialtherapeutische Begleitung‘, die bei Patienten mit psychotischen und Borderline-Störungen indiziert ist, zu einer weitreichenden Veränderung der Wahrnehmungseinstellung bei den Behandlern führt. Sie lernen, unprätentiös zu arbeiten und auf Gratifikationen, die die Psychotherapie trotz aller Schwierigkeiten bietet, zu verzichten. Damit ist, wie soeben erwähnt, ein Abschied von Größenphantasien verbunden, der nicht selten zu einer persönlichen und professionellen Krise führt. Der Ausgang der Krise eröffnet dann jedoch neue Erfahrungen, vor allem jene Einsicht in die Paradoxie, daß sozialtherapeutische Begleitung der Patienten spezifische therapeutische Erfolge hat, die sonst in der Psychotherapie nicht beobachtbar sind. Je unprätentiöser die Therapeuten behandeln, um so stärker können die verschütteten Potentiale der Patienten zur Geltung kommen. Ein gutes Beispiel dafür ist der kondensierte (nicht wörtlich wiedergegebene) Text einer Gruppensitzung, der im folgenden dargestellt wird. Es handelt sich um eine Gruppensitzung mit Psychotikern, die im Rahmen der Patientenclubarbeit durchgeführt wurde. Die Gruppe traf sich bereits seit vier Jahren. Die Sitzungen fanden einmal wöchentlich statt und wurden von zwei Sozialarbeiterinnen geleitet, von denen bei dieser Sitzung nur eine anwesend ist.

Frau Bernhard:	Ich habe schon 2 Kilo abgenommen, wenn ich zu Frau Dr. B. gehe, muß ich auf die Waage. Ich esse nichts Süßes mehr.
Herr Küng:	Bringen deine dauernden Diäten eigentlich etwas? Ich bin auch schon wieder zu dick. Heute habe ich den ganzen Tag noch nichts gegessen. Mann, ich habe richtigen Kohldampf.
Leiterin:	Kekse haben so viel Kalorien. Vielleicht sollten wir statt dessen wieder mal einen Obstsalat machen.
Herr Kleinspatz:	Mit Sahne?
Herr Landwehr:	Oder ich mache einen Kartoffelsalat.
Herr Osberg:	Ja, der war echt gut.
Herr Landwehr:	Ehrlich, mach ich. Wenn ihr mir die Zutaten bezahlt.
Leiterin:	Damals beim Grillen fand ich das eine prima Idee mit dem Kartoffelsalat. Aber wir können doch auch mal etwas zusammen machen. Wenn jeder etwas Obst mitbringt und mithilft, geht es ganz schnell, und außerdem hat Herr L. dann nicht die ganze Arbeit allein.
Herr Landwehr:	Das macht mir nichts aus. Aber Obstsalat ist auch gut. Ich bringe 'ne Kiste Fallobst mit.
(Jeder sagt, was er mitbringen kann.)	
Herr Osberg:	Gestern habe ich den WWF-Club gesehen. Der hat wieder die ganze Zeit von mir gesprochen.
Frau Bernhard:	Wer?
Herr Osberg:	Na, der Jürgen von der Lippe.

236

Herr Küng:	Ich hab das auch im Fernsehen geguckt, aber mir ist nichts aufgefallen. Nimm das doch mal auf Kassette auf, was du meinst. Dann können wir die hier mal hören.
Herr Osberg:	Aber der hat die ganze Zeit mich gemeint, was er gesagt hat. Es gebe solche, die in die Psychiatrie gehören und so (lacht verlegen). Der hat mich gesteuert, die ganze Zeit muß ich aufpassen.
Herr Landwehr:	Ja, durch Telepathie, ich kenn das (lacht). Ich mach auch Telepathie, das sollen die mal sehen. Diese Schweine haben mir meine Kinder weggenommen. Das ist alles politisch. Aber ich bin schlauer wie die! Die hab ich in der Hand. Ich habe alle Erfindungen. Wenn die nicht spuren, gebe ich sie den Russen, dann müssen die Amis und Kohl bezahlen (zeigt seine ganzen Erfindungen, die er auf lose Blätter aufgezeichnet hat, herum; jeder beguckt sie sich).
Leiterin:	Ich glaube, Herr L., mir fehlt das technische Verständnis, um zu verstehen, was Sie mit Ihren Erfindungen meinen. Ich blicke da nicht durch.
Herr Landwehr:	(lacht) Ja, ich bin intelligent. Aber das Beste kommt noch. Ich buche jetzt alle Konten um mit meinen Gedanken. Diese Schweine! Die Armen kriegen dann das Geld von den Bonzen.
Leiterin:	Es wäre schön, wenn das so einfach wäre!
Frau Bernhard:	Mein Mann muß jetzt 3.000,– DM Strafe bezahlen wegen dem Unfall damals. Den Führerschein kriegt er erst Ende Mai wieder. Wir sind jetzt auch ganz schön knapp bei Kasse. Ich muß immer wieder gucken im Realmarkt, wann es Sonderangebote gibt.
Herr Küng:	Ich krieg meinen Führerschein wohl nie wieder, dabei habe ich den Idiotentest auch schon gemacht und bestanden, und soviel Geld habe ich da schon reingesteckt. Die haben mich ganz schön verarscht.
Herr Kleinspatz:	Ich habe Durst. Haben wir noch was zu trinken?
Leiterin:	Im Kühlschrank muß noch Sprudel sein. (Herr K. geht hinaus.)
Unterdessen:	
Frau Bernhard:	Kocht denn keiner Kaffee?
Leiterin:	Kann jemand mit Frau B. zusammen den Kaffee kochen? Haben Sie denn keine Kaffeemaschine zu Hause, Frau B.?
Frau Bernhard:	Doch.
Leiterin:	Wo liegt also das Problem?

Frau Bernhard:	Ich weiß nicht, wieviel Kaffeepulver ich nehmen soll. Letztes Mal hat Volker so über den Kaffee gemotzt. Der Kaffee wäre nicht gut und so.
Herr Küng:	War ja auch wahr, der Aldi-Kaffee schmeckte auch nicht. Der war viel zu stark.
Leiterin:	Versuchen Sie es doch beide mal (wirft ihnen den Schlüssel für die Küche zu).
	Kaffee ist neuer da und guter Kaffee (beide gehen raus). Herr K., Sie sind so still.
Herr Kleinspatz:	Ich höre meine Gedanken.
Herr Osberg:	Der wird gesteuert, aber ich bin gut eingestellt von Frau Dr. L. Die hat mich echt gut eingestellt. Ich kann meine Stimme nicht mehr verstehen.
Leiterin:	Was meinen Sie mit eingestellt?
Herr Osberg:	Sie steuert mich mit ihren Gedanken. Mit ihren Gedanken stellt sie mich ein.
Leiterin:	Sie sind gut mit ihr in Merxhausen ausgekommen, nicht wahr?
Herr Osberg:	Ja, die hat mich gut verstanden.
Leiterin:	Aus der Klinik kenne ich, daß man jemand als gut eingestellt bezeichnet, wenn er gerade soviel Medikamente bekommt, daß er keine Nebenwirkungen hat.
Herr Kleinspatz:	Ja, ich habe keine Nebenwirkungen mehr. Das war mal ganz schlimm, als ich Haldol kriegte. Das vertrage ich nicht.
Herr Küng:	Ich auch nicht, aber ich bekomme jetzt etwas anderes. Außerdem nehme ich immer Akineton retard.
Herr Landwehr:	Medikamente, dies Scheißzeug nehme ich nicht mehr.
Leiterin:	Herr K., was beschäftigt Sie denn?
Herr Kleinspatz:	Ach, immer das gleiche. Ich will nicht mehr in Entrückung gebracht werden. Ich habe einen Brief an den Kreisdirektor geschrieben. Den habe ich mitgebracht. Den wollte ich hier mal vorlesen.
Frau Bernhard:	Ja, machen Sie das.
(Die anderen sind auch einverstanden. Herr Kleinspatz liest den Brief vor.)	
Herr Landwehr:	Hilft sowieso nichts. Da muß man sich selbst helfen. Seine Gedanken beeinflussen. Ich hab das gelernt. Ich kann das.
Herr Küng:	Weißt du, ich find das ehrlich gesagt ein bißchen durcheinander, was du da geschrieben hast. Ich weiß auch nicht, ob der Kreisdirektor das überhaupt liest.
(Frau B. geht hinaus, sie hält diese verrückten Geschichten nicht länger aus.)	
Frau Bernhard:	Ich hol mal Kaffee.
Herr Kleinspatz:	Ich habe schon mal geschrieben. Mir hat bis jetzt keiner

geantwortet. Ich hoffe immer noch, daß ich gesund werde.

(Frau B. kommt wieder herein, bleibt in der Tür stehen, blickt sich um, hört, daß immer noch über das gleiche geredet wird.)

Frau Bernhard: Können wir mal über was anderes reden?

Herr Landwehr: Über was denn?

Herr Küng: Wir sollten planen, was wir das nächste Mal machen.

Frau Bernhard: Wir wollten doch schon immer mal ins Freilicht-museum.

(Die Gruppe diskutiert dann die weiteren Aktivitäten.)

Der Text beginnt mit einer Sequenz über das Essen. Dieses Thema gehört sozusagen zum Standardrepertoire der Gruppe, an dem sich ihr jeweiliger Zustand ablesen läßt. Interessant ist, daß die Gruppenleiterin nicht auf der Ebene von Deutungen interveniert, sondern auf der Ebene lebenspraktischer Strukturierungen. Ihr Vorschlag: *wieder mal einen Obstsalat zu machen*, erfüllt zwei Funktionen: zum einen hat er einen Bezug zur Gruppengeschichte. Die Gruppenleiterin unterstreicht mit ihrem Hinweis, was schon durch das im Setting enthaltene Kaffeetrinken impliziert ist, daß nämlich die praktische Beschäftigung mit dem Essen ein legitimer Gegenstand der Gruppe ist. Zum anderen balanciert sie mit ihrer Äußerung die heterogenen, auseinanderstrebenden Tendenzen der einzelnen Gruppenmitglieder aus, so daß ein gemeinsames Gespräch möglich wird.

Die zweite Sequenz beginnt mit der Äußerung von Herrn Osberg, daß *er den WWF-Club gesehen* habe. Herr Osberg und Herr Landwehr beginnen einen Dialog über ihre Wahnwelten. Die Leiterin greift nach einigen Gesprächszügen ein, indem sie den Realitätsbezug herzustellen versucht, was aber dazu führt, daß Herr Landwehr zunächst seine Vorstellungen noch weiter differenziert. Nach einer zweiten Intervention der Leiterin, die eine gewisse Zurückweisung des Sprechers enthält, bringt sich Frau Bernhard, eine depressive Patientin, mit einem neuen thematischen Fokus ein. Während es explizit um Geld geht, stehen implizit die schweren Insuffizienzgefühle der Patientin und ihre Schwierigkeiten, Kritik zu ertragen, im Vordergrund. Die Leiterin strukturiert die Situation dahingehend, daß sie die praktischen Hilfsfunktionen der Gruppe mobilisiert.

In der nächsten Sequenz rücken wieder Wahnvorstellungen in den Vordergrund. Herr Kleinspatz kündigt an, daß er seine *Gedanken höre*, wird aber von Herrn Osberg in die Defensive gedrängt. In einem interessanten

Gespräch über Medikamente ist die Leiterin, wie bereits in vorhergehenden Sequenzen, sozusagen die Anwältin des Realitätsprinzips. Gleichzeitig hat sie registriert, daß die Ankündigung von Herrn Kleinspatz unterzugehen droht. Sie spricht ihn direkt an und ermöglicht dadurch die Fokussierung der Grupe auf ihn. Herr Kleinspatz liest einen langen Brief an den Kreisdirektor vor, der wegen seiner *Entrücktheit* starke Beunruhigung bei Frau Bernhard auslöst. Sie muß den Raum verlassen, hat dann aber den Mut, einen Themenwechsel einzufordern. Von der Gruppe wird dieser Themenwechsel akzeptiert, und die Interaktion wird von der Ebene akuter Wahnproduktionen wieder auf die der Realität zurückgeführt.

Das Fallbeispiel macht deutlich, daß die Arbeit in einer Psychotikergruppe sich nicht unwesentlich von der analytischen Gruppentherapie unterscheidet. Eindrucksvoll ist, wie es der Leiterin – und in Identifikation mit der Leiterin auch den Gruppenmitgliedern – gelingt, die schwierige Balance zwischen Wahnproduktion und Realität aufrechtzuerhalten. An die Stelle der Deutungen des Gruppenprozesses treten lebenspraktische Strukturierungen, sozialintegrative und realitätsvermittelnde Interventionen. Durch diese spezifische Interventionstechnik ist es der Leiterin gelungen, die im Verlauf der Gruppengeschichte zunächst massiv auftretenden Dissoziationstendenzen allmählich zu integrieren und den Patienten damit ein etwas besseres Überleben in und mit der Gruppe zu ermöglichen.

2.1 Zusammenfassung

Während wir uns in der ersten Fallstudie des dritten Kapitels mit einer einzelnen Sitzung beschäftigt haben, stellt das zweite Beispiel eine synoptische Zusammenfassung eines viereinhalbjährigen Beratungsprozesses dar. Dabei wurde die Frage fokussiert, wie eine Gruppe mit Hilfe der Supervision zur sozialtherapeutischen Arbeit mit Psychotikern professionalisiert worden ist. Grundlage der Analyse waren Sitzungsprotokolle, die großflächig in bezug auf die Fragestellung ausgewertet wurden.

Man könnte einwenden, daß es sich bei dem Beispiel um die besondere Situation einer neuen Einrichtung handelt und daß Einsichten, die an diesem Material gewonnen werden, auf andere Institutionen nicht übertragbar seien. Demgegenüber wäre darauf hinzuweisen, daß gerade an einer

neuen Einrichtung Institutionalisierungsprozesse beobachtet werden können, die nach Ausbildung einer routinierten Praxis oft nur schwer rekon-
struierbar sind. Die radikale Konfrontation der Teammitglieder mit den
Standards der Administration, mit eigenen Kompetenzdefiziten und einer
fremden Klientel findet in modifizierter Form auch in etablierten Institutionen statt. Für die Konzeptualisierung der Supervision ist entscheidend,
daß die institutionelle Dimension erst mit der Fokussierung des Dritten ins Spiel kommt. Die Selbstbezüglichkeit gruppendynamischer oder
selbsterfahrungsbezogener Ansätze und ihre Verhaftung im Hier- und
Jetzt-Prinzip verfehlt sowohl von der Methode als auch vom Gegenstand
her das Proprium der Supervision.

Die ersten Erfahrungen des Supervisors mit dem Team waren ermu-
tigend und deprimierend zugleich. Deprimierend, weil der Professionalisierungsgrad der Gruppenteilnehmer zunächst gering war. Schwer aus-
zuhalten waren auch die anfänglichen Konflikte zwischen Team und
Verwaltung und im Team selber, die in Form einer ungebremsten Externalisierung der negativen Aspekte auf den jeweils anderen auftraten. Ermu-
tigend waren demgegenüber das Interesse der Gruppenmitglieder an der
Arbeit mit den Patienten und das allmählich heranreifende Bewußtsein,
ein neues Arbeitsfeld zu erschließen. Hervorzuheben ist in diesem Zusammenhang auch die – keineswegs selbstverständliche – Fähigkeit, die Su-
pervisions- und Fortbildungsangebote anzunehmen und zur professionellen Qualifizierung zu nutzen.

Angesichts der Ausgangslage des Teams hat der Supervisor das fallbezogene Supervisionskonzept derart modifiziert, daß in der ersten Phase
den projektiven Phantasien der Gruppe Raum zur Artikulation gelassen
wurde. Derartige Tendenzen lassen sich in der Teamsupervision regelmäßig beobachten. Ausnahmen stellen lediglich erfahrene, hochprofessiona-
lisierte Teams dar, in denen die Supervision eine klar umrissene Funktion
hat und der Supervisor entsprechend ‚benutzt‘ wird. Entscheidend für die
Supervisionstechnik ist es, die Fallorientierung trotz der regressiven Dynamik der Gruppe nicht zu suspendieren. Mit der Arbeit an den Fällen
wird den unbewußten Tendenzen ein progressives Moment entgegengesetzt, das entscheidend dazu beiträgt, daß die Gruppe eine Kultur entwickelt, die über das Interesse an sich selbst hinausweist. Voraussetzung
dazu ist, daß der Supervisor auf der Grundlage der Fallschilderungen
schrittweise eine Vorstellung von den spezifischen Anforderungen des

Arbeitsfeldes gewinnt, um den Teammitgliedern wirkliche Hilfestellungen bei der Bewältigung der Handlungsprobleme zu geben. Für die Technik der Supervision folgt daraus, daß er Falltypisierungen entwickelt und neben einem ‚verstehenden' Zugang durchaus auch deiktische Hinweise zu Fragen der Diagnostik, der Behandlungsmöglichkeiten, der institutionellen Verstrickungen etc. gibt. Entscheidend ist es dabei, von der Hypothese eines stufenförmigen Lernprozesses auszugehen, der vom Supervisor angeleitet und koordiniert wird, obwohl er – und das gilt nicht nur für die Arbeit in einer neuen Institution – selber Lernender ist. Terminologisch kann man von der synthetisierenden Funktion des Supervisors sprechen. Im Fall einer neuen Institution, bei der man nur beschränkt auf Erfahrungen, Routinen und vorgestanzte Handlungsmodelle zurückgreifen kann, stellt sich diese Aufgabe als kreativer, konzeptioneller Prozeß dar. In unserem Beispiel war es die Idee der ‚therapeutischen Begleitung', die einen entscheidenden Fortschritt im Qualifikations- und Professionalisierungsprofil der Gruppe und des Supervisors bewirkte.

3. Fallbezogene versus selbstbezügliche Teamsupervision – Anmerkungen zur begrifflichen Differenzierung

Auch wenn Zahlen über die quantitativen Relationen der Nachfrage nach den unterschiedlichen Supervisionsformen (Einzelsupervision, Gruppensupervision, Teamsupervision etc.) und Supervisionsmethoden fehlen, so können wir davon ausgehen, daß in den therapeutischen und sozialpädagogischen Arbeitsfeldern mehr oder weniger selbstbezügliche Formen der Teamsupervision dominieren. Diesem Angebot entsprechen Erwartungen auf seiten der Supervisanden, die, wie Schaeffer gezeigt hat,[14] auf der Einschätzung beruhen, daß es nicht unbedingt die Probleme mit der Klientel sind, die zu belastenden Arbeitssituationen führen, sondern daß Teamkonflikte, Hierarchieprobleme und Schwierigkeiten mit den institutionellen Bedingungen ausschlaggebend seien für das Leiden am und im Beruf. Auf der Grundlage dieser Einschätzung lassen sich in einer groben Klassifizierung zwei Gruppen unterscheiden. Während die einen sich von der Supervision eine Klärung der Beziehungsprobleme versprechen, die in beruflichen Kooperationszusammenhängen zwangsläufig auftreten, geht es den anderen darum, das professionelle Handeln, vor allem die Interaktion mit den Klienten und die Probleme mit Hierarchien und institutionellen Rahmenbedingungen, zu klären. Wird der Erwartungshorizont im ersten Fall also primär von selbsterfahrungsbezogenen Bedürfnissen gekennzeichnet, so repräsentiert die zweite Gruppe den Wunsch nach strukturierter beruflicher Qualifikation.

Den unterschiedlichen Erwartungen auf der Konsumentenebene entsprechen konzeptionelle Differenzen auf der Seite der Supervisoren. Während die Majorität – im Sinne Jansens[15] – dazu tendiert, gruppendynamische Prozesse zu fokussieren, orientiert sich die andere Gruppe am Modell der fallzentrierten Supervision. Es ist offensichtlich, daß Selbsterfahrungserwartungen und gruppendynamische Konzeptualisierungen der Supervision einerseits und professionelle Qualifikationserwartungen und fallbezogene Supervision andererseits komplementär sind. Weniger offensichtlich ist indes, daß Selbsterfahrungswünsche und Fallsupervision produktiv miteinander verbunden werden können, weil sich die Situation der Gruppe, die institutionellen Abhängigkeiten und die Kooperationsschwierigkeiten in den eingebrachten Fällen niederschlagen und so zumindest indirekt mitbearbeitet werden können. Daß im umgekehrten Fall eine solche Verbindung nicht ohne weiteres möglich ist, hängt nicht zuletzt damit zusammen, daß auf seiten des Supervisors spezifische Kenntnisse und Erfahrungen mit den Professionswelten der Supervisanden vorhanden sein müssen. Diese können nicht, wie Jansen unterstellt,[16] durch die Befähigung zur Gruppenleitung kompensiert werden.

Nach meiner Erfahrung besteht ein deutlicher Zusammenhang zwischen Professionalisierungsgrad der Mitarbeiter eines Teams und der Art ihrer Supervisionsnachfrage. Selbsterfahrungsbezogene Supervision wird in der Regel von solchen Teams favorisiert, die geringer professionalisiert sind und nicht selten in Berufsfeldern arbeiten, in denen Abgrenzungsprobleme der Mitarbeiter von den Klienten dominieren. Fallbezogene Supervision wird demgegenüber von solchen Gruppen nachgefragt, die hochprofessionalisiert sind, über langjährige Berufserfahrung verfügen und nicht selten den selbsterfahrungsbezogenen Supervisionstypus bereits kennengelernt haben.

Geht man den Gründen für eine solche Präferenzbildung nach, dann fällt zunächst auf, daß in Teams ein gemeinsamer Wunsch nach Nähe und familienähnlicher Interaktion zu existieren scheint, der seinerseits Resultat von Bedürftigkeit und Insuffizienzgefühlen der Mitarbeiter ist. Bedürftigkeit in dem Sinne, daß der anstrengende Berufsalltag so viel Kraft abverlangt, daß das Gefühl entsteht, diese nicht restituieren zu können. Die Insuffizienz resultiert demgegenüber aus der Erfahrung, von der Arbeit mit schwierigen Klienten überfordert und ihr professionell nicht gewachsen zu sein. Bedürftigkeit und Insuffizienz verstärken sich wechselseitig mit der Folge, daß im Team Hilfe und Entlastung gesucht wird. Diese Option entspricht einem psychohygienischen Verarbeitungsmodus, der seinerseits mit dem Psychoboom harmoniert.[17] Gelegentlich resultiert das Bedürfnis nach selbsterfahrungsbezogener Teamsupervision auch aus einer Opposition gegen den Anstellungsträger. Ihm soll signalisiert werden, daß das Team etwas für sich braucht und daß das Interesse an professioneller Fortbildung dahinter zurückzutreten habe. Pointiert könnte man formulieren, daß die Maxime, die der Nachfrage nach selbsterfahrungsbezogener Teamsupervision zugrunde liegt, folgendermaßen lautet: *Wir brauchen etwas für uns!* Dazu eine Fallvignette:

Eine Erzieherinnengruppe in einer heilpädagogischen Einrichtung gestaltet zu Beginn der Supervision den Arbeitsrahmen so, daß der Supervisor sich verunsichert, manchmal fehl am Platze, gelegentlich auch verärgert fühlt. So wurde das Mitarbeiterinnenzimmer als Gruppenraum gewählt, obwohl andere, nach Ansicht des Supervisors geeignetere Räume für die Supervision zur Verfügung gestanden hätten. Zu Beginn der Sitzung wird dem Supervisor jedesmal ein neuer Platz angewiesen, auch die Teilnehmerinnen haben jedesmal eine andere Sitzordnung. Später wurde dem Supervisor mitgeteilt, daß die Plätze vor jeder Sitzung ausgelost wurden. Weiterhin gehörte es zur Kultur der Gruppe, Kaffee zu trinken mit der Folge, daß im Laufe der Sitzung die Teilnehmerinnen aufstehen und zur Toilette müssen. Als in der dritten Sitzung eine Teilnehmerin sagte, daß heute kein Kaffee da sei, kommentierte der Supervisor das mit dem Satz: Das ist ja gut. Daraufhin fuhr die Teilnehmerin unbeirrt fort, daß es heute Tee gäbe.

In Unkenntnis der Hintergründe hat der Supervisor die Gestaltung der Rahmenbedingungen zunächst so verstanden, daß die Gruppe keine Arbeitsbeziehung mit ihm aufnehmen wollte. Seine Versuche, das Setting anzusprechen, wurden überhört, er fühlte sich nicht akzeptiert und in seinen Kompetenzen entwertet. Interessant ist, daß in der ersten Sitzung ein Fall eingebracht wurde, den eine Supervisandin mit den Worten angekündigt hat, daß sie sich das ganze Wochenende mit einem bestimmten Problem unablässig habe beschäftigen müssen. Es handelte sich um bedrängende, als Übergriffe erlebte sexuelle Angebote eines behinderten jungen Mannes gegenüber der relativ jungen, noch nicht allzu erfahrenen Erzieherin.

Für den Supervisor war es in der Anfangsphase der Supervision entscheidend, die Inszenierung der Gruppe nicht als Affront gegen ihn, sondern als Versuch zu verstehen, mit der außerordentlich belastenden Berufsrealität zurechtzukommen. Wenn sie Kaffee tranken, hatte das primär kompensatorische Funktionen. Die Gruppenmitglieder wollten sich selber und sicherlich auch dem Supervisor etwas Gutes tun, auch wenn dieser keinen Kaffee mittrank und sich auch nicht darüber freute, daß man ihm bei der dritten Sitzung Tee anbot. Auch das befremdliche Spiel mit den Plätzen offenbarte allmählich seinen Sinn. Es sollte die psychische Homöostase der Gruppe aufrechterhalten. Der Supervisor als einziger Mann in einer Frauengruppe sollte nicht zum Gegenstand von Eifersucht und Neid werden. Durch das Lossystem hatte jede Frau die Chance, neben ihm zu sitzen, ohne daß Zwistigkeiten in die Gruppe getragen würden. Alle Aktionen waren also darauf ausgerichtet, eine harmonische Atmosphäre herzustellen, die möglichst wenig an Arbeit erinnert. Gleichzeitig symbolisiert aber schon der erste Fall das Überforderungssyndrom der Mitarbeiterinnen. Sie sind mit Klienten konfrontiert, die durch ihre Behinderungen nur schwer verständlich, dafür aber häufig anspruchlich und gelegentlich zudringlich sind. Abgrenzungsprobleme treten auf, professionelle Strategien, mit denen sich Distanz herstellen ließe, stehen den Mitarbeiterinnen kaum zur Verfügung. Statt dessen mobilisieren sie, wenn sie näher zusammenrücken und es sich gemütlich machen, defensive Strategien, um so die Bedrohungen aus der beruflichen Praxis gemeinsam zu verleugnen. In dieses Spiel sollte der Supervisor eingebunden werden. Vor diesem Hintergrund ist es dann nur allzu verständlich, daß die Teilnehmerinnen die Versuche des Supervisors, ein Arbeitsklima herzustellen, zu unterlaufen versuchten.

Es gehört zu den Grunderfahrungen psychotherapeutischer, aber auch supervisorischer Praxis, daß solche Konstellationen, wenn sie unverstanden bleiben, zu Stagnation und nicht selten zum Abbruch der Gruppe führen. Hintergrund sind Affektkonstellationen, die unbewußt den Gruppenprozeß in destruktive Bahnen lenken. Wenn jedoch andererseits die latenten Wünsche vom Supervisor wahrgenommen und verstanden werden, kommt es häufig ohne großen Deutungsaufwand zu einer inneren

Umstrukturierung der Gruppe. Wie von selbst treten die psychohygienischen Bedürfnisse zugunsten einer stärkeren Arbeitsorientierung in den Hintergrund.

Für die Konzeptualisierung der Teamsupervision ist es entscheidend, welche Perspektive der Supervisor einnimmt. Fokussiert er die Beziehungen der Gruppenteilnehmerinnen untereinander und zum Supervisor, dann sind damit zugleich auch die Grenzen des Verfahrens definiert. Ohne Zweifel würden die Gruppenteilnehmerinnen aus einer solchen Analyse der Teamdynamik Gewinn ziehen, allerdings um den Preis, daß die professionelle Arbeit mit den Klienten im Hintergrund bleibt. Solche Formen der Supervision bezeichne ich als selbstbezügliche oder auch als berufsbezogene Teamselbsterfahrung. Berufsbezogen bezieht sich dabei auf den Umstand, daß sich die Gruppe nicht, wie in einer klassischen Selbsterfahrung, aus privatem Leidensdruck zusammengefunden hat, sondern daß die Mitglieder durch die berufliche Interaktion miteinander in einer Art Zwangskommunikation verbunden sind. Aus diesem Kontext stammen denn auch die Probleme und Konflikte, die in der berufsbezogenen Selbsterfahrung besprochen werden. Von diesem Typus ist die fallbezogene Teamsupervision zu unterscheiden. Auch in sie gehen Gruppenprobleme, Selbsterfahrungswünsche und die Übertragungsdynamik ein, diese werden allerdings indirekt, im Medium des Falles gleichsam mitbehandelt. Im vorliegenden Fall hat der Supervisor die Inszenierung des Teams zunächst nicht verstanden. Erst mit Hilfe einer Kontrollsupervision ist es ihm gelungen, den Zusammenhang zu durchschauen und ein produktives Arbeitsbündnis herzustellen.

4. Die szenische Reproduktion unbewußter Gruppenprozesse, institutioneller Dynamiken und sozialer Statuszuschreibungen in der fallbezogenen Teamsupervision

Gehen wir einen Schritt weiter in der Analyse der fallbezogenen Teamsupervision: Die im dritten Abschnitt vorgestellte Vignette hat den Blick auf die unbewußten Inszenierungen in Teamgruppen und auf die Folgen für das Arbeitsbündnis gelenkt. Am Beispiel einer institutionsanalytisch orientierten Teamsupervision sollen nun die Verschränkungen unbewußter

Gruppenprozesse, institutioneller Dynamiken und sozialer Statuszuschreibungen beschrieben werden. Zuvor aber noch zwei Begriffsklärungen: Unter sozialen Statuszuschreibungen verstehe ich die Anwendung gesellschaftlicher Stereotype auf Klienten und die Institutionen, die professionell mit ihnen befaßt sind. Diese ‚Vorurteile‘ haben unmittelbar Auswirkungen auf die Wirklichkeitsdefinition und die Selbsttypisierung der Mitarbeiter.[18] Die zweite Begriffsklärung bezieht sich auf die institutionsanalytisch orientierte Supervision. Sie ist von der Institutionsanalyse zu unterscheiden. Die Institutionsanalyse ist eine eigenständige Beratungsform, die in den 60er Jahren in den USA, in England und vor allem in Frankreich entwickelt wurde.[19] In den 70er Jahren wurde sie auch im deutschsprachigen Raum diskutiert und angewandt.[20] Nach kurzer Blüte geriet sie jedoch bald wieder in Vergessenheit, ohne daß ihr Innovationspotential auf dem Gebiet der Analyse und Veränderung von Institutionen hinreichend genutzt worden wäre. Zu den wenigen Autoren, die auch nach dem Boom die Institutionsanalyse weiterentwickelt haben, gehören Wellendorf, Kernberg und Kets de Vries.[21] Gegenstand der Institutionsanalyse ist die Untersuchung und praktische Veränderung institutioneller Interaktion, sie ist also gleichermaßen Analyse und Interventionsverfahren. Neben den manifesten Dimensionen der Beziehungen interessieren vor allem die latenten Austauschprozesse. Institutionsanalyse ist ziel- und aufgabenorientiert, wobei die Zielsetzung ebenso Gegenstand selbstreflexiver Aufklärung ist wie die Lösungswege, die bei der Aufgabenbewältigung eingeschlagen werden. Hintergrund der Ziel- und Aufgabenorientierung ist die Einsicht, daß Institutionen zur Wahrnehmung gesellschaftlicher Aufgaben eingerichtet werden, wobei die Mitarbeiter die Funktion haben, diese Aufgaben zu erfüllen. Sie stehen in einem Loyalitätsverhältnis zu ihren jeweiligen Einrichtungen. Dieser einfache Sachverhalt ist vor allem in den Bereichen sozialer, therapeutischer und pädagogischer Institutionen äußerst störanfällig. Während in kommerziellen Einrichtungen die Ziel- und Aufgabenorientierung und das Verhältnis der Mitarbeiter zur Institution über Marktmechanismen gesteuert wird, existiert eine solche Regulation in den zuvor erwähnten Institutionstypen nicht. Statt dessen vertraut man auf Rationalität, d. h. auf die Einsicht der Professionellen in die institutionellen Erfordernisse. Damit werden den individuellen Interpretationen große Spielräume eröffnet, die sich zu einem kollektiven Funktionsmodus, den man auch als unbewußte Institutionsphantasie bezeichnen kann, vereinheitlichen. Die Aufgabe des Institutionsanalytikers besteht darin, diese unbewußte Phantasie herauszuarbeiten und die der Problemstruktur selber inhärenten Lösungswege als Ziele für die Gruppenarbeit deutlich zu machen.[22]

Es gehört zu den Paradoxien der Teamsupervision, daß Teams, die ja selber eine institutionelle Struktur bilden, diesen Aspekt zumeist verleugnen und Institutionen als etwas Fremdes, der Gruppe Gegenüberstehendes erleben. Möglicherweise ist diese verrückte Wahrnehmung der Hintergrund dafür, daß der institutionelle Diskurs in der Supervision[23] immer noch in den Anfängen steckt und daß von Forschungsaktivitäten in diesem für die Supervision zentralen Bereich kaum die Rede sein kann. Auch wenn sich Institutionsanalyse und institutionsanalytisch orientierte Teamsupervision in Setting, Zielsetzung und Methode unterscheiden, so kann man bei der Konzeptualisierung der Teamsupervision nur um den Preis der Bornierung auf das von der Institutionsanalyse generierte Wissen verzichten. In der nachfolgenden Fallstudie möchte ich nun zeigen, wie sich die erwähnten Dimensionen in der Teamsupervision konstellieren:

Die Mitarbeiter einer sozialpsychiatrischen Einrichtung zur Rehabilitierung von Langzeit-Psychiatrie-Patienten haben nach längeren, schwierigen Verhandlungen mit der Verwaltung Supervision durchgesetzt. Entsprechend der Mitarbeiterzahl hatten sie vier Gruppen gefordert, dann aber nur zwei erhalten. Zwei Supervisorinnen werden eingestellt, wobei wir uns im folgenden mit einem kleinen Ausschnitt aus der Arbeit einer der Supervisorinnen beschäftigen werden. Die Supervisorin hat angeboten, fallbezogen zu arbeiten, die Gruppe hat sich darauf eingelassen, zumal frühere Erfahrungen mit einer Teamsupervision im Sinne berufsbezogener Selbsterfahrung nicht allzu günstig verlaufen sind. Die Konflikte des Teams haben sich eher verschärft, Lösungen konnten nicht entwickelt werden. Einige der Mitarbeiter blieben der damaligen Gruppe fern, weil sie sich nicht analysieren lassen wollten. Nach diesen Erfahrungen hat nicht nur das Team, sondern auch die Verwaltung Wert darauf gelegt, daß sich so etwas nicht wiederhole. In diesem Punkt war eine gewisse Übereinstimmung zwischen dem Träger und Mitarbeitern zu beobachten.

In den ersten Sitzungen waren nach Wahrnehmung der Supervisorin zwei manifeste Themen gleichzeitig präsent. Zum einen beschwerte sich die Gruppe in der Vorphase und zu Beginn der Sitzung darüber, daß es mißlungen war, zwei Gruppen zu installieren. Die Teilnehmerinnen beklagten sich über unzureichende Versorgung durch die Leitung, Phantasien rankten sich darum, daß die da oben auf dem Geld säßen und nichts für die Mitarbeiter tun wollten. Zum anderen wurden Fälle bearbeitet, die von extrem schwierigen Patienten, von hoffnungslosen Fällen handelten, von Menschen, die eigentlich nicht mehr rehabilitierbar seien. In der Gruppe reproduzierte sich das Gefühl der Perspektivlosigkeit und der Eindruck, von der Verwaltung im Stich gelassen zu werden. Mühsam versuchte die Supervisorin, dem Sog in die Regression Ansätze zum Verstehen der Interaktion mit den Patienten entgegenzusetzen. Ähnlich wie in der Fallvignette, so gab es auch in diesem Fall Merkwürdigkeiten auf der Ebene des Settings. Die Mitarbeiter trudelten nach und nach ein, von einem pünktlichen Beginn konnte keine Rede sein. Manchmal entschuldigte sich der eine damit, daß er noch einen dringenden Telefonanruf gehabt hätte, eine andere hatte gerade noch etwas zu erledigen. Oft genug war die Supervisorin die erste, die kam und warten mußte, bis ihr der Raum aufgeschlossen wurde. Dann begann eine Telefonaktion nach den anderen Gruppenmitgliedern, bis endlich alle zusammen waren. Wie im vorhergehenden Fall wurde auch hier Kaffee getrunken und geknabbert. Das Kaffeekochen war sozusagen ein vorbereitendes Ritual für die Gruppensitzungen, das einen guten Teil der Arbeitszeit für sich in Anspruch nahm. Die Supervisorin fühlte sich gestört, trank selber nicht mit, fand aber zunächst keine Möglichkeiten, das Thema anzusprechen. Erstaunlich war es, daß trotz der nominellen Gruppengröße von zwölf Mitgliedern real pro Sitzung vier bis fünf Teilnehmer anwesend waren und darüber hinaus hohe Fluktuation herrschte. Natürlich gab es gute Erklärungen dafür: Schichtdienst, Urlaub und Krankheit. Die Supervisorin hatte aber das Gefühl, daß die Arbeit der Supervisionsgruppe dadurch entwertet wurde. Zumindest fühlte sie sich selber von dieser Dynamik massiv betroffen. Dieser Eindruck, der zunächst im Kontrast zu den aktiven Bemühungen der Gruppenmitglieder um Supervision steht, ist ein häufig anzutreffendes Paradoxon. Es läßt sich in unserem Zusammenhang verstehen als Ausdruck zirkulärer Verschiebungen unbewußter Gruppentendenzen. Die Supervisorin bekommt zu spüren, was die Mitarbeiter an Versagungen und Entwertungen durch Klienten und Leitungsebene erleben. Mechanismen der Projektion und des acting out haben die Beziehung zur Supervisorin in der Anfangsphase nachhaltig geprägt. Entwertet wurde sie durch das Zuspätkommen, das Kaffeetrinken und die hohe Fluktuation. Nach etwa einem halben Jahr, als diese Mechanismen zunehmend unerträglich wurden, tendierte die Supervisorin dazu, von sich aus zu agieren, indem sie das Setting zu verändern suchte. So hatte sie in einer Sitzung, in der an einem Fall intensiv gearbeitet wurde, das Gefühl, daß wesentliche Aspekte des Falles noch nicht besprochen worden waren. In der nächsten Sitzung hatte sie dann das Thema von sich aus wiederum eingebracht, merkte aber, daß die Gruppe nicht mitarbeitete. Hätte eine Teilnehmerin nicht massiv interveniert und gesagt, daß sie eigentlich ein anderes Thema gehabt hätte, wäre wahrscheinlich die ganze Stunde unbefriedigend verlaufen. Nach der Intervention der Teilnehmerin wurde dann ein neuer Fall eingebracht und in kurzer Zeit intensiv bearbeitet. Charakteristischer noch ist eine zweite Settingverletzung durch die Supervisorin. In einer Sitzung beschäftigte sich die Gruppe mit einem besonders

schwierigen Patienten, mit dem drei Mitarbeiter zu tun hatten. Die Situation entwickelte sich so, daß diese drei Mitarbeiter miteinander sprachen. Der Rest der Gruppe war unbeteiligt, und nur die Supervisorin nahm noch gelegentlich Stellung. Es entstand der Vorschlag, in der nächsten Sitzung über diesen Patienten in der kleinen Gruppe unter Ausschluß der übrigen Teilnehmer zu diskutieren. Der Vorschlag fand allgemein Zustimmung, auch die Supervisorin schloß sich dem an. Später wurde ihr allerdings deutlich, daß sie unbewußt die Tendenz der Gruppe, nicht zu den Sitzungen zu kommen, übernommen hatte. Ihre Anpassung an den Vorschlag, in der nächsten Sitzung in der kleinen Gruppe weiterzuarbeiten, kann als Reaktionsbildung der Supervisorin auf den Mißbrauch des Settings von seiten der Gruppenteilnehmer verstanden werden. Daran ändert auch die Beobachtung nichts, daß die Arbeit in der kleinen Gruppe erkenntnisreich und befriedigend verlief. Die Gruppe hat ihr damit nämlich indirekt mitgeteilt, daß sie dann befriedigend arbeiten kann, wenn sie die unbewußten Spaltungstendenzen des Teams mitagiert. Es dauerte ein knappes Jahr, bis die Supervisorin unseres Fallbeispiels den Zusammenhang von Entwertung, Insuffizienzgefühlen, Rückzugs- und Spaltungstendenzen zunächst im Sinne des Wiederholungszwangs erlitten und dann langsam durchschaut hatte. Sukzessive konnte sie in der Folgezeit in den Fallbearbeitungen die massive Entwertung der Mitarbeiter durch die Patienten, die am untersten Ende der sozialen Hierarchie angesiedelt sind, aufdecken. Auch gelang es, berufsbiographische Enttäuschungen am Material der Fälle zu thematisieren. So z. B. engagierte sich eine Sozialpädagogin immer besonders bei der Medikamentenvergabe. Darüber entstanden häufig Konflikte mit dem Arzt im Konsiliardienst, aber auch mit den Kolleginnen und Kollegen im Team. Mit kritischem Unterton wurde sie als ,unsere Oberärztin' bezeichnet. Diese Zuschreibung war treffend, weil die Sozialpädagogin eigentlich Ärztin werden wollte, sich dann aber das Studium nicht zugetraut hatte. Darüber hinaus litt sie darunter, daß sie in einer so miesen Einrichtung gelandet sei.
Die allmählich wachsende Sensibilität der Gruppe für verdeckte Wünsche erlaubte es, nach einem Jahr die Funktion des Kaffeetrinkens zu verstehen: Als fast zwanghaft auftretendes Bedürfnis, sich etwas Gutes zu tun, in einer Einrichtung, in der Mitarbeiter sowohl von den Klienten ausgesaugt als auch von der Verwaltung vernachlässigt werden. Gegen die Kraftlosigkeit und Entwertung sollte Supervision eingesetzt werden, allerdings nicht als Arbeitszusammenhang, sondern als ein Ort, an dem man sein Erholungsbedürfnis einbringen kann. Daß damit die produktiven Möglichkeiten der Supervision außer Kraft gesetzt und die Supervisorin sich in ihrer Funktion entwertet fühlen mußte, liegt auf der Hand. Interessant ist, daß die Versuche der Supervisorin, das Zuspätkommen und das Nichterscheinen anzusprechen, zunächst auf einen paradox erscheinenden Widerstand stießen. Die Supervisorin wurde übereinstimmend dafür gelobt, daß sie zu den Fällen wirklich hilfreiche Beiträge geleistet hätte. Insofern sei ihre Kritik nicht stichhaltig. Man fand die Intervention der Supervisorin nun ihrerseits kränkend und entwertend. Die genau-

ere Analyse führte dann allerdings zu einer entscheidenden Differenzierung: Die Entwertung wäre dann gegeben, wenn die Supervisorin darauf verzichten würde, ihre Aufgabe wahrzunehmen und für eine möglichst gute Arbeit der Teilnehmerinnen und Teilnehmer Sorge zu tragen. Nachdem diese Erkenntnis, die von den meisten Gruppenteilnehmern wie eine Entdeckung empfunden wurde, integriert war, konnten das Kaffeetrinken und die extreme Unpünktlichkeit aufgegeben werden.

Das Beispiel macht deutlich, daß auch in der fallbezogenen Teamsupervision Gruppenprobleme durchaus mitbearbeitet werden können. Anders als in der teambezogenen Selbsterfahrung werden sie jedoch – sieht man von Ausnahmen ab – nicht direkt aufgegriffen, sondern indirekt an der Spiegelung der Gruppenprozesse im Fall behandelt. Daraus folgt, daß es zu den Aufgaben des Teamsupervisors, der fallbezogen arbeitet, gehört, den unbewußten Gruppenprozeß zu verstehen, ohne ihn, wie in der Gruppenanalyse, zu deuten. Die entscheidende Frage ist nun, wie der Supervisor, vor allem wenn er nicht gleichzeitig als Psychoanalytiker ausgebildet ist, Zugang zu unbewußten Kommunikationen in der Gruppe erlangen kann?

Voraussetzung dazu ist zunächst, daß es sich um ein minimal strukturiertes Setting handelt. Nur wenn die Interaktion nicht durch ein Regelwerk, wie z. B. bei den Encounter-Gruppen oder durch Spiele, Maltechniken etc., überlagert wird, entsteht der Raum für die Wahrnehmung der unbewußten Inszenierung. Die zweite Bedingung betrifft die Wahrnehmungseinstellung des Supervisors. Erst wenn er in der Lage ist, sich zumindest partiell von konkretistischen Verständnis- und Deutungsmustern zu distanzieren, kann er die diskreten Hinweise auf den unbewußten Diskurs entschlüsseln. Die Schwierigkeit besteht darin, daß der Supervisor als Teil der Gruppe selber in die unbewußten Beziehungsprozesse verstrickt und damit der Gefahr des Mitagierens ausgesetzt ist.

Auch wenn es keine beratungstechnischen Tricks für den Umgang mit diesem Dilemma gibt – schließlich handelt es sich um eine konstitutive Paradoxie, die allen gering strukturierten Beratungsprozessen eigen ist –, so ist es doch möglich, bestimmte Interaktionsphänomene zu lokalisieren, an denen der unbewußte Gruppenprozeß aufscheint. Sowohl an der Fallstudie als auch an der Vignette läßt sich zeigen, daß Settingverletzungen zu den Kristallisationspunkten unbewußter Gruppenprozesse gehören. Während der Supervisor im ersten Fallbeispiel durch Zuwarten die entscheidenden Informationen zum Verständnis der merkwürdigen Sitzplatz-Inszenierung erhalten hat, zeichnet sich das zweite Beispiel dadurch aus, daß die Supervisorin den Widerstand der Gruppe mitagiert hat.

Worin manifestiert sich nun der Widerstand, was leistet er, und was wird mit seiner Hilfe abgewehrt? An den beiden Fallberichten wird deutlich, daß der Widerstand im Dienste der Versorgungsbedürfnisse der Gruppenmitglieder steht. Damit trägt er dazu bei, einen Gleichgewichtszustand aufrechtzuerhalten, der es den Gruppen ermöglicht, die Konfrontation mit den schwierigen Klienten und den professionellen Insuffizienzen einigermaßen zu bewältigen. Mit den in der Supervision verkörperten Arbeitsanforderungen wird diese regressive Homöostase bedroht. Es entsteht eine paradoxe Situation: Die Supervision, die von den Gruppenmitgliedern gewünscht wurde, um das Leiden an der Praxis zu verringern, repräsentiert zusätzliche Anforderungen und enttäuscht nicht nur die unmittelbaren Wünsche nach Bedürfnisbefriedigung (z. B. Kaffeetrinken, gemütlich zusammensitzen, kommen und gehen wann man will etc.), sondern stellt darüber hinaus auch die Gruppenhomöostase in Frage.

An der Fallvignette läßt sich des weiteren zeigen, daß neben der Abwehr der Arbeitsanforderungen auch Konkurrenz- und Eifersuchtsgefühle unter Kontrolle gehalten werden müssen. Der Supervisor als einziger Mann in der Gruppe stellt eine Gefahr dar, die nicht besprochen werden kann, sondern durch das Losverfahren neutralisiert werden soll. Allerdings mit der Folge, daß der Supervisor zunächst keinen eigenen Platz in der Gruppe finden kann, also gleichsam selber mit neutralisiert wird.

Während der Supervisor in diesem Fall nicht mitagiert hat, konnte sich die Supervisorin unseres zweiten Beispiels der Gruppendynamik nicht entziehen. Mehrere Gründe waren dafür ausschlaggebend: Zum einen hatte die Leiterin, die als Psychotherapeutin ausgewiesen ist, nur wenig Erfahrung im Umgang mit Supervisionsgruppen. Das Ausmaß an Entwertung und Feindseligkeit, das sich in den Settingverletzungen ausdrückt, konnte von ihr zunächst nicht verstanden werden. Vor diesem Hintergrund wird ihre Bereitschaft, mit einer Teilgruppe zu arbeiten, die möglicherweise weniger kränkend mit ihr umgeht, plausibel. Aufgrund eigener Befriedigungswünsche kann sie zunächst nicht sehen, daß sie das symptomatische Verhalten der Gruppe reproduziert und damit potentiell Spaltungstendenzen Vorschub leistet. Auf seiten der Gruppenteilnehmer dürften komplexe Entwertungserfahrungen Hintergrund des aggressiv-spaltenden Agierens sein. Jene resultieren nicht nur aus dem Gefühl, permanent vom Anstellungsträger vernachlässigt zu werden, sie haben ihren Grund ebensosehr in einer ambivalenten Haltung gegenüber dem nicht gerade prestigeträchtigen Arbeitsfeld und in untergründigen Identifizierungen mit den Stigmata der Klienten. Bei den Entwertungserfahrungen handelt es sich keineswegs um bloße psychische Phänomene oder um überzogene Wahrnehmungen. Der Umgang mit Behinderten oder psychisch Kranken wird gesellschaftlich in einer spezifischen Weise typisiert. Vor noch nicht allzu langer Zeit und jetzt vielleicht schon wieder ist von ‚lebensunwertem Leben‘ gesprochen worden. Gegenwärtig wird der in Rede stehende Personenkreis als einer typisiert, der gnadenhalber am Rande der Gesellschaft existieren darf, dem aber gleichzeitig vorgehalten wird, daß er von Steuergeldern lebe. In den Ideologien der Institutionen, die mit diesem Personenkreis arbeiten, spielen häufig karitative Gesichtspunkte eine bedeutendere Rolle als professionell hochqualifizierte Arbeit. Unter Hinweis auf das soziale Gewissen werden Ansprüche von Mitarbeitern oft als unangemessen zurückgewiesen. Vor diesem Hintergrund ist es kein Zufall, daß die Gruppe Frustrationen und Entwertungen in der Supervision reinszeniert hat, um damit der Supervisorin Hinweise zu ihrer psychosozialen Situation zu geben.

Wie sind nun aber Supervisorin und Gruppe aus der Interaktionskrise, die leicht zum Abbruch der Gruppe hätte führen können, wieder herausgekommen? Wie konnte, mit anderen Worten, trotz der Widerstände, die Arbeitsfähigkeit hergestellt werden? Wie bei der Auslösung der Krise, so läßt sich auch bei der Bewältigung ein komplementärer Prozeß beobachten: Im Unterschied zu Conrad und Pühl[24], die in einer Krisensituation ebenfalls zu Settingmanipulationen gegriffen haben, diese aber als besonders geglückten Schachzug zur Bearbeitung von Gruppenproblemen herausgestellt haben, hat die Supervisorin unseres Fallbeispiels die Entwicklung selbstkritisch wahrgenommen. Mit Hilfe eines Kontrollsupervisors wurde ihr deutlich, daß sie selber von der Entwertungsdynamik affiziert war und mit dem Settingwechsel eigene Wünsche zu befriedigen suchte. Nachdem ihr dieser Zusammenhang deutlich war, gelang es ihr, allmählich die schwer durchschaubaren Spiegelungen institutioneller, professioneller und psychischer Prozesse, die sozialen Typisierungen und die Rückwirkungen der Klientel auf die Mitarbeiter zu durchschauen. Damit war der Teufelskreis zur Hälfte bereits durchbrochen, den zweiten Teil steuerten die Mitarbeiter bei. Ihr Beitrag bestand nun darin, der Supervisorin Zeit zu lassen, ein Jahr tolerierten sie die supervisorische Unerfahrenheit. Allerdings ist die Supervisorin daran nicht ganz unschuldig: Sie wurde von den Teilnehmern als erfahrene, kompetente Therapeutin erlebt, die gute, für die Praxis unmittelbar hilfreiche Beiträge zur Arbeit mit den Patienten zu leisten vermochte. Deshalb konnte es ihr die Gruppe verzeihen, daß sie so lange Zeit brauchte, um ihre innere Dynamik zu verstehen.

Nachdem wir in den voranstehenden Fallbeispielen einige gruppendynamische und arbeitsfeldspezifische Typisierungen herausgearbeitet haben, ist es an der Zeit, die institutionelle Perspektive, deren Bedeutung immer wieder hervorgehoben wurde, zu konkretisieren. Dazu bedienen wir uns eines weiteren Fallbeispiels:

> Der Direktor einer großen privaten Schule ist in einer fünfwöchigen Kur. In dieser Zeit sind Entscheidungen zu treffen, die der Vertreter nicht allein tragen möchte, und zu denen deshalb sein Votum eingeholt werden muß. In dem einen Fall geht es um die Verlängerung einer Lehrerstelle, im zweiten um gravierende Konsequenzen, die aus der Verfehlung eines Lehrers gezogen werden sollen. Es stellt sich heraus, daß es schwierig ist, den Direktor zu erreichen, es gelingt erst nach zwei Tagen. Phantasien tauchen auf, ob er überhaupt eine Kur macht oder ob er sich heimlich auf einer Bergwanderung – er ist passionierter Bergwanderer – befindet, Spekulationen gehen dahin, daß er sich möglicherweise im schlechten Wetter verlaufen haben könnte, und man deshalb nicht sicher sei, ob er überhaupt wiederkäme. Im übrigen sei es sowieso so, daß er nie wirklich erreichbar sei. Ärger wird virulent, kritisiert wird, daß er überhaupt so lange zur Kur geht, überall werden seine Versäumnisse ausgemacht, seine Eignung als Direktor der Schule wird angezweifelt. Die erste Sitzung nach seiner Rückkehr, die eigentlich der Information dienen sollte, entgleist zu einer dynamisch hochaufgeladenen feindseligen Veranstaltung. Untergangs- und Zerstörungsphantasien tauchen auf, die seit langem geplante Schulreform, die Integration von Behinderten in Vorklassen vorsieht, soll wegen der inhärenten Gefahren wieder rückgängig gemacht werden. Feinde werden ausgemacht: der Schulträger und das Ministerium. Diese Instanzen hätten schlimme Pläne in den Schubladen. Es gibt aber auch einen Feind in den eigenen Reihen, eben jenen Direktor, der die Institution vernachlässigt.

Analysiert man dieses Beispiel, dann fällt die Diskrepanz zwischen Anlaß und Folgen auf. Obwohl ein Stellvertreter vorhanden ist, muß der Direktor Entscheidungen treffen; die Phantasien flammen auf an dem Umstand, daß man den Leiter zwei Tage nicht erreicht. Natürlich erklärt sich manches aus dem Anlaß, es geht um die Verlängerung einer Stelle und um Konsequenzen gegen einen Lehrer: also um existentielle Fragen, zudem war Zeitdruck im Spiel. Warum dann aber die feindseligen Impulse, die sich in Untergangs- und Zerstörungsphantasien manifestieren? Offensichtlich ist die Abwesenheit des Direktors das Menetekel. Er hat die Mitarbeiter verlassen, fünf Wochen erscheinen wie eine Ewigkeit, vielleicht ist er für immer fortgegangen wie ein Elternteil, das die Familie verläßt und die Kinder mit all ihrer Wut, mit Depressionen und Schuldgefühlen alleine läßt. Psychoanalytisch interessant ist, daß die Gruppe in dieser Situation auf einer Stufe regrediert, die sich als paranoid-schizoide Position beschreiben läßt. Es kommt zu Verlassenheits- und Todesängsten, primitive Spaltungsprozesse und projektive Identifikationen stehen im Vordergrund. Der Leiter wird zum Objekt gesteigerter Wut. Die Institution wird auf dieser Stufe mit der frühen Mutter identifiziert, die entweder nährt und wärmt oder den Tod bringt bzw. selber tot ist. Vor diesem Hintergrund werden dann auch die Phantasien, daß der Direktor für immer verschollen ist, plausibel.

Regression auf die paranoid-schizoide Stufe ist ein verbreiteter Mechanismus in Institutionen. Vor allem in therapeutischen und pädagogischen Einrichtungen, aber auch in Großunternehmen der Industrie und Verwaltung. Bisher haben wir in unserem Fallbeispiel die Übertragung der Gruppe auf den Leiter skizziert, so als hätte die Persönlichkeit und die Funktion des Leiters mit all dem nichts zu tun. Kets de Vries[25] vertritt demgegenüber die Meinung, daß es gerade die psychische Struktur des Leiters sei, die die Modalität der institutionellen Interaktion bestimmt. Schauen wir uns deshalb seine Rolle in der Schule näher an:

> Der Direktor der betreffenden Schule ist Nachfolger eines berühmten Gründervaters, der seine Mitarbeiter sadistisch beherrschte, ihnen für die Unterwerfung aber Teilhabe an seiner Größe suggerierte. Er hat den neuen Schulleiter selber ausgewählt und eingesetzt. Der neue Leiter übernahm das große Amt mit dem expliziten Wunsch, einen demokratischen Leitungsstil einzuführen, verbunden mit der Hoffnung, den Schatten des Vorgängers loszuwerden. Er verschaffte den Mitarbeitern selbständige Handlungsmöglichkeiten, versuchte, eine kollegiale Atmosphäre herzustellen, und gab sich redlich Mühe, ein gutes Klima herzustellen. Stets jedoch wurde er mit dem großen Gründervater verglichen, wobei der Vergleich regelmäßig negativ ausfiel. Hinzu kam, daß der Direktor wenig Fortune und Durchsetzungsvermögen in

der Auseinandersetzung mit dem zuständigen Ministerium und dem Schulträger hatte, so daß die Gruppe der Lehrer sich von ihm wenig geschützt fühlte. Auch auf diesen Feldern war der frühere Chef natürlich erfolgreich. Die Schwäche des neuen Leiters wurde zum Institutionsmythos, sie beherrschte die Gespräche in den Lehrerzimmern mit der Folge einer Verstärkung paranoider Phantasien auf seiten des Leiters, der in allen Zimmern und auf allen Fluren Kritiker ausmachte und Mißtrauen witterte.

Das Beispiel illustriert, wie stark die Geschichte einer Institution ihren gegenwärtigen Zustand mitbeeinflußt. Interessant ist dabei, daß die Interaktion von Leiter und Gruppe eine gemeinsame Phantasie hervorbringt, die aus der Institutionshistorie resultiert und die konstitutiv für die Modalitäten der Beziehung in der Institution ist. Potentiell werden alle Angehörigen in der Gruppe davon erfaßt, wobei natürlich das Ausmaß der Betroffenheit variiert, je nach den Verarbeitungsmöglichkeiten, die dem einzelnen zur Verfügung stehen.

Die affektiv aufgeheizte Situation an der Schule hat dazu geführt, daß Besetzungsenergien sowohl von der Arbeit mit den Schülern als auch von der Weiterentwicklung der Institution abgezogen wurden. In dem skizzierten Fallbeispiel hatte das zur Folge, daß der Ruf der Schule litt und schließlich die Schüleranmeldungen zurückgingen. In dieser Situation wurde ein Supervisor gerufen, der den Auftrag hatte, die Funktionsfähigkeit der Schule wiederherzustellen. Die Intervention bezog sich sowohl auf den Schulträger als auch auf das Lehrerkollegium und die Schulleitungsebene. Daß eine so umfangreiche Intervention realisierbar war, hängt natürlich mit dem Schultyp zusammen. Es handelt sich um eine Privatschule, die sehr viel stärker als öffentliche Schulen von Marktmechanismen abhängig ist. In einer öffentlich finanzierten Schule wäre das Einverständnis der verschiedenen Statusgruppen zu einem solchen Experiment kaum denkbar gewesen. Ohne auf Setting und Prozeß der Intervention an dieser Stelle eingehen zu können, sollen einige Resultate skizziert werden:

Nachdem in einer ersten Phase die Schichten der Projektionen und Verdächtigungen abgebaut waren, wurden vor allem in der Lehrer- und Leitungsebene Ängste thematisiert, die jedoch diffus und merkwürdig ungreifbar blieben. Allmählich schälte sich jedoch eine Figur heraus, die erlebbar und analysierbar war. Es handelte sich um die unverarbeitete Trennung vom Gründervater. Persistierende Ängste vor den sadistischen Handlungsweisen des alten Leiters wurden angesprochen und ihre Nachwirkungen eindrucksvoll dargestellt. So wurde z. B. offengelegt, daß einige Lehrer immer noch mit geducktem Kopf am Vorzimmer des Direktors vorbeigingen. Die deutliche Bezeichnung der problematischen Eigenschaften des alten Leiters war ein Tabu, das in der institutionsanalytischen Supervision zum ersten Mal durchbrochen wurde. Damit war zugleich eine Art Befreiung erfolgt, die zur Folge hatte, daß der neue Direktor besser akzeptiert werden konnte und daß sein demokratischer Leitungsstil erstmals Anerkennung fand. Das paranoide Phantasma trat allmählich in den Hintergrund.

An dieser Stelle läßt sich zeigen, wie stark die Gruppeninteraktion einerseits durch die Struktur des Leiters[26] und durch die Institutionsgeschichte andererseits bestimmt wird. Dazu einige weitere Hinweise: Im vorliegenden Fall handelt es sich offensichtlich um eine, vom alten Leiter ausgehende sadomasochistische Beziehungsstruktur, die sich in eine paranoid-schizoide Form verwandelt, nachdem der neue Leiter sich im direkten Vergleich als anders, nämlich als unfähig und schwach, zu erweisen scheint. Die paranoid-schizoide Formation ist in Institutionen mit ‚schwachen‘ Leitern oder in leiterlosen Einrichtungen nach meiner Erfahrung häufig anzutreffen, was auch verständlich ist, da diese Leiter nicht in der Lage sind, aggressive und feindselige Strebungen in der Gruppe zu binden. Die fortdauernde Verehrung des alten Leiters hatte in unserem Fallbeispiel zur Folge, daß eine Auseinandersetzung mit seinem Sadismus unmöglich wurde. Dadurch gerieten sowohl der neue Direktor als auch die Lehrer in Gefühlsrollen und Erfahrungsmuster, die eine Kooperation beinahe unmöglich machte. Erst nachdem der Mythos mit Hilfe der Supervision zerbrochen war, hatte der neue Direktor eine Chance, seinen eigenen Leitungsstil zur Geltung zu bringen.

Das Beispiel dürfte deutlich gemacht haben, daß Institutionen immer auch Orte unbewußter, triebgesteuerter Bedürfnisbefriedigungen sind, die nicht unwesentlichen Einfluß auf die innere Strukturierung der Individuen haben. Das Agieren von Macht, Konkurrenz und Unterdrückung markiert dabei den einen Pol, Unterwerfung, Leid und Mitläufertum den anderen. Die invasive Dynamik der Institutionen resultiert aus ihrer gruppenförmigen Organisation, die regressive Prozesse begünstigt. Vor dem Hintergrund dieser Annahmen läßt sich auch die Starrheit der Institutionen, ihre Tendenz, lieber eine maligne Homöostase aufrechtzuerhalten als sich zu verändern, besser verstehen: Mit Veränderungen ist die psychische Stützungsfunktion, das Abwehrarrangement, das der institutionelle Status quo bietet, bedroht. Die prekäre Ordnung läuft Gefahr, vom Chaos der Veränderungen affiziert zu werden.

Formale Verfahrensweisen, Hierarchisierungen und Sanktionsrepertoires dienen vor diesem Hintergrund – und darauf hat die Organisationssoziologie zu Recht hingewiesen – dazu, die Funktionsfähigkeit der Institutionen sicherzustellen. In psychoanalytischer Perspektive erscheinen sie als Versuche, die regressiven Wünsche in Schach zu halten. Gleichzeitig erzeugen sie aber, wie am Fallbeispiel deutlich geworden sein dürfte, die Probleme, die mit ihnen bewältigt werden sollen. Die sadomasochistische Struktur unter dem ersten Leiter funktionierte unter der Bedingung einer weitgehenden Entmündigung der Lehrer und des Schulträgers. Das destruktive Potential war beim Leiter lokalisiert und war damit dem regressiven Sog der Gruppendynamik weitgehend entzogen. Mit der Einsetzung des schwachen Leiters geriet dieses pathologische Gleichgewicht in Unordnung. Destruktives Agieren wurde freigesetzt mit der Folge, daß der Angstpegel sowohl bei den Mitarbeitern als auch auf der Leitungsebene anstieg. Das Chaos zeichnete sich in Form zurückgehender Anmeldungszahlen von Schülern und in einer gravierenden Fehlhandlung eines Lehrers ab.[27] Die paranoid-schizoide Formation, die nach außen sehr viel pathologischer wirkte als die sadomasochistische, wurde dann aber paradoxerweise zur Voraussetzung dafür, daß unter Aufwendung aller Kräfte vorübergehend reifere Kooperationsformen entwickelt werden konnten.[28]

Für die psychoanalytisch orientierte Institutionsanalyse gehört die Entwicklung einer institutionellen Typologie, die die unbewußten Interaktionsstile fokussiert, zu den vordringlichen Aufgaben. Neben der Analyse paranoider Institutionen dürfte dabei die Untersuchung depressiver und narzißtischer Einrichtungen einen besonderen Stellenwert haben. Neben der paranoiden gehört die depressive Institution wahrscheinlich zu den in den sozialen und therapeutischen Arbeitsfeldern am stärksten verbreiteten Typus. Es läßt sich zeigen, daß diese Formation auf abgewehrten Aggressionen und übermäßig ausgeprägten Abhängigkeitswünschen der Mitarbeiter beruht. Regelmäßig ist die Depressivität nach meinen Beobachtungen mit Kompetenzdefiziten verbunden, die mit dem Klischee: ‚Man kann sowieso nichts tun', verschleiert werden. Der Kommunikationsstil depressiver Institutionen wird von indirekten Vorwürfen, Anklagen und Leidensäußerungen dominiert. Die professionelle Tätigkeit kann nicht positiv besetzt werden, im Gegenteil, sie rangiert in der Hierarchie der Beschwernisse des Lebens an vorderer Stelle. Typisch für eine solche Institution ist es, daß Abgrenzungen zwischen professioneller und privater Sphäre nicht eingehalten werden. Das Alltagselend vermischt sich mit dem beruflichen und umgekehrt. Große ‚Sensibilität' beweisen solche Institutionen bei der Auswahl neuer Mitarbeiter: Chancen hat nur diejenige Person, die in den vorgegebenen Kontext hineinpaßt. Nur wenn alle gleichermaßen leiden, läßt sich das neurotische Gleichgewicht aufrechterhalten. Mitarbeiter, die ihre Arbeit besetzen können und Befriedigung aus ihr ziehen, werden entweder gar nicht erst eingestellt oder sie müssen sich innerhalb kurzer Zeit an das neurotische System anpassen. Fatal ist es bei diesem Institutionstyp, daß die Nichtbesetzung der Arbeit und die Vermischung von professioneller und privater Sphäre dazu führen, daß die Arbeitsaufgben immer mehr in den Hintergrund treten und dadurch nicht nur Gefühle der Sinnlosigkeit und Unfähigkeit, sondern vor allem auch Schuldgefühle auftreten, so daß ein Teufelskreis wechselseitig sich verstärkender negativer Tendenzen auftritt. Veränderungen einer solchen pathologischen Struktur sind in der Regel nur durch Eingriffe von außen, durch Trägerinterventionen, oder eine Institutionsanalyse möglich.

Krasser Gegenpol der depressiven ist die narzißtische Institution. Sie strahlt Großartigkeit aus und vermittelt das Gefühl, daß alles erreichbar und machbar sei. Größe und Allmacht sind im Leiter verkörpert, die Mitarbeiter sind entpersönlichte, jederzeit austauschbare Anhängsel seiner Person. Als Teil seines Selbst partizipieren sie jedoch an seiner Macht und an seinem Erfolg. Die latente Interaktionsstruktur narzißtischer Institutionen wird durch exhibitionistische und voyeuristische Tendenzen wesentlich mitbestimmt. Dem Exhibitionismus des Leiters, der sich in der grandiosen Selbstinszenierung und im rücksichtslosen Gebrauch von Macht und Ressourcen niederschlägt, steht der Voyeurismus der Bemächtigten gegenüber. Wir verstehen darunter die Bereitschaft, der Inszenierung des Leiters nicht nur beifällig zuzustimmen, sondern ihr durch Identifikation zum Erfolg zu verhelfen. Im Unterschied zu depressiven Institutionen sind Kompetenz und Erfolg bei diesem Typus hochbesetzt.

Auch wenn narzißtische Institutionen im herrschenden gesellschaftlichen System sehr viel funktionaler erscheinen als depressive, so sind sie gleichermaßen von pathologischen Gefühls- und Handlungsmodalitäten beherrscht. Zwar gewährt der Voyeurismus der Mitarbeiter Teilhabe an der Größe des exhibitionistischen Leiters, der Preis jedoch ist hoch: Er besteht in aufgeputschten Gefühlen, die letztlich keine Fundierung in einer sich differenzierenden reziproken Beziehung haben. Mißerfolg, Scheitern und Ambivalenzen sind die abgespaltenen Teile in narzißtischen Konstellationen. Für sie gibt es keine Verarbeitungsmöglichkeiten, wenn sie auftreten, droht das strahlende System ins Leere, in Depression oder Chaos zu stürzen.[29]

Bei der Auswertung des Fallbeispiels und den weiterführenden Hinweisen zu einer institutionsanalytischen Typologie haben wir uns von der Maxime einer gegenstandsbezogenen Theoriebildung entfernt. Der Rekurs auf psychoanalytisches Wissen und die einschlägige Terminologie ist als Versuch zu verstehen, angesichts der unbefriedigenden Forschungslage wenigstens spekulative Hinweise zu den unbewußten Austauschprozessen zwischen Individuen und Institutionen zu geben. Ich bin mir bewußt, daß ein solcher theoriegeleiteter Zugang nicht unproblematisch ist. So werden die berufsfeldspezifischen sozialen Typisierungen, die, wie wir im vorangehenden Beispiel gesehen haben, den latenten Gehalt der Austauschprozesse entscheidend mitbeeinflussen, ausgeklammert. Substituierbar wird die voraussetzungsreiche Terminologie, wenn in spezifischen Forschungsprojekten eine genaue Deskription der Interaktionsprozesse ermöglicht wird. Erst dann werden die latenten Gehalte institutioneller Beziehungen eine eigene Sprache finden.

IV. Einige Bemerkungen zur Frage: „Was ist gute Supervision?"

Die Geschichte der Supervision – von ihren Vorformen in der amerikanischen Sozialarbeit und der frühen Psychoanalyse bis zu ihrer Ausformung als eigenständige Beratungsform – umfaßt einen Zeitraum von beinahe einem Jahrhundert. Im theoriegeschichtlichen Teil habe ich versucht, die Entwicklung unter drei Gesichtspunkten zu skizzieren: Zunächst ging es mir darum, an die vergessene Vor- und Frühgeschichte zu erinnern und sowohl Gründe als auch Folgen der Amnesie zu benennen. Ein zweiter Schwerpunkt gilt der Darstellung der Entwicklungslinien des Supervisionsdiskurses seit den 60er Jahren. Dabei wird, und das ist der dritte erkenntnisleitende Gesichtspunkt, nicht nur der vorwissenschaftliche Status der zentralen theoretischen Vorstellungen und deren Konsequenzen für die Supervisionspraxis diskutiert, sondern auch die aporetische Struktur der Theoriebildung herausgearbeitet. Diese bildet den Hintergrund für die Forderung nach einem Perspektivenwechsel: An die Stelle einer mehr oder weniger aus den Psychotechniken oder der Anbiederung an den Markt abgeleiteten Konzeptualisierung der Supervision sollte eine der komplexen Struktur und den Problemlagen des Gegenstandsbereichs angemessene Theorie und Praxis treten.

Grundlage eines solchen Perspektivenwechsels ist die empirische Erforschung der Supervision und die Herausbildung empirisch gestützter Theoriebildung. Mit Hilfe wissenschaftlicher Substanzanreicherung könnte dann allmählich auch der über weite Strecken von arbiträrem Theoretisieren oder kruden Machtstrategien durchzogene Diskurs über Supervision von einem wissenschaftlich begründeten Supervisionsverständnis abgelöst werden.

Zu den wichtigsten Resultaten der theoriegeschichtlichen Untersuchung gehört, daß in der Psychoanalyse bereits in den zwanziger und dreißiger Jahren mit Vorformen der Supervision gearbeitet wurde. Vor allem Furrer, Aichhorn und Anna Freud haben im Anschluß an Freud die *indirekte Analyse* angewandt und dabei das Ziel verfolgt, Nicht-Analytiker, also Fürsorgerinnen, Erzieher, Pädagogen etc., bei der therapeutischen Arbeit mit Klienten beratend zu unterstützen. Im Zentrum der Beratung stand die

Analyse der Übertragungsbeziehung zwischen den therapeutisch arbeitenden Mitarbeitern und den Patienten/Klienten. Thematisiert wurden aber auch die Krankheitsbilder der Klienten und das therapeutisch-technische Vorgehen der Supervisanden. Im Unterschied zur analytischen Standardtechnik war die *indirekte Analyse* eine *Therapie-zu-Dritt*. Nach der Machtergreifung der Nationalsozialisten und dem erzwungenen Exodus der jüdischen Psychoanalytiker sind diese vielversprechenden frühen Supervisionsformen in Vergessenheit geraten. Neben der *indirekten Analyse* hat sich in der Psychoanalyse ein weiterer Supervisionsansatz, die *Kontrollanalyse*, herausgebildet. Die in Ausbildung befindlichen Analytiker werden bei der Behandlung ihrer ersten Analysanden von erfahrenen Kollegen angeleitet und kontrolliert. Um den Kontrollaspekt der Supervision gab es in der Geschichte der Psychoanalyse heftige Kontroversen, die zur Ausbildung verschiedener Modelle führte. Inzwischen hat sich die Verbindung von Beratung und Kontrolle durchgesetzt und ist in allen seriösen therapeutischen Weiterbildungen als Ausbildungsstandard anerkannt.

Die eigentliche Entwicklung der Supervision wird in der vorliegenden Untersuchung anhand eines vierstufigen Phasenmodells vorgestellt. Supervision ist zunächst eine Domäne der Sozialarbeit. Entsprechend dem Zeitgeist der fünfziger und sechziger Jahre knüpft die *Pionierphase* nicht an den frühen Formen der *indirekten Analyse* an, sie orientierte sich vielmehr an holländischen und angelsächsischen Vorbildern, die zwar psychoanalytisch orientiert sind, gegenüber dem selbstreflexiven Potential der frühen Formen jedoch auch Substanzverluste aufweisen. Diese resultieren, wie ich zu zeigen versucht habe, einerseits aus euphemistischen Erwartungen an die neue Methode, andererseits aber auch aus ihrer theoretischen Orientierung an der psychoanalytischen Ich-Psychologie.

Die *Expansionsphase* ist eng mit der Reformpolitik der 70er Jahre verknüpft. Mit ihr ist nicht nur die Diskussion um das emanzipatorische Potential, also die Politisierung des Verfahrens, ins Spiel gebracht worden, sondern vor allem die Ausweitung der Supervision auf Gruppen und Teams. Diese Entwicklung hat die Voraussetzungen zu einer breiten Anwendung der Supervision begünstigt und sie auch für therapeutische und pädagogische Arbeitsbereiche außerhalb der Sozialarbeit attraktiv gemacht. Nach dem Abklingen der von großen Ansprüchen und Postulaten durchzogenen politischen Debatten hat sich die Publikationstätigkeit auf die Konzeptualisierung der Gruppen- und Teamsupervision verlagert. Um den neuen Einsatzbereichen gerecht zu werden, wurde zunächst versucht, die psychoanalytische Basisorientierung durch institutionsanalytische und gruppendynamische Dimensionen zu erweitern. In der weiteren historischen Entwicklung haben sich dann allerdings gruppendynamische, später dann auch systemische Vorstellungen als Leitideologie der Gruppen- und Teamsupervision durchgesetzt. Zu den problematischen Konsequenzen dieser, bis heute dominierenden Orientierungen gehört, daß der komplexe Handlungszusammenhang der Supervision auf die gruppenimmanenten Prozesse reduziert wird. Die Perspektive auf den Dritten, den leidenden Klienten, verschwindet tendenziell ebenso aus dem Blickfeld wie die professionellen Kompetenzen der Supervisanden, sofern sie sich nicht auf das gruppendynamische Qualifikationsprofil beziehen. Für die Konzeptualisierung der Supervision bedeutete die gruppendynamische Wende, daß die Selbstbezüglichkeit des Gruppenprozesses zur Leitidee der Gruppen- und Teamsupervision wurde.

Mit der Durchsetzung der Gruppendynamik hat eine psychotechnische Entwicklung begonnen, die sich in den 80er Jahren mit der Orientierung der Supervisionsmethoden an den jeweils herrschenden Trends des Psychobooms fortsetzt. Gemeinsam ist diesen Ansätzen, daß sie, wie ich an mehreren Beispielen aus der Literatur darzulegen versucht habe, nicht von einer Analyse der für Supervision spezifischen komplexen Problemstruktur ausgehen und auf dieser Grundlage das Beratungsverfahren konzeptualisieren, sondern mehr oder weniger therapeutische Methoden auf Supervision anwenden. In dem Maß, in dem die Methoden im Vordergrund stehen, werden sowohl die Behandlungserfordernisse der Klienten als auch die institutionellen Handlungsdimensionen und vor allem der Qualifikationsbedarf der Supervisanden notwendigerweise nur defizitär berücksichtigt. Dieser Zusammenhang gilt in anderer Weise auch für die Theoriebildung. Zwar hat sich der Supervisionsdiskurs in der *Konsolidierungsphase* allmählich dahingehend entwickelt, daß höherspezialisierte Fragestellungen bearbeitet und erste empirische Untersuchungen durchgeführt wurden, der vorwissenschaftliche Status konnte indes nicht durchbrochen werden.

Zum Abschluß der theoriegeschichtlichen und fallanalytischen Untersuchungen möchte ich den Beitrag unserer Studien zur Konzeptualisierung einer potentiell guten Supervisionspraxis kurz skizzieren. Während wir im Kapitel I die theoriegeschichtliche Entwicklung der Supervision einer kritischen, teilweise polemischen Revision unterzogen haben, ging es in den Kapiteln II und III um die empirische Rekonstruktion eines Transkripts und mehrerer Fallgeschichten. Es dürfte deutlich geworden sein, daß die empirische Erforschung der Supervision noch in den Anfängen steckt: Von wenigen Ausnahmen abgesehen, wurde die Wissensgenerierung über Supervision aus heteronomen theoretischen Ansätzen abgeleitet. Am Beispiel der Übereignung der Supervision an die Systemtheorie haben wir gezeigt, daß solche Versuche nicht nur zu theoriebedingten Erkenntniseinschränkungen führen, sondern daß auch das in empirischen Untersuchungen gewonnene Wissen durch die Unterordnung unter ein heterogenes Theoriesystem partiell wieder verspielt wird. Die theoriegeschichtliche Studie schließt mit einigen Hinweisen zu aktuellen Entwicklungen der Supervisionsszene ab. Gegenwärtig befinden wir uns in einer Phase der *expansiven Professionalisierung*. Die Methodendiskussion scheint dank der sogenannten *integrativen Konzepte*, hinter denen sich in Wahrheit ein pragmatistischer Eklektizismus verbirgt, in den Hintergrund getreten zu sein. An die Stelle des Psychobooms tritt die Orientierung am Markt. Supervision ist ein Produkt des Dienstleistungssektors, das in jedweder Form, ohne Rücksicht auf reflexive Gehalte, der vermeintlichen Nachfrage angepaßt wird. Gegenwärtig erscheint dabei das Vordringen in den Profitsektor und in die Bereiche der Organisationsberatung, der Qualitätskontrolle und des Coaching als ebenso zukunftsweisende wie gewinnträchtige Strategie. Sie wird deshalb, so z. B. in der Politik der *Deutschen Gesellschaft für Supervision*, mit erheblichem Aufwand propagiert.

Die wissenschaftlich begründete Weiterentwicklung der Einzel-, Gruppen- und Teamsupervision gerät darüber ins Hintertreffen. Ob diese Tendenzen zur Dequalifizierung der Supervisionskompetenzen führen oder ob es sich bei den gegenwärtigen Trends um Modeerscheinungen handelt, die bald stärker wissenschaftlich geprägten Diskussionen der – weitgehend ungelösten – Supervisionsprobleme Platz macht, ist gegenwärtig noch völlig offen. Wenn es richtig ist, daß das Dilemma der Supervision seit ihrer Orientierung an den jeweils gängigen Psycho- und Markttrends darin besteht, daß sie in verschiedene Richtungen diffundiert und ihren Gegenstand zu verlieren droht, wenn es ferner richtig ist, daß sich die Theoriegeschichte, von wenigen Publikationen abgesehen, als beständige Reproduktion unbegriffener Aporien darstellt, dann spricht manches dafür, daß sich die Entwicklung der Supervision auf eine Krise zubewegt, die nur über eine selbstkritische Bestandsaufnahme analysierbar sein dürfte.

In diesem Kontext versteht sich das zweite und dritte Kapitel dieser Untersuchung als Beitrag zu einer grundlegenden Revision des Supervisionsdiskurses. Die Veränderung der Perspektive betrifft vor allem den Versuch einer wissenschaftlichen Begründung der Supervision. Wichtigstes Instrument ist dabei die empirische Verankerung der Theoriebildung. Mit der Untersuchung eines Transkripts im zweiten Kapitel und mit der Analyse einiger Fallgeschichten im dritten Kapitel habe ich versucht, eine solche empirische Perspektive zu realisieren. Resultate der empirischen Untersuchung sind zunächst einige allgemeine Aussagen über den handlungsschematischen Ablauf und die Themenprozessierung in minimal strukturierten Supervisionsgruppen. Im dritten Kapitel wird der Focus von der kleinräumigen Analyse eines Transkripts auf die Untersuchung von speziellen Fragestellungen, wie sie typischerweise in der Supervisionspraxis vorkommen, erweitert. Ich habe mich in diesem Zusammenhang unter anderem mit den Repräsentationen von berufsbiographischen Krisen in der Supervision, mit der Differenzierung der Teamsupervision als berufsbezogener Selbsterfahrung versus fallorientierter Praxis und mit dem Beitrag der Supervision in der Fortbildung oder bei der Entwicklung neuer Praxisfelder beschäftigt.

Ich habe in dieser Untersuchung wiederholt darauf hingewiesen, daß die empirische Erforschung der Supervision noch ganz am Anfang steht und allenfalls erste Einblicke in Struktur und Funktionsweisen des Verfahrens erlaubt. Über zentrale Themen, wie z. B. über die Entwicklung von Gesamtverläufen oder über die Unterschiede von Gruppen- und Teamsupervision, liegen bisher lediglich Vorstudien und Erfahrungsberichte vor. Auch die Untersuchung der Auswirkungen arbeitsfeldspezifischer Parameter befindet sich noch im explorativen Vorstadium. Auf einer derart reduzierten empirischen Basis haben Aussagen über Gruppen- und Teamsupervision natürlich stark hypothetischen Charakter. Im Unterschied dazu sind die Prozesse in Einzelsitzungen empirisch hinreichend erforscht und können deshalb inzwischen theoretisch konzeptualisiert werden.

Trotz des insgesamt unbefriedigenden Forschungsstandes möchte ich abschließend einige Überlegungen zu einer Frage beisteuern, die untergründig die Diskurse in der Literatur, aber auch die Diskussionen auf Tagungen und in Gesprächskreisen durchzieht. Die Frage lautet: „Was ist gute Supervision?"

Zu ihrer Beantwortung ist es zunächst sinnvoll, noch einmal auf die Problematik der heterogenen methodischen Orientierungen der herrschenden Supervisionspraxis hinzuweisen. Die Verwendung therapeutischer, gruppendynamischer oder integrativ-eklektischer Ansätze, die Übertragung von Techniken aus heterogenen therapeutischen Praxisfeldern auf Problemkonstellationen und Prozesse der Supervision, wird zum Problem, wenn die Angemessenheit nicht systematisch berücksichtigt wird. Genau dies wird aber, wie wir unter anderem am Beispiel der Anwendung der Gruppendynamik auf die Gruppensupervision gezeigt haben, nicht hinreichend thematisiert. Ähnliches gilt auch für therapeutische Methoden und für die gegenwärtig in Mode kommende umstandslose Übertragung der Organisationsberatung auf Supervision. Dem wäre entgegenzuhalten, daß die Weiterentwicklung von Theorie und Praxis nur aus der Perspektive der supervisionsspezifischen Problemlagen herausgearbeitet werden kann. So selbstverständlich dieses Desiderat erscheint, sowenig wird ihm bisher in Praxis und Theorie Rechnung getragen.

Zu den Voraussetzungen, die erfüllt sein müssen, um dem Ziel einer gegenstands- und problemadäquaten Praxis näherzukommen, sollten mehrere Bedingungen erfüllt sein, zu denen unter anderem die folgenden gehören:
– die minimale Strukturierung,
– die Orientierung auf den Fall und
– eine flexible, gegenstandsbezogene Konzeptualisierung der Methode.
Daß es sich bei diesen Bedingungen keineswegs um methodische Selbstverständlichkeiten handelt, dürfte die theoriegeschichtliche Untersuchung deutlich gemacht haben. Die minimale Strukturierung, die, wie wir gezeigt haben, das autonome Gestaltungs- und Selbststrukturierungspotential der Gruppen am besten zur Geltung bringt, stellt erhebliche Anforderungen an die Kompetenz des Supervisors. Vor allem die in minimal strukturierten Gruppen notwendig auftretenden Abweichungen von idealisierten Ablaufmustern, die bis zu scheinbarer Desintegration reichen können und die, wie wir gezeigt haben, ein wesentliches Moment kreativer Fallbesprechungen sind, setzen beim Supervisor Vertrauen in Gestaltungskräfte der Gruppe und das heißt Distanz zu seinen eigenen Unsicherheiten, psychoanalytisch gesprochen, zu seinen eigenen unbewußten Tendenzen vor-

aus. Vor diesem Hintergrund stellen sich die verschiedenen Handlungs-
konzepte, die gegenwärtig in der Supervision Konjunktur haben und die
vom ‚Blitzlicht‘ über mehr oder weniger ausdifferenzierte Regelwerke bis
zu ‚Spielen‘, ‚Malen‘ und ‚Skulpturen‘ reichen, als agierte Abwehr jener
eigenen, zumeist paranoiden Tendenzen dar. Die Verwendung von solchen
Techniken verspricht das regressive Eintauchen in verborgene Tiefen,
führt aber gleichzeitig zu einer leiterdependenten Prozeßstrukturierung.
Damit ist natürlich nicht gesagt, daß solche Methoden keinen super-
visionsrelevanten Erkenntniswert hätten. Das autonome Gestaltungs-
potential und der daraus hervorgehende selbstreflexive Erfahrungsprozeß
in den Gruppen wird jedoch notwendig eingeschränkt.

Ähnlich verhält es sich mit der Bewertung von Ansätzen, die auf die
Behandlung von internen Gruppen- oder Teamproblemen beschränkt sind.
Auch sie haben – als Selbsterfahrung – einen gewissen Erkenntniswert.
Sensu strictu können sie allerdings nicht als Supervision bezeichnet werden, weil die dritte Dimension, die Arbeit mit den leidenden Klienten,
fehlt. Die Ausgrenzung des Falles und die damit verbundene Ausblendung
der Analyse der therapeutischen bzw. pädagogischen Beziehung beraubt
die Supervision ihres spezifischen Arbeitsgegenstandes. Sehr viel zutref-
fender und klarer wäre es, bei der sogenannten *prozeßorientierten Teamsupervision* von *selbstbezüglicher Supervision* bzw. von *berufsbezogener
Selbsterfahrung* zu sprechen. Analog dazu sollte man Beratungen, die sich
vorrangig mit der strategischen Umsetzung von Unternehmens- bzw. Or-
ganisationszielen beschäftigen, nicht als Supervision bezeichnen, weil sie
dem selbstreflexiven Desiderat nicht entsprechen können. Sie sollten als
das angesprochen werden, was sie sind: Organisationsberatung, Personal-
beratung etc. In Diskussionen bin ich häufig dahingehend mißverstanden
worden, daß ich gegen berufsbezogene Selbsterfahrung, Organisationsberatung, Coaching etc. argumentieren würde. Demgegenüber geht es mir
in meiner Kritik um eine Verringerung der Sprachverwirrung und der
damit verbundenen Gefahr der Erosion des supervisorischen Arbeitsgegenstandes; positiv ausgedrückt geht es mir um eine Präzisierung der
supervisorischen Praxis und um ihre Abgrenzung gegenüber Organisationsberatung, Personalführung, Coaching und Qualitätsmanagement.

Natürlich ist mir bewußt, daß ein solcher Vorschlag kaum auf Gegen-
liebe stoßen wird. Das liegt vor allem daran, daß damit eine gewisse
Selbstbeschränkung verbunden wäre, die nicht nur den expansiven Pro-

fessionalisierungsbestrebungen, sondern auch den eigenen Größenphantasien zuwiderliefe. Es gibt aber auch theoretische Gründe, die – scheinbar – gegen eine solche Selbstbeschränkung sprechen. So könnte man argumentieren, daß die Ausweitung der Zuständigkeit der Supervision deshalb sinnvoll sei, weil sie der komplexen Dimensionierung, die wir in der Einleitung herausgearbeitet haben, entspräche. Für institutionelle Probleme wäre dann Supervision nach der Methode der Organisationsberatung, bei Teamproblemen gruppendynamische Supervision etc. zuständig. Der damit verbundenen Aufspaltung des Gegenstandsbereichs könnte durch ein ‚Baukastensystem‘, bei dem organisationsbezogene, teamprozessuale etc. Supervisionseinheiten aufeinander aufbauen, oder auch durch *Programmwechsel* – wie bei Rappe-Giesecke – begegnet werden.

Auch wenn es sich auf den ersten Blick nur um eine Nuance zu handeln scheint, repräsentiert das von mir vertretene Konzept der Orientierung der Supervision an der Falldynamik eine radikal andersartige Perspektive: Im Zentrum steht die therapeutische, soziale bzw. pädagogische Beziehung zwischen Professional und Klient. Sie stiftet die Einheit des supervisorischen Gegenstands, dem die institutionellen, teambezogenen und berufsbiographischen Momente, die die Komplexität der Supervision ausmachen, zugeordnet werden. Die wesentliche Differenz besteht also darin, daß der spezifische Arbeitsauftrag der Supervision den Umgang mit der Komplexität des Gegenstands bestimmt, und nicht vorgegebene methodisch-technische Orientierungen.

Mit dieser Option sind wesentliche Vorteile für die Konzeptualisierung einer potentiell guten Supervisionspraxis verbunden: Zunächst wird die Identität des Supervisors nicht, wie gegenwärtig weithin zu beobachten, durch überdimensionierte Anforderungen untergraben. Die von der „Deutschen Gesellschaft für Supervision (DGSv)"[1] und den meisten Weiterbildungsinstituten aus einsichtig-eigennützigen Interessen betriebene Expansion führt bei vielen Supervisoren zu dem Eindruck, sie müßten gleichermaßen Experten für Fallarbeit, Gruppendynamik, Organisationsentwicklung, Coaching etc. sein. Es ist verständlich, daß daraus entweder ein Gefühl der Überforderung oder der Hase-und-Igel-Komplex resultiert, nämlich: immer den aktuellen Entwicklungen hinterherzulaufen.[2] Schlimmstenfalls führt die Identifikation mit dem Expansionismus bei einigen Professionals zu dem Wahn, sich tatsächlich in all diesen Bereichen kompetent zu fühlen. Diese Situation erleichtert weder die Konsolidierung der praktischen Kompetenzen der Supervisoren[3] noch die Entwicklung gegenstandsbezogener Konzeptionen. Demgegenüber ist die Fallorientierung vor allem deshalb identitätsstiftend, weil sich die komplexen Dimensionen der Supervision relativ leicht in einem flexiblen, handlungsleitenden Konzept integrieren lassen. Durch die Zentrierung der Analyse auf die Falldynamik werden die institutionellen, die team- bzw. prozeßbezogenen und berufsbiographischen Dimensionen zu Projektionsflächen der Fallproblematik, die als solche und nicht als autonome Gegenstände der Supervision behandelt werden.

Mit einem solchen Konzept verändern sich die Anforderungen an die Supervisoren. In der fallanalytischen Supervision sind einschlägige Erfahrungen, Fachkompetenz und Wissen über die Praxis und die Arbeitsfelder der Supervisanden Voraussetzungen des Verstehens und Intervenierens. Die Betonung der *Feldkompetenz* erwächst aus der Verantwortung für die Gestaltung der Berater-Klient-Beziehung, die der zentrale Gegenstand der Supervision ist. Eine weitere Anforderung ist die flexible Ausrichtung der Wahrnehmungseinstellung und der Supervisionsmethode auf die jeweiligen Bedingungen in den Arbeitsfeldern und auf die Qualifikationsvoraussetzungen und den Professionalisierungsgrad der Gruppenmitglieder. So selbstverständlich diese Forderung zu sein scheint, so ist auch hier festzuhalten, daß es sich um einen kontroversen Punkt handelt. Explizit oder implizit handeln Supervisoren, die eine heterogene Methode anwenden nach der Maxime, daß sie der Gruppe ihr spezifisches Wissen und Können zur Verfügung stellen, und die Gruppe dieses Angebot entweder nutzen oder auch zurückweisen kann. Vor diesem Hintergrund entsteht das Problem der spezifischen Profilierung der Methode und der Wahrnehmungseinstellung ebensowenig wie die Notwendigkeit spezifischen Feldwissens und einschlägiger Erfahrungen.

Demgegenüber läßt sich meine Position folgendermaßen formulieren: Je höher der Professionalisierungsgrad der Gruppenmitglieder, um so größer sind die Anforderungen an die Fachkompetenzen und die Erfahrungen des Supervisors im entsprechenden Arbeitsfeld. Je geringer der Professionalisierungsgrad der Gruppenteilnehmer, um so stärker wird von ihm eine Art beruflicher Nachsozialisation erwartet, die von einer Sozialisierung der Teamfähigkeit, über die Vermittlung von Fachkompetenzen bis hin zu Unterweisungen über den organisatorischen Rahmen der Arbeit reichen können.[4] Am Beispiel der Gruppe, die wir im Kapitel II untersucht haben,

läßt sich deutlich machen, daß die schwierigen diagnostischen, beziehungs-
analytischen und behandlungstechnischen Probleme, die der Fall und die
Beziehung des Beraters zur Klientin implizieren, nur von einem Super-
visor verstanden werden können, der selber psychotherapeutische Qualifi-
kationen besitzt.[5] Zu den spezifischen Anforderungen der fallanalytischen
Supervision gehören daneben natürlich auch allgemeine beraterische
Kompetenzen wie Empathie und Introspektionsfähigkeit, Kreativität und
Bildung. Auch die Herstellung einer angemessenen Distanz gehört in den
Kanon der Qualifikationsanforderungen. Sie ermöglicht es dem Super-
visor, sich von Verstrickungen mit den Gruppen und den Problemen der
Berater-Klient-Beziehung freizuhalten und ist damit zugleich Vorausset-
zung für die Wahrnehmungen der latenten Bedeutungen der Interaktion.

Ein solches Anforderungsprofil legt die Frage nahe, ob und wie diese
Kompetenzen erlernt bzw. erworben werden können. Zur Beantwortung
möchte ich den Aspekt der Kompetenzanreicherung hervorheben, der in
der Qualifikationsdiskussion, meiner Einschätzung nach, zuwenig berücksichtigt wird. Naturgemäß findet die Kompetenzanreicherung nach
der Weiterbildung zum Supervisor statt. Voraussetzung ist, daß mehrere
zwei- bis dreijährige Supervisionsprozesse durchgeführt und möglichst
mit Hilfe langfristiger Kontrollsupervision durchgearbeitet werden.[6] Auf
dieser Grundlage entsteht Sicherheit im Umgang mit dem handlungsschematischen Ablauf und in der Bewältigung notwendig auftretender Interaktionskrisen. Diese Sicherheit schafft die Möglichkeit, allmählich innere
Spielräume für die Wahrnehmung der Fallstruktur zu entwickeln. Die
besondere Schwierigkeit der fallanalytischen Supervision besteht dann
darin, auf der Grundlage des Materials des Falleinbringers und der Gruppenmitglieder zu einer Fallhypothese zu gelangen, die den unbewußten
Beziehungskonflikt zwischen Therapeut und Patient, Helfer und Klient
entschlüsselt. Erst auf dieser Grundlage läßt sich ein plausibles Interven-
tionskonzept konkretisieren. An dieser Stelle wird nochmals deutlich, daß
neben dem Verstehen der latenten Bedeutungen der Kommunikation Erfahrung und Fachkompetenz zu den Qualifikationsanforderungen in der
fallanalytischen Supervision gehören. Für den Supervisor folgt daraus, daß
er sich in bescheidener Selbstbeschränkung von der Illusion des supervisorischen Alleskönners verabschieden muß. Sinnvollerweise beginnt er
mit seiner Tätigkeit in Praxisfeldern, die ihm vertraut sind, um dann allmählich das Tätigkeitsspektrum zu erweitern.

Neben der Inanspruchnahme von Kontrollsupervision ist die forschungsgestützte Auswertung der eigenen Praxis eine gute Möglichkeit zum allmählichen Erwerb der fallanalytischen Supervisionskompetenz. Damit ist gemeint, daß sich die Supervisoren zu kleinen Studiengruppen zusammenschließen, in denen Transkripte oder Fallgeschichten unter bestimmten Fragestellungen systematisch ausgewertet werden. Durch die Gründung der Regionalgruppen der DGSv und den Zusammenhalt einiger Weiterbildungsgruppen scheinen mir die organistorischen Voraussetzungen für die Entstehung solcher Studiengruppen günstig zu sein. Schwieriger dürfte es demgegenüber sein, die Angst vor der Forschung zu überwinden. Der niederschwellige Forschungsansatz, den ich in den fallanalytischen Untersuchungen vorgestellt habe, könnte möglicherweise hilfreich sein, die internalisierten Barrieren zu überwinden.

Anmerkungen

Einleitung

[1] Zu den unterschiedlichen Positionen siehe: Schütze 1994; Schreyögg, A., 1991; Melzer, 1970.

[2] Berker, P., Qualität durch Supervision – Qualität von Supervision, in: Forum Supervision, Sonderheft 2, März 1998, S. 10–18.

[3] Supervision wird als Weiterbildungsstudium an Fachhochschulen, Universitäten und Fortbildungsinstituten angeboten. Die Anerkennung der Abschlüsse dieser Institutionen setzt die Erfüllung bestimmter Gütekriterien voraus. Zu den Standards für die Weiterbildung zum Supervisor bzw. zur Supervisorin siehe: DGSv Aktuell, 3, 1994, S. 15 f.

[4] Dabei handelt es sich um „Supervision", die seit 1982 erscheint, und um „Forum Supervision".

[5] Giesecke, M., Rappe-Giesecke, K., 1997 Supervision als Medium kommunikativer Sozialforschung, Frankfurt a. M., Suhrkamp.

[6] Berker, P., Buer, F., (Hg.), 1998, Praxisnahe Supervisionsforschung, Münster, Votum Verlag.

[7] Siehe vor allem: Oevermann, U., 1993, Struktureigenschaften supervisorischer Praxis. Exemplarische Sequenzanalyse des Sitzungsprotokolls der Supervision eines Therapie-Teams im Methodenmodell der objektiven Hermeneutik. In Bardé, B., Mattke, D. (Hg.), 1993. An diese Publikation schloß sich eine Tagung an, auf der das Transkript einer polyzentrischen Analyse unter anderem in der Perspektive der Metaphernanalyse (Buchholz), und der psychoanalytischen Hermeneutik (Damasch, Metzger, Overbeck) unterzogen wurde. Siehe dazu: Buchholz, M. B., Hartkamp, N. (Hg.), 1997.

[8] Verantwortlich für die Forschungs- und Wissenschaftsabstinenz dürfte einerseits die Herkunft der Supervision aus der Sozialarbeit sein, einer Profession, die in Deutschland bis heute unterhalb der Akademikerschwelle angesiedelt ist und lange als „Semiprofession" galt. (Vgl. dazu die inzwischen von der Professionalisierung der sozialen Berufe überholte Theorie von Etzioni, A., „Soziologie der Organisationen".) Andererseits dürfte aber auch das von heterogenen Einflüssen bestimmte, stark handlungsbetonte Konstruktionsprinzip der Supervisionsmethoden dazu beigetragen haben, daß die wissenschaftliche Fundierung immer noch auf sich warten läßt.

[9] Als kritischer Beobachter kann man den Eindruck gewinnen, daß die Einführung der Supervision in den neuen Ländern teilweise den Charakter der Kolonialisierung hatte, wobei es einigen, primär kommerziell ausgerichteten Fortbildungseinrichtungen und Supervisoren primär darum zu gehen schien, Marktlücken zu besetzen und Fördermittel abzuschöpfen, und weniger darum, im Dialog mit den Fortzubildenden den andersartigen Problemlagen entsprechende Supervisionskonzepte zu entwickeln.

[10] Vgl. Schütze, F., 1984, 1992, 1994.

[11] Vgl. Nagel, H., Seifert, M. (Hg.), 1979.

[12] In den 90er Jahren gibt es Bestrebungen, dieses Selbstverständnis durch die expansive Professionalisierung der Supervision, vor allem durch ihre Ausweitung auf Organisationsberatung, Personalentwicklung und Qualitätsmanagement, und ihre Implementierung im Profitsektor aufzukündigen. Maximen der Kontrolle von Mitarbeitern, Polypragmatismus und Gewinnstreben, treten an die Stellen von Selbstreflexion und Aufklärung. Die Expansion der Supervision wird vor allem von den Herausgebern der Zeitschrift „Supervision" im Verbund mit dem Supervisorenverband, der DGSv, und Autoren wie Eck, Fatzer, Nellessen, Buchinger etc. propagiert. Siehe dazu: Heft 17, 1990: „Leitungsberatung – Rolle der Leiter in organisationsbezogenen Beratungsprozessen"; Heft 24, 1993: „Supervision im Profit-Bereich" und das Sonderheft 1995: „Supervision – ein Instrument der Personalentwicklung". Das Spektrum der Einschätzungen in diesem Heft über den „2. Deutschen Supervisionstag" reicht von marktschreierischen Anpassungen, Diebäcker, H., S. 21–36, über euphemistische Konzepte: Hanke, F., S. 65–73 bis zu skeptischen Positionen in dem Brief von G. Leuschner an Diebecker, S. 37–42. Auch die beiden Hefte des Jahrganges 1996 dienen der Propagierung der neuen Arbeitsfelder: So das Heft 29: „Von der Teamsupervision zur Supervision in Organisationen", und das Heft 30 mit dem Schwerpunkt: „Corporate Identity". In den Heften 31, 1997 und 34, 1998 ist eine weitgehende Verschmelzung der DGSv-Interessen mit der Zeitschrift „Supervision" zu verzeichnen. Sie ist mit diesen Heften vollends zum Anhängsel der DGSv geworden und scheint das Profil einer eigenständigen Fachzeitschrift weitgehend verloren zu haben.

[13] Siehe dazu Glaser, B., Strauß, A. (1979): „Die Entdeckung gegenstandsbezogener Theorie: Eine Grundstrategie qualitativer Sozialforschung".

[14] Irritationen entstehen, wenn man den Beitrag Wieringas mit dem 1989 erschienenen Text von Weigand: „Sozialarbeit – das Ursprungsland der Supervision" vergleicht. In den beiden Texten finden sich wortgleiche Passagen, ohne daß es die Autoren für nötig befunden hätten, den wissenschaftlichen Gepflogenheiten entsprechend, Zitate als solche auszuweisen.

[15] Vergleiche dazu die Dissertation von Ringshausen-Krüger (1977): „Die Supervision in der deutschen Sozialarbeit. Entwicklungen von Konzeptionen, Methoden und Strukturen 1954–1974" und das Kapitel „Geschichte der Supervision" in der 1992 erschienenen Habilitation von Nando Belardi. Die 1975 veröffentlichte inhaltsanalytische Literaturstudie von N. Hupperts hat demgegenüber – auch dem eigenen Selbstverständnis nach – weniger historischen als vielmehr ideologiekritischen Charakter.

[16] Aus dem Projekt sind – mehr oder weniger direkt – zahlreiche Veröffentlichungen hervorgegangen, die im Literaturverzeichnis unter den Namen der Projektleiter D. Eicke und A. Gaertner und der damaligen Projektmitarbeiter M. Giesecke, K. Rappe-Giesecke und H. Müller verzeichnet sind.

[17] Natürlich ist mir bewußt, daß in der theoretischen Selbstlegitimation der Orga-

nisationsberatung davon gesprochen wird, daß mit dem Verfahren weder die Anpassung der Mitarbeiter an die Organisation noch der Organisation an die Mitarbeiter betrieben werden soll. Statt dessen wird als Ziel die *Assimilation und Akkomodation von Organisation und Person* benannt. *Weder die Organisation noch die Person ist passives Objekt von Veränderungen, sondern in einem wechselseitigen Integrationsprozeß entwickeln sich beide in einem dynamischen Gleichgewichtszustand.* (Eck, C. D., 1990, S. 211). Der Euphemismus dieses Anspruchs wird deutlich, wenn man das Macht- und Abhängigkeitsgefüge in die Reflexion einbezieht. Person und Organisation stehen sich nicht als egalitäre Interaktionspartner, die ihre Beziehungsstrukturierung frei aushandeln können, gegenüber. Das Organisationssystem ist dem personalen System allemal vorgeordnet, zumal der Organisationsberater als beauftragter Agent der Unternehmensleitung handelt.

[18] Vgl. Balint, M., 1957; Nedelmann, C., Ferstel, H. (Hg.), 1989.

[19] Vgl. auch Bardé, B., 1991.

Kapitel I

[1] Kadushin, A., 1976.

[2] Argelander, H., 1980. Um Argelanders These hat es in der Supervisionsliteratur eine Kontroverse gegeben. Wittenberger (1984) kritisiert, daß die „Analyse des kleinen Hans" nicht als Prototyp der Supervision betrachtet werden könne, sie sei ein frühes Modell der Erziehungsberatung. Belardi (1992) greift die Kritik Wittenbergers zustimmend auf, um damit seine These von der angeblichen *Dominanz der Psychoanalyse* (S. 96 f.) zu stützen. Aufschlußreich für die Art seines wissenschaftlichen Arbeitens ist es, daß er Wittenbergers Argument offensichtlich ohne eigenes Quellenstudium übernommen hat. Die Lektüre des Textes hätte ihm nämlich gezeigt, daß es sich bei der Position Wittenbergers um eine etwas zu enge Interpretation der Arbeiten Freuds und Argelanders handelt. Der „Kleine Hans" kann problemlos sowohl als frühes Modell der Supervision als auch der Erziehungsberatung und der Kinderanalyse gelesen werden. Auf die Lektüre Freuds stützt sich demgegenüber die schöne Studie von R. Denker: „Freud inauguriert die psychoanalytische Supervision" (1994).

[3] Freud, S., 1909, GW, Bd. VII.

[4] Freud, S., a. a. O., S. 243.

[5] Freud, S., ebenda.

[6] Furrer, A., 1929.

[7] Furrer, a. a. O., S. 186.

[8] Furrer, a. a. O., S. 186.

[9] Aichhorn, A., 1933.

[10] Aichhorn, a. a. O., S. 153.

[11] Aichhorn, a. a. O., S. 154. Ein halbes Jahrhundert später wird diese Beschreibung unter dem Begriff des „Burn-out-Syndroms" zum populären Topos in der Sozialarbeitsdiskussion.

[12] A. a. O., S. 155.

[13] Ebenda.

[14] Fleming, J., Benedek, T., 1983, 9–10, Übersetzung A.G.

[15] Gemeint sind hier vor allem die „Internationale Zeitschrift für Psychoanalyse", die „Zeitschrift für psychoanalytische Pädagogik" und „Imago".

[16] Balint, M., 1963, S. 318.

[17] Vgl. Internationale Zeitschrift für Psychoanalyse, 1937, S. 337.

[18] Balint, M., a. a. O., S. 316.

[19] Balint, M., a. a. O., S. 317.

[20] Die gegenwärtige, allenthalben zu beobachtende Problematik der Kontrollsupervision, die sich in mancher Hinsicht als Wiederkehr der ungelösten Antinomien der Anfangszeit verstehen läßt, ist von Cremerius polemisch untersucht worden. Vgl. Cremerius, J., 1990. Kritische Überlegungen zur Supervision in der institutionalisierten psychoanalytischen Ausbildung, in: Pühl (Hg.), 1990, Handbuch der Supervision, Berlin (Marhold), S. 68–81.

[21] Vgl. auch dazu Jacoby, R., 1978.

[22] Zum Zustand der „Bewegung" und der Institution siehe auch: Lohmann u. a., 1984; und die Beiträge von Erdheim, Cremerius und Richter.

[23] Balint, M., a. a. O., S. 317.

[24] Bibring, E., 1937.

[25] Bibring, E., a. a. O., S. 370.

[26] Bibring, E., ebenda.

[27] Bibring, E., a. a. O., S. 369.

[28] Bang, R., 1957.

[29] Adorno, Th. W., 1972.

[30] Melzer, G. (1970).

[31] Melzer, G. (1970).

[32] Bang, R., 1958; Caemmerer, D., 1966, 1970; Dworschak, R., 1970; Pfaffenberger, 1966; Kamphuis, M., 1965.

[33] Bang, R. (1958), S. 162.

[34] A. a. O., S. 163.

[35] A. a. O., S. 169 f.

[36] A. a. O., S. 178.

[37] A. a. O., S. 180.

[38] A. a. O., S. 179.

[39] A. a. O., S. 168.

[40] A. a. O., S. 178.

[41] A. a. O., S. 179.

[42] Melzer, 1979, S. 7.

[43] A. a. O., 1979, S. 7.

[44] A. a. O., S. 8.

[45] A. a. O., S. 8.

[46] A. a. O., S. 24.

[47] A. a. O., S. 73.

[48] Baudrillard, J., 1985.

[49] Baudrillard, J., 1991, Die fatalen Strategien, S. 7.

[50] Nagel, Seifert, 1979, S. 44.

[51] Auf der Basis der unterschiedlichen wissenschaftstheoretischen Voraussetzungen und Methodologien haben sich in der Psyochanalyse und in der Verhaltenstherapie spezifische Krankheitslehren und Behandlungstechniken, entwicklungspsychologische und forschungsmethodische Modelle, ja sogar kulturtheoretische Ansätze herausgebildet. Allerdings sind auch Psychoanalytiker nicht davor gefeit, zu Anhängern des Psychobooms zu mutieren, vor allem dann, wenn sie sich als Protagonisten profilieren können. Exponent des Psychobooms in der Psychoanalyse ist Tilmann Moser, der seit dem berühmten Buch „Lehrjahre auf der Couch" (1974), gnadenlos die Veröffentlichung der Intimität betrieben hat. Während die ‚Lehrjahre' noch eine tabustürzende, aufklärerische Bedeutung hatten, dienten die späteren Werke der ökonomisch-narzißtisch motivierten Ausplünderung der Intimität.

[52] Siehe dazu meinen Beitrag: Über den Inhumanismus der sogenannten humanistischen Psychologie, in: Heider/Schwendter/Weiß, 1988, Politik der Seele, München, AG SPAK.

[53] Zur Ideologiekritik des New-Age, vgl.: Gess, H., 1994.

[54] Vgl. dazu: Moreno, J. L., 1959, Gruppenpsychotherapie und Psychodrama.

[55] Siehe: Rogers, C., 1974, Encountergruppen, Das Erlebnis der menschlichen Begegnung.

[56] Vgl. Freud, S., 1940, GW, Bd. XV, S. 197.

[57] Schülein, J. A., 1978, S. 433.

[58] Fatalen Einfluß auf die Handlungsfähigkeit einer ganzen Generation von Sozialarbeitern und Sozialpädagogen hatte der krude Ableitungsmarxismus der 70er Jahre, wie er sich z. B. in der einflußreichen Veröffentlichung von Hollstein/Meinhold (1979), Sozialarbeit unter kapitalistischen Produktionsbedingungen, niedergeschlagen hat. Bezogen auf Supervision, werden wir weiter unten auf einen aus heutiger Perspektive grotesk anmutenden Text von Kappeler, M., Praxisberatung: Vier verschiedene Konzepte, näher eingehen.

[59] Siehe dazu: Pfaffenberger, H., 1966 und Baumann, W., 1971.

[60] Schwarzwälder, H., 1976.

[61] Richter, H. E., 1972, S. 33.

[62] A. a. O., S. 35 f.

[63] Vgl. Horn, K., 1972.

[64] Dazu auch Brocher, T., 1970.

[65] Hecker/Strömbach, 1972.

[66] Kappeler, M., Man. Hekt., 1970.

[67] Wittenberger, G., 1974.

[68] Kappeler, M., 1970, S. 2.

[69] Kappeler, M. u. a. (1977).

[70] Kappeler, M., 1970, a. a. O., S. 2.

[71] A. a. O., S. 2.

[72] Ebenda.
[73] A. a. O., S. 3.
[74] Ebenda.
[75] Gorz, A. (1970).
[76] A. a. O., S. 4.
[77] A. a. O., S. 3 f.
[78] A. a. O., S. 4.
[79] Ebenda.
[80] Der Begriff stammt bezeichnenderweise aus dem militärischen Bereich und meint dort die Definition von Angriffszielen.
[81] A. a. O., S. 5.
[82] Die Affinität erklärt sich aus dem Umstand, daß Gerhard Wittenberger Teilnehmer des ersten Fortbildungskurses für Supervisoren am Burckhardthaus, Gelnhausen, war. Der Kurs fand unter Leitung von Manfred Kappeler statt.
[83] Wittenberger, G., 1974; a. a. O., S. 340.
[84] A. a. O., S. 341.
[85] Ebenda.
[86] A. a. O., S. 343.
[87] A. a. O., S. 342.
[88] Vgl. Philosophisches Wörterbuch, Bd. 2, Leipzig 1972.
[89] Lützow, Strömbach, Neundorf, Klecha, 1975.
[90] A. a. O., S. 197.
[91] Ebenda.
[92] Ebenda.
[93] Wilhelm, J., 1975.
[94] Wilhelm, Schulz, Ammoneit, Funke, 1977.
[95] Wilhelm, J., 1975, S. 133.
[96] A. a. O., S. 134.
[97] A. a. O., S. 138.
[98] Ebenda.
[99] A. a. O., S. 139.
[100] Ebenda.
[101] Richter, H. E., 1974.
[102] Wilhelm, a. a. O., S. 139.
[103] Vgl. Wilhelm, J. u. a., 1977, S. 358.
[104] Vgl. a. a. O., S. 359.
[105] Wilhelm u. a. haben diesen wissenschaftlichen Anspruch selber übrigens nicht erhoben.
[106] A. a. O., S. 358.
[107] A. a. O., S. 360.
[108] Ebenda.
[109] A. a. O., S. 361.
[110] Cohn, R., 1975.
[111] A. a. O., S. 362.

[112] Ebenda.
[113] Ebenda.
[114] A. a. O., S. 362 f.
[115] A. a. O., S. 362.
[116] Koch, H. B., 1975.
[117] Geißler, K. H., Hege, M., 1985.
[118] Hege, M., Schwarz, G., 1985.
[119] Bauriedl, Th., 1985.
[120] Geißler/Hege, a. a. O., S. 27.
[121] Vgl. Wittenberger, a. a. O., S. 37.
[122] Irle, M., 1985.
[123] Irle, M., a. a. O., S. 17.
[124] A. a. O., S. 17 f.
[125] A. a. O., S. 21.
[126] A. a. O., S. 19.
[127] A. a. O., S. 22.
[128] A. a. O., S. 21 f.
[129] A. a. O., S. 22.
[130] Vgl. Wittenberger, G., 1985.
[131] Irle, M., a. a. O., S. 23.
[132] Vgl. Geißler/Hege, 1985.
[133] A. a. O., S. 27.
[134] A. a. O., S. 32.
[135] Wittenberger, a. a. O., S. 43.
[136] Siehe dazu: Oevermann, U., 1990.
[137] Wittenberger, a. a. O., S. 47.
[138] Vgl. a. a. O., S. 45.
[139] Ebenda.
[140] A. a. O., S. 48.
[141] A. a. O., S. 51.
[142] A. a. O., S. 44.
[143] A. a. O., S. 53.
[144] Münch, W., 1985.
[145] A. a. O., S. 63.
[146] Kersting, H. J., 1975; Neidhardt, N., 1972.
[147] Neidhardt, N., Beiträge zur Gruppensupervision I, a. a. O., S. 296.
[148] Scott, zitiert bei Neidhardt, N., a. a. O., S. 296.
[149] Ebenda.
[150] Ebenda.
[151] A. a. O., S. 297.
[152] A. a. O., S. 298.
[153] Ebenda.
[154] A. a. O., S. 10.
[155] Baumann, W., 1971, S. 44.

[156] Kersting, H. J., a. a. O., S. 7.

[157] A. a. O., S. 12.

[158] A. a. O., S. 12 f.

[159] A. a. O., S. 34.

[160] A. a. O., S. 24.

[161] A. a. O., S. 34.

[162] A. a. O., S. 35.

[163] Ebenda.

[164] Vgl. Kersting, a. a. O., S. 34 f.

[165] A. a. O., S. 36.

[166] A. a. O., S. 35.

[167] A. a. O., S. 38.

[168] A. a. O., S. 35.

[169] A. a. O., S. 38.

[170] A. a. O., S. 41.

[171] A. a. O., S. 48.

[172] A. a. O., S. 51.

[173] A. a. O., S. 52.

[174] Ebenda.

[175] A. a. O., S. 35.

[176] A. a. O., S. 74.

[177] A. a. O., S. 73.

[178] A. a. O., S. 82.

[179] Ebenda.

[180] Inzwischen hat sich eine Weiterbildung zum Supervisor auf der Grundlage der TZI entwickelt. Im Rahmen der Konzeption und der Durchführung dieser Weiterbildung sind einige der Transformationsprobleme ausführlich bearbeitet worden. Unter dem Titel: „Themenzentrierte Supervision", Hahn, K. u. a. (Hg.), 1997, sind Resultate dieser Diskussionen publiziert worden. Die Texte (z. B. Reiser, H. „Die Themenzentrierte Interaktion als Rahmenkonzept für Supervision", S. 9–36) zeigen, daß es erheblicher Anstrengungen und einschneidender Modifikationen bedarf, um die TZI für den Gegenstandsbereich der Supervision fruchtbar zu machen.

[181] A. a. O., S. 87 f.

[182] A. a. O., S. 76.

[183] Schaeffer, D., 1992.

[184] Jansen, B., 1986.

[185] Jansen, B., a. a. O., S. 3.

[186] A. a. O., S. 4 f.

[187] A. a. O., S. 9.

[188] Conrad, G./Pühl, H., 1983. Die Kritik an der Arbeit von Conrad und Pühl ist die überarbeitete Fassung einer Rezension, die ich in der Zeitschrift „Supervision" veröffentlicht habe.

[189] Fürstenau, P., 1970; Lapassade, G., 1972; Wellendorf, F., 1973.

[190] Conrad/Pühl, 1983, a. a. O., S. 115.

[191] A. a. O., S. 117–122.

[192] Ebenda.

[193] A. a. O., S. 124.

[194] Ebenda.

[195] Schreyögg, A., (1991). Was hat „Integrative Gestaltsupervision" mit Therapie zu tun, in: „Supervision", Heft 19, S. 53–67.

[196] A. a. O., S. 53. Was sich als These schön liest, entpuppt sich bei näherem Hinsehen als Eklektizismus krudester Art, der demjenigen von Conrad und Pühl nur wenig nachsteht. In ihrem *Lehrbuch* (1991) geht sie bei der Auswahl der Methoden, die sie für Supervision gegenstandsangemessen hält, nicht nur unreflektiert vor, schlimmer noch ist, daß sie – zumindest was die Psychoanalyse angeht – glaubt, Urteile abgeben zu können, ohne sie auch nur ansatzweise adäquat zu rezipieren, geschweige denn sie zu verstehen.

[197] A. a. O., S. 56.

[198] Ebenda.

[199] A. a. O., S. 60.

[200] Rappe-Giesecke, K., 1990, S. 3 f.

[201] A. a. O., S. 5 f.

[202] A. a. O., S. 6.

[203] A. a. O., S. 36. Rappe-Giesecke behauptete, daß die Kombination von Fallarbeit, Selbstthematisierung und Institutionsanalyse noch keine gängige Praxis sei und daß ihr deshalb Exemplare für das Programm Institutionsanalyse fehlen würden. In der Kasseler Untersuchung hätte nur Fallmaterial zur Verfügung gestanden, das eine Kombination der Programme Fallarbeit und Selbstthematisierung repräsentiere (a. a. O., S. 192). Diese Behauptung ist so nicht zutreffend. Im Datenkorpus unserer Untersuchung sind mehrere Exemplare mit dem Programm Institutionsanalyse enthalten, die u. a. von Müller, H., 1993 und 1995, analysiert worden sind.

[204] Bardé, B., 1992, S. 94.

[205] Bardé, B., a. a. O., S. 93.

[206] Vergleiche: Verein für psychoanalytische Sozialarbeit (Hg.), 1994, Supervision in der psychoanalytischen Sozialarbeit, S. 7.

[207] Federn, E., 1994, S. 16.

[208] A. a. O., S. 17.

[209] Ein anschauliches Beispiel für die Bedeutung der kollegialen Supervision in einer Krisensituation schildert Staigle in seinem Beitrag „Supervision und Krise".

[210] Die drei Supervisoren korrespondieren mit Ebenen in der Übertragungsdynamik zwischen Therapeut und Patient. Der erste ‚Spiegel' ist also alltagsbezogen, handlungsorientiert ... der zweite ‚Spiegel' ist ... eher deutungsorientiert und emotionale Distanz schaffend ... der dritte ‚Spiegel' ... ist kreativitätsorientiert ... Quelle der eigenen Lust. Vgl. Koller, D. (1994), S. 262.

[211] Becker, S., 1994, S. 43.

[212] A. a. O., S. 45.

[213] Vgl. Feuling, M., 1994, „Supervision – Subversion", a. a. O., S. 130 f.

[214] Wolf, M., 1995, S. 138.

[215] Vgl. Pollak, Th., 1995.

[216] Der Begriff des „Unbewußten", der von Pollak verwendet wird, verweist eher auf das wissenssoziologische Konstrukt des aus der Internalisierung von habituellem Handeln hervorgegangenen „gesellschaftlichen Unbewußten" (Berger, Luckmann 1969) als auf den psychoanalytischen Begriff des aus der Verdrängung entstandenen dynamisch Unbewußten. Interessant ist, daß der Autor bei dem Versuch, den Begriff des „Unbewußten" für die Verwendung in der Teamsupervision zu modifizieren, auf das „habituelle Unbewußte" stößt; allerdings ohne auf den sozialwissenschaftlichen Begriffszusammenhang einzugehen.

[217] Mir ist natürlich bewußt, daß die kritischen Einwände gegen einen von der Theorie und der Methode her entwickelten psychoanalytischen Ansatz eine sehr viel breitere Diskussion erfordert, als sie im Kontext dieses theoriegeschichtlichen Kapitels geleistet werden kann. Bei späterer Gelegenheit werde ich mich ausführlich mit den Texten von Pollak, Wolf und Becker auseinandersetzen und die Differenz zu dem andersartigen psychoanalytischen Supervisionskonzept des „Vereins für psychoanalytische Sozialarbeit" herausarbeiten.

[218] Die historische Analyse Belardis versagt genau an dieser Stelle: Anstatt die Aporien zu untersuchen, unterstellt er der Supervision eine teleologische Entwicklungsrichtung. Als Resultat seiner Untersuchung behauptet er, daß in einem dritten Entwicklungsschub der Supervisionsgeschichte die konventionellen Formen der Einzel- und Gruppensupervision in den höheren Formen der Leitungsberatung sowie der Organisationsentwicklung aufgehen sollten. Ganz im Stile des politischen Dikurses der 70er Jahre verbindet er damit eine politische Utopie: Ein Problem der sozialen Arbeit, die ‚Unzulänglichkeiten' von Helfer und Klient, könnten entindividualisiert werden. Möglicherweise gelangt dieses ‚Problem' dann wieder dorthin, wo es entstanden ist und hingehört: in die Gesellschaft und ihre politische Verantwortung sowie an die dem Sozialstaatsauftrag verpflichteten sozialen Dienstleistungsorganisationen (Belardi, 1992, S. 166). Es ist schon erstaunlich, wie wenig der Autor von den konstitutiven Paradoxien professionellen Handelns verstanden zu haben scheint, wenn er allen Ernstes behauptet, daß sie sich durch die Veränderung sozialer Dienstleistungsorganisationen aufheben ließen.

[219] Die Überlegungen zur expansiven Professionalisierung wurden in einer frühen Fassung in meinem Beitrag: Professionalismus und Dequalifizierung der Supervision – Kritische Anmerkungen zur Entwicklung einer jungen Profession, Gaertner, A., 1998.

[220] Siehe Anmerkung 12.

[221] So zeigt z. B. ein Blick auf die Entwicklung des Curriculums des Diplomstudiengangs: Supervision für soziale Berufe zeigt, daß dort Tendenzen im Gange sind, den Supervisionsstudiengang klammheimlich in einen Studiengang für Managementberatung umzufunktionieren.

[222] Weigand, W., 1993. Die Faszination des Geldes und des fremden Feldes – Supervision in Wirtschaftsunternehmen, in: Supervision, Heft 24.

[223] Vgl. dazu: Schüning, G. (1993). Herkunft Sozialbereich: Erfahrungen eines Supervisors, der in Profitorganisationen arbeitet, in: Supervision; Heft 24, S. 41–52.

[224] Deutsche Gesellschaft für Supervision, (Hg.), 1996. Supervision – Professionelle Beratung zur Qualitätssicherung am Arbeitsplatz, Köln, S. 9.

[225] Nellessen, L., 1993. Supervision in Lean management, lean service, in: Supervision, Heft 24, S. 23–40. Einen ähnlichem Tenor hat auch der Beitrag: Intervention und Interventionsstrategien in der Supervision, in: Supervision, Heft 28, 1995.

[226] Siehe Kursausschreibung: „Coaching for Excellence – Ausbildung in integrativer Führungsberatung", in: DGSv – aktuell, Jan. 1995. Petzold ist der wichtigste Vertreter der „integrativen Methode" und der sogenannten „Humanistischen Psychologie" in Deutschland. Alert und machtbewußt besetzt er jede im psychosozialen Feld sich anbietende Marktlücke mit schnell entworfenen, gewinnbringenden Fort- und Weiterbildungsangeboten.

[227] A. a. O., S. 42.

[228] „Supervision", 1998, Heft 34.

[229] Gotthardt, M., 1998, S. 34.

[230] Elsler, G., Gerhards, K., 1998, S. 39.

[231] Berker, P., Der Beitrag von Supervision zur Qualitätsdiskussion, a. a. O., S. 25.

[232] Krug, B., Münsterjohann, A., 1998, S. 7 ff.

[233] Richter, H. E., 1991.

Kapitel II

[1] Die mit der Orientierung an den Modetrends verbundene Paradoxie für die Professionalisierung wird von den Propagandisten dieser Richtung geflissentlich übersehen. Sie liegt darin, daß mit der voluntaristisch motivierten Expansion auf die Felder der Organisationsentwicklung, des Coaching oder der Personalmanagements der spezifische Gegenstandsbereich der Supervision und damit ihre Abgrenzbarkeit gegenüber anderen Verfahren verlorenzugehen droht. Neben der Erosion der Kompetenzen diffundiert auch die Begründbarkeit der Eigenständigkeit, die ja ein ein wichtiges Professionalisierungskriterium darstellt.

[2] Vgl. Argelander, H. u. a., 1980.

[3] Kutter, P., Roth, J. K., 1981.

[4] Clemenz, M. u. a., 1992.

[5] Deserno, H., Graf-Deserno, S., 1992, und Gaertner, A., 1992.

[6] Beier, Ch., 1992.

[7] Siehe dazu vor allem: Eicke, D., 1983, Gaertner, A., 1978, 1984, 1992, 1993, Giesecke, M., 1979, 1982, 1983, Giesecke, M., Rappe-Giesecke, 1997, Müller, H., 1983, 1993, 1995, und Rappe-Giesecke, K., 1983, 1983a, 1987, 1990.

[8] Siehe Kapitel I, Fußnote 136.

[9] Graf-Deserno, S., Deserno, H., 1998.

[10] Schütze, F., 1984, 1992, 1994.

[11] Siehe dazu: Schaeffer, D., 1992, und Filsinger, D., Schäfer, J. 1992.

[12] Beispiele wären u. a. Analysen zur quantitativen Entwicklung von Angebot und Nachfrage, testpsychologische und Einstellungsuntersuchungen, standardisierte Wirkungsanalysen etc.

[13] Beispielhaft für den letztgenannten Typus sind vor allem Studien, in denen Supervisions- und Balintgruppen zum Daten erheben und zur Analyse von Fragestellungen eingesetzt werden, die mit dem empirischen Standardinstrumentarium nicht oder nur unzureichend untersucht werden können. Prototyp dieses Ansatzes ist die berühmte Studie von Michael Balint, 1957: „Der Arzt, sein Patient und die Krankheit", in der der Versuch unternommen wird, die Wirkungen der „Droge Arzt" empirisch zu analysieren. Ein anderes Beispiel ist die am „Sigmund-Freud-Institut" unter Leitung von D. Ohlmeier durchgeführte Untersuchung mit dem Titel: „Die Veränderung unbewußter Prozesse durch das psychische Trauma der Konfrontation mit Aids". Ohlmeier, D., 1994, Forschungsbericht des Sigmund-Freud-Instituts, Frankfurt a. M. Der Einsatz von Supervisions- und Balintgruppen als Forschungsinstrument hat in diesen Studien dazu beigetragen, daß intime Daten über latente Dimensionen der Interaktion und des inneren Erlebens erhoben und analysiert werden konnten, die anders wahrscheinlich nicht hätten zugänglich gemacht werden können.

[14] Mit dem Konzept der erfahrungsnahen, niederschwelligen Orientierung habe ich inzwischen im Rahmen von Fortbildungsveranstaltungen einige Erfahrungen sammeln können. Ich bin dabei so vorgegangen, daß ich mit den Gruppen Supervisionssitzungen durchgeführt und auf Tonträger aufgezeichnet habe. Die Aufnahmen wurden verschriftet und bei einer späteren Fortbildungseinheit einer sequentiellen Analyse unterzogen. Besonders eindrücklich war bei der Auswertung, daß die Analyse der Interaktionsphänomene und der Textoberfläche nur schwer in Gang kam, weil Interpretationsgewohnheiten dominierten, die auf die Aufspürung verborgener Bedeutungen, nicht aber auf die Wahrnehmung der Interaktionsvorgänge gerichtet waren. Die allmähliche Annäherung an die veränderte Perspektive führte zu einer Umstrukturierung der Wahrnehmung, die, nach dem Zeugnis der Teilnehmer, gewinnbringend in die supervisorische Praxis umgesetzt werden konnte.

[15] Vgl. dazu: Bohnsack, R., 1993.

[16] Adorno, Th. W. u. a. (Hg.), 1969. Der Positivismusstreit in der deutschen Soziologie, Neuwied und Berlin, Luchterhand.

[17] Die Beiträge der Referenten sind inzwischen veröffentlicht worden. Siehe dazu Fußnote 8 in diesem Kapitel.

[18] Aus der beinahe unübersehbaren Literatur, die seit den 60er Jahren zu diesem Topos erschienen ist, seien in diesem Zusammenhang neben der klassischen theoretischen Studie zur „Theorie des kommunikativen Handelns" von Habermas, 1981, zwei neuere Veröffentlichungen erwähnt, die als Orientierung die-

nen können und weiterführende Literaturhinweise enthalten. Es handelt sich um die bereits zitierte Publikation von Bohnsack, 1993, und Jung, Th., Müller-Dohm, S. (Hg.), 1993.

[19] Siehe dazu auch das Kapitel „Theoretische und methodische Grundzüge Kommunikativer Sozialforschung", in dem Band: „Kommunikative Sozialforschung", Arbeitsgruppe Bielefelder Soziologen (Hg.), 1976.

[20] Wenn ich mich an dieser Stelle auf Oevermann, 1993, beziehe, dann in dem Bewußtsein, daß der Autor den subjekttheoretischen Geltungsanspruch ausschließlich für die „Objektive Hermeneutik" reklamiert. Mutatis mutandis gilt seine Argumentation jedoch ebenso für den übergreifenden Zusammenhang der interpretativen Methodologie.

[21] In der Diskussion über Forschung führt die Verwendung der Begriffe „Methodologie" und „Methode" häufig zu Mißverständnissen: Während „Methodologie" den erkenntnistheoretischen Reflexionsrahmen fokussiert, bezeichnet der Begriff der „Methode" die forschungspragmatische Seite, also die Verfahren und Techniken, die in den Studien angewandt werden.

[22] Glaser, B.; Strauss, A., 1967, 1979; Glaser, B., 1968, Strauss, A., 1998.

[23] Zur Begründung siehe Bohnsack, R., 1993, S. 82 f.

[24] In ähnlichem Sinne äußert sich auch Oevermann, U., 1994, S. 142.

[25] Hier liegt ein Dilemma gerade auch der psychoanalytischen Forschung. (Siehe dazu auch meinen kritischen Hinweis auf die Überlegungen von Thomas Pollak.) Als theoriegeleitete Forschung bewegt sie sich in einem Bezugssystem, das nicht transzendiert werden kann. Für ihre wissenschaftliche Produktivität und ihre Stellung im wissenschaftlichen Diskurs leiten sich daraus ernstzunehmende Schwierigkeiten z. B. mit den Kriterien der Kommunizierbarkeit, der intersubjektiven Nachvollziehbarkeit der Forschung und des Geltungsanspruchs ihrer Erkenntnis ab. Damit ist natürlich nicht gesagt, daß theoriegeleitete Orientierungen nicht auch außerordentlich produktiv sein können, wie ich am Beispiel des Buches „Supervision in der psychoanalytischen Sozialarbeit" deutlich zu machen versucht habe. Das dritte Kapitel meiner Untersuchung beruht im übrigen ebenfalls weitgehend auf dem psychoanalytischen Methoden- und Fallverständnis.

[26] Im Anschluß an Glaser und Strauss, 1967, hat Schütze, 1984, in seinem Beitrag „Kognitive Figuren des autobiographischen Stegreiferzählens" ein Modell der Segmentierung am Beispiel biographischer Erzählungen beschrieben.

[27] Dieser konstitutionstheoretische Zusammenhang ist von den unterschiedlichen Schulen, sei es wissenssoziologisch (z. B. Berger, P.; Luckmann, Th., 1969), sei es strukturalistisch (Oevermann, U., 1993) diskutiert worden. Die für eine praktische Sozialwissenschaft folgenreichen Konstrukte sind trotz unterschiedlicher Wissenschaftssprachen und trotz ausgeprägter Abgrenzungsrituale erstaunlich konvergent.

[28] Siehe dazu auch die grundlegende Untersuchung von Berger, P., Luckmann, Th., 1969.

[29] Oevermann, U., 1993, S. 115.

[30] Dem eigenen Selbstverständnis nach geht Oevermann sequenziell vor und verzichtet auf eine Segmentierung. Angesichts der veröffentlichten Interpretationen kann man aber zeigen, daß er den initialen Sequenzen, wie er selber hervorhebt, eine besondere Bedeutung zuschreibt und damit indirekt forschungspraktische Segmentbildungen vornimmt. Vgl.: Oevermann, U., 1994, a. a. O., S. 143 f.

[31] Vgl.: Flader, D., 1982.

[32] Zur Reichweite des Textbegriffs vgl. Oevermann, U., 1993a, S. 112 f.

[33] Zur Typenbildung, zur Aspekthaftigkeit bzw. zum Perspektivismus und zum Problem der Validierung siehe auch Bohnsack, R., 1993, Kapitel 8 und 9, S. 127–176.

[34] Man muß konzedieren, daß rekonstruktive Untersuchungen mit erheblichen Darstellungsproblemen, die aus der Datenmenge resultieren, zu kämpfen haben. Dieses Problem ist bislang ungelöst. An dieser Stelle möchte ich auf ein zweites Darstellungsproblem hinweisen: Der methodische Teil ist relativ kondensiert und damit schwer verständlich geschrieben. Hätte man ihn expandiert, wäre die Gewichtung gegenüber der Fallanalyse unverhältnismäßig angewachsen. Damit wäre zugleich jenes für interpretative Forschung entscheidende Desiderat des Nachvollzugs der Untersuchung ins Hintertreffen geraten. Auch hier: ein ungelöstes Dilemma.

[35] Ähnliche Transkriptionssysteme wie dasjenige, das wir im Kasseler Supervisionsforschungsprojekt verwendet haben, werden von Bohnsack, R., 1993, S. 193, und Oevermann, U., 1993, S. 109, vorgeschlagen.

[36] Um die Anonymität der Betroffenen zu wahren, sind in den Fallstudien Namen, Ortsangaben, Zeiten etc. verändert worden.

[37] Giesecke, M., 1979, 1982, 1988; Giesecke, M., Rappe-Giesecke, K., 1981, 1997; Rappe-Giesecke, K., 1990, Gaertner, A., 1985.

[38] An dieser Stelle ist anzumerken, daß das, was sich auf der Kommunikationsebene als Regelverletzung darstellt, auf der Beziehungsebene zu einer Interaktionskrise führen kann.

[39] Auch in der Alltagskommunikation gibt es Situationen, in denen der Erklärungsbedarf bei Verletzung kommunikativer Konventionen nicht durch habitualisierte Reaktionsmuster abgearbeitet werden kann. Der Kommunikationstypus „Beziehungsklärung" ist ein gutes Beispiel dafür: Solange stereotype Erklärungsschemata verwendet werden, kann die Beziehungskrise nicht gelöst werden. Erst wenn diese überwunden werden, z. B. durch Gefühlsäußerungen oder eine Metaperspektive, ist eine verständigungsorientierte Renormalisierung der Interaktion möglich.

[40] Im Rahmen unserer Untersuchung gehen wir davon aus, daß es sich bei Supervisionsgruppen um „künstliche Gruppen" handelt, die, wie wir in unserem Kasseler Forschungsprojekt gezeigt haben, sinnvollerweise als Institution verstanden werden können. Zu den wichtigsten institutionellen Eigenschaften gehören die selektive Identifizierung sozialer Probleme, die ziel- und aufgabenorientierte Bearbeitung dieser Probleme auf der Grundlage formaler und informeller

Normen- und Regelbestände, die Ausdifferenzierung sozialer Rollen und die auf Dauer gestellte Interaktion. Wegen der begrenzten Zeitdauer, in der Supervisionsgruppen existieren, kann man an ihnen besonders gut die Entstehung, die Konsolidierung und schließlich das Ende einer Institution studieren. Untersuchungen, die eine Längsschnittanalyse der Gruppen zum Gegenstand hätten, liegen allerdings bisher noch nicht vor. Einige propädeutische Hinweise enthält die zweite Fallstudie des dritten Kapitels dieser Untersuchung sowie mein 1992 veröffentlichter Beitrag „Supervision in der Fortbildung".

[41] Im Zusammenhang mit dem Begriff „Krise" taucht häufig ein Mißverständnis auf: Er wird normativ, als etwas Negatives verstanden. Für die Interaktion in Institutionen sind Krisen demgegenüber nicht nur unausweichlich, sondern auch produktiv: Aushandlungsprozesse, Problemwahrnehmung und -bearbeitung sowie die Entfaltung kreativer Prozesse werden durch sie zumindest teilweise induziert.

[42] Im folgenden verwende ich Zahlenkombinationen zum leichteren Auffinden von Textstellen im Transkript. Die erste Ziffer bezieht sich jeweils auf die Seite, die zweite auf die Zeile des Transkripts.

[43] In Kapitel III berichte ich über Fallbeispiele, in denen sowohl die Integration des Leiters als auch die Herausbildung einer supervisionsadäquaten Arbeitshaltung zunächst Schwierigkeiten bereitet hat. Vor allem Teams, die sowohl internen Konflikten, Insuffizienzgefühlen etc. als auch externen Existenzbedrohungen, Entwertungen u. a. ausgesetzt sind, haben Schwierigkeiten, den Modalitätswechsel zu realisieren und sich auf das Supervisionssetting einzustellen. Ähnliche Probleme können natürlich auch dann auftreten, wenn der Supervisor von der Gruppe nicht akzeptiert wird oder starke Differenzen vorhanden sind.

[44] An dieser Bemerkung läßt sich zeigen, daß Herr A. weiß, daß in der fallbezogenen Supervision Analysen zu den Motiven des *Beinbruchs* nicht am Platze sind. Die Absurdität ist so eklatant, daß sie den Witz teilweise motiviert.

[45] Eine solche Entscheidung ist natürlich auch konzeptabhängig. Für die fallbezogene Gruppen- und Teamsupervision stellt die Klärung der Gruppendynamik eine Abweichung vom Arbeitsauftrag dar. Anders sieht das bei Teamsupervisionskonzepten aus, in deren Zentrum die Klärung des *Miteinander und Gegeneinander* steht. In diesem Rahmen ist es eine Selbstverständlichkeit, die Fallbearbeitung hintanzustellen.

[46] Vgl. Oevermann, U., 1979, 1990.

[47] Im Unterschied zu Oevermann, der aus der sequenzanalytischen Untersuchung von Transkripten strukturtheoretische Generalisierungen abzuleiten versucht, richtet sich unser Interesse auf die Entwicklung gegenstandsbezogener Theoriebildung zur Gruppensupervision.

[48] Die Ausdifferenzierung des Falleinbringers als eigenständige soziale Rolle ist ein entscheidender Unterschied zwischen Gruppensupervision einerseits und Gruppentherapie und Gruppenselbsterfahrung andererseits. Während in diesen zwei Rollen, nämlich Gruppenmitglieder/Patienten auf der einen und Gruppen-

leiter/Therapeut auf der anderen Seite ausgebildet sind, sind es im Falle der Institution Gruppensupervision drei Rollen: Supervisor, Falleinbringer und Mitsupervisanden. Die Rollendifferenzierung gehört zu den kollektiv zu lösenden Aufgaben der Fallaushandlungsphase.

[49] Kallmeyer, W., Schütze, F. (1977); zur Theorie autobiographischer Erzählungen s. auch Schütze, F. (1976, 1984); Rappe-Giesecke (1983a).

[50] Die Analyse der sequenziellen Struktur von Texten ist keine bloße Marotte von Konversationsanalytikern oder anderen textorientierten Wissenschaftlern. Für die Supervisionspraxis hat die Wahrnehmung von Sequenzen sowohl für den Supervisor als auch für die Supervisanden eine bedeutsame Funktion: Sie erlaubt eine Orientierung innerhalb des ablaufenden Handlungsschemas. Diese ist Voraussetzung für die Wahrnehmung der außerordentlich komplexen thematischen und interaktionellen Vorgänge in den Gruppen.

[51] Glaser/Strauss (1967); siehe auch Strauss, A., 1998.

[52] Vgl. dazu auch die methodischen Überlegungen in diesem Kapitel und in der Einleitung zu Kapitel III.

[53] Konversationsanalytisch könnte diese Lesart sich darauf beziehen, daß das Stimmesenken nach dem Wort *dabei* (133, 43) als Abschlußintonation typisiert wird. Diese Abschlußintonation würde vom Supervisor ratifiziert, so daß die Szene den Charakter einer Schaltstelle bekäme.

[54] Diese Einschätzung basiert darauf, daß der Diskurs über Verliebtheit eher möglich ist, als über Gefühls- und Beziehungsdimensionen, in denen es um tiefe Abhängigkeitswünsche geht.

[55] Vgl. dazu die Belegerzählung 136, 21–30.

[56] Vgl. 136, 31–43.

[57] Vgl. 137, 1–3.

[58] Es gehört zu den Entdeckungen unseres Kasseler Supervisionsforschungsprojekts, daß der handlungsschematische Ablauf nur dann gewährleistet ist, wenn die Aufgaben der einzelnen Phasen hinreichend abgearbeitet sind. Zur Phase der Falleinbringung in therapiebezogenen Supervisionen gehört neben der Schilderung der Therapeut-Klient-Beziehung, der Darstellung des Therapieverlaufs und der eigenen Gefühle des Beraters vor allem auch die Einbringung der Lebensgeschichte der Klienten. Werden diese Aufgaben nur unvollständig realisiert, dann kommt es zu einer Dissoziierung des Supervisionsprozesses, der im Extrem dazu führen kann, daß die Falldarstellung, durch Zwischenfragen aufgesplittet, völlig konturlos wird und sich über die gesamte Sitzungsdauer hinzieht.

[59] Vgl. 137, 29–30.

[60] Textindikator für diese Lesart ist das *auch*, das sich auf Äußerungen der Durcheinanderredenden beziehen könnte.

[61] Vgl. 140, 27–30.

[62] Vgl. 140, 34–35.

[63] Vgl. 141, 12–17.

[64] Vgl. 141, 43 – 142, 3 und 142, 8–12.

[65] Er mißversteht den Supervisor deshalb, weil dieser gerade keine etikettierende Diagnose entwickelt hat.

[66] Dabei ist es möglich, daß sowohl der Falleinbringer als auch der Supervisor oder Gruppenmitglieder Verständigungskrisen produzieren. Auf das Mißverständnis, das der Supervisor zu verantworten hat, haben wir hingewiesen. Vgl. dazu die Analyse der Textstelle 138, 33–38.

[67] In konfliktträchtigen Teams machen sich an solchen Stellen häufig Auseinandersetzungen fest. Ein verbreitetes Muster ist der Austausch von Vorwürfen. So hätte Frau Hahn z. B. folgendermaßen reagieren können: ,Du läßt dir ja lange Zeit, bis du auch mal was sagst. Wir machen hier die Arbeit, und du lehnst dich zurück.' Daß solche Vorgänge in der von uns behandelten Gruppe trotz des hohen Intimitätsgrades nicht zu beobachten sind, hat vermutlich mit dem relativ hohen Professionalisierungsgrad zu tun. Dieser wird unterstützt durch die Fallorientierung der Supervision. Wenn man demgegenüber eine Supervision favorisiert, in der Teamkonflikte behandelt werden, dann sind *Beziehungsklärungen* der oben erwähnten Art notwendige Folge.

[68] Der an dieser Stelle ablesbare Bezug auf die Problematik des eigenen Handelns gehört, neben der Rekonstruktion der Klientenperspektive, zu den zentralen Aufgaben des Falleinbringers. Idealtypisch wird er dabei sowohl von den Gruppenteilnehmern als auch vom Supervisor unterstützt. Die Selbstexploration bezieht sich vornehmlich auf averse Gefühle gegenüber dem Klienten, aber auch gegenüber sich selbst. Das Spektrum der klientenbezogenen Gefühle reicht von zu großer Nähe (Verliebtheit, Verschmelzungswünsche, Abgrenzungsschwierigkeiten etc.) über Ambivalenzen bis hin zu negativen Einstellungen (Wut, Haß, mangelnde Sympathie etc.). Bei der Selbsttypisierung werden vor allem falsches Handeln, Insuffizienzgefühle, Hemmungen, Verständnisschwierigkeiten etc. angesprochen. Es gehört zu den Aufgaben der Fallbearbeitungsphase, diese explorativen Einschätzungen des Falleinbringers zu expandieren und auf den Klienten zu beziehen, um Aufschlüsse darüber zu erlangen, inwieweit es sich bei den Wahrnehmungen um Reaktionsweisen auf den Klienten oder um eigene Behinderungen handelt. Das Bemühen um eine solche Differenzierung beruht auf der Annahme, daß Verstehensprozesse als Grundlage therapeutischer Interaktion nur dann möglich sind, wenn die psychischen Blockierungen und Konflikte des Therapeuten diejenigen des Klienten nicht überlagern. In der Psychoanalyse ist dieser Zusammenhang als *Gegenübertragungsanalyse* zu einem zentralen Topos der Theorie der Behandlungstechnik geworden.

[69] Vgl. 144, 44.

[70] Vgl. 135, 23–34.

[71] Indefinite Formulierungen spielen im supervisorischen und therapeutischen Interventionsspektrum eine bedeutende Rolle. Die Intention besteht darin, die Gruppe zu Assoziationen anzuregen und das Deutungsspektrum nicht von vornherein durch eine bestimmende Interpretation festzuschreiben.

[72] In einer erweiterten Perspektive erweist sich die ,Wahrheit' der in der Supervision generierten praktischen Erkenntnisse in Veränderungen des professio-

nellen Handelns und der Problembereiche, die thematisiert worden sind. Die Auswirkungen der Supervisionssitzung sind freilich nur indirekt zu überprüfen. Voraussetzung dazu ist, daß in langfristig angelegten Supervisionsprozessen Fälle wiederholt eingebracht werden. Empirische Untersuchungen, die die Analyse solcher Veränderungen zum Gegenstand haben, sind mir allerdings nicht bekannt.

[73] Vgl. 147, 9; 147, 14; 149, 40; 150, 37; 151, 5; 151, 10; 152, 23.

[74] *Und das sind natürlich auch gleich die zwei Seiten, die Sie ansprechen ne(')* *eine phantasierte Beziehung(.) mit unangemessenen Gefühlen(.) oder Thera-* *pieabbruch(.)* (146, 35–36)

[75] Vgl. 148, 1–17.

[76] Vgl. 148, 44 – 149, 3.

[77] Vgl. 152, 25–26.

[78] Vgl. 152, 36 – 153, 9. Herr Beck hat das vorangehende Votum offensichtlich als Vorwurf empfunden und rechtfertigt sich nun, indem er auf die bereits im Fallvortrag berichtete Szene bei der Demonstration (135, 17–26) zurückblendet. Er hebt noch einmal ausdrücklich hervor, daß er die Klientin nicht *über-* *sehen* habe. Der Supervisor fühlt sich veranlaßt, einen Formulierungsvorschlag zu machen, und löst damit die Erzählung eines eigenen kleinen Fallbeispiels aus, indem es darum geht, daß Frau Löhr auch einmal eine Klientin *tatsächlich* *nicht gesehen* (152, 42) hat.

[79] Damit ist nicht gesagt, daß es nicht auch andere Referenzsysteme geben könnte, die dem Fall angemessen wären.

[80] Anzumerken ist an dieser Stelle, daß die Segmentierung der Fallbearbeitungsphase weniger trennscharf ist als die der beiden anderen Phasen. Ursache ist die höhere interaktive Komplexität, die Überlagerungen hervorbringt. So werden z. B. im Binnensegment III. 5 bereits Vorstellungen zur Veränderung der therapeutischen Arbeit geäußert.

[81] Vgl. Rappe-Giesecke, K., 1990, S. 116 f.

[82] Bezüglich der Interpretationen wurden vor allem Erweiterungen, Modifikationen und konkurrierende Lesarten vorgeschlagen. Die allgemeine Analyserichtung und die Resultate wurden bisher indes noch nicht grundsätzlich in Frage gestellt.

[83] So spricht Herr Beck in seiner Fallschilderung davon, daß die Patientin in ihn verliebt sei, weitere Hinweise enthält die Geschichte mit Ferdi sowie das anspielungsreiche Lachen der beiden Teilnehmerinnen an den entsprechenden Stellen.

Kapitel III

[1] Freud, S., 1900.

[2] Das am weitesten elaborierte Beispiel einer psychoanalytischen Fallstudie auf der Grundlage von Protokollnotizen der Supervisorin ist die Untersuchung von Susanne Graf-Deserno und Heinrich Deserno, 1998.

³ Vgl. Habermas, J., 1981.

⁴ Daß ein solcher Vorschlag keine bloße Utopie ist, haben wir in unserem Forschungsprojekt „Die Erforschung interaktioneller Vorgänge in ausbildungs-
und berufsbegleitenden Supervisions- und Balintgruppen" gezeigt. Zu verschiedenen Zeitpunkten haben wir die Supervisanden zu sog. Triangulierungs-
sitzungen, bei denen wir unsere Untersuchungsergebnisse mitgeteilt haben,
eingeladen. Wir konnten beobachten, daß unsere Erkenntnisse über Interaktionsformen und phasenspezifische Ablaufmuster den Teilnehmern durchaus
vermittelbar waren. Interessant war zu beobachten, daß sie in späteren Gruppensitzungen versuchten, das neue Wissen im Sinne der Selbstbeobachtung auf
die eigene Arbeit anzuwenden. Mindestens ebenso wichtig wie die Bestätigun-
gen waren uns aber auch die divergenten Wahrnehmungen und Einschätzungen
der Gruppenteilnehmer. Sie wurden als Fragestellungen im Fortgang der Untersuchung berücksichtigt.

⁵ An dieser Stelle wird die Differenz der professionellen zur alltagskommunikativen Kompetenz deutlich. In der Alltagskommunikation ist es einem unbe-
nommen, aufgrund vermeintlicher oder realer Auffälligkeiten, Hypothesen in
Form von Vorurteilen zu bilden und spontan in den kommunikativen Zusammenhang einzubringen. Kennzeichen der professionellen Kompetenz ist es
demgegenüber, daß die spontanen Einfälle kontrolliert werden, wobei die Erfahrung zeigt, daß auch Supervisorinnen und Supervisoren nur partiell in der
Lage sind, die alltagskommunikative zugunsten einer professionellen Perspektive aufzugeben.

⁶ Vor allem bei neuen Gruppen tendiere ich dazu, der eigentlichen Interpretation
eine solche Rekonstruktion voranzustellen, um meine Denkweise ein Stück
weit zu verdeutlichen. Wenn eine Gruppe in diesem Arbeitsstil einsozialisiert
ist, kann man auf den einleitenden Teil zumeist verzichten, da bei Unklarheiten
in der Regel von den Gruppenteilnehmern nachgefragt wird.

⁷ Die explizierte Deutungshypothese ist natürlich nur eine von mehreren möglichen Hypothesen. Ein anderer Supervisor hätte vielleicht die institutionellen
Verwicklungen aufgegriffen und dem Gruppenprozeß damit eine andere Wendung gegeben. Ob eine solche Intervention dem Umstand hinreichend Rechnung getragen hätte, daß die Falleinbringerin sich selber zum Fall macht, bleibt
dahingestellt. Entscheidendes Gütekriterium für Deutungen ist ihre Frucht-
barkeit für den Fortgang des Supervisionsprozesses.

⁸ Natürlich hätte man auch andere Deutungsstrategien verfolgen können. So hätte ein Gruppendynamiker vielleicht den sich anbahnenden Konflikt zwischen
der Gruppe und der Falleinbringerin herausgearbeitet. Ein Organisationsberater
hätte die Falleinbringerin damit konfrontieren können, daß sie die institutionellen Probleme, obwohl sie von der Gruppe wiederholt angesprochen werden,
systematisch verleugnet. In einer moralisierenden Deutung hätte man auch herausarbeiten können, daß die Gruppe sich auf gängige Klischees (Umgang von
Frauen mit Macht) einigt und die Falleinbringerin mit ihren Problemen alleine
läßt.

[9] Bion, W. R. 1971. Erfahrungen in Gruppen und andere Schriften, Stuttgart, Klett.

[10] Gaertner, A., Gaertner, B., Schwangerschaftsprozesse – eine vergleichende Fallstudie, in: Zeitschrift für Sexualforschung, 4/92.

[11] Siehe dazu auch: Schafer, R., 1995, S. 171 ff.

[12] Einsichten in die Bedeutung des timings von Deutungen verdanke ich vor allem Mario Muck, der in Fallkonferenzen diesen Faktor in seiner Funktion für die inneren Strukturierungs- und Entwicklungsprozesse von Analysanden eindrucksvoll herausgearbeitet hat.

[13] Ich werde mich in den nachfolgenden Überlegungen hauptsächlich mit dem Beitrag der Supervision zur Entwicklung der Institution beschäftigen und nur kurz auf die Rolle der Fortbildung eingehen.

[14] Schaeffer, D., 1992.

[15] Vgl. Jansen, B., 1986; dazu auch meine Kritik in Kap. I.

[16] Vgl. meine Kritik in Kap. I.

[17] In einer frühen Arbeit (Gaertner, A., 1977) habe ich gegen die psychohygienische Funktion der Supervision Stellung bezogen. Aufgrund langjähriger Erfahrungen mit maroden Institutionen und ‚ausgebrannten' Sozialarbeitern, Therapeuten und Pädagogen sehe ich diesen Punkt heute anders. Unter bestimmten Bedingungen ist es sinnvoll, das professionelle Elend zunächst einmal im Sinne psychohygienischer Entlastung zu besprechen.

[18] Vgl. Berger/Luckmann, 1969.

[19] Vgl. Lapassade, G., 1970, 1972, 1973, 1976; Dyer u. a., 1971; de Board, R., 1978.

[20] Vgl. Fürstenau, 1970; Brocher, Th., 1972; Wellendorf, F., 1973, 1979.

[21] Kernberg, O., 1988; Kets de Vries, 1984, 1988; Wellendorf, F., 1986.

[22] Lappasade, G., 1976.

[23] Vgl. Gaertner/Wittenberger 1979; Rappe-Giesecke, K., 1990.

[24] Vgl. Conrad/Pühl, 1983.

[25] Vgl. Kets de Vries, 1984.

[26] Vgl. Kets de Vries, 1984; Kernberg, O., 1988.

[27] Charakteristischerweise handelte es sich bei dieser Fehlhandlung um einen sexuellen Übergriff, der publik zu werden drohte.

[28] Der supervisorische Umgang mit paranoiden Tendenzen in der Teamsupervision ist außerordentlich schwierig. Ich habe bisher gute Erfahrungen mit einer abwartenden, auf die selbstkritischen Kräfte der Gruppe vertrauenden, milde konfrontierenden Haltung gemacht. Einen anderen Stil habe ich bei Horst-Eberhard Richter kennengelernt. In einer hochgradig paranoiden Institution hat er Voten einzelner Gruppenmitglieder, in denen paranoide Tendenzen enthalten waren, ad personam aufgegriffen und zurückgespiegelt. Ebenso ist er mit destruktiver Kritik umgegangen. Dieser Stil hat dazu beigetragen, daß in der betreffenden Institution allmählich wieder gesündere Kooperationsformen entstehen konnten.

[29] Vgl. Zalesnik, 1984.

Kapitel IV

[1] Zur Problematik des Expansionismus siehe auch unsere Überlegungen im Kapitel I, 9. Abschnitt „Resultate und Perspektiven – zur aporetischen Entwicklungslogik der Supervision".

[2] Genau hier setzt das eigennützige Interesse der Weiterbildungsinstitute ein: Die Defizitgefühle der Supervisoren lassen sich durch immer neue Fortbildungsangebote trefflich versilbern.

[3] Interessant ist, wie auf der Abwehrebene mit diesen externen Zumutungen umgegangen wird: entweder in Form der erwähnten Insuffizienzgefühle, die man durch immer neue Fortbildungsmaßnahmen zu beschwichtigen sucht, oder durch Allmachts- und Größenvorstellungen, bei der der Supervisor sich als Superman wähnt. Nur den selbstbewußten und in ihrer Praxis sicheren SupervisorInnen ist es möglich, sich den Zumutungen der megalomanen Diskussion zu entziehen und eine selbstkritische Praxis zu betreiben.

[4] Vor diesem Hintergrund läßt sich unschwer deutlich machen, daß die fallbezogene Orientierung keine Dogmatik derart darstellt, daß in jeder Sitzung einer oder mehrere Fälle behandelt werden müßten. Wenn der Professionalisierungsgrad gering und das gruppeninterne Konfliktpotential hoch ist, können zeitweise durchaus die berufsbiographischen, die qualifikations- oder die gruppeninternen Probleme zum Fall werden.

[5] Hier ist übrigens auch der Grund zu suchen, warum in den meisten der gängigen Supervisionskonzepte die Feldkompetenzen entwertet oder für überflüssig erachtet werden. Um sich in möglichst vielen Praxisfeldern plazieren zu können, werden die Ziele den Mitteln angepaßt; anders ausgedrückt: das Anforderungsprofil der Arbeitsfelder an die Supervision wird so zurechtdefiniert, daß es auf die Kompetenzen der Supervisoren paßt, egal ob die Klienten und übrigens auch die wohlverstandenen Qualifikationsinteressen der Supervisanden dabei auf der Strecke bleiben oder nicht. Von den Supervisoren, die Feldkompetenzen für veraltet oder überflüssig halten, wird zur Selbstrechtfertigung gerne darauf verwiesen, daß die Außenperspektive sehr viel fruchtbarer als einschlägige eigene Fachkompetenzen und Erfahrungen in den Praxisfeldern seien. Übersehen wird dabei allerdings, daß die Außenperspektive durch Erfahrung und Kompetenz eher gestärkt denn verringert wird.

[6] Die für die Gewinnung von Handlungssicherheit und die Anreicherung von Erfahrung unabdingbare Durcharbeitung langfristiger Prozesse läßt sich in der Weiterbildung kaum realisieren. Vor dem Hintergrund der Notwendigkeit, eine relativ große Zahl von Ausbildungsteilnehmern in relativ kurzer Zeit durchzuschleusen, können bestenfalls Grundkompetenzen vermittelt werden, zu denen vor allem auch eine Sensibilisierung für die Notwendigkeit der postgradualen Kompetenzanreicherung gehörte.

Literatur

Aichhorn, A. (1933): Erziehungs-Beratungs-Seminar, in: Zeitschrift für Psychoanalytische Pädagogik, Bd. 7, Heft 3/4, S. 153–165

Argelander, H. (1980): Die Struktur der Beratung unter Supervision, in: Psyche,
5/80, S. 54–77

Auckenthaler, A./Kleiber, D. (1992): Supervision: Bedarf, Ansätze und Entwicklungen, in: Auckenthaler/Kleiber (Hg.), Supervision in Handlungsfeldern der
psychosozialen Versorgung, Tübingen, DGVT Verlag, S. 9–28

Balint, M. (1957): Der Arzt, sein Patient und die Krankheit, Stuttgart, Klett
– (1963): Die Urformen der Liebe und die Technik der Psychoanalyse, Klett Verlag, Stuttgart, S. 316–318

Bardé, B. (1991): Supervision – Theorie, Methode und empirische Forschung –
Versuch eines systematischen Überblicks, in: Supervision, Heft 19, S. 3–37
– (1992): Theorie und Praxis der Gruppen- und Teamsupervision, Rezension in:
Supervision, Heft 21, S. 94

Bang, R. (1958): Psychologische und methodische Grundlagen der Einzelfallhilfe,
Wiesbaden, Verlag für Jugendpflege und Gruppenschrifttum

Baudrillard, J. (1985): Die Rituale der Transparenz, in: Wulf, Ch. (Hg.), Lust und
Liebe, München, Zürich, Piper
– (1991): Die fatalen Strategien, München, Matthes & Seitz

Baumann, W. (1971): Sozialarbeit als Lernprozeß in der sich verändernden Gesellschaft, in: Archiv 1

Bauriedel, T. (1985): Die Aufhebung von Unbewußtheit, in: „Supervision",
Heft 8/85

Becker, H. (1995): Psychoanalyse und Teamsupervision. Einführende Bemerkungen, in: Becker, H. (Hg.), Psychoanalytische Teamsupervision, Göttingen, Zürich, S. 7–25

Becker, H. S./Geer, G. (1979): Teilnehmende Beobachtung, in: Hopf, C./Wein-
garten, E., Qualitative Sozialforschung, Stuttgart, Klett-Cotta

Becker, S. (1994): Gedanken über psychoanalytische Supervision, in: Verein für
psychoanalytische Sozialarbeit (Hg.), Supervision in der psychoanalytischen
Sozialarbeit, Tübingen, edition diskord

Beier, Ch. (1992): Evaluation der Weiterbildung: Zur Entwicklung psychosozialer
Kompetenz in Clemenz, M. (et al.). Psychoanalyse in der Weiterbildung, Opladen, Westdeutscher Verlag

Belardi, N. (1992): Supervision. Von der Praxisberatung zur Organisationsentwicklung, Paderborn, Jungfermann

Bennis, W. G./Benne, K. D./Chin, R. (1976): Änderung des Sozialverhaltens, Stuttgart, Klett

Berger, B./Luckmann, Th. (1969): Die gesellschaftliche Konstruktion der Wirklichkeit, Frankfurt a. M., Fischer

Berker, P. (1997): Der Beitrag von Supervision zur Qualitätsdiskussion, in: „Supervision", S. 17–31

– (1998): Qualität durch Supervision – Qualität von Supervision, in: Forum Supervision, Tübingen, edition diskord, S. 10–18

Berker, P., Buer F. (Hg.) (1998): Praxisnahe Supervisionsforschung, Münster, Votum Verlag

Bibring, E. (1937): Second Four Countries Conference, Int. J. Psycho-Anal., 18, S. 369–372

Bilitza, K. (1990): „Themroc" oder die unbewußte Seite der Organisation, in: Streeck, U. und Werthmann, H.-V. (Hg.), Herausforderungen für die Psychoanalyse, Pfeiffer, München 1991, S. 256–269

Bion, W. R. (1971): Erfahrung in Gruppen und andere Schriften, Stuttgart, Klett

Bohnsack, R. (1983): Rekonstruktive Sozialforschung. Einführung in Methodologie und Praxis qualitativer Forschung, Opladen, Leske und Buderich

Brocher, T. (1970): Gruppendynamik und Erwachsenenbildung zum Problem der Entwicklung von Konformismus oder Autonomie in Arbeitsgruppen, Braunschweig, Westermann-Verlag

Busch, H./Deserno, H. (1989): Zur Dynamik einer Institutionalisierung, in: Supervision, Heft 15

Caemmerer, D. von (1966): Akademiekurs über Praxisanleitung (Supervision), in: Nachrichtendienst des Deutschen Vereins, Nr. 9

– (Hg.), (1970): Praxisberatung (Supervision), Freiburg, Lambertus

Clemenz, M. u. a. (1992): Psychoanalyse in der Weiterbildung, Opladen, Westdeutscher Verlag

Cohn, R. (1975): Von der Psychoanalyse zur themenzentrierten Interaktion, Stuttgart, Klett

Conrad, G./Pühl, H. (1983): Team-Supervision. Gruppenkonflikte erkennen und lösen, Berlin, Marhold

Cremerius, J. (1990): Kritische Überlegungen zur Supervision in der institutionalisierten psychoanalytischen Ausbildung, in: Pühl, H. (Hg.), Handbuch der Supervision, Berlin, Marhold, S. 68–91

Damasch, F., Metzger, G., Overbeck, A. (1997): „… Es war ja mein Anliegen, die … äh … Patientin …", in: Buchholz, M. B., Hartkamp, N. (Hg.), (1997): Supervision im Focus. Polyzentrische Analyse einer Supervision, Opladen, Westdeutscher Verlag

De Board, R. (1978): The psychoanalysis of organizations; a psychoanalytic approach to behavior in groups and organizations, London, Tavistock

Diebäcker, H. (1995): Chance und Risiko der Personalentwicklung, in: Supervision: Sonderheft 1995, S. 21–36

Dienker, R. (1994): Freud inauguriert die psychoanalytische Supervision, in: Verein für psychoanalytische Sozialarbeit (Hg.), Supervision in der psychoanalytischen Sozialarbeit, Tübingen, edition diskord, S. 60–85

Devereux, G. (o. J.): Angst und Methode in den Verhaltenswissenschaften, München, Hanser

Deserno, H./Graf-Deserno, S. (1992): Psychoanalytisches Fallverständnis in der Sozialpädagogik, in: Clemenz, M. u. a., Psychoanalyse in der Weiterbildung, Opladen, Westdeutscher Verlag, S. 191–202

Deutsche Gesellschaft für Supervision (Hg.) (1996): Supervision – Professionelle Beratung zur Qualitätssicherung am Arbeitsplatz, Köln

Dworschak, R. (1970): Probleme der Praxisberatung, in: Caemmerer, D. von (Hg.), Praxisberatung (Supervision), Freiburg, Lambertus

Dyer, W. G. et al. (1971): Ein Trainings- und Beratungsmodell für den geplanten Organisationswandel, in: Gruppendynamik, 4, S. 409–422

Eck, C. D. (1990): Rollencoaching als Supervision, in: Fatzer, G. (Hg.), Supervision und Beratung, Köln, Ed. Humanistische Psychologie

Ehlich, K. (Hg.) (1980): Erzählen im Alltag, Frankfurt a. M., Suhrkamp

Ehlich, K./Switalla, B. (1976): Transkriptionssysteme – eine exemplarische Übersicht, Studium Linguistik 2, S. 78–105

Eicke, D. (1974): Technik der Gruppenleitung von Balintgruppen, in: Luban-Plozza (Hg.), Praxis der Balintgruppen, München

– (1983): Geschichte des Projekts zur Erforschung interaktioneller Vorgänge in Supervisions- und Balintgruppen, in: Giesecke, M./Rappe-Giesecke, K. (Hg.) (1983), S. 9–12

Elsler, G./Gerhards, K. (1998): Wandel des Supervisionsmarktes Statement: Jugendhilfe, in: „Supervision", Heft 34, S. 37–40

Etzioni, A. (1969): The Semi-professions and their organisation, New York

– (1973): Soziologie der Organisationen, München, Juventa

Fatzer, G. (1990): Rollencoaching als Supervision von Führungskräften, in: Supervision, Heft 17, S. 42–49

Federn, E. (1990): Sozialarbeit – Supervision – Psychoanalyse, in: Supervision, Heft 18, S. 25–36

Filsinger, D. (1992): Der institutionelle Handlungskontext als Gegenstand von Supervision und Organisationsberatung, in: Auckenthaler, A./Kleiber, D. (Hg.), Supervision in den Handlungsfeldern der psychosozialen Versorgung, Tübingen, DGVT Verlag, S. 78–100

Filsinger, D./Schäfer, J. (1992): Supervision im Kontext, in: Supervision, Heft 21, S. 28–49

Flader, D./Grodzieki, W. D./Schröter, K. (Hg.) (1982): Psychoanalyse als Gespräch, Frankfurt a. M.

Flemming, J./Benedek, T. (1983): Psychoanalytic Supervision, International Universities, N. Y., S. 9–10

Foucault, M. (1974): Die Ordnung des Diskurses, München, Hauser

Freud, S. (1900): Die Traumdeutung, GW, Bd. II/III

– (1909): Analyse der Phobie eines fünfjährigen Knaben, GW, Bd. 7, S. 241–377, Imago Publishing Co., Ltd., London

– (1940): Über eine Weltanschauung, in: Neue Folge der Vorlesungen, GW, Bd. 15, S. 197, Imago Publishing Co., Ltd., London

Fürstenau, P. (1970): Institutionsberatung – ein neuer Zweig angewandter Sozialwissenschaft, in: Gruppendynamik, Heft 1, S. 219–233

Furrer, A. (1929): Eine indirekte Kinderanalyse, in: Zeitschrift für psychoanalytische Pädagogik, 3. Jg., Heft 5/6, S. 185–194

Gaertner, A. (1976): Überlegungen zur Supervisorenausbildung, in: Prisma, GhK-
Bibliothek, Heft 11, Kassel

– (1977): Supervision, systematische Reflexion der Berufspraxis oder Psychohygiene für Sozialarbeiter, in: Blanke et al., Jahrbuch für Sozialarbeit 1978,
Reinbek

– (1978): Interpretative Sozialforschung, in: Müller C.-W. (Hg.), Begleitforschung
in der Sozialpädagogik, Beltz-Verlag

– (1978/1980/1984): Handbuchartikel zum Stichwort Supervision, in: Enzyklo-
pädie Erziehungswissenschaft, Bd. 2, Klett-Cotta 1984; Lexikon der sozialen
Arbeit, Kohlhammer 1978; Wörterbuch ‚Soziale Arbeit‘, Beltz 1980 und neue
Fassung für die 4. Auflage 1994

– (Hg.) (1979): Supervision, Materialien, GhK-Bibliothek, 3. erw. Auflage, Kassel

– (1982): Teamsupervision, in: Supervision, Heft 2

– (Hg.) (1982a): Sozialtherapie, Konzepte zur Prävention und Behandlung des
psychosozialen Elends, Luchterhand Verlag

– (1982b): Analytische Sozialtherapie, in: Danzinger, Lyon, Preninger (Hg.), Psychoanalyse und Institution, Wien

– (1984): Gruppensupervision – Aspekte der Technik, in: Beiträge zur Supervision, GhK-Bibliothek, Kassel

– (1985): Psychoanalytische Kurztherapie in psychiatrischen Settings. Ein Beitrag
der Psychoanalyse zur Sozialtherapie, in: Leuzinger-Bohleber, M. (Hg.), Psychoanalytische Kurztherapien, Westdeutscher Verlag

– (1988): Über den Inhumanismus der sogenannten humanistischen Psychologie,
in: Heider/Schwendter/Weiss (Hg.), Politik der Seele, München

– (1992): Supervision in der Fortbildung – Eine Fallstudie, in: Clemenz et al.,
Psychoanalyse in der Weiterbildung, Opladen, Westdeutscher Verlag, S. 169 bis
190

– (1993): Supervision und Institutionsanalyse, in: Muck/Trescher (Hg.), Grundlagen der psychoanalytischen Pädagogik, Mainz, M. Grünewald

– (1998): Professionalismus und Dequalifizierung der Supervision – Kritische
Anmerkungen zur Entwicklung einer jungen Profession. In: Forum Supervision,
Nr. 12, S. 86–114

Gaertner, A./Gaertner, B. (1992): Schwangerschaftsprozesse – eine vergleichende
Fallstudie, in: Zeitschrift für Sexualforschung, 4/92, S. 3–29

Gaertner, A./Hering, S. (Hg.) (1976): Überlegungen zu einer Arbeitsfeldanalyse
sozialpädagogischer Institutionen, in: Neue Praxis, Luchterhand Verlag, Heft 1

Gaertner, A./Wittenberger, G. (1979): Supervision und der institutionelle Diskurs,
in: Akademie für Jugendfragen (Hg.), Supervision im Spannungsfeld zwischen
Person und Institution, Lambertus Verlag

Gess, H. (1994): Vom Faschismus zum Neuen Denken, Lüneburg, zu Klampen

Giesecke, M. (1979): Übersicht über die Grundannahmen und Untersuchungsverfahren in dem Projekt „Erforschung interaktioneller Vorgänge in ausbildungs- und berufsbegleitenden Supervisions- und Balintgruppen, in: Gaertner, A. (Hg.), S. 152–204

– (1979a): Die Normalform der Falleinbringung in Supervisionsgruppen, in: Gaertner, A. (Hg.), S. 206–236

– (1982): Die Normalformanalyse, ein kommunikationswissenschaftliches Untersuchungsverfahren für interaktionelle Vorgänge in Institutionen, in: Soeffner, H. G. (Hg.), S. 185–204

– (1983): Probleme, Bedingungen und Methoden einer interdisziplinären Erforschung von Therapie- und Balintgruppen, in: Giesecke, M./Rappe, K. (Hg.), S. 13–23

– (1983a): Kleiner Leitfaden zum Verständnis und zur Anfertigung von Transkriptionen, in: Giesecke, M./Rappe, K. (Hg.), S. 121–124

– (1983b): Phasen im Ablauf einer Balintgruppensitzung, in: Giesecke, M./Rappe, K. (Hg.), S. 23–38

– (1988): Die Untersuchung institutioneller Kommunikation – Perspektiven einer systemischen Methodik und Methodologie, Westdeutscher Verlag, Opladen

Giesecke, M./Rappe, K. (1981): Rekonstruktion von Bedeutungszuschreibungen mit Hilfe der Normalformanalyse, in: Frier, W. (Hg.), Pragmatik, Theorie und Praxis, Amsterdam, S. 343–378

– (1982): Setting und Ablaufstrukturen in Supervisions- und Balintgruppen, in: Flader, D./Grodzicki, W. D./Schröter, K. (Hg.), Psychoanalyse als Gespräch – Interaktionsanalytische Untersuchungen über Therapie und Supervision, Suhrkamp, Frankfurt a. M., S. 208–320

– (1983): Kommunikation in Balintgruppen – Ergebnisse interdisziplinärer Forschung, Fischer, Stuttgart

– (1983a): Bausteine zu einer kommunikationswissenschaftlichen Analyse des „Settings" von psychoanalytisch orientierten Supervisionsgruppen und von Balintgruppen, in: Giesecke, M./Rappe, K. (Hg.), S. 103–120

– (1997): Supervision als Medium kommunikativer Sozialforschung, Frankfurt a. M., Suhrkamp

Geißler, K. H. A./Hege, M. (1985): Verlorene Hoffnungen – Gewonnene Einsichten, Zum Verhältnis von Politik und Beratung, in: Supervision, Heft 8/85

Glaser, B. (1969): The Constant Comparative Method of Qualitative Analysis, in: McCall, G. J./Simmons, J. L. (Hg.), Reading, S. 216–228

Glaser, B./Strauss, A. (1967): The Discovery of Grounded Theory, Chicago, Aldine

– (1979): Die Entdeckung gegenstandsbezogener Theorie: Eine Grundstrategie qualitativer Sozialforschung, in: Hopf, C., Weingarten, E., Qualitative Sozialforschung, Stuttgart, Klett-Cotta

Gorz, A. (1970): Aktualität der Revolution, Neuwied, Europäische Verlagsanstalt

Gotthardt, M. (1998): Wandel des Supervisionsmarktes, Statement: Klinik, in: Supervision, Heft 34, S. 34–36

Habermas, J. (1981): Theorie des kommunikativen Handelns, 2 Bde., Frankfurt a. M., Suhrkamp

Hahn, K. u. a. (Hg.) (1997): Themenzentrierte Supervision, Mainz, Matthias-Grünewald Verlag

Hanke, F. (1984): Supervision als Forschungsprozeß, in: Beiträge zur Supervision, Bd. 3, Gesamthochschulbibliothek, Kassel

– (1990): Supervision im Wirtschaftsunternehmen, in: Supervision, Sonderheft

– (1995): Die Einführung einer neuen Führungs- und Arbeitskultur, in: Supervision, Sonderheft 1995, S. 65–73

Hecker M./Strömbach, R. (1975): Erfahrungen mit Supervision, in: Theorie und Praxis der sozialen Arbeit, Heft 8, S. 290–295

Hege, M./Schwarz, G. (1985): Politik und Supervision, in: Supervision, Heft 8/85

Hollstein, W./Meinhold, M. (1970): Sozialarbeit unter kapitalistischen Produktionsbedingungen, Frankfurt a. M., Fischer

Horn, K. (1972): Gruppendynamik und der subjektive Faktor, Repressive Entsublimierung oder politisierende Praxis, Frankfurt a. M., Suhrkamp

Internationale Zeitschrift für Psychoanalytische Pädagogik (1937)

Irle, G. (1985): Supervision und sozialer Dienstleistungswandel, in: Supervision, Heft 8/85

Jacoby, R. (1978): Soziale Amnesie – Eine Kritik der konformistischen Psychologie von Adler bis Laing, Frankfurt a. M., Suhrkamp

Jansen, B. (1986): Felddynamik – Beziehungsdynamik in der Supervision – Kein Gegensatzpaar, in: Supervision, Heft 9, S. 3–9

Jüttemann, G. (1981): Komparative Kasuistik als Strategie psychologischer Forschung, in: Zeitschrift für klinische Psychologie und Psychotherapie, Heft 29, S. 101–117

– (Hg.) (1991): Komparative Kasuistik, Heidelberg, Asanger

Kadushin, A. (1976): Supervision in social work, New York, Columbia University Press

Kappeler, M. (1970): Praxisberatung: Vier verschiedene Konzepte, Man. hek., Burkhardthaus Gelnhausen

Kappeler, M., Holzkamp, K., Hozkamp-Osterkamp, U. (1977): Psychologische Therapie und politisches Handeln, Frankfurt a. M., New York, Campus

Kernberg, O. F. (1988): Regression in Gruppen, in: Kernberg, O. F., Innere Welt und äußere Realität. Anwendungen der Objektbeziehungstheorie, Verlag Internationale Psychoanalyse, München/Wien, S. 239–267

– (1988a): Objektbeziehungen und Praxis der Psychoanalyse, Stuttgart, Klett

Kersting, H. (1975): Kommunikationssystem Gruppensupervision, Aspekte eines Lern-Lehrverfahrens, Freiburg, Lambertus

Kets de Vries, M. F. R. (1984): The irrational executive psychoanalytic explorations in management, International Universities Press, Madison

– (1988): Inside the troubled organization unstable at the top, New American Library, New York

Klaus, G./Buhr, M. (Hg.) (1972): Philosophisches Wörterbuch, Leipzig, VEB Verlag Enzyklopädie

Koch, H. B. (1975): Entpolitisierung durch Beratung? Aspekte zur Begründung eines Verdachts am Beispiel Supervision, in: Neue Praxis, Heft 3, S. 198 bis 202

Krug, B., Münsterjohann, A. (1998): Marketing für SupervisorInnen oder: Gewohnheiten sind noch keine Strategie, in: Supervision, S. 7–22

Kutter, P. (1990): Das direkte und das indirekte Spiegelphänomen, in: Pühl, H. (Hg.), Handbuch der Supervision, Berlin, Merhold

Kutter, P./Roth, J. K. (1981): Psychoanalyse an der Universität Selbsterfahrungs- und Supervisionsgruppen mit Studenten, in: Theorie und Praxis, München, Kindler

Labov, W./Fanshel, D. (1977): Therapeutic Discourse, New York, Academic Press

Lapassade, G. (1970): Von der Gruppendynamik zur institutionellen Analyse, in: Gruppendynamik, Heft 2, S. 124–133

– (1972): Gruppen, Organisationen, Institutionen, Stuttgart, Klett

– (1973): Institutionsanalyse und Sozio-Analyse, in: Gruppendynamik, Heft 6, S. 377–387

– (1976): Der Landvermesser oder die Universitätsreform findet nicht statt, Stuttgart, Klett

Leuschner, G. (1995): Brief an Hermann Diebäcker, in: Supervision, Sonderheft 1995, S. 37–42

Lewin, K. (1953): Die Lösung sozialer Konflikte, Bad Nauheim, Christian Verlag

Lützow/Strömbach/Neundorf/Klecha (1975): Supervision – eine Notwendigkeit in der Jugend-, Sozial- und Gemeindearbeit, in: Neue Praxis, Heft 3, S. 195–197

Lohmann, H. M. (1984): Noch einmal: Das Unbehagen in der Psychoanalyse, in: Lohmann, H. G. (Hg.), Psychoanalyse auf der Couch, Frankfurt a. M., Qumran, S. 7–17

Melzer, G. (1970): Praxisanleitung und Praxisberatung in der Sozialarbeit, Eigenverlag des Deutschen Vereins für öffentliche und private Fürsorge, Frankfurt a. M.

Menzies, I. E. P. (1960): A case-study in the functioning of social systems as a defence against anxiety. A report on a study of the nursing service of a general hospital, in: Human Relations, 13, S. 95–121. Abgedruckt in: Kets de Vries, M. F. R. (Hg.), The irrational executive. Psychoanalytix explorations in management, International Universities Press, Madison 1986 (3. Auflage), S. 392 bis 435

Mentzos, S. (1978): Interpersonelle und institutionalisierte Abwehr, Frankfurt a. M., Suhrkamp

Moreno, J. L. (1959): Gruppenpsychotherapie und Psychodrama, Stuttgart, Thieme

Moser, T. (1974): Lehrjahre auf der Couch, Frankfurt a. M., Suhrkamp

Müller, H. (1983): Über den Umgang mit Transkriptionen und Tonbandaufzeichnungen von Gruppensitzungen, in: Giesecke, M./Rappe-Giesecke, K. (Hg.), S. 39–58

– (1993): Berufliche Probleme und Paradoxien in der stationären Suchttherapie und deren Einfluß auf die Struktur und inhaltliche Entwicklung einer Teamsupervision mit Suchttherapeuten, Dissertation, GH-Kassel

– (1995): Suchttherapie und Supervision, Frankfurt a. M., Peter Lang

Münch, W. (1985): Psychische Belastungen durch Arbeitslosigkeit, in: Supervision, Heft 8/85

Münsterjohann, A./Stachowitz, J. (1994): Supervision für Selbständige, in: Supervision, Heft 26, S. 64–86

Nagel, H./Seifert, M. (1979): Inflation der Therapieformen – Gruppen- und Einzeltherapien in der sozialpädagogischen und klinischen Praxis, Reinbek, Rowohlt

Nedelmann, C./Ferstel, H. (Hg.) (1989): Die Methode der Balint-Gruppe, Stuttgart, Klett

Neidhardt, N. (1982): Beiträge zur Gruppensupervision I, in: Nachrichtendienst des Deutschen Vereins für öffentliche und private Fürsorge, 52. Jg.

Nellessen, L. (1993): Supervision in Leanmanagement und Leanservice, in: Supervision, Heft 24, S. 23–40

Oevermann, U. u. a. (1979): Zur Methodologie einer objektiven Hermeneutik und ihrer allgemeinen forschungslogischen Bedeutung in den Sozialwissenschaften, in: Soeffner, H. G. (Hg.), Interpretative Verfahren in den Sozial- und Textwissenschaften, Stuttgart, Fink

– (1993): Struktureigenschaften supervisorischer Praxis, Exemplarische Sequenzanalyse des Sitzungsprotokolls der Supervision eines psychoanalytisch orientierten Therapie-Teams im Methodenmodell der objektiven Hermeneutik, in: Bardé, B., Mattke, D., Therapeutische Teams, Göttingen, Vandenhoeck und Ruprecht

– (1993a): Die objektive Hermeneutik als unverzichtbare methodologische Grundlage für die Analyse von Subjektivität, in: Jung, Th., Müller-Dohm, S. (Hg.), Wirklichkeit und Deutungsprozeß, Verstehen und Methoden in den Kultur- und Sozialwissenschaften, Frankfurt a. M., Suhrkamp

Overbeck, A. (1990): Die Entfaltung eines therapeutischen Raumes auf kinder- und jugendpsychiatrischen Stationen mit Hilfe der bifokalen Team-Supervision, in: Psychosozial, Heft 41, S. 7–17

Pfaffenberger, H./Friedländer (1966): Grundbegriffe und Methoden der Sozialarbeit, Neuwied und Berlin, Luchterhand

Pollak, Th. (1995): Zur Methodik und Technik psychoanalytischer Teamsupervision, in: Becker, H. (Hg.), Psychoanalytische Teamsupervision, Göttingen, Zürich, S. 51–78

Pühl, H. (1990): Handbuch der Supervision, Berlin, Mahrhold

Quasthof, U. (1980): Gemeinsames Erzählen als Form und Mittel im sozialen Konflikt oder ein Ehepaar erzählt eine Geschichte, in: Ehlich, K. (Hg.), Erzählen im Alltag, Suhrkamp, Frankfurt a. M., S. 109–142

Rappe-Giesecke, K. (1983): Fallerzählung und Themen der Gruppenarbeit, in: Giesecke, M./Rappe-Giesecke, K. (Hg.), S. 59–72

- (1983a): Typen von Leiterinterventionen, in: Giesecke, M., Rappe-Giesecke, K. (Hg.), S. 73–88
- (1986): Gruppendynamik in Balintgruppen?, in: Gruppendynamik, Heft 17, S. 25–38
- (1987): Probleme der Anwendung der Balintgruppenmethode auf Teamsupervision, in: Lippenmeier, N. (Hg.), Praxis der Supervision – Supervisionskongreß 1987, Gesamthochschulbibliothek Kassel (Beiträge zur Supervision, Bd. 6, S. 87–106)
- (1988): Möglichkeiten und Grenzen der Balintgruppenarbeit mit Teams. Die Balint-Gruppe in Klinik und Praxis, Bd. 1, Berlin, Springer, New York, Tokio, S. 166–181
- (1988a): Balintgruppen als Interaktionssysteme und Balintgruppen als Institutionen – Konsequenzen für das Spiegelungskonzept, in: Lippenmeier, N. (Hg.), Verstehen in Balintgruppen, Supervision, Psychoanalyse und im sozialen Feld, GH-Bibliothek, Kassel (Beiträge zur Supervision, Bd. 7)
- (1989): Spiegelungsphänomene aus kommunikationswissenschaftlicher Sicht. Die Balint-Gruppe in Klinik und Praxis, Bd. 4, Berlin, Springer
- (1990): Theorie und Praxis der Gruppen- und Teamsupervision, Berlin u. a., Springer

Richter, H.-E. (1972): Die Gruppe, Reinbek, Rowohlt, 33, 35
- (1974): Lernziel Solidarität, Reinbek, Rowohlt
- (1991): Die hohe Kunst der Korruption: Erkenntnisse eines Politikberaters, München, Heyne

Ringhausen-Krüger, M. (1977): Die Supervision in der deutschen Sozialarbeit, Entwicklung von Konzeptionen, Methoden und Strukturen, 1954–1974, Diss. Frankfurt a. M.

Rogers, C. (1974): Encounter-Gruppen, Das Erlebnis der menschlichen Begegnung, München, Kindler Verlag

Rost, W. (1988): Supervision in einer Fachklinik, in: Supervision, Heft 14

Roth, J. K. (1984): Hilfe für Helfer, Balint-Gruppe, München, Piper

Schaeffer, D. (1992): (AIDS)-Supervision und professionelles Handeln, in: Supervision, Heft 21, S. 10–27

Schafer, R. (1995): Erzähltes Leben. Narration und Dialog in der Psychoanalyse, München, Pfeiffer

Schmidt, H. (1984): Balint-Arbeit mit den Mitarbeitern einer internistisch-onkologischen Station – ein Erfahrungsbericht, in: Petzold, E. (Hg.), S. 51–74

Schreyögg, A. (1991): Was hat „Integrative Gestaltsupervision" mit Therapie zu tun?, in: Supervision, Heft 19, S. 53–67
- (1991a): Supervision – ein integratives Modell, Lehrbuch zur Theorie und Praxis, Paderborn

Schülein, J. A. (1978): Psychoanalyse und Psychoboom, in: Psyche 32, Heft 5/6

Schüning, G. (1993): Herkunft Sozialbereich: Erfahrungen eines Supervisors, der in Profitorganisationen arbeitet, in: Supervision, Heft 24, S. 41–52

Schütz, A. (1974): Der sinnhafte Aufbau der sozialen Welt, Frankfurt a. M., Suhrkamp

Schütze, F. (1984): Zur Relevanz kommunikativer Sozialforschung für die Supervision, in: Beiträge zur Supervision, Bd. 3, Kassel, Gesamthochschulbibliothek, S. 262–389

– (1992): Sozialarbeit als bescheidene Profession, in: Dewe, B., Ferchhof, W., Erziehen als Profession, Opladen, Leske und Buderich, S. 132–170

– (1994): Strukturen des professionellen Handelns. Biographische Betroffenheit und Supervision, in: Supervision, Heft 26, S. 10–39

Schwarzwälder, H. (1976): Sozialarbeit und Supervision, in: Sozialpädagogik 2, wiederveröffentlicht in: Supervision, Heft 18, S. 58–65

Scott, W. R. (1968): Konflikte zwischen Spezialisten und bürokratischen Organisationen, in: Mayntz, R. (Hg.), Bürokratische Organisationen, Köln

Selvini Palazzoli, M./Anolli, L./Di Blasio, P. et al. (1984, 1981): Hinter den Kulissen der Organisation, Klett-Cotta, Stuttgart

Soeffner, H. G. (Hg.) (1979): Interpretative Verfahren in den Sozial- und Textwissenschaften, Stuttgart, Metzler

Staigle, W. (1994): Supervision und Krise, in: Verein für psychoanalytische Sozialarbeit (Hg.), S. 139–157

Strauss, A. (1998): Grundlagen qualitativer Sozialforschung, München, Fink

Strömbach, R./Fricke, P./Koch, H. B. (1975): Supervision – Protokoll eines Lernprozesses, Burckhardthaus-Laetare, Gelnhausen, Christophorus, Freiburg

Supervision (1995): Sonderheft: Supervision – ein Instrument der Personalentwicklung, Frankfurt a. M., Fachhochschulverlag

Verein für psychoanalytische Sozialarbeit (Hg.), (1994): Supervision in der psychoanalytischen Sozialarbeit, Tübingen, edition diskord

Wegner, D. (Hg.) (1977): Gesprächsanalysen, Hamburg, Buske

Weigand, W. (1989): Sozialarbeit – das Ursprungsland der Supervision, in: Integrative Therapie, Hefte 3–4, S. 248–259

Weingarten, E. u. a. (Hg.) (1976): Ethnomethodologie, Frankfurt a. M., Suhrkamp

Wellendorf, F. (1973): Schulische Sozialisation und Identität, Weinheim und Basel, Beltz

– (1979): Sozialanalyse, in: Geißler, Hüppauf (Hg.), Gruppendynamik für Lehrer, Hamburg

– (1986): Supervision als Institutionsanalyse, in: Pühl, Schmidtbauer (Hg.), Supervision und Psychoanalyse, München, Kösel

Wieringa, C. F. (1979): Supervision in ihren unterschiedlichen Entwicklungsphasen, in: Akademie für Jugendfragen (Hg.), Supervision im Spannungsfeld zwischen Person und Institution, Freiburg

– (1990): Entwicklungsphasen der Supervision, in: Supervision, Heft 18, S. 37 bis 42

Wilhelm, J. (1975): Einige Gedanken zum Verständnis von Supervision in Theorie und Praxis der Sozialarbeit, in: Neue Praxis, Heft 2, S. 133–149

Wilhelm u. a. (1977): Versuch einer emanzipatorischen Gruppensupervision, in: Neue Praxis, Heft 4, 358–373

Wilke, S. (1992): Die erste Begegnung, Heidelberg, Asanger

Wittenberger, G. (1974): Neutralität oder Parteilichkeit in der Supervision, in: Neue Praxis, Heft 4

– (1984): Supervision zwischen Psychoanalyse und Sozialarbeit, in: Supervision, Heft 6

– (1985): Supervision, eine Sozialtechnologie, in: Supervision, Heft 8/85

Wolf, M. (1995): Stellvertretende Deutung und stellvertretende Leitung. Funktionen und Kompetenzen des psychoanalytischen Teamsupervisors, in: Becker, H. (Hg.), Psychoanalytische Teamsupervision, Göttingen, Zürich, S. 126–178

Zalesnik, A. (1985): Management of Disappointment, in: Kets de Vries (Hg.), The irrational Executive, S. 224–246

Zwiebel, R. (1987): Psychosomatische Tagesklinik, Freiburg, Lambertus